纪念孙中山先生创办中山大学90周年校庆丛书

Publications to Celebrate the 90th Anniversary of the Founding of Sun Yat-sen University by Dr. Sun Yat-sen

中山大学外语学科90年史稿
（1924—2014）

《中山大学外语学科90年史稿（1924—2014）》编委会　主编

中山大学出版社
·广州·

版权所有　翻印必究

图书在版编目（CIP）数据

中山大学外语学科 90 年史稿：1924—2014/《中山大学外语学科 90 年史稿：1924—2014》编委会主编．—广州：中山大学出版社，2014.10

ISBN 978-7-306-05058-8

Ⅰ.①中…　Ⅱ.①中…　Ⅲ.①中山大学—外语教学—学科发展—概况　Ⅳ.①H09

中国版本图书馆 CIP 数据核字（2014）第 237059 号

出版人：	徐　劲
策划编辑：	熊锡源
责任编辑：	熊锡源
封面设计：	林绵华
责任校对：	刘学谦
责任技编：	何雅涛
出版发行：	中山大学出版社
电　　话：	编辑部 020-84111996，84113349，84111997，84110779
	发行部 020-84111998，84111981，84111160
地　　址：	广州市新港西路 135 号
邮　　编：	510275　　传　真：020-84036565
网　　址：	http://www.zsup.com.cn　E-mail：zdcbs@mail.sysu.edu.cn
印 刷 者：	广州中大印刷有限公司
规　　格：	787mm×1092mm　1/16　21.75 印张　490 千字
版次印次：	2014 年 10 月第 1 版　　2014 年 10 月第 1 次印刷
定　　价：	100.00 元

如发现本书因印装质量影响阅读，请与出版社发行部联系调换

纪念孙中山先生创办中山大学90周年校庆丛书编委会

总策划： 李 萍　陈春声　黎孟枫
主　任： 梁庆寅
成　员： 李 萍　李宝健　陈汝筑　梁庆寅
　　　　　黄天骥　邱 捷　程焕文　丘国新

《中山大学外语学科90年史稿（1924—2014）》编委会

主　　任　　黄国文　常晨光　许东黎
学术主编　　谭群玉　曹天忠

荣誉顾问　　李延保　黄达人

顾　　问　（按姓氏拼音排序）

卞　瑜	陈昆明	陈腾华	陈永培	陈有志	陈禹山
陈珍广	冯启忠	龚华基	龚少瑜	芶锡泉	古月群
谷晓丰	郭纯儿	国亚萍	何海伦	黄飞红	黄国乐
黄家祐	黄建华	黄天源	赖其良	黎　导	黎汉材
李　潮	李根洲	李良裕	李友文	梁启炎	林连书
林裕音	刘春阳	刘文立	骆　腾	梅成达	区　鉌
彭岷胜	祁庆生	唐　强	王　宾	吴之桐	伍谦光
夏纪梅	肖洁文	谢曼华	杨秀玲	杨琇珍	杨宗熹
殷麦良	余春容	曾美倩	钟佑同	钟毓标	周宗哲

编　　委　（按姓氏拼音排序）

曹　新	陈琼芝	戴　凡	邓丽羽	董　婉	关　键
黄亚男	蓝澍德	李春荣	李　莉	李小珠	廖海青
罗　斌	罗　晶	彭冬敏	邱雅芬	王蓓蓓	王东风
王绍利	王也辉	王　哲	萧净宇	徐爱红	曾晓阳
曾毅夫	张劲勋	张世涛	张雪英	钟伟珍	周小兵

具体编撰者： 图说学科：崔殿斌

　　　　　　　第一章　熊　飞　谭群玉

　　　　　　　第二章　彭毅聪

　　　　　　　第三章　崔殿斌

　　　　　　　第四章　段美欣　林清新

　　　　　　　第五章　龙其鑫　刘晓雷

　　　　　　　第六章　房诗琪　陈琼芝

　　　　　　　第七章　谭群玉　曹天忠

　　　　　　　大事记、征引文献、附录　刘晓雷

项目助理： 马　丽

序　言

中山大学的外语学科有着悠久的历史和优良的传统，在过去的90年里，我们为国家培养了一大批杰出的外语人才。上一届外国语学院党政领导为了配合学校90周年庆祝活动，邀请了本校马克思主义哲学与中国现代化研究所暨哲学系的谭群玉以及历史学系的曹天忠老师等，根据现存的档案、报刊等资料，以中山大学外语系（外国语学院）为主线，主持编撰了《中山大学外语学科90年史稿（1924—2014）》。作为中大的外语人，我们都为外语学科的发展历程感到自豪和骄傲。作为外语与翻译大学院的院长，我写下这些文字，与各位共同庆祝中山大学外语学科建立90周年，祝愿她的明天更美好。

中山大学的外国语学院是由1924年成立的国立广东大学英国文学系发展而来，1949年以前多隶属于文学院。在中山大学几经校名变更和校址变迁的发展过程中，负责外语教育事务的机构也多次变换名称。根据易汉文刊登在《中山大学外国语学院成立10周年院庆专刊（1992—2001）》的"寻根溯源话外院"一文介绍，1924年建校之初是"外国文学系（暂设英国文学系）"，1926年改名为"英吉利语言文学系"，1929年改名为"英国语言文学系"，1939年改为"外国语学系"，1948—1949学年度，外国语学系改名为"外国语言文学系"。1951年的名称是"外文系"，1953年，改名为"西方语言文学系"，1958年，再改名为"外国语言文学系"（外语系）。

20世纪90年代起，外语学科进入了"学院"发展阶段。1992年，中山大学成立了外国语学院，该院由原外语系、汉语培训中心及广州英语培训中心组成。2004年，原属外国语学院的"大学英语教学部"、"研究生外语教学部"和"对外汉语教学中心"离开外国语学院，成为独立的处级单位，并分别更名为"外语教学中心"和"国际汉语学院"。2005年，中山大学成立了"翻译学院"，设在珠海校区。2014年5月，学校决定组建"外语与翻译大学院"，下属学院有"外国语学院"和"翻译学院"。

由于《中山大学外语学科90年史稿（1924—2014）》是以中山大学外语系（外国语学院）为主线来编写的，所以，中山大学其他机构的外语学科情况（包括"外语教学中心"、"国际汉语学院"、"翻译学院"和"中山医学院外语教研培训中心"）就介绍得不全面或完全略去了。应该说，中山大学的外语学科是指整个学校的所有外语教学和研究和与这一切有关的机构和人员（包括不同院、中心的外语教学机构所从事的外语教学与研究活动），但"旗舰机构"是原外语系发展起来的外国语学院。

90年间，外语学科在专业建设上也取得了辉煌成绩。建校初期，外语学科只设英语语言文学专业，后来设立了俄语语言文学专业；解放后设立了法语语言文学专业、德语语言文学专业。1970年中山大学外语系被撤消，70多位教师和几万册图书资料以及教学设备等，被调入广东外国语学院（今广东外语外贸大学前身之一）。1973年，中山大学外语系复办（当时只招英语语言文学专业学生），1978年设立了日语语言文学专业。1979年复办了曾经停办了9年的德语语言文学专业和法语语言文学专业。2005成立翻译学院后，先后设立了西班牙语语言文学、阿拉伯语语言文学和朝鲜语语言文学专业，并复办了曾经停办了几十年的俄语语言文学专业。现在，中山大学的外语学科共有8个外语专业：英语、俄语、法语、德语、日语、西班牙语、阿拉伯语、朝鲜语。

　　1981年，国务院决定在全国设立学位点，中山大学外语系的英语语言文学专业成功申请到了"英语语言文学"的博士点和硕士点，成为全国首批博士点和硕士点授予单位之一（当时全国的外语学科只有四所大学获博士点和硕士点）。1986年，外语系英语语言文学专业成功申报全国重点学科。2007年外国语学院英语语言文学专业蝉联国家重点学科。2007年，以英语语言文学学科点为首的"外国语言文学"学科，还被增列为博士后流动站。到2014年，中山大学的外语学科有"外国语言文学"一级学科博士点和一级学科硕士点。根据2014年的数据，外语专业的在校本科生、硕士生和博士生有3000多人。

　　在中山大学外语学科发展的90年里，很多著名的大学者曾任教于外语系（学院），譬如梁实秋、郁达夫、洪深、林文铮、戴镏龄、梁宗岱、谢文通、王宗炎、王多恩、桂诗春、黄建华等，可谓名师荟萃，星光璀璨。"名师出高徒"，外语学科培养的毕业生遍布世界各地，涌现了众多的杰出校友，其中有著名的翻译家、教育家、外交家、文学家、企业家、社会学家、语言学家、法学家、高级管理人才等。直至现今，中山大学每年都在为国家重要部门和社会各界输送着一批又一批的思想上进、业务精通、能力卓越的优秀外语人才，他们在各自的岗位上为国家和社会做着贡献。

　　在过去的90年里，中山大学的外语人勤勤恳恳，脚踏实地，努力工作和学习。毕业生在各自的岗位上应对挑战，勇挑重担，敢于承担社会责任；在校学生关心国家大事，积极参与社会实践，为中华的崛起而努力读书；在校教师人心向学，辛勤耕耘，为培养祖国的高端外语人才呕心沥血。

　　中山大学的外语学科经过90年的风风雨雨，正一天天走向成熟。在我们准备庆祝外语学科办学90周年的时刻，为加强体制和机制创新，根据学校实施大学院制改革工作的部署，结合学校办学实际，组建了"外语与翻译大学院"，成为全校首批两个大学院建制的单位之一（另一个为生命科学大学院），为外语学科的发展搭建了更大的平台，便于统筹和整合学术力量，有助于激发学术组织的创新活力，有利于提升外语学科的综合实力及核心竞争力。这既是机遇，又是挑战。我们一定要适应国内外高等教育和科学技术发展的形势与要求，根据学科发展的规律，进一步加强相关学科的交叉、融合和发展，提升学科的整体水平，为外语学科的进一步发展壮大而努力！

中山大学外语学科的每一个进步和不断的发展，都离不开上级教育主管部门、学校领导、校友、教师、学生和社会各界的努力和帮助。怀着感恩的心，我们向所有支持我们的人士表示深深的谢意。让我们携手共进，为中山大学外语学科更好的明天而奋斗！

黄国文

中山大学外语与翻译大学院院长

爱丁堡大学博士、威尔士大学博士

教育部"长江学者"特聘教授

2014 年 9 月 20 日

凡 例

一、本书以辩证唯物主义和历史唯物主义基本观点和方法为指导，如实、客观地记述中山大学外语学科90年来发展和变化的历程。

二、以详近略远为原则，着重记述1949年后，特别是改革开放以来外语学科演进的历史脉络，力求全面，突出重点，大事不落，详略得当。

三、依据时间先后，以时间为经，史事为纬，实事求是；以叙述为主，论从史出；试图将学科史、院史与校史、广东地方史、国史结合；行文简洁，文图并茂。其中，书前彩色插图部分，大体上按时间先后排列，适当考虑图片的归类，以期达到图说学科发展历史的直观效果，并与正文的以文说史互济补充，相得益彰。

四、记述时间起自中山大学外语学科创建的1910年，止于2014年。全书内容由图说学科、凡例、序言、正文、大事记、附录、主要征引文献、后记等部分组成。其中，正文共分为七章，依次分别是"一枝独秀"、"战火流离"、"曲折前行"、"充实发展"、"整合提高"、"跃上新高"、"融合创新"。大事记主要以编年的形式，简要记述外语学科发展的重要事件。附录包括学科名称沿革、历任院系行政领导、1949年后的历任院系党组织领导、外语与翻译大学院教职员名录四部分。

五、主要资料取自中山大学档案馆、广东省档案馆、中山大学南校区图书馆、校史资料室、中山大学及其各有关直属职能部门文件、中山大学外语系、外国语学院各类文件（打印稿）、中山大学翻译学院各类文件、中山大学外语与翻译大学院文件（打印稿），以及知情人与当事人的口述与回忆记录等。

六、因引用文献相当部分为距今非常久远的原始稿或记录稿，难免存在分段、断句比较粗糙、标点符号用法习惯与今日有所不同的情况。为方便今日读者的阅读理解，对引用文献的断句和标点在不改变文献原意的前提下，个别根据今日的使用习惯有微调，如顿号的引入，以及破折号与冒号、分号与句号在具体情境下之互代等。

2014年10月

图说学科

▶岭南大学早期文理学院院长梁敬敦住所——委夏士屋

◀1918年，岭南大学最早开设的分科大学——文理科大学全体同学

▲1922年，文理科大学、农科大学全体同学

（以上三图均选自黄菊艳主编《近代广东教育与岭南大学》，香港商务印书馆1995年出版。）

▲1926年3月，接任外国文学系系主任一职的郁达夫（左三）

▲更名"国立中山大学"后英吉利语言文学系第一任系主任江绍原

▲更名"国立中山大学"后文史科主任傅斯年

▲1941年，英文系主任洪深

▲1932年，文明路时期国立中山大学文学院校舍

（选自舒宝明主编：《校影》，广州：中山大学出版社2004年出版。）

▲石牌时期，国立中山大学文学院

（选自易汉文主编：《钟灵毓秀：国立中山大学石牌校园》，广州：中山大学出版社2004年出版。）

◀20世纪50年代,康乐园外国语学院前身——西语系教学楼

▶1957年,部分同学合影于西方语言文学系前

◀1956级英专部分师生(左三为第一任西语系党支部书记毛美)

▶1958年暑假,西语系学生在西湖路夜校讲课

◀1958年,未更名之前西语系的图书分馆

▶1960年代,俄语专业部分师生留影

◀1960年冬，法语专业部分学生在中山大学北校门前留影

▶1961年5月,"师训班"的部分师生合影于外国语言文学系前

◀1961年8月，中山大学外语系英国语言文学专业同学毕业合影

▶1963年12月,外语系部分教师

◀1960年代,外语系学生参加中山大学女子射击队训练

▶1964年,外语系部分师生在沙坪"四清"工作队

◀1960年代,外语系文工团

▶1960年代,外语系舞蹈团基础训练

◀1960年代,外语系舞蹈团排演"牛田洋战歌"

▶1964 年 6 月，1964 届法语专业毕业生与梁宗岱教授于外语系教学楼前合影

◀1964 年 8 月，1964 届法语专业毕业生梁启炎毕业分配通知

▶1965 年 10 月，英一教学小组于白云山（前排左起：脱秉事、何昆和、祁庆生；二排左起钟佑同、陈永培、方淑珍）

◀"文革"前的朱白兰教授

▲1970年,中山大学外语系69届英专C班、D班毕业留影

◀1975年5月,外语系1973级学生在友谊商店实习

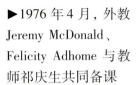

►1976年4月,外教 Jeremy McDonald、Felicity Adhome 与教师祁庆生共同备课

◄中山大学外语系1976级同学在课室前合影

►1976年7月,广州市机电局中山大学外语系英语培训班结业留影

▲1976年12月,中山大学外语系首届工农兵学员毕业留影

▶1976年毕业前夕,在老师带领下参与编写海员班基础英语教材的77级外语系"海员班"同学在远洋轮"明华"号上

▲1979级外语系学生与日本福冈县青年代表团

▶1979年9月,外语系1977级学生排演英语话剧剧照(左起:刘宏,赵穗华,王永红,周敏,郭南)

◀1979年,中山大学外语系录取实行学位制之后的第一批硕士研究生与部分教师合影

▶1980年代初,外语系第一次研究生答辩会后教师合影(右起:戴镏龄、周光耀、谢文通、王宗炎)

▲1980年7月,中山大学外语系1976级全体同学毕业留影

▲1982年元旦,中山大学外语系1977级全体同学毕业留影

▲1984年11月,广东省农业干部学校外语(英日)学习班结业合影留念

►1986 年，外语系系主任戴镏龄教授校园留影

▲1987 年 6 月，中大外语系 83 级毕业留影

►1987 年，外语系研究生会成立大会

▲1988年9月,中山大学青年教工中外文化研究学会成立

►1988年9月26日,中山大学举办广东高校俄日德法西语教师学术联谊会

◄1989年7月,1988级德语专业同学与奥地利籍外教 Mr. Poeschl 在中大南校区小礼堂旁留影

▶1990年4月11－18日间，胡守为副校长（左一）与外语系师生100多人参观威力洗衣机厂

◀1992年，外国语学院成立时的教学大楼

▶1992年，外国语学院成立时的图书分馆

◀外国语学院成立第一届领导班子看望戴镏龄先生

▶外国语学院第一届党政领导研究工作（左起：李根洲（院长）、黄飞红、夏纪梅、陈永培、李友文、翁贤芝、易汉文）

◀1992年10月，戴镏龄教授（右）与中大外语系50年代毕业生郑万珍总领事合影于旧金山

▶外国语学院第二届领导班子（左起：林泽铨、吴之桐、吴增生（院长）、李友文、翁贤芝、黄飞红、夏纪梅）

◀1995年12月28日，黄桂清奖励金颁奖仪式

▶第一届陈世贤（一排左六）奖教奖学金颁奖典礼

▲1998年1月10日，庆祝戴镏龄教授从教58年、王宗炎教授从教55年暨外语教学学术交流会合照

▶1998年11月，朱孟依先生捐资新建的外国语学院大楼落成

◀1999年，"语篇与语言的功能"国际会议

▲1999年，外国语学院第三届领导班子［左起：林泽铨、李友文、吴之桐（院长）、黄飞红、夏纪梅、翁贤芝］

◄2001年，外国语学院第四届领导班子［左起：翁贤芝、常晨光、卞瑜、黄国文（院长）、程晓昆、冯启忠、骆腾］

►2004年，外国语学院第五届领导班子［左起：梅成达、王宾（院长）、古月群、肖平、常晨光］

◀2005年1月翻译学院成立（此图为2009年10月翻译学院在珠海校区挂牌）

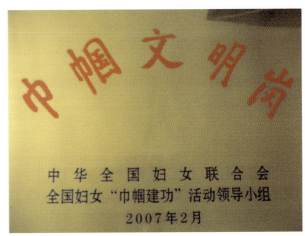

▶2007年2月，外国语学院荣获"全国巾帼文明岗"称号

◀2007年12月，西关中山大学外国语学院学生实习基地揭牌

▶2009年,外国语学院主办"第十三届外研社杯全国英语辩论赛中山大学选拔赛"

◀2010年元旦,王宗炎(前排)先生获中山大学第一届卓越服务奖(服务逾50年)(后左起:陈永培,黄家祐,龚少瑜)

▶2010年5月,外国语学院院长常晨光代表学院聘请Robin Fawcett为客座教授

◀2010年12月，外国语学院区鉷教授聘请英国当代诗人蒲龄恩教授（J. H. Prynne）为英诗研究所顾问

▲2011年3月，华南地区德语教师学术研讨会

◀2011年5月，澳大利亚悉尼大学荣誉退休教授、国际著名语言学专家 M. A. K. Halliday 与外国语学院教授留影

▶2011年11月,英国利物浦大学教授、语言学专家Geoff Thompson受聘为外国语学院客座教授

◀2011年11月,翻译学院举办首届《论语》翻译研讨会合影

▶2011年12月,上海外语教育出版社华南编辑部挂牌仪式

▶2012年2月,日本国驻华大使丹羽宇一郎先生(左二)访问外国语学院,与日语系学生交流

◀2012年3月,德国高校日

▶2012年11月,第十届功能语言学与语篇分析高层论坛

▲2013年,全国 MTI 专业评估工作组到翻译学院视察

▲2013 年 5 月 21 日,澳大利亚前总督 Michael Jeffery 将军(左二),澳大利亚驻广州总领事馆总领事 Jill Collins 女士(左一),澳大利亚悉尼市副市长 Henry Tsang(右一)先生访问外国语学院

▲2013年7月15日至19日，中山大学外国语学院举办第40届国际系统功能语言学大会

▲2013年10月21日，外国语学院德国问题研究中心揭牌

▲2014年3月,中山大学英语创意写作研究中心成立合照

▲2014年3月14日,外国语学院法国语言与文化研究和交流中心成立

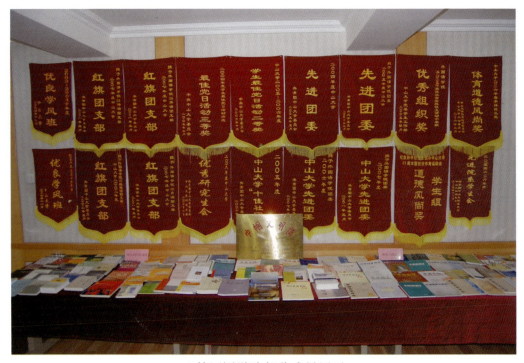

▲外国语学院部分成果展示

▲原外国语学院领导班子与部分系主任（从左到右：曾晓阳、邱雅芬、徐爱红、廖海青、常晨光、戴凡、许东黎、曹新、关键）

▲现翻译学院领导班子（从左到右：李春荣、萧净宇、黄国文、许东黎、王宾、林裕音）

▲现外语与翻译大学院领导班子（从左到右：常晨光、许东黎、黄国文、曹新、李春荣）

目　　录

第一章　一枝独秀（1924—1936） (1)
 第一节　广东大学时期的英国文学系 (1)
  一、学制与课程设置 (2)
  二、教职员 (9)
  三、学生及社团 (11)
 第二节　中山大学初建时期的英文系教学 (14)
  一、机构人事变更与规模扩张 (15)
  二、课程设置 (24)
  三、英国语言文学系的考试 (35)
 第三节　科学研究与课余生活 (41)
  一、设置科研组织 (42)
  二、暑期科研活动 (45)
  三、学生课余生活 (48)

第二章　战火流离（1937—1949） (53)
 第一节　从坚守到撤离 (53)
  一、维持正常教学 (53)
  二、抗日救亡活动 (60)
 第二节　澄江岁月 (61)
  一、澄江教务 (61)
  二、学术讲演与校外活动 (66)
 第三节　在粤北 (67)
  一、教学环境与师资 (67)
  二、学术、教学与学生活动 (69)
 第四节　复员广州 (76)
  一、努力恢复教学秩序 (76)
  二、抗争护校迎解放 (79)

三、师范学院英语系小史 …………………………………………… (80)
第三章　曲折前行（1950—1976） ………………………………………… (82)
　第一节　院系调整时期的外语系 ………………………………………… (82)
　　一、海纳百川 ……………………………………………………… (82)
　　二、岭南荣耀 ……………………………………………………… (84)
　第二节　"文革"前的外语系 …………………………………………… (91)
　　一、方兴未艾 ……………………………………………………… (91)
　　二、科研硕果 ……………………………………………………… (102)
　　三、"政教结合" …………………………………………………… (107)
　第三节　"文革"中的外语系 …………………………………………… (111)
　　一、外语教育要革命 ……………………………………………… (111)
　　二、涅槃重生 ……………………………………………………… (113)
　　三、恢复小学 ……………………………………………………… (116)
　　四、再展风采 ……………………………………………………… (121)
第四章　重建充实（1977—1991） ……………………………………… (124)
　第一节　本科专业教育恢复和调整 ……………………………………… (124)
　　一、外语教育受到重视 …………………………………………… (124)
　　二、各外语专业规划和教学方案之制订 ………………………… (128)
　　三、各专业外语教学方案的新修订 ……………………………… (136)
　　四、学生工作 ……………………………………………………… (138)
　第二节　研究生培养和公共英语教学 …………………………………… (141)
　　一、英语语言文学研究生招考 …………………………………… (141)
　　二、英语语言文学专业博士点建立 ……………………………… (143)
　　三、公共英语教育和改革 ………………………………………… (146)
　第三节　注重学科建设 …………………………………………………… (153)
　　一、聚合师资队伍 ………………………………………………… (153)
　　二、成功申报英语语言文学重点学科 …………………………… (161)
　　三、有计划地开展对外交流与合作 ……………………………… (162)
　　四、取得科研成果 ………………………………………………… (165)
　第四节　"英培"的设立和发展 ………………………………………… (168)
　　一、成立背景 ……………………………………………………… (168)
　　二、"英培"草创 ………………………………………………… (169)
　　三、基本成型 ……………………………………………………… (171)
　　四、变革发展 ……………………………………………………… (173)

第五章　整合发展（1992—2000） (176)

第一节　外国语学院的诞生与发展 (176)
一、建院基础与筹备工作 (176)
二、学院组织机制的完善 (180)

第二节　英语语言文学蝉联全国重点学科 (183)
一、专业简介与特色 (183)
二、凝炼材料 (186)
三、再次蝉联重点学科 (191)

第三节　本科评优 (192)
一、评优背景 (192)
二、评优准备 (193)
三、外国语学院自评 (199)
四、学校评定 (202)

第四节　教学改革 (206)
一、本科专业外语的教学改革 (206)
二、研究生公共英语教学改革 (212)
三、设立考试和培训机构 (213)

第五节　支持"残培"办学 (215)
一、"残培"成立 (215)
二、"残培"发展 (215)
三、外院与"残培" (216)

第六章　跃上新高（2001—2014） (221)

第一节　组织沿革与机构设置 (221)
一、组织沿革 (221)
二、机构设置 (222)
三、专业和师资 (224)

第二节　本科教育 (226)
一、课堂教学 (226)
二、学生工作 (231)

第三节　研究生教育 (236)
一、课程修订 (236)
二、导师队伍考核 (237)
三、严格招生考试 (237)

第四节　成人教育与其他工作 (237)

一、成人教育 ……………………………………………… （237）
　　二、其他工作的开展 ……………………………………… （240）
　第五节　科学研究与国际合作 ………………………………… （242）
　　一、科研机构设立 ………………………………………… （242）
　　二、科研成绩斐然 ………………………………………… （247）
　　三、国际交流与合作频繁 ………………………………… （249）

第七章　融合创制（2014—） …………………………………… （254）
　第一节　翻译学院快速发展 …………………………………… （254）
　　一、学院概况 ……………………………………………… （254）
　　二、专业构成 ……………………………………………… （255）
　　三、办学特色和成绩 ……………………………………… （263）
　第二节　外语与翻译大学院创设 ……………………………… （271）
　　一、创设背景 ……………………………………………… （271）
　　二、创设经过与意义 ……………………………………… （271）
　　三、大学院的明天 ………………………………………… （272）

外语学科大事记 …………………………………………………… （274）
　外国语学院大事记 ……………………………………………… （274）
　翻译学院大事记 ………………………………………………… （283）

主要征引文献 …………………………………………………… （288）

附录 ……………………………………………………………… （292）
　附录1　学科名称沿革 ………………………………………… （292）
　附录2　学科历任行政领导名录 ……………………………… （293）
　附录3　学科历任党组领导 …………………………………… （294）
　附录4　外语与翻译大学院教职员名录（2014） …………… （295）

后记 ……………………………………………………………… （298）

第一章　一枝独秀（1924—1936）

今日的中山大学外国语学科，系国立广东大学外国文学系发展而来。在中山大学几经校名变更和校址变迁的发展历程中，外国语言教学的语种也从单一语种教学向多语种教学发展。然而，在广东大学乃至其后更名为国立中山大学的相当长的一段时间中，由于历史缘故和客观现实条件，该系外语教学、科学研究均以英语为主，相较之现今的中山大学外语与翻译大学院的语种类别，英语及其教学在当时可谓是"一枝独秀"。

第一节　广东大学时期的英国文学系

1924年2月4日，孙中山以大元帅名义发布命令，将国立广东高等师范学校、广东法科大学、广东农业专门学校合并，改名为国立广东大学①，并任命邹鲁为筹备主任②。在筹备广东大学时期，筹备处组织大纲指出，在保留广东高等师范学校的文史、英文和社会三部的基础上，将广东高师改为文科和理科两部分，并设立文科委员会、理科委员会等六个特科委员会。其中，文科委员会设有中国文学、外国文学、史学、哲学四系。由三所学校合并而成的广东大学，于1924年11月11日举行了成立典礼，广东大学正式宣告成立。外国文学系（暂设英文学系）聘任陈长乐为系主任，而后郁达夫于1926年3月接任系主任一职③。在建校筹备期间，为了严格大学教育的要求，筹备委员会在制定学校合并办法的同时，建议秋季招生暂时只招收预科生，这个建议得到孙中山的批准④。筹备委员会大力进行学科改造和专业建设，使"国立广东大学"一开始就具有了"真正意义上的本科意识"⑤。

建校初期，文科除了续办高师的文史、英文、社会三部外，还新设立了文科学

---

① 《着创建国立广东大学令》（1924年2月24日），广东省社会科学院孙中山研究所等编：《孙中山全集》第9卷，北京：中华书局1986年版，第433—434页。
② 见中山大学南校区图书馆5楼邹鲁陈列馆解说词。
③ 梁山、李坚、张克谟：《中山大学校史：1924—1949》，上海：上海教育出版社1983年版，第7页。
④ 黄义祥编著：《中山大学史稿：1924—1949》，广州：中山大学出版社1999年版，第30页。
⑤ 吴承学主编、彭玉平副主编：《山高水长——中山大学文化研究》，北京：高等教育出版社2011年版，第96页。

院，下设中国文学、英文学、史学、哲学四系，加上随后增设的教育系①，共"三部一院五学系"。此时，"三部一院五学系"内部的文科教学形式，几乎没有差别，但在教学层次和内容上，则有高低深浅之分——三部较之一院五学系在层次和内容上稍弱。然而，此时文科教学面临的最大问题，不是各个教学单位的区分，而是新旧链接和创制，即在三校合并的基础上，如何合理、充分地发展大学本科教育。就外国文学系而言，由于大多数学生系从广东高等师范学校的英文部升入，因此，此时的外国文学系急需解决的问题，即是新建大学与旧有学校之间的教学转换和衔接问题，这具体表现在课程设置、成绩统计等方面的制度规定上。

一、学制与课程设置

在学制上，广东大学招收的学生，分为预科生和本科生两种，并规定预科修业为两年，本科修业则定为四年。预科生乃为专科生向本科生过渡而设，它必然牵涉到课程和学分对接等具体问题。

1. 专本旧新学制转换中的课程与学分对接

在课程设置上，分为必修和选修两种课程类型。课程成绩采用单位制，即学分制标准。在广东大学成立初期，文科类较多源自广东高师，外国文学系则大部分由高师英文部学生转入。故外国文学系教学以英语为主，而新建的外国文学系也因此被称为英语文学系，故常在外国文学系后留有"暂设为英文学系"字样。大学初立，仅有"大学本科意识"还不够，还需要具体落实。此时，如何解决新建大学部各系和原来高师各部之间的课程对接，便是大学本科意识在具体落实中遇到的问题。因此，1924学年度国立广东大学进一步对文科大学部各系和高师部各系（部）做了调适和整合，其中包括外国文学系与英文部的课程设置。

在1924学年上学期《本校文科学生选课须知》中，明确规定了由高师部转入大学的学生，在学制转换、前后所习学科的关系、课程学习和学分计算等方面的内容。具体表现在以下几个方面：

在学制转换、前后所习学科之关系方面。规定高师三年级约相当于大学本科一年级，高师四年级约相当于大学本科二年级，高师毕业生约当大学本科三年级，高师二年级约当大学预科二年级，但其学业成绩则以学科为标准，而不以年期为标准。凡大学所规定的学科，在高师期间没有学习过的，都必须学习。预科之数学可酌易以其他学科，如高师已习过且有相当程度者，得予以免习，虽已习过而程度不相当者，仍须设法补习。补习的方法由审查会决定，补习可安排在开学后或者暑假期间进行，在此之前可先学习高师未学过的学科。

在学分计算方面。学分计算也称作"单位计算"，要想知道所学的高师各科与大学各科程度是否相当，可将所修过的高师各科的单位，与大学原定的文科各系的课程

---

① 黄义祥编著：《中山大学史稿：1924—1949》，广州：中山大学出版社1999年版，第41页。

总表相比较即知。如所开设的各科时数不尽为各科单位之总数，则不得比较。如单位同等，则是程度相当。大学一单位等于高师四单位。1924 学年上学期的课程表，暂时按照高师单位计算法计算，使易明了。原定文科的各系课程说明规定，学习满 40 单位者毕业，是采用学年计算法，以每学年每周授课 2 小时为 1 单位。如改为学期计算法，则每学期每周授课 4 小时为 1 单位。换用学期计算法，主要是为方便与高师比较。因高师原定课程是以每学期每周授课 1 小时为 1 单位（高师每授课 1 小时须自修 1 小时，大学每授课 1 小时，须自修 1 小时至 2 小时，自修时间均不计在内）。所以大学 1 单位等于高师 4 单位，以此推算，"自易明了"。

课程设置方面，分为必修和选修两类课程，规定各系科目每学期的平均时数，主要从必修科目、选修科目以及选修他系或者他院的科目来体现。

必修科目。中国文学系、外国文学系原定共 28 单位，史学系共 24 单位，哲学系共 23 单位。每一单位每周授课 4 小时，以 4 学年 8 学期平均计之，其每周时数如下表：

系名	每周时数
中国文学	14
外国文学	14
史学	12
哲学	11.5

选修科目。中国文学系原定至少 8 单位，外国文学系至少 6 单位，史学系、哲学系至少各 10 单位。每一单位每周授课 4 小时，以 4 学年 8 学期平均计之，其每周至少时数如下表：

系名	每周时数
中国文学	4
外国文学	3
史学	5
哲学	5

选修他系或者他院科目。选修他院科目须得本院及他院之许可，每周授课时数，至多不得超过 22 小时，至少不得减于 18 小时，除必修、选修科目时数外，每周尚有选修他系或他院科目者，至多至少时数如下表：

系名	每周时数	
	至少	至多
中国文国（学）	无	4
外国文学	1	5
史学	1	5
哲学	1.5	5.5

以上三表所列各系每学期必修、选修科目平均时数，以及选修他系或他院科目最多或最少时数，仅为大概标准，其实，每学期选修课时尚有伸缩余地。如必修科目占时数多，则选修科目时数可缩少，如必修及选修本系科目时数多，则选修他系或他院科目时数可缩少，或竟至于无。至于1924学年上学期所设之必修科目，如逾于定额一学期之总单位数，也系为各年级学生选择伸缩余地。每个人不一定要将所设的必修科目在一学期内全数修完。总以每学期每周修课时数，至多不过22小时，至少不低于18小时。而在各学年期间，修足必修科目及选修科目的法定最少数额的学位，又加上其他选修科目（指他系或他院所设科目）能凑足40单位的额度（40单位等于高师160单位，其计算法见前文）为限。

科目选修。各科所定的课程，其有活动之余地，故不作年期的分配，对于必修、选修科目，都广为开设，超过额定的单位等等，对丁应选学科，除指导员在选课时随时指导外，要求学生选课宜注意下列之数点：一是先后程序。除英文指定年期外，例如各学概论宜先学习，又如文字学为中国文学基础，研究中国政治史须学习政治学之类。二是学科义类。例如学习中国史者，宜学习中国法制史，中国经济史；学习外国史者，宜学习外国经济史；学习近代史者，宜学习近代政治史、外交史之类。三是学科辅助。例如学习文学应以哲学为思想之辅助，学习史学应以社会学、考古学等为研究辅助之类。明了此义，则所选学科虽有活动余地，但"仍有系统可寻"。

其他方面。一是规定了每学期每周授课时数之限制。其课程说明规定，学生每学年所修科目，至多不得超过11单位，至少不得少于9单位。以每学期每周时数计，即每周授课时数，至多不得超过22小时，至少不得少于18小时。而与他院相同之学科方面，也做了规定，当时与他院相同之学科，以史学系为最多。如经济学、政治学、中国法制史、中国经济史、外国经济史、近代政治史、近代外交史之类课程，法学院也都有开班上课。史学系对于此等科目，采取或特别开班或到法学院讲听的办法，"这要看这类科目选修人数之多寡来决定"。①

2. 以课程规定强化本科意识

在明晰了由高师部转入大学部的课程设置的相关区分和联系的同时，大学部文科

---

① 《本校文科学生选课须知（十三年度上学期）》，《国立广东大学学规集成》1926年，第33—36页，藏中山大学南校区图书馆校史资料室（以下简称校史资料室）。

学院制定了较为详细的本科生课程规定。首先，制定了《文科各系课程说明》，对大学文科课程提出了总体要求：

文科修课采用单位制计数办法，设立有中国文学、英国文学、史学、哲学、教育学五系。学生在学中选定一学系为专修学系后，对于该学系所属的必修科目须一律修完。而对于选修科目，则须修习够法定的最少数额之单位。此外，也可选修其他学系或他学院之科目，以凑足法定之单位总数。但选修其他学院之科目时，须得到文科及各该学院的许可。文科学生在学期间，共须习满160学分（每1学分系按每学期每周授课1小时计算）。文科学生每学年所修科目，至多不得超过22学分至少不得少于18学分。某科目的学期总成绩，满60分方算及格，然后给予该科目的原定单位。某科目超过缺席规定的限额时，则该科目的学期总成绩虽然及格，也不给予单位。凡必修学科成绩不及格者，应令重修。如选修学科成绩不及格者，可以"补习原科目或改习他科目"。①

3. 以课程指导帮助学生向高层次蜕变

制定课程指导书以规范教学的开展。为了进一步完善和便利建校初期文科学院各学系（部）学生的学习，1924年下学期，文科学院制定了课程指导书，以规范文科（含高师部）的教学开展。②

该课程指导书的内容，包括大学部和高师部两部分。大学部包括中国文学系、外国文学系、史学系、哲学系、教育学系5部分。高师部包括文史部、英语部、社会科学部3部分。大学部课程，原定1单位约等于高师部4单位，在此为联络各部课程便利起见，将大学各学科单位一律改从高师部的单位计算，即每周上课1小时者，每学期计1单位。

大学部学生需注意之事项。一是本科学生须修满160单位方能毕业。各学系必修选修科目单位总数可见下表：

系别	必须科目单位总数	选修科目单位总数	合计
中国文学系	116	44	160
外国文学系（暂设英文学系）	112	48	160
史学系	108	52	160
哲学系	参观哲学系课程		
教育学系	参观教育学系课程		

---

① 《学制及各科课程》，《国立广东大学概览》，1924年，第1-2页，藏校史资料室。
② 《本校文科学院课程指导书（十三年度下学期)》，《国立广东大学学规集成》1926年，第36—38页，藏校史资料室。

二是本科学生每学期选习科目（必修与选修合计）至多不得超过22单位，至少不得少于18单位。三是由高师转为大学之预科二年级学生，暂就本科各系科目选习，其所缺预科第二年级学分单位，将来转由大审查委员会议决修补之。

高师部学生需注意之事项。一是以四年内修满160单位为毕业，平均每学期须修满20单位（以每学年两学期计）。二是第一、二学年每学期选习的单位，最多以23为限，最少以20为限。第三、四学年每学期选习的单位，最多以24为限，最少以17为限。三是文史、英语、社会科学三部，主科副科分配如下：

部别	主科		副科
文史部	国文	历史	地理或社会学及哲学
	历史	地理	国文或英文
英语部	英文	英文	国文或教育及心理
社会科学部	教育	心理	
	经济	社会	

四年中要求主科至少须修满30单位，副科至少须修满20单位。

此外之前《高师学生须知》中规定的各则，一律有效。其余未及载列者，可由选课指导员临时说明。

1924年度下学期的选课及注册指导书，对于选课的依据及认定，以及具体选课时应该注意的事项，均也作了明确的规定。

关于选课的依据和认定。该年的选课及注册指导书的第一条规定，选课时，须携带前学期的成绩。以便于指导员审查。第二条规定，属于各系之科目，由各该系之指导员署名认可。其不专属于某一系者，则由普通指导员认可。并设置了文科学院的各系指导员，以进行选课指导。其中中文系指导员（文史部同）为吴康、杨寿昌；外国文系指导员（英语部同）为陈长乐、何乃成；史学系指导员（文史部同）为萧鸣籁、伦达如；哲学系、教育系指导员（社会科学部同）为黄希声、陈荣。不专属于某系的普通指导员为杨寿昌。属于旧制高师各部的学生选课，亦应由上列各指导员署名认可。

关于具体选课要注意的事项。该年的选课及注册指导书的第三条规定，填写课程表时，对于组别宜留意注明。第四条规定，填写课程表时，有故意将学科单位填少、希图瞒选多一、二科目者，一经发觉，即予惩戒。第五条规定，选习该学期之物11即摄影术课程者，须于注册前往会计处缴纳药品费3元。第六条规定，凡必修科目，由分组者指定某班必修某组时，不得改选别组。第七条规定，各系或各部课程选定之后，如有更改时，改选之科目须由各系指导员及学长署名认可，方算有效。第八条规定，该期大学各系学生，选修不得超过22学分，旧制高师的各部学生，一、二年级者选修不得超过23学分，三、四年级者选修不得超过24学分。第九条规定，各指导员于选修课后,即请将学生缴交的课程表交回学院办事处,以便与学生所存者比对有无差异。第十条规定,关于选课及注册手续规则等,凡经注册部公布者,均为有效。①

《文科学院课程指导书》的总的宗旨,在于统筹全校文科教学,以指引在校学生完成修业。而其具体课程设置或说更为详细的课程安排,则由各院系自己制定。外国文学系设置的课程,在尊重文科学院的相关规定的前提下,根据本学系教师和学生的实际,制定了更为细致明了的必修和选修课程。其中规定了第二外语即法、日、德、拉丁等语,为英文系的必修课程。

4. 以英语课程为主的独特风格

从相关规定的制定和颁布可以发现,外国文学系在文科学院统一强化大学本科意识的基础问题上,与该学院其他各学系一样,不具有特殊性。但在各学系各自具体课程的设置中,却独具风格。如因现实原因,暂设为英文学系,其必修、选修具体课程的设置,表现出以英文相应课程为主,中文相关课程为辅的特点,这从学分分值的设置上,可以明显地反映出来。

表1-1 1924年外国文学系(暂设英文学系)课程设置②

表一:③

必修科目	单位数
文学概论	1
修辞学	1
言语学	1
作文翻译及英语演习	4
西洋文学史	2
英文(诗歌、戏剧、小说、散文)	7
英文学史	1
第二外国语	4
高等文法	1
中国文学	2
各家专著等研究	1
乐律	1
第二外国语	2

---

① 《本校文科学院课程指导书(十三年度下学期)》,《国立广东大学学规集成》1926年,第36—38页,藏校史资料室。

② 《学制及各科课程》,《国立广东大学概览》,1924年,第3页,藏校史资料室。

③ 注:必修科目至少选修8个单位,选修科目至少选修6个单位。

表二：

选修科目	单位
近代艺术概论	1
论理学	1
美学	1
哲学概论	1
心理学	2
西洋哲学史	3

5. 语言运用型独立自主人材的培养

随着教学的深入，在课程设置方面，外国语言系不断增加了语言运用型课程的数量，这从1925年和1924年的英国文学系课程的设置比较中，便可知一二。

表1-2　1925年英国文学系课程表①

课程号数	课程名称	学分	第几年必须	预修课程　　附说
英1	文学概论	6	1	
英2	修辞学	4	1	
英3	高等文法	6	2	
英4	言语学	3	1	
英11	西洋文学史	3	2	
英12	英国文学史	3	4	
英21	歌诗	3	2	
英23	戏曲	6	3	
英25	小说	3	3	
英26	短篇小说	3	3	
英27	散文文学	3	3	
英31	名家诗	16	2	如沙士比亚等，内8学分，必修
英32	名家戏曲	3		
英33	名家小说	6	4	如史考德等

---

① 《英国文系课程表》，《国立广东大学文科学院一览》1925年，第13—14页，藏校史资料室。

续表 1-2

课程号数	课程名称	学分	第几年必须	预修课程　附说
英 34	名家文选	6		如斯宾塞、培根等
英 41	神话	2	1	
英 51	宏辩术	3		
英 52	艺术论	3		
英 53	美学	3		
英 54	文艺批判	3		
英 61	作文翻译及英语练习	3	4	上课 1 小时
英 71	现代文学	3		
英 81	应用文	3		信扎新闻商业文等

可见，1925 年英国文学系共设课程 22 种，学生须选习 40~80 学分。其中第二外国语的 16 学分、国文的 12 学分为通习的必须课程。此外，还须认定一系为辅系，要在该系选修 25~40 学分。统计 4 年需修满 160 学分，方得毕业。

从文科课程指导书到外国语言系（暂设英文学系）课程的改变，一方面体现了大学部与高师部千丝万缕的传承联系，另一方面则更加呈现了一所新成立的大学，在强化"本科意识"，走向高层次、深内涵过程中的复杂蜕变。随着这种蜕变，外国语言文学系也逐渐走向更加独立和自主的大学教育。

二、教职员

教师队伍的质量，决定了一所高校的品质和水平。国立广东大学建校初期，在保留其前身三校教师的基础上，还聘请了学有专长的各科学者，如徐甘棠、郭沫若、郁达夫、冯友兰、丁颖等。但就外国文学系的师资而言，虽有留学经历，但专业未必对口，而且队伍不太稳定。

在广东大学成立初期，外国文学系的师资级别的结构组成，分为教授、专任讲师、主任讲师、讲师四种。由于涉外专业的特性，外国文学系较之其他学系，则更重视教师的国外学习经历。就职于外国文学系教师的专业背景虽有不同，但他们都有十分明显的共同特点，即有国外留学的经历，并获取了国外院校相应的学位。而且在这些教师留学的英语国家中，又以留学美国者居多。聘请的教师除了都有留学经历外，另一个特点则是职业与专业不太对应。这一方面或许与当时国人中的留学者多与英美语言文学专业无关，另一方面可能也有广东省的地缘以及系主任的人缘关系。因为从教师的籍贯来看，大部分为广东人，其中又以广东侨乡台山的人居多，而该系主任陈长乐籍贯，亦正好在台山。

表1-3　1924年外国文学系教职员一览①

职务	姓名	别号	籍贯	履历	备注
英国文学系教授兼系主任	陈长乐		台山	芝加高大学法律博士	
英国文学系教授	黄伯诚		香山	澳洲雪梨大学文科毕业	
英文专任讲师	何乃成	斐然	南海	美国意里诺大学政治经济学士	
英文主任讲师	李剑	佐治	新会		
英文专任讲师	黄兆栋	慎邦	台山	华盛顿大学商（科）学士	
英文专任讲师	梁植槐	颂三	台山	美国哥林比亚大学外交科文学硕士	
英文专任讲师	胡美娟		台山	美国华盛顿省立大学文科学士	
英国文学讲师	曾中瀛		五华	美国依利诺大学化学科毕业	
英国文学讲师	唐星球	月池	南海	美国太平洋大学学士及加省国立大学硕士	
英文讲师	黄沧海	超良	台山	美国芝加高法律大学学士纽约大学法学硕士	
英文讲师	陈普庶		番禺	美国意利诺省立大学商科学士	
英文讲师	杨毓英		江苏	美国华沙大学学士	
英文讲师	容子静		香山	美国培道大学理科学士	
英文讲师	叶素志		台山	美国哥伦比亚大学科学学士文学硕士	
英文讲师	王觐慈		东莞	美国意利诺大学经济科硕士	
英文讲师	郭绍贤	道南	香山	金陵大学农科学士	
英文讲师	伍树英		台山	美国爱丁堡大学	
英文讲师	卓雄飞		香山	美国嘉省士丹佛学校学士加省大学硕士	
英文讲师	罗英灿		番禺	岭南学校中学毕业后往美国意省大学留学1925年卒业该校	
英文讲师	黄培鈢	伟夫	顺德	美国哥伦比亚大学商科学士	

为了充实第二外语教学的目的，自1925年起，外国文学系聘请了法文、德文教师，以作为第一外国语教学的师资补充。

---

① 《全校教职员一览》，《国立广东大学概览》1924年，第3—5页，藏校史资料室。

表 1-4 1925 年外国文学系教职员表①

职务	姓名	别字	籍贯	担任科目	履历
外国文学系主任兼教授	陈长乐		台山	英文写作、散文文学、新闻讲演	芝加高大学法律博士
外国文学系教授	黄伯诚		香山	短篇小时、沙克雷	澳洲雪梨大学文科毕业
法文教授	曾仰鸣		福建福州	法文	里昂大学文科博士
外国文学系专任讲师	林郁文			古舟子咏	
外国文学系专任讲师	何乃成	斐然	南海	英语六学校目、鲁滨孙漂游记	伊利诺大学政治经济硕士
外国文学系专任讲师	李剑	佐治	新会	该杀英诗、莎士比亚、作文辨术	葡莲士顿学士
外国文学系专任讲师	黄兆栋	慎邦	台山	英语四、贸易税则	华盛顿大学商学士
外国文学系专任讲师	梁植槐	颂三	台山	作文一、神话、华治诗	哥林比亚文学硕士
德文讲师	邱琮		大埔	德文	日本帝国大学毕业
英语讲师	黄培鉌				

从相隔一年的教师统计表可发现，外国文学系聘请的教员不仅数量减少，而且流失比较严重，但外国文学系所授语种则在增加，至少在教师师资语种的多样化上得到了加强。1925 年增加的法文教授曾仰鸣和德文讲师邱琮，为刚成立的广东大学外国文学系注入了新的活力。从某种程度上讲，真正意义上的外国文学系的教学，正是因为他们的到来，才比较名副其实。但是，外国文学系并不能真正摘掉"暂设英文系"的尾巴，因为在现实的外国文学系中，英语独当一面的"秀丽"，并未因新语种老师的聘任而被撼动。

三、学生及社团

学生作为学校教育的主体，是校史和学科史不可或缺的组成部分。学生的人数关涉学校的规模，学生的毕业率则显示了培养目标的实现程度，而学生社团活跃与否，则与学生的综合素质密切相联。

国立广东大学成立初期，学生主要由其前身三校的学生升入及招收的预科班的学生组成。据 1924 年下学期的统计，此时全校共有本科学生 764 人，预科学生 532 人，

---

① 《本学院教职员一览》，《国立广东大学文科学院一览》1925 年版，第 39—42 页，藏校史资料室。

附属师范、附属中学、附属小学及幼稚园学生1228人。① 其中，外国文学系1924年下学期共有学生31人，除4名学生来自其他省份外，剩余的学生均来自广东，并且学生的籍贯与教师一样，多集中在珠江三角洲及其毗连地区。这表明这一时期号称"国立"的广东大学师生，尤其是外语专业师生的地域分布，主要还是局限于广东，这难以与后来的国立中山大学的全国化相比拟。

表1-5　外国文学系1924年下学期学生一览表②

姓名	籍贯	姓名	籍贯	姓名	籍贯	姓名	籍贯
林祥锦	潮安	林魁	东莞	龙詹兴	合浦	郑镜淞	顺德
李唯一	广西灵州	黄振家	福建永春	载平万	潮安	刘煜枢	东莞
洪伦修	潮安	古有成	梅县	岑福祥	合浦	刘范	湖南城步
陈炳霈	阳江	周栽衍	琼山	卢秀曼	番禺	林应运	香山
朱博文	台山	叶永晟	南海	周炳辉	顺德	杜志刚	南海
杨超兰	合浦	岑麒祥	合浦	彭国栋	四川安岳	薛剑魂	顺德
钟应槐	兴宁	潘作梁	番禺	罗光繁	合浦	黎钟	南海
王淑陶	香山	丁鸿训	番禺	简液秋	香山		

注：由于建校初期没有直接招收本科生，而只是招收了预科生，而且在两年后学校又更名为"国立中山大学"，因而广东大学时期比较细致的学生统计及人数，只找到上述内容。

关于国立广东大学的毕业生。国立广东大学从1924年11月11日成立起，到1926年7月国民政府明令改名为国立中山大学止，这两年多时间里，真正意义上毕业于广东大学的学生，只有1925年和1926年两届。就外国语言专业的毕业生而言，由于材料有限，仅得知1926年外国文学系毕业生有林祥锦、张之迈和郑镜淞三人毕业。高师英语学部1926年毕业生的数量则较大，其名单详见下表③：

表1-6　国立广东大学高师英语学部1926年毕业生名单

姓名	籍贯	性别	生年	年龄	总平均	总学分
丁鸿训	广东番禺	男	1904	24	0.0	0.0
王祥生	广西博白	男	1904	24	0.0	0.0

---

① 参见黄义祥编著《中山大学史稿：1924—1949》，中山大学出版社1999年版，第50—53页。
② 《全校学生一览（十三年度下学期）·外国文学系》，《国立广东大学概览》1924年，第1—2页，藏校史资料室。
③ 下表引自黄福庆：《近代中国高等教育研究：国立中山大学（1924—1937）》，台湾"中央研究院"近代史研究所1988年版，第262—263页。

续表1-6

姓名	籍贯	性别	生年	年龄	总平均	总学分
何名洙	广东番禺	男	1902	26	0.0	0.0
吴尚时	广东开平	男	1905	23	0.0	0.0
林照寰	广东蕉岭	男	1902	26	0.0	0.0
张道	广东丰顺	男	1904	24	0.0	0.0
梁维展	广东阳江	男	1903	25	0.0	0.0
陈煐	广东番禺	男	1905	23	0.0	0.0
陈绍贤	广东惠来	男	1904	24	0.0	0.0
陶庆福	广东番禺	男	1906	22	0.0	0.0
傅福琉	广东番禺	男	1905	23	0.0	0.0
曾纪经	广东阳江	男	1905	23	0.0	0.0
汤延光	广东梅县	男	1901	27	0.0	0.0
云维□	广东文昌	男	1906	23	0.0	0.0
黄志伟	广东高要	男	1906	22	0.0	0.0
杨仲民	广东揭阳	男	1902	26	0.0	0.0
齐鸿福	广东番禺	男	1905	23	0.0	0.0
潘作樑	广东番禺	男	1906	22	0.0	0.0
郑守仁	广东揭阳	男	1903	25	0.0	0.0
黎钟	广东南海	男	1904	24	0.0	0.0
钟应槐	广东兴宁	男	/	/	0.0	0.0
罗光繁	广东合浦	男	1904	24	0.0	0.0
谭勋	广东阳江	男	1902	26	0.0	0.0
谭孔□	广东东莞	男	1905	23	0.0	0.0

关于国立广东大学的社团组织。大学社团在高校的课外教育作用不言而喻。国立广东大学的社团，分为专业性社团和非专业性社团两种。前者成立的出发点，是为了促进专业学习或学术研究，后者则更趋向于兴趣爱好等因素。就外国文学系而言，其专业型的社团，主要是根据社会科学研究会总章而设立的英文研究社，但该社此时还只是社会科学研究会的一个附设组织①。而非专业性社团的代表，则主要是国立广东大学文科师生所组成的乐群会。该会以"敬业乐群"之精神，从事于艺术的创造与享乐，以发展心能、提高情感、实现"美"与"善"的共同生活为其宗旨。

---

① 国亚萍主编：《青春南方——中山大学学生社团简史》，广州：中山大学出版社2004年版，第7—8页。

谨将乐群会的章程摘录如下①：

  本会由文科全体教职员及学生共同组成。本会事业分音乐、书画、戏剧、文艺、雕刻、游戏六项，每部设委员二人。平时由会员分部研究或练习，每人至少认定一项，至举行游艺大会时，由各会员表演所长，或陈列其创作品，以供鉴赏。本会设执行委员会议决并执行本会进行事务。

  本会活动集会方式。共分下列四种：即大会、游艺会、研究会和郊游会。大会：每年召集全体会员大会一次，于秋季开学后一星期内举行，报告会务经过，改选职员及解决各种重要事项。但遇执行委员会认为必要、或由四分之一以上会员请求时，亦得召集临时会员大会，但须过半数会员出席。游艺会：每季至少举行全体游艺大会一次，由执行委员会通告会员定期举行之。研究会：由各委员随时定期召集该部会员举行。郊游会：由各执行委员会于春秋雨季定期召集举行。

  本会经费之来源。主要有三种途径：（1）会员常费。由文科办事处于每学期之始征收，教员每人每学期五元，职员每人每学期二元，学生每人每期年一元。（2）学校补助。（3）捐款。

外国文学系的学生根据所学的外国戏剧等专业内容，在选择参加文科乐群会的时候，偏向于参加戏剧、音乐两部。随着时间的推移，广东大学文科乐群会的活动不断丰富，对后来国立中山大学文学院的"员生联欢会"，产生了积极的影响。

第二节　中山大学初建时期的英文系教学

  从1927年南京国民政府成立，到1937年抗日战争全面爆发的十年间，国家局势总体上还算稳定，中国的高等教育有一个大幅度的发展。不管是国立、私立还是教会大学，都出现了不少享誉国内外的著名学府。因此，这段时间被称为中国教育发展的"黄金十年"，也是近代中国大学的"成熟时期"。② 这种成熟既是结果的成熟，又是过程的成熟——近代中国大学在这十年的过程中逐步走向成熟。

  1926年8月，国立广东大学更名为国立中山大学，更名在一定程度上意味着学校的新生。因此学校为了适应改革的需要，不仅对组织结构进行了变更，而且对学科设置也进行了调整。如将原来的文科学院改称为文史科（1931年9月，又将文史科改称为文学院），而原从属于该学院的五系，其名称也进行了调整。如原英国文学系改为英吉利语言文学系，并欲增加法兰西语言文学系、德意志语言文学系、俄罗斯语

---

① 《本校文科乐群会章程》，《国立广东大学规程集：1926》，第38—40页，藏校史资料室。
② 李沐紫、杨倩、刘兆祥编著：《大学史记——近代中国的那些大学》，济南：济南出版社2010年版，第7页。

言文学系和东方语言文学系等系①。与科系设置随之而来的，是机构、课程、考试（入学及课程考试）等方面的改进。从课程改革的内容和第一、第二外国语组的设置来看，英语作为第一外国语的"一枝独秀"的地位不仅没有动摇，并且随着这些机构的增加，特别是第一、第二外国语组的设立，英语教学逐渐显露出向专业英语教学和公共英语教学分化的扩张趋势。这些机构的增加以及制度的设立，一方面促进了外国语教学、特别是英语教学的发展；另一方面则显现出国立中山大学的外语学科发展，在不断走向成熟。

一、机构、人事变更与规模扩张

国立中山大学成立后，组织机构的变更，带来了人事方面的调整，教学规模的扩张，也带来了教学方法的争论以及学生规模的扩大。

1. 学科规划与机构、人事、设备条件

如何进行学科定位和规模规划，是学校和学科负责人首先要面对的问题。时任校长十分重视外语学科的定位和发展规划。关于前者，朱家骅即说："中国人读英文，好的不过只能读读外国书。至于坏的，那就去做买办阶级，做帝国主义的走狗。说他们研究英文吗，完全不是的，这一点也是要改革的地方。"关于后者，他说，在不久将来，学校"如他国语言文学，如德、法、俄、日等国的，都要有讲座的设置，至少也要成为第二外国语"。

关于相关学系的变更和增加问题。根据《国立中山大学规程》，由文科学院更改而来的文史科（后又改为文科学院），除了保留了原来的外国文学系的英文外，又拟增设法兰西语言文学系、德意志语言文学系、俄罗斯语言文学系、东方语言文学系四系。但以上所举法兰西、德意志、俄罗斯、东方各语言文学系以及地理学系，当时正在筹备，尚未开办。该校当时还拟"继续筹设工学科，凡学系遇必要时得依法增设或停止之"。并设有附属于文史科的第一、第二、第三外国语补充教务会，补充教务会设置的目的是"为本校各科学生业培植之补充"。②

而机构的调整必然会带来相应的人事变更。比较国立中山大学文史科与国立广东大学文科学院相关的人事变化表，会发现英国语言文学系迎来了第三任系主任江绍原，他代替了国立广东大学时期的陈长乐之后的郁达夫。

在这"黄金十年"的"成熟期"，从学院的层级来看，文学院名称经历了文科学院——文史科——文学院的调整，行政负责人依次由傅斯年、庄泽宣（代）、刘奇峰、吴康、范锜5人主持院务；而英文系则经历了英国文学系——英吉利语言文学系——英国语言文学系的几次名字更易，其系主任则由江绍原、刘奇峰、张葆恒、张宝

---

① 《文史科教授会议要讯》，《国立中山大学日报》，民国16（1927）年5月25日，第1、2版，藏校史资料室。

② 《国立中山大学规程》，《国立中山大学讨论号及开学纪念册（1926—1927）》，第23—25页，藏校史资料室。

树相继担任。

表1-7 国立中山大学文史科科系一览表①

文史科主任（傅斯年）	系别	系主任
	哲学系	傅斯年
	史学系	傅斯年（代）
	中国语言文学系	周树人
	英吉利语言文学系	江绍原
	法兰西、德意志、俄罗斯、东方语言文学系	暂无

表1-8 国立广东大学文科学院院系一览表

文科学院文科学长（陈钟凡）	院系名称	系主任
	中国文学系	吴康
	外国文学系（暂设英文系）	陈长乐
	史学系	萧鸣籁
	哲学系	黄希声
	教育系	黄希声

学科要发展，规模要扩张，自然要面对老师的聘任问题。在教师方面，这一时期总的来说，普遍感到外语教师缺编，难以聘任。但主持者还是千方百计设法在国内外加以网罗。1927年夏，文史科主任傅斯年专门写信托请自己的老师、在北京的胡适，询问请代为物色外国教员的事办得怎样？说预科的教员问题倒是有法解决，但英文系的教员"太缺少"。虽已向英国请求派两位教员，但是"远水不及近渴"。因十月一号就要一律上课，希望胡适所检定的外国Instructors之中，有可以教本科者否？傅斯年指出，中山大学本科生的程度不齐，只要略有点文学知识，教得明白，就可以敷衍一时。他指出中国教员与外国教员不同之处在于："一是无川资，但在必要时得前支半月薪；二是薪水有240至280毫洋。"希望胡适为自己开列中国或外国教员，为大家弄到中国，外国的英文教师（Instructors）。并请傅斯年收到此信后，如有疑问，请电商议，"所有用费学校照付"。② 学校在原有外语教师队伍的基础上，在国内增聘了在英专习近代史及东方史，富于史学工具及语言知识的沈康培；在国外则聘请了柏林

---

① 《国立中山大学各行政机关主任人员一览表》，《国立中山大学日报》，民国16（1927）年5月13日，第3版。
② 王汎森、潘光哲、吴上政主编：《傅斯年遗札》（第1卷），台北："中央研究院"历史语言研究所2012年版，第109页。

大学的"哲科博士"石坦安狄特来教德文，巴黎大学文学博士、俄国人马古烈来任俄文和法文。此外，学校还托人在国外聘请教员，如在法托请伯希和聘了一个法文教授，在英托请琼斯聘了一个英语学教授，托基尔伯末利聘了一个英文学教授。[1] 从目前的记载来看，除石坦安教授有较详细的来校任教的记录外，其他教员是否都如期来校任教，尚不明了。

而教学活动的开展，离不开教学工具和参考文献的辅助。在外语图书资料方面，据1927年8月《国立第一中山大学校报》第19期所载："各种典著的字典，如牛津字典，哥里母兄弟之德字典，拉丁字典，彼得堡梵字典，及百七十余种之法、英、德、意、俄、希腊、拉丁、东方语言及各方言字典，均已购到或往订"。其他已购或已订者，包括柏林国家图书馆所作的"各种语言音片"有数种。至于英文系之设备，则"高文典册"，当代文学及"语学字典"，"均为充盈"，既非教会大学之存心，自"非教会大学之设备所可及"。[2] 显示了当时的外文字典和英文图书资料，比较丰富。

国立中山大学更名后，计划增设法兰西、德意志、俄罗斯、东方语言文学系外国语言语种教学，但没有实际设立。而新设的第一第二外国语组，并不是为了增改语种教学，而是将专业英语之外的公共英语及其他语种，进行统一、规范教学的专门组织，其教学内容依然以第一外语（英语）为主。因此，在很大程度上，这十年里英语专业仍然保持着不可争辩的"独秀"地位。

2. 教学规模之扩张与教学组织和规范

如前所述，在中山大学刚易名时期便设有附属于文史科的第一、第二、第三外国语补充教务会，其目的是为本校各科学生学业"培植之补充"，但"第一、第二、第三补充教务会议"仅作为临时会议，并非实体性专门的独立教研机构。而第一、第二外国语组的设立，弥补了除专业英语教学研究外的公共外语教学在制度和机构上的空白，具有标志性意义。

第一、第二外国语组的建立。英文作为全校包括文学院其他学科在内的公共必修的第一外语，教学由相应的非英文系的英语教师担任。因为各系外语教学有专门聘请的教员教授英文课程，考试则由各科（各学院）设立"第一外语特别考试委员会"办理相关事宜。他们均不被计为英文系教员。即便是在文学院，也是由不隶属于英文系的老师来担任相应学系的英文讲师，如哲学、历史学、社会学三系，就有独立于英吉利语言文学系的英文讲师曾纪桐[3]。而其他学院，则组建了自己相应的外语委员会。这些外语委员会独立于英吉利语言文学系外，全权负责本院的外语教学和考试。如国立中山大学工学院，就组织了自己的外国语言委员会，并制定了相应的规

---

[1] 黄仕忠编：《老中大的故事》，南京：江苏文艺出版社1998年版，第74—76页。
[2] 黄仕忠编：《老中大的故事》，南京：江苏文艺出版社1998年版，第78页。
[3] 《文学院廿二年度第一次院务会议》，《国立中山大学日报》，民国22（1933）年9月26日，第5、6版。

则和教学标准①。学校外国语言教学，特别是作为第一外语的英语教学，呈现了应"公共要求"而"各自教学"的局面，比较自由、散漫，甚至有些混乱。但自 1934 年秋季起，学校尤其是文学院，为了加强对英语教学的研究和统一管理，设立了第一、第二外语组，以统筹非英语专业的各学系的第一、第二外语的教学和科研，首先开始了"公共科目，公共教学"的改革。

文科学院吴康院长以该院第一外国语为英文，第二外国语为德文、法文、俄文、日文及辅助国际语。关于课程编配，以前向无系统之组织，致使每次开班，学生人数均过多，而程度亦参差不齐，因此授课及听课人均感乏趣，收效甚微。吴康院长因此决定从 1934 年度起，制定根本的改革计划，于该院原有的中国语言文学、哲学、史学、英国语言文学、教育学、社会学六学系之外，另增设第一、第二外国语组。规定：凡该院系第一外国语即英文（英国语言文学系除外），第二外国语即德文、法文、俄文、日文与辅助国际语，即世界语等，各种文字，皆归其统辖，并设组主任一职主持其事，拟由校长聘定的该院英文教授陈良猷担任；并由文学院拨出哲学系研究室一部，作为该组研究室之用，以便该组各教员与学生接洽教学事项。改组后教员已聘定者，第一外国语（英语）的教授有李吴桢等，副教授有伦绛雪、李惠兰等，讲师有何泊等。第二外国语的教授有张掖、居励今等（皆法文），副教授有张伯豪等（日文）。② 由此，第一、第二外国语组的组织架构基本形成。

为了进一步完善第一、第二外国语组的组织、教学等内容，1934 年 9 月 6 日召开了组务会议。会议内容包括：

第一，关于聘请教师。决定聘定古澜荫、杨琮雨担任第一外国语讲师。外国语部分，除法语、日语外，尚有德语及国际辅助语（世界语）教员尚未聘定。俄语该学期暂不开班。

第二，关于两组课程标准。其中英国语文部分，有《修辞学及作文》、《英语及演说》、《名著选读》、《翻译》四门课。《修辞及作文》要求学生在文笔方面，能达到简练明达的标准，为此须谙熟文法并注意修辞。《英语及演说》要求学生至少能够充分听懂英语的学术讲演，为此要从发音、对话、背诵、演说、讨论各方面逐渐训练，以底于成。《名著选读》是要从文字方面，帮助英国语言文学系之外的各系学生，能深切了解各自所在学系范围内的学术名著，使熟读与博览双方并进，以期达到深造。《翻译》课程要求学生能谙练学术上的各种文笔之运用，以逐渐能够发挥各自的思想。该课程当先从英文译为汉文入手，等到能准确翻译汉文时，再从事汉文译为英文的练习，直到能进行"学术上之译著为止"。

---

① 《附录国立中山大学工学院外国语委员会规则》，《附录国立中山大学工学院外国语委教学标准》，《国立中山大学二十四年——二十六年度教务会议纪事录，附免费暨公费学额委员会议录：1936—1938》，第 69—70，第 71 页，藏校史资料室。

② 《文学院增设第一第二外国语组》，《国立中山大学日报》，民国 23（1934）年 9 月 5 日，第 6 版。

第三，文学院第一外国语分班教学问题。文学院全院学生618人，依照每班不超过30人的原则，进行分班教学。其办法系按每系的第一至第三学年分为三级。每级人数在80人以上90人以下者，分为甲、乙、丙三班。其在60以下40以上者，分为甲、乙二班。30以下者不分班，在15人以下的班级，则根据其性质，大致将有关连的学系合并，如中国文学与史学之类合并成班。至于其程度较高达到一、二年级的学生，经考试及格后，可以编入适当的班次。而该二、三年级学生的分班办法，暂以上学年的成绩为标准。①

表1-9　1934年第一、第二外国语组教职员名表②

职别	姓名	备注
教授	陈良猷	
	张掖	兼英文系教授
	李函谷	
	王镜澄	
	居励今	兼英文系教授
	陈钟凡	不分系
	高剑父	不分系
	赵浩公	不分系
	周葆儒	不分系
副教授	伦绛雪	
	李惠兰	
	张伯豪	
	岑麒祥	不分系
讲师	何湘	
	朱建邦	
	杨淙	
	区声白	
	古澜荫	
	陈嘉蔼	不分系
	马采	不分系

为了进一步规范第二外国语组的相关工作，同年9月29日召开第二次组务会议，讨论议决的事项如下：

---

① 《文学院第一第二外国语组第一次组务会议录》，《国立中山大学日报》，民国23（1934）年9月10日，第9、10版。

② 《文学院英文系第一第二外国语组及不分系教授讲师题名更正》，《国立中山大学日报》，民国23（1934）年10月8日，第19版。

第一，确定了各种第二外国语课程的标准案。议决：《日语》依照张伯豪教授所拟定的原则修正后公布。《法语》第一年课程依张掖教授草拟的原则为标准，第二年课程当时居励今教授正在草拟，俟居先生拟妥送来后，再与张掖教授所拟就者同时公布。《德语》部分公推朱建邦负责草拟。世界语的课程标准，公推区声白负责草拟。

第二，确定了第一外国语（英语）各级同类功课教材统一案。议决由各任课教员会同磋商后，决定某种功课由某一教员负责采集，使之划一。

第三，确定了平时成绩考查方式案。议决《作文》、《演说》及《翻译》，应注重平时练习课卷成绩，其《应用英语》及《时文选读》等功课，则以平时自修的笔记为标准，依文学院学则第三章第二十四条之规定，切实考核平时上课之成绩，以收学生进益之效果。

第四，确定了专任教授的课外指导时间案。议决星期二、三、四、五上午10时到12时的课外指导老师，分别由李函谷、李惠兰、陈良猷、伦绛雪担任。

第五，确定了组织社会学、教育学及文史学编译研究会案。议决公推李函谷负责规划，并决定聘请与本组有关联之系所组主任及教授为该会顾问。①

3. 英文教学之分歧

在第一、第二外国语组（下称外语组）开展教研后的半年，杨淙（字亢雪）讲师发表了《关于英文教学之我见》一文，刊载于《国立中山大学日报》。杨认为外语组设立，表明学校重视外语教育，但是，外语组的教学存在着诸多问题。

首先，表现在外语组"英文教学方法及目的"。外语组所包括的学习英文的学生，如中文系、社会系、哲学系、史学系及教育系三年级以下的学生。以当时各系学生的程度与需要，及其所有学习之时间而论，施教的方法与目的应分两种：第一，以专为学得外国文字、以阅读及参考关于各生的专门学科的外国书籍为目的。此类学生，除英文系及教育系之英文组学生外，包括文科其他各系学生。第二，以学得能听、能讲、能写之能力及教学之技能为目的。此类学生包括教育系英文组及志愿学得听、讲、写作之技能的学生。学外国语言文字，学到只能阅读，仍未达到其原来目的。惟就当时学生的程度、年龄，以及在校时间的长短而言，能造就自阅读之能力已差强人意。对此类学生应如何施教呢？杨淙认为，"须严格训练并授于习读原文之方法，如了解一字之各种意义，岐字之异点，句语之分析，及字与句在文法上之任务。"所选择之材料，又不能以希腊故事、天方夜谭之类为教材，而"须依各系学生所习之科目方面，选取适当之教材"，以"引起学生之兴趣，获得学习之效果"，"达到教学之目的"。他认为当时在学生未能习读与了解原文之前，便授予英文文学概论，在学生不了解字的意义，句子的构造，便教以高级翻译；在学生既不能听又不能讲的情况下，要他们用英语来演说，"诚滑天下之大稽！"这里杨氏意在强调英文单词和句子等基础教学的重要性。

---

① 《文学院第一第二外国语组第二次组务会议录》，《国立中山大学日报》，民国23（1934）年10月9日，第3版。

其次，是外语组学生的考试甄别编级问题。作者根据其半年来教学之经验，感觉最困难之点，莫如学生程度参差不齐。在每一班中有程度极好之学生，有每一句第一个字母应该大写之常识都没有的学生。在这里学生的编级，纯粹为一个人的好恶，请问教育者将何以着手？他建议"在未编级之前，学生应当受编级试验。依学生考试成就而编定上课班次。此纯为便于教学，使能获得教学之效果已也。"

最后，作者认为外语组课程编制和教授之分配最不适当。他根据其在巴黎学习的经历认为，外语组的编制，每一班3小时，由3个教员担任的做法，既不认识学生，自然无法知道其程度的高低，更无从施教。他认为此种编制，"不特国外大学无之，即就国内而论，亦止有中山大学之第一二外国语组。"认为英语是取得习读与参考原文书籍的工具，对于认识英语单词少，听、讲都不能的学生，"不应授予"英文文学概论、英语演说之类的科目。而应根据不同年级、学生的程度、不同系别学生的不同需求，编辑各种适当的教材。而对于英文组的学生，除必修科目外，"应设特别科目"，如英语语音学、英语教学法之类等等。如此则将来学生的程度，"当可依照一定的计划和方法，达到一定的标准"。①

在杨文发表几天后，外语组李函谷、王镜澄、陈良猷、李惠兰、伦绛雪、古澜荫、何湘、伍福焜、唐汉基9人发表《文学院第一第二外国语组教授讲师声明启示》一文，对杨所提出的三方面的教学意见，逐一做了回应。最后，在声明中表达了总的看法，认为外语组成立不久，一切设施皆无成规可循，虽然大家欢迎校内外诸公惠加指教，但杨先生作为本组同事，有所建议或要求，"自当于组务会议时坦白言之"；"倘使建议或要求不获通过时，亦当细心考查不能通过之事实理由"；倘考查之后，仍以一己之建议为正当者，"则不妨再行提议，或向学校当局从容商榷"。认为大家的志趣"均在教育"，所以当"无不能开诚计议之事"。指出外语组同事多至十余人，"岂有尽受一人操纵之理？"认为杨"行事不依常规"，有"攻讦与挑衅之举"，"诚目空一切"，无爱于"友谊与师道"。为外语组所负的责任计，亦即为所属的六百余学生的英文学业计，"不得不将杨先生所发与事实不符之言论加以辩明，藉正淆惑，惟全校同人明察之！"②声明的字里行间，十分明显地流露出对于杨氏公开发表对外语组教学方面意见的不满。

事后，杨氏曾想"再撰写一文答复陈良猷、古澜荫诸先生九日校报所登启事，兹因恐引起各方误会，故作罢论"③，以较为温和的回应终止了此次争论。这里暂不论他们之间的是非曲直，却表明了文学院当时对公共英语教学的重视和分歧。

4．招生要求和进展

在招生方面，虽然学校各院系专业有异、招生人数存在多寡之别，但对于外语的

---

① 杨亢雪：《关于英文教学之我见》，《国立中山大学日报》，民国24（1935）年3月7日，第7、8版。

② 《文学院第一第二外国语组教授讲师李函谷等声明启事》，《国立中山大学日报》，民国24（1935）年3月9日，第3、4、5版。

③ 《杨亢雪重要启事》，《国立中山大学日报》，民国24（1935）年3月15日，第15版。

要求则是相同的,即要求参加招生考试的学生,必须具备一定的外语基础,并制定相应的外语考试科目,如第一外语(英语)或者第二外语(德、法、日语)科目的考试。因而英语在中山大学"一枝独秀"的地位,在入学考试时就得以体现。

中山大学易名初期,学校制定和颁布了招生简章。规定如下①:

  本大学文、理、法、农、医、工各科第一年级均有余额,定于本年暑假内招考各系学生。
  文科招考第一年级学生学额140名。投考资格:投考本科一年级者,须具有下列资格之一并缴验毕业或修业证明书:甲,国立各大学预科二年级毕业或者预科一年级毕业、曾升入本科修业一年者;乙,公立或私立大学预科二年级毕业或预科一年毕业或升入本科修业一年者;丙,高等专门学校修业二年级以上者;丁,新制高中毕业者。
  考试地点:广州在本大学,外省在各代办招生处:上海:大同大学,北京:北京大学,武昌:武昌大学,南京:南京大学,厦门:厦门大学。
  考试科目:文科、法科:国文、第一外国语(英语)翻译与作文、中外历史、第二外国语(德、法、日任报一种)翻译、中外地理政治概说、伦理学、法制经济或心理学(考文科者试验法制经济,考法科者试验心理学)。

在招生方面,鉴于当时国内"北方各地被军阀压迫,学校辍业,而长江一带,光复未久,各校多待整理,向学之人,或感无处投学"的形势,学校改革招收形式,将招生对象多样化,向社会招考预科一年级新生和二年级插班生。除法文、德文、东方语言、心理教育、地理各系外,均招一切年级插班生,并制定招生规则如下②:

  1. 所有参加各反动团体之学生,如共产党、研究、政学各系、国家主义、陈炯明各派等,概不收容,但经所在党部或地方官证明其悔过有事实可证者不论。
  2. 投考预科一年级者,须在高中一年级修业期满,旧制中学毕业或有相当程度投考各本科一年级者,须在其他国立大学预科毕业或高中毕业或可靠之私立大学预科毕业。
  3. 投考第一年级以上插班者,在其他大学经过相衔接之年级并得有修业证明书。
  4. 考试科目。预科新生初试:三民主义、国文,外国文(法、英、德择

---

① 《国立中山大学本科招生简章》,《国立中山大学校务会议纪事录(1925—1926)》,第49—50页,藏校史资料室。
② 《国立中山大学招考本预科新生及插班生》,《国立中山大学日报》,民国16(1927)年6月21日,第4版。

一)、算学。复试：历史、地理、物理、化学、博物。文史科、社会科学科一年级初试总理遗教、国文、外国文（法英德择一）；复试：算学或逻辑、历史、地理；自然科学科、医学科、农学科一年级初试总理遗教、外国文（法英德择一，惟考医科必考德文）、算学；复试：物理、化学、生物学；插班考试科目另印入招考章程中。

此后国立中山大学招生人数稳中有进。下列 1926 年至 1934 年大学本科人数统计 [民国 23（1934）年未统计未注册者 173 人]①：

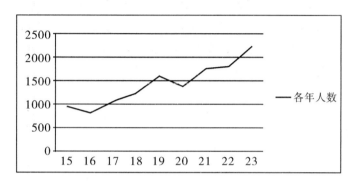

1935 年度上学期，据注册部统计，该年注册在校学生共计 2245 人，其中男生 1977 人，女生 268 人。文学院英文系一年级男生 10 人，女生 1 人；二年级男生 6 人，女生 3 人；三年级男生 12 人，女生 5 人；四年级男生 18 人，女生 7 人；合计该系人数为 62 人。②

1933—1936 年学校招生改为分院系招生，文学院英文系投考生取录人数对照如表 1-10③：

表 1-10

年度		文学院英文系
廿二（1933）年度	考生人数	37
	取录人数	25
廿三（1934）年度	考生人数	38
	取录人数	5

---

① 《本校今年大学生人数亟增》，《国立中山大学日报》，民国 23（1934）年 9 月 28 日，第 3、4 版。

② 《各学院各年级男女学生人数统计表》，《国立中山大学现状：1935》，第 40 页，藏校史资料室。

③ 《最近六年度大学本部投考取录生人数对照表》，《国立中山大学现状：1937》，第 31 页，藏校史资料室。

续表 1-10

年度		文学院英文系
廿四（1935）年度	考生人数	23
	取录人数	8
廿五（1936）年度	考生人数	46
	取录人数	21

从四年招生人数看，平均录取率在 40% 左右，但像 1934 年录取率不足 14%。可见，报考英文系人数不是很多，但因录取人数少，且报考人数的增加，使竞争显得十分激烈。广东大学易名中山大学后，英文系正常招收的学生每年 20 人左右。1928 年学校将全校学生进行了统计，其中英吉利语言文学系学生如下①：

英吉利语言文学系第一年级：郑定威　冯汉树　雷惠明　谭国耻　工衍衡　欧树文　符器傑　张镇圮　朱祖绳　刘美奇　梁永桢　吴尚势　龙荣轼　冯绍毅　陈福枢　汤星若　柳金围　黄植文　李绍华　冯光怒　林启浩　郑建楠　张维崧　何文衍（旁听生）(24 人)

英吉利语言文学系第二年级：陈铁郎　陈永森　陈尧荃　方民希　罗仰天　孙恩沛　岑麟祥　余仿真　杨淙　廖言扬　李本生（11 人）。

英吉利语言文学系第三年级：简文献　吴尚时　梁展维　岑福祥　杨仲民　黄锡廷　谢燕堃　杨文熺　韦有徽（9 人）。

英吉利语言文学系第四年级：周栽衍　郭復仁　林应运　陈炳霈　周炳辉　卢秀曼　岑麒祥（7 人）。

1928 学年第一学期，英吉利语言文学系的全部在读学生共 51 人，而由各年级人数看，越往低年级人数越多。其原因一方面是当时学校招收的学生增加，另一方面则是学校的招生宣传和招生类型有创新，如插班生、旁听生等。此外，学校的"各项费用较上海各校为廉，并置若干助学金额及奖学金额"② 予以吸引。

二、课程设置

1. 文学院课程的纲领性规定

学校的易名近乎一次重生，很多制度需要调整甚至变更，因此，文学院外国语言

---

① 《文科布告——续前期（续一）》，《国立中山大学日报》，民国 17（1928）年 4 月 10 日，第 1、2 版。

② 《国立中山大学招考本预科新生及插班生》，《国立中山大学日报》，民国 16（1927）年 6 月 21 日，第 4 版。

系较之广东大学时期的英文系,在制度上有所变动。从课程设置方面而言,此时的外国文学系在借鉴广东大学经验的基础上,逐渐加以调整。具体体现在1935年文学院制定的包括英文系在内的学生学制科目(课程)和成绩统计的相关条例上,其中有17条纲领性的规定①:

  本学院制采用年级学分混合制,其课目成绩以学分计算。每课目每周授课一小时满一学期者为一学分,但实习钟点二小时作授课一小时计;凡本学院学生,至少须在学八学期并修满一百六十学分(党义军训学分在外)始得毕业。本学院各学系第一、二年级学生,每学期所习课目,至少达二十学分,至多不得达二十四学分;第三、四年级学生每学期至少须达十八学分,至多不得过二十二学分。本学院各学系第一学年之学生,至少须取得三十六学分,始得升入第二学年。其第二学年之学生,至少须取得七十二学分,始得升入第三学年。其第三学年之学生,至少须取得百十六学分,始得升入第四学年。本学院各学系课目分必修、选修两种,并依照本大学组织大纲第二十三条及第二十四条之规定编配之。但在八学期内,各学系学生必须在所属学系选修课目中,至少修满三十学分以上。各课目成绩以百分计算,凡满六十分者则为及格,取得该课目之规定学分。各课目成绩分平时成绩及期考成绩两种。各课目成绩之计算,平时成绩至少占学期成绩百分之五十。本学院学生在一年内所习必修课目有三课目成绩不及格者,不论其满四十分与否,一概不得补考。本学院各课目成绩每学期计算一次,但课目须习两学期而只修习一学期者,不得计算学分。继续习一年之课目,其中一学期之成绩不及格而在四十分以上,若二学期之平均分满六十五分者,仍视为二学期成绩及格。本学院学生继续二次不得升级者,着令退学。本学院各学系均以英文为第一外国语,并为第一、二、三年级共同必修课目。本学院于每学年第一学期开课后两星期内举行第一外国语特别考试,由院长、英国语言文学系主任、其他各学系主任及担任该课目之教员组织委员会办理之。除外国语言文学系外,各学系学生于第三学年开始时,得参与第一外国语特别考试,以第三学年终了时之程度为考试之标准,学生应考及格者,得免修第三年级英文。第二外国语为德文、法文、俄文、日文四种。学生得任选一种。第二外国语为英国文学系必修课目,而为其他各学系之选修课目。但学生选习此类外国语,无论其为必修、选修,至少须连修两年,始计学分。凡本学院请求转系学生,得分别转入各学系第一、二年级。惟不得许转入第三年级。其由本大学其他学院转入本学院之学生,只限转入本学院各学系第一年级。至由他校转入者,得分别转入本学院各学系之第一、二、三年级,惟不许转入第四年级。本学院学生必须于在学的最后一学期提出研究论文,经所属学系系务会议评定合格,始准毕业,论文条例另定之。

---

 ① 《文学院学则·学制课目及成绩》,《国立中山大学二十一年度概览:1933》,第46—47页,藏校史资料室。

《文学院学则》详细规定了学生须学习的科目和成绩考核要求,而对英语科目的要求依旧作为基本外语,且不分英语专业和非英语专业,均为必须考核的科目。为了适应这种要求,学院在外语教学中做了细致安排。

2. 英语专业的选修必修课程

英语课程设置。文科学院改为文史科期间,英吉利语言文学系的外语教学,在参照之前的经验外,很多时候对于外语教学的相关规定和安排,如选课要求、课程名称、所分班组、免修教材、任课教师、时间、地点、考勤等,还有具体的、针对性较强的规定,并及时发布通知,以示认真和重视。

如关于法文教学,通知规定:英文系的法文教学,分为甲、乙两组,每周4小时。甲组专为读过法文一年者而设,乙组专为未习过法文者而设,要求学生按照自己的程度进行选课。英文系学生,要求必修选法文或者德文4小时。①

而作为第二外国语的法文教学,则分初级、进级及特别班三种。初级每周4小时,星期三、五下午6时至8时,在第5教室上课,专为未学过法文者设。进级专为学过一年法文者设,与英文系法文甲组同,不另开班。各生欲选进级法文者,可选英文系的甲组法文。特别班专为学过三、四年法文者设,上课时间未定,选修各生,可向李德桂教授接洽。该学期由圣心学校转来的各生,要求应选此课。以上各组均由李德桂教授担任,用书将于上课时宣布。

非英语专业的外语教学。1927学年第一学期的告示中,明确规定了非英语专业的学生,必须选修一门外语并考试合格,才能继续升级:

文科重要布告(一)②

本学期哲学、国文、历史、心理、教育五系之第一外国语,除本届由圣心考试升学之三数人仍应以法文为第一外国语外,其余一切诸生,均应以英文为第一外国语。此项第一外国语之英文,现分四组讲授。甲组:文法、读本、作文练习等。乙组:文法、文学选读、作文练习等。丙组:修辞学、文学选读、作文练习等。以上均每周四时,甲最浅,乙较深,丙又深。丁组:能以英文方便自由听讲者,可入此组,即在该系中任选三时,不另开班。

其时甲组导师请陈受荣担任,乙组请黄炳章担任,丙组教授待定,要求学生自量学力分入各组。并告白道:

本学期实行上学期教授会议决议,本科学生,除英文系以法文或德文为副语外,一切学生均须选修此项第一外国语之英文,如不选修或选修考试不及格,无

---

① 《文科告白》,《国立中山大学日报》,民国16(1927)年10月14日,第1版。
② 《文科重要布告(一)》,《国立中山大学日报》,民国16(1927)年10月26日,第1、2版。

论其他成绩如何，均不得升级，先行通知，幸各留意。自二十五日起，此课上课，所有缺席，一律严密登记计算，此白。

附时间表：

科目	地点	星期	时间
英文甲	教室（4）	三	六时至八时
英文乙	教室（6）	三	六时至八时
英文甲	教室（4）	五	六时至八时
英文乙	教室（6）	五	六时至八时

在这些简便的告白中，除了日常教务外，也有发布一些外国教员的相关信息。如文科告白（二）[①]：

马沙先生（Mr. Marshall）英国史上课时间表，昨在课堂与诸生商定如下：星期一：一时半至二时半；星期四：二时半到四时半。但此宜为下星期用星期一尚须上课商量，仰上此课者于考后二星期一（三月五日）一时半到堂商定至要。

此外，在民国17（1928年——引者）年9月聘请英国诗人Speneer为文科教员[②]。

在教学的过程中，英语（第一外语）的教学设置进一步细化，除通常的分组、任课教师等外，特别规定考核要求，以适应不同层次学生的实际情况。教学的效果，是希望学生在一定时间内，能够自如地阅读和写作。[③] 1927学年第二学期的文科告示称：

本学期第一外国语（英语）办法，本学期第一外国语分甲、乙、丙、丁四组，甲组用书最浅，乙组稍高，丙组次高，丁组则为英文系之科目。甲、乙、丙三组均由陈永杰讲师担任，每周各四时。时间表列后。凡习甲、乙、丙三组之一者，均须每星期（至少）作文一次，即由陈先生改正。愿习丁组者，可于英文系之功课中提三时以上当之，不另设班。仰诸生于本星期二日起试习一周，以定提习何组，再来文科报名至要……缺席由明日起计算；上学期第一外国语因各种变迁，未能贯彻初计，本学期必彻底振作，务求一年之内，诸生均能读写自由，幸各务忽，至盼至盼。

[①]《文科告白（二）》，《国立中山大学日报》，民国17（1928）年2月25日，第1版。
[②]《文科新聘七位教员》，《国立中山大学日报》，民国17（1928）年9月11日，第3版。
[③]《文科告白》，《国立中山大学日报》，民国17（1928）年3月6日，第1版。

为了给学生提供方便，同时也为了给不同年级的学生提供不同的教学内容，在以后的课程设置中，中山大学外语学科为不同年级规定了不同的必修科目，而将选修科目作为各年级学生学习辅助的内容。这可从1930年英吉利语言文学系科的必修科目得到说明①：

表1-11　1930年英吉利语言文学系必修科目

年级 \ 科目	必修科目	学分	合计学分
第一学年	党义	2	16.5
	军事训练	1.5	
	英文修文及修辞	3	
	英国文学史	3	
	短片小说	3	
	法文	4	
第二学年	党义	1	15.5
	军事训练	1.5	
	高等作文	3	
	诗学导论	3	
	散文选	3	
	法文	4	
第三学年	18世纪文学	3	13
	19世纪文学	3	
	英文文字学	3	
	法文	4	
第四学年	文艺批评	3	6
	莎士比亚	3	

此次课程设置，突显之处在于，一、二年级在专业课外，另设置了《党义》、《军事训练》为必须课程。其原因大概有二：其一是国民政府政治要求的体现；其二则是限于当时国内环境的需要。

选修科目：散文，戏剧文学，英国戏剧史，伊卜生及其时代，近代戏剧，浪漫文学，戏剧的技术，唯美派文学，拉丁文，希伯来文学，罗马文学，希腊文学，现代戏

---

① 《文科英吉利语言文学系科目》，《国立中山大学日报》，民国19（1930）年4月17日，第4版。

剧，现代文艺思潮，希腊悲剧，近代小说，Sheridan and Goldsmith, Milton, Browning, Chaucer, Thackera's Great Hoggarty Diamond, 伊丽莎白朝文学，俄国文学，北欧文学，中国文学史，哲学导论，科学导论，心理学导论，希腊哲学，进化论，先秦文，哲学史，英国史，柏拉图及亚力士大德，论理学。

全校统一设置必修和选修科目问题的提出。随着教育教学实践的深入，全校在课程设置方面存在的问题也逐渐显露出来，如自由开课，科目繁多，重复累赘，费时费力。诚如学校教务会议所言，"本大学课程，向由各学院各自编订，未有作全校整个的筹算。课目之开设，每因教者所能，而不计学者所需。故课目繁多，其中不少重开者，不切需要者，实同而名异者，而必修与选修亦未尽衡确。现教务处因谋课程之改善，乃将廿年课程厘定，分别裁减归并，务使课目无虚设，教者不至徒劳无功，学者不至费时无益"①。因此，在1931年全校有统一设置必修课和选修课的规定。受全校课程统一规定的影响，英国语言文学系也重新设置了必修和选修科目。见表1-12，1-13：

表1-12 1931年英国语言文学系必修科目

课程	学分	课程	学分
英国文学史	3	散文一、二、三	6（各2学分）
高等作文甲	2	文学导论一、二	4
作文及修养	3	文艺批评	3
法文甲、乙	8（各4学分）		

表1-13 1931年英语语言文学系选修科目

课程	学分	课程	学分
法国小说	3	诗歌	2
散文四	2	英语会话	1
高等作文乙	2	莎士比亚	3
希腊悲剧	3	欧洲文学	3
莎士比亚喜剧	3	英国史	2
翻译	3	欧洲文艺史	2
日本文学史	3	法国剧	3

此次重新设置了英国语言文学系的必修和选修课程，必修课程相对选修课程少，

---

① 《课程》，《国立中山大学十五——二十年度教务会议纪事录（1927—1931）》，第7页，藏校史资料室。

但权重大,这有利于引导学生对专业课的重视和学习,同时能使学有余力者汲取其他课程的知识,因而在课程设置上表现得更趋合理和科学。此类课程的设置,显示了英语专业教育在不断地走向成熟。

3. 德文、日文等其他语种课程设置

文科学院改为文史科后,并欲改设、增设相关学系。新建的文史科除英国语言文学系外,还有拟设法兰西语言文学系、德意志语言文学系、俄罗斯语言文学系和东方语言文学系的考虑。1927年5月的文史科教授会议中,议决于下一学期增加心理学、教育学、法语学、德语学、东方语言学等学系①。但由于师资等原因,后三者仅仅设立了系名,没有实质设立,而这些语言课程则成为第二外语供学生选择。

为了充实第二外语,学校积极聘请了外籍教员。其中,有比较详细记载开设课程及其要求的,是德文教授石坦安②。石教授1927年11月才到校,《中山大学日报》随即发布告白:

> 理、医、预各科愿补德文者注意,德文教授石坦安博士现已到校,所任德文,现分班教授如次:第二外国语德文甲组,已读过一学期以上者。每周四小时:星期二,六至八时;星期四,六至八时。第二外国语德文乙组,未习过者每周四小时:星期三,六至八时;星期五,六至八时。英文系德文甲组同上甲组,英文系德文乙组:星期三、星期五二时半至四时半。以上均于星期五起上课。此外,如有特殊情形,须开特别班者,可随时来文科办事处与石教授接洽。其医科、理科及预科同学愿加入修习者,得自由参加报名听讲,如人数稍多,亦可为之特别开班,每班如逾五六人即可另开一班,以便练习而求速效。③

石坦安教授一到校,旋即进入教学状态,并结合实际进行开课,反映了德籍教授的认真和严谨。

第二学年后,石坦安教授在原有的基础上,对德文教学在时间、内容和接收学生方面,进行了一定的调整。一是初级德文(即上学期之乙级),教室上练习的便利,增加为六小时;二是进级德文(即上学期之甲级),在原有四时基础上,又增加德语诗歌二时。德语诗歌算在《进级德文》一课之内,不愿兼者亦可。这些都是德文功课,不再作英文系与非英文系的区别。④

文史科设有东方语言文学系,开始由于师资的原因,日本语的教学几近停滞。但随着时间的推移,东方语种作为选修课程逐渐兴起。如关德寅讲师教授的日文课,因

---

① 《文史科教授会议要讯》,《国立中山大学日报》,民国16(1927)年5月25日,第2版。
② 《文科告白(一)》,《国立中山大学日报》,民国16(1927)年10月8日,第2版。
③ 《文科布告(一)》,《国立中山大学日报》,民国16(1927)年11月3日,第2版。
④ 《文科告白(二)》,《国立中山大学日报》,民国17(1928)年2月18日,第1版。

为"选习人数太多",不得不"增开乙班"①。其他语种,如希伯来文学、拉丁文等,也作为选修科目提供给学生选习②。

虽然外国语言文学教学的种类在不断地增加和改进,如德文、日文、法文语种的增加以及不断增加的上课时间,但仍不能改变英语在外国语教学和学习中"一枝独秀"的地位,这从各文史科外国语种课程表中,便可观察一二。1928年《国立中山大学文科时间总表》制定的课表,见表1-14③(表中时间表达依照原文):

表1-14 1928年国立中山大学文科时间总表

时间＼星期	一	二	三
八时至九时		英近代散文选甲（刘）	英文学史（刘）
九时到十时	近代散文选（龚）	近代英国小说（杨） 维多利亚文学（刘）	英文学史（刘） 英近代散文选（龚）
十时到十一时	迭更司小说（龚）	当代戏剧（杨）	
十二时半到一时半	近代诗选（龚）	欧洲古代文化（石） 法文特别班（李）	莎士比亚剧（龚）
一时半至二时半	英国史（马）	文艺批评（刘）	
二时半到三时半	英国史（马）		
三时半到四时半	英国史（马）		
六时到七时	英作文丙（李） 法文特别班（李） 初级德文（石）	法史甲（李） 德文甲（石）	
七时到八时	英作文丙（李） 法文特别班（李） 初级德文（石）	法文甲（李） 德文甲（石）	

---

① 《文科布告（一）》,《国立中山大学日报》,民国19（1930）年2月25日,第3版。
② 《文科英吉利语言文学系科目》,《国立中山大学日报合册》,民国19（1930）年4月17日,第4版。
③ 《国立中山大学文科时间总表（续）》,《国立中山大学日报合册》第1卷,民国17（1928）年2月27日,第3、4版；民国17（1928）年2月28日,第3版；民国17（1928）年2月29日,第3、4版。

续表 1-14

时间 \ 星期	四	五	六
八时至九时		英作文甲（李）	
九时到十时	近代英国小说（杨） 维多利亚文学（刘）	近代诗选（龚）	近代英国小说（杨） 维多利亚文学（刘）
十时到十一时		近代诗选（龚）	
十二时半到一时半	英国文学史（刘）	莎士比亚剧（龚）	法文特别班（李）
一时半至二时半		德语诗歌（石） 法文乙（李）	
二时半到三时半			
三时半到四时半		法文乙（李）	
六时到七时		英作文乙（李） 法文初级（李） 初级德文（石）	
七时到八时		英作文乙（李） 法文初级（李） 初级德文（石）	

该课表直观地反映了必修科目中，英语相关科目的绝对数量，但选修科目中，第二外语课程在数量上占有优势。原因是中山大学在更名后不久，便重申将第一外国语（暂定英文）作为本科各系的共同必修科目，并于学期考试外举行特别考试①，从而从制度层面上，确立了英语"一枝独秀"的地位。

4. 英语语言文学系教员与课程

相较于广东大学时期，易名后的英语语言文学系教员，从讲师到教授均有较大的变动。在课程方面，则表现为教授承担了比讲师更多的课程。

---

① 《文科学则》，《国立中山大学教务会议议决各种章程：1929》，第43页，藏校史资料室。

表 1-15　1927 年文科英吉利语言文学系教授课程①

姓名	科目	时数	附记
龚茹里	莎士比亚剧	2 小时	半年
	近代诗选	3 小时	半年
	迭更司小说	2 小时	半年
	近代散文选	2 小时	半年
刘奇峰	文艺批评选读	3 小时	半年
	近代散文选	3 小时	半年
	浪漫派文学	3 小时	一年
	维多利亚朝文学史	3 小时	半年
江绍原	课程未定明日续布		
杨振声	当代戏剧	3 小时	一年
	英国文学史大纲	3 小时	半年
	近代英国小说	3 小时	一年
	莎士比亚剧	3 小时	半年

表 1-16　1928 年文科教授所授课程②

姓名	科名	时数	附记
龚茹里	现代名剧选读，英诗选，莎士比亚喜剧	各 2 小时	均为 1 年
刘奇峰	英国文学史，文艺批评，浪漫派文学，名家小说选读	各 3 小时	均为 1 年
石坦安	德文（初级、高级），基督教与西洋文化	德文每组 6 小时，后者 2 小时	均为 1 年
钟建宏	第一外国语（分 5 组）	每组 3 小时	1 年

---

① 《文科英吉利语言文学系教授课程》，《国立中山大学日报》，民国 16（1928）年 9 月 27 日，第 2 版。

② 《文科十七年度上学期科目总表》，《国立中山大学日报》，民国 17（1928）年 10 月 18 日，第 3 版；19 日，第 4 版。

表 1-17　文科 1928 年度下学期科目总表①

职别	姓名	科目	每周时数	附记
文科教授	龚茹里	莎士比亚喜剧	2	
		英诗选	2	
文科教授	刘奇峰	英国文学史	3	
		美学	1	作 2 个单位
		名家小说选读	3	
		文艺批评	3	
文科教授	石坦安	基督教与西洋文化	2	
		德文（初级）	6	
		德文（高级）	6	
文科教授	叶素志	第一外国语（五组）	3	教甲、教乙、哲、中史甲、中史乙
文科教员	李德桂	法文（甲）	4	
		法文（乙）	4	
文科讲师	陈其福	19 世纪小说	1	
		19 世纪诗歌	1	
		英国戏剧史	1	

从讲师到教授所担任的课程，涵盖了英文专业所必修的所有课程；而教授在教学中担任的课程较之讲师为多，可见教授已真正成为大学教育的施教主力。其后，原主任刘奇峰教授离职，张葆恒教授继任系主任，教职员结构产生了较大变化。

表 1-18　1928 年度英国语言文学系教师备录②

职别	姓名	籍贯	课程	备注
教授	符佑之	英国	英文	
教授	韦士□	英国	英文	
教授	黄学勤	广东台山	英文	广东大学和中山大学教授
教授	张掖	广东大埔	高级法兰西文法	广东大学和中山大学教授

---

① 《文科十七年度下学期科目总表》、《文科十七年度下学期科目总表（续）》、《文科十七年度下学期科目总表（再续）》，《国立中山大学日报》，民国 18（1929）年 2 月 22 日，第 4 版；23 日，第 4 版；25 日，第 4 版。

② 《文学院·教员》，《国立中山大学二十一年度概览：1933》，第 356—358 页，藏校史资料室。

续表 1-18

职别	姓名	籍贯	课程	备注
教授	居励今	湖北广济	法文	广东大学和中山大学教授
教授	张葆恒	广东东莞	英国近代散文、俄国小说、英国小说、摆伦	
副教授	伦绛雪	广东南海	商业英语及高中部英文	美国纽约美华英文学校英文主任等
讲师	陆明	广东鹤山	英文	香港英文商业学校校长等
讲师	李惠馨	广东新会	英文	
讲师	张伯豪	广东平远	日文	平远私立三省中学校长等
讲师	黄兆栋	广东台山	英文	广州岭南大学、广东高等师范、广东大学教授等
讲师	何家浚	广东中山	德文	广东建设厅工业试验所技正，广东省政府南路实业调查委员，中大医科化验师等

从表中可看出，在张葆恒教授担任系主任期间引进的很多讲师，多兼有校外其他学校或机构的职位，教师队伍更加多元化，但教授依然是该系专业教育的主力。

不过，此时英文系的薄弱之处，在于相关科研论文及著作较少。张宝树接任系主任后，逐渐重视英语语言文学系的科研工作，他在继任系主任不久，便出版由其撰写的《笔耕者言》一书，"对如何研究英文多有发挥"①。在张宝树任系主任期间，英文系研究室专门发起"自由论文竞赛（The Freedom Prize Essay Competition）"，向全校师生征求稿件。② 学校师生积极响应"自由"论文竞赛，报名的人"为数不少"。英文系研究室考虑到"同学间仍有未及周知者，致遭向隅"③，决定将报名时间延长一周。

随后，在教师队伍中，英语文学系由原来的以教学为主，逐渐开始向教学、科研相兼顾的方向发展。

三、英国语言文学系的考试

考试作为检验学生课业水平的衡量标准，是学校教育中极为重要的环节。1930年编辑《国立中山大学法规集》中规定，本科学生考试分为平时、学期、转校、转科及转系五种。④ 而这五种考试具体操作如下：平时考试采用笔试或口试方式。学期

---

① 《英文系张主任宝树所著〈笔耕者言〉已出版》，《国立中山大学日报》，民国 25（1936）年 10 月 6 日，第 5、6 版。
② 《自由论文竞赛》，《国立中山大学日报》，民国 25（1936）年 10 月 20 日，第 5、6 版。
③ 《"自由"论文竞赛》，《国立中山大学日报》，民国 25（1936）年 11 月 2 日，第 14 版。
④ 《文科学则·试则》，《国立中山大学法规集》，1930 年，第 23 页，藏校史资料室。

考试，须用笔试或加口试，倘因特别事故不能举行时，经科主任审查任课情况，则其成绩得以用其他方法所得之成绩代替。转校考试适用于非本校认可、程度相当该学校的文科学生，其考试科目及日期由本科酌定，呈准校长公布。转科或转系之学生，均应接受一种相应的考试或审查，其考试之科目及日期，由该科酌定。①

考试是一件严肃的事情，要求十分严格。第一任文史科主任傅斯年认为，考察学生成绩，"须从严格"，并致函各科教授、讲师，说"近闻"本科教授、讲师有将考题交学生在家自作者，认为这"与教务会议议决案不符，且恐一有此例，学生向各教员同作要求，势至教务会议所定规则，一律在文科放弃"。为此他"奉白各同事先生"，除每科目的课后作业（如小论文放为平日成绩）的题目应预告外，"其余一切考法"，均要等待开会共同决定，如以前有给学生出了考题的，"请向学生声明作废"。②

为此，傅斯年特意主持制定了文史科考试出题办法，该办法规定：①毕业、学年考试，除特别情形外，一律在堂上考试。所谓特别情形者，包括只有参考书及讲义，笔记不完全者；或者教员不在，由教务处代考者。只有遇到上项情形之一，才能在课堂外写论文代替，但题目须带研究性质。②不得预告范围。③所出题比应答之题宜多一倍以上，任意选择作之，例如三选一、五选二、七选三、九选四等等。④考试时间每门课三小时或稍少一点。⑤考试题目不以记忆为限，而须注意其心得。⑥学生不得要求教员预出题目及范围。⑦毕业试题，在规定的时间内由教员拟定，亲交傅斯年主任转交教务处。⑧每课之有平时成绩者，应占该课成绩百分之四十，考试成绩占该科成绩百分之六十。⑨请各教员依次报告所任科目毕业考试案（具特别情形者另记）。⑩因文史科系行选课制，各学生报选错综不齐，建议数课局部须提前考试，以免一周之内考不完结。

此外，会议还制定了《招生考试等件》、《招插班生考试题等》。③

针对不同类型学生，会有不同的考试题目。如插班生与正式生的差异，故而在考试方式上也是多样的。文史科主要制定了三种：一是讲堂上无平时成绩者；二是讲堂上有平时成绩者；三是讲堂下自作研究者。并确定相关科目的考试的方式。④

考试监考办法及堂上考试的具体要求规定。按照《考试办法》规定，除特殊情形（如教员不在，由教务处代考）外，教员均须监考其所教授的科目，考试的内容、形式及衡量的标准，则由相应科目的老师定夺，其中包括毕业考试这种关系较大的考试。如《文史科第三次教授会议纪事录》记载⑤，议决有关于该学期期考问题各案如

---

① 《文科学则·试则》，《国立中山大学法规集》，1930年，第23页，藏校史资料室。
② 《文史科严格考查学生成绩》，《国立中山大学日报》，民国16（1927）年5月21日，第1版。
③ 《文科教授会议要讯》，《国立中山大学日报》，民国16（1927）年5月25日，第2版。
④ 《文史科各系及高师毕业考试方法》，《国立中山大学日报》，民国16（1927）年5月25日，第2版。
⑤ 《文史科第三次教授会议纪事录》，《国立中山大学日报》，民国17（1928）年6月2日，第2版。

下：一是考试时各教员须亲自到堂监考。如有特别事故不能到堂监考时，须先通知文科主任，得其许可后，请别位教员代替。二是考试时除英文系若干种功课得由教员特别许可带字典外，其余不得携带任何一切书籍、讲义、笔记等上堂。三是考试除指定科目在堂下自作研究外，其余一切科目均在堂上考试。四是每科考试时间定为两小时。五是各科学生平时成绩，算学期绩分30—50，由各小组自计，向文科报告。六是凡学生前学期所选之功课，在第二学期考试合格者，教员出试题时应分两类。七请各教员将一切学生上课卷交文科办事处照实核算缺席。这些规定远比现在的考试认真、严格和规范。

有考试便有通过者与未通过者。对于未通过者，按照规定，学生需要辅修未通过考试的科目和补考。若补考不及格，则须重修后方准再考。而英吉利语言文学系则规定，第二年级者，必须于第三年达到第一外国语标准，否则不得升入第三年级①。此外，对于本科学生学期考试不及格者，规定"四十分以上者，准予补考"，而"不满四十分者，不准补考"。因事请假，得到科主任核准者，也得参加补考。补考一般定在每学期开学后两周内举行，补考"以一次为限"，如补考成绩仍不及格者，须重修后方准再考；再不及格，着令退学。对于一学年内，所学科目有五科不及格者，须着令退学。②

而关于毕业考试，在参照以上考试外，有的教师会提出其对考试具体和个别的要求，如龚茹里教授毕业考试中就要求学生"不在记忆只重领会"，甚至可以带课本，防止死记硬背。具体可参见下表③（表中时间表述依照原文）：

表1-20 英吉利语言文学系提前毕业考试科目表

教员姓名	提前考试科目	时间	教室	附记
龚茹里	维多利亚朝散文	星期二上午九时至十一时（五月卅一日）	西110	龚茹里所订题目不在记忆只重领会，考试时应带课堂所用教本
	英文诗选	星期二下午十二时半至二时半（五月卅一日）	西110	
	近代英文学史	星期四上午九时至十一时（六月二日）	西110	
	莎士比亚剧	星期四下午十二时半至二时半（六月二日）	西110	
陈真福	维多利亚朝诗人	星期五上午七时至九时（六月三日）	西110	
	维多利亚朝小说	星期五上午九时至一时（六月三日）	西110	
	英戏剧论	星期五下午十二时半至二时半（六月三日）	西110	

在严格的考试制度下，能够持续升级并最终毕业者，自然是学生中的佼佼者。根

---

① 《十七年度临时办法》，《国立中山大学教务会议议决各种章程》，1929年，第45页。
② 《文科学则·试则》，《国立中山大学法规集》，1930年，第23—24页，藏校史资料室。
③ 《文史科提前毕业考试时间表》，《国立中山大学日报》，民国16（1927）年5月28日，第1、2版。表中数字依原文。

据研究统计，1926—1927 年度毕业生如下：郑镜淞、林祥锦、张之迈、岑麒祥、郭復仁、陈炳霈、周炳辉、卢秀曼、周栽衍①。到了 1937 年，英文系毕业生共计 110 人②。其中 1936 年英文系毕业生提名有 23 名③，但实际毕业生 19 名④。这种情况除了学分不足外，还有另外两个原因：一是题名毕业生没有提交毕业论文，或提交的论文未能通过；二是遗失或迟交相关证件⑤。英文系从民国 16（1927）年到民国 26（1937）年的十年间，毕业学生名录见下表：⑥

表 1-21 1927—1937 年中山大学英国语言文学系毕业生名录

姓名	籍贯	性别	毕业年度	生年	年龄	总平均
吴尚时	广东开平	男	17	1905	25	0.0
岑福祥	广东合浦	男	17	1905	25	0.0
韦有徽	广东中山	男	17	1907	23	0.0
张介兴	福建永定	男	17	1905	25	0.0
梁维展	广东阳江	男	17	1903	27	0.0
黄锡廷	广东新会	男	17	1906	24	0.0
杨文熺	广西容县	男	17	1903	27	0.0
谢燕堃	广东番禺	男	17	1905	25	0.0
简文献	广东中山	男	17	1907	23	0.0
谭勋	广东阳江	男	17	1902	28	0.0
方民希	广东中山	男	18	1906	25	0.0
余方真	广东澄海	男	18	1907	24	0.0
岑麒祥	广东合浦	男	18	1906	25	0.0
李本生	广东台山	男	18	1906	25	0.0
陈永森	广东新会	男	18	1906	25	0.0

---

① 《本届毕业生题名录》，《国立中山大学日报》，民国 17（1928）年 6 月 27 日，第 3 版。
② 黄福庆：《近代中国高等教育研究：国立中山大学（1924—1937）》，"中央研究院"近代史研究所 1988 年版，第 255—259 页。
③ 《本校今日举行第十届毕业典礼·本届毕业生题名》，《国立中山大学日报》，民国 25（1936）年 6 月 25 日，第 5 版。
④ 黄福庆：《近代中国高等教育研究：国立中山大学（1924—1937）》，"中央研究院"近代史研究所 1988 年版，第 258 页。
⑤ 黄福庆：《近代中国高等教育研究：国立中山大学（1924—1937）》，"中央研究院"近代史研究所 1988 年版，第 258 页。
⑥ 引自黄福庆：《近代中国高等教育研究：国立中山大学（1924—1937）》，"中央研究院"近代史研究所 1988 年版，第 255—259 页。

续表1-21

姓名	籍贯	性别	毕业年度	生年	年龄	总平均
陈尧荃	广东新会	男	18	1905	26	0.0
陈铁郎	广东四会	男	18	1907	24	0.0
杨淙	广东梅县	男	18	1905	26	0.0
简液秋	广东中山	男	18	1903	28	0.0
罗仰天	广东顺德	男	18	1906	25	0.0
吴尚势	广东开平	男	19	1909	23	0.0
林启浩	广东平远	男	19	1907	25	0.0
张维崧	广西平南	男	19	1905	27	0.0
张镇屺	广东番禺	男	19	1906	26	0.0
梁永桢	广东潮阳	男	19	1908	24	0.0
符器杰	广东文昌	男	19	1906	26	0.0
陈福枢	广东东莞	男	19	1910	22	0.0
汤星若	广东新会	男	19	1908	24	0.0
冯绍毅	广东顺德	男	19	1907	25	0.0
黄植文	广东惠阳	男	19	1908	24	0.0
黄漪川	广东梅县	男	19	1906	26	0.0
欧树文	广东饶平	男	19	1908	24	0.0
郑定威	广东顺德	男	19	1908	24	0.0
郑建楠	广东	男	19	1907	25	0.0
龙荣轼	广东连县	男	19	1911	21	0.0
何世明	广东顺德	男	23	1911	25	0.0
利秉芳	广东东莞	男	23	1912	24	0.0
岑嘉崇	广东合浦	男	23	1912	24	0.0
李安治	湖南桂阳	男	23	1911	25	0.0
沈昌	广东番禺	男	23	1912	24	0.0
周若愚	广东新会	女	23	1910	26	0.0
马有为	广东台山	男	23	1909	27	0.0
梁杰堂	广东宝安	男	23	1911	25	0.0
郭应阳	广东南海	男	23	1913	23	0.0
黄倩怡	广东中山	女	23	1915	21	0.0
杨庆燊	广东梅县	男	23	1911	25	0.0
赵自强	广东新会	男	23	1911	25	0.0

续表1-21

姓名	籍贯	性别	毕业年度	生年	年龄	总平均
郑毓坤	广东宝安	男	23	1911	25	0.0
郑翘英	广东中山	女	23	1912	24	0.0
司徒志芬	广东开平	女	24	1913	24	69.97
何慕娴	广东番禺	女	24	1914	23	70.84
余垂庆	广东梅县	男	24	1913	24	73.33
岑熊祥	广东合浦	男	24	1912	25	74.16
李福申	广东台山	男	24	1909	28	73.07
林百熙	广东文昌	男	24	1911	26	72.29
柳杰珍	广东中山	女	24	1914	23	70.19
伦湛耀	广东东莞	男	24	1915	22	78.2
张淑贞	广东花县	女	24	1912	25	69.84
张翰荣	广东惠阳	男	24	1912	25	70.54
敖翼之	江西新余	男	24	1910	27	70.08
陈瑞云	广东紫金	男	24	1909	28	74.93
陈演晖	广东花县	男	24	1911	26	73.69
彭世桢	广西来宾	男	24	1912	25	75.94
黄学元	广东番禺	男	24	1910	27	75.88
黄龙在	广东台山	男	24	1911	26	71.57
温志远	广东梅县	男	24	1911	26	71.98
叶弥章	广东顺德	男	24	1912	25	81.09
郑国基	广东饶平	男	24	1913	24	75.11
钟桂琼	广东东莞	女	24	1912	25	78.27
罗启蕃	广东番禺	男	24	1912	25	72.9
谭远灼	广东南海	男	24	1912	25	70.47
宓大尧	广东新会	男	24	1911	26	77.32
王德善	广东番禺	男	25	1914	24	68.78
朱用选	广东台山	女	25	1916	22	77.62
江玉琼	广东台山	女	25	1914	24	80.83
吴显之	广东新会	男	25	1914	24	79.75
沈瑞裕	广东南海	男	25	1914	24	74.3
林国绪	广东平远	男	25	1912	26	71.67
林锡棠	广东台山	女	25	1913	25	83.35

续表1-21

姓名	籍贯	性别	毕业年度	生年	年龄	总平均
唐道贯	广东连县	男	25	1912	26	73.7
徐演球	广东大埔	男	25	1915	23	71.09
张敬莊	江苏南通	女	25	1908	30	86.57
张鸾铃	广东南海	男	25	1915	23	81.53
莫霭冰	广东南海	女	25	1914	24	76.76
许健	广东开平	男	25	1915	23	75.37
陈锦波	广东番禺	男	25	1914	24	78.69
黄纪良	广东惠阳	男	25	1911	27	70.94
黄植尧	广东惠阳	男	25	1914	24	74.49
廖英鸣	福建上杭	男	25	1912	26	72.3
钟汝容	广东五华	女	25	1915	23	78.58
宓瑚	广西陆川	男	25	1913	25	74.65
朱国伦	广东惠阳	男	26	1913	26	71.3
区炽祥	广东顺德	男	26	1912	27	71.86
莫少逸	广西平南	男	26	1912	27	71.1
陈君杰	广东番禺	男	26	1917	22	79.02
陈抱中	广东东莞	男	26	1913	26	80.48
陈敦镇	广东合浦	男	26	1914	25	68.85
郑瑞珍	广东宝安	女	26	1915	24	81.56
萧艳龄	广东梅县	女	26	1915	24	80.47
骆晋坤	广东花县	男	26	1916	23	76.87
钟雋	广东合浦	男	26	1909	30	73.86

第三节 科学研究与课余生活

"抗战"前的"黄金十年",是中国近代高校不断走向成熟的十年。这种成熟表现在高校的科研活动和培养学生两个领域。就国立中山大学而言,这种成熟则表现在:一是学校学院学系的增加和日益完善,二是国立中山大学日益成为研究高深学问的集聚地和从事科学研究人才培养的发散地。后者尤其体现在国立中山大学各种专门研究机构成立和科研活动的举办上,这一点即便是当时以教学见长的外语学科也不例外。

一、设置科研组织

就研究组织而言,主要表现在设置了国立中山大学文科研究院的外国语言文学组和课外的英文研究会。

1. 中山大学文科研究院外国语言文学组组建

1932年,文学院在充实已有的六系一组外,拟将之前的文史研究所分为文学与史学二个研究所,同时拟先将此二所与教育研究所,次第扩张成为专门的研究机关,俟经费较为充裕、人才较为集中后,乃更立规模,为有系统之组织,设立文科研究院,内分各研究所,以从事各类专门科学的研究,附设图书馆、博物院,以利学术研究之资。1932年国立中山大学文学院拟成立的文科研究院,其规程如下①:

第一条,本研究院定名为"国立中山大学文科研究院",以对于本大学文学院各类学科,作高深之研究,造成专门学术人才为宗旨。

第二条,本研究院所内部组织,拟暂分五研究所如下:(一)文学研究所内分二组如下:甲,中国语言文学组。乙,外国语言文学组。(二)史学研究所内分四组如下:甲,中国史组。乙,外国史组。丙,考古学组。丁,民俗学组。(三)教育研究所。(四)哲学研究所。(五)社会研究所。

第三条,本研究院职员类别如下:(一)院长一人,主理本研究院一切进行事务,由校长聘请本校文学院院长兼任,或文科教授一人任之。(二)各研究所设主任一人,计划及办理该所一切事项,由校长聘请文科教授,或系主任一人任之。(三)各研究所设研究生导师若干人,由文学院教习兼任,于必要时,得延聘请本校其他学院教习,及国内外学者分任之。(四)各研究所设常务编辑员、助理员、书记等若干人,由校长聘任,聘委,无定额。(五)本研究院设图书馆主任,博物院主任各一人。

第四条,凡本大学及大学毕业生,或未经大学毕业而有相当研究者,经本校承认及考试合格,得为本研究院研究生。

第五条,本院各研究所各研究生,研究期限,至少一年,研究终结时,提出论文或报告,经审查及格者,分别给予证书。

第六条,本研究院设一出版审查委员会,审查委员由院长就本院教授中推荐,由校长聘任之。

第七条,本研究院,拟编刊专门学术丛著,定名为《国立中山大学文科研究院丛书》,内容得分类,由出版审查委员会议定之。

第八条,本研究院,本学术为天下公器之义,凡校内外专门学者著述,经一定程序,由本院出版审查委员会审查合格后,均得列入本院丛书,其细则另

---

① 《文学院本年度第五次教授会议纪·讨论事项》,《国立中山大学日报》,民国21(1932)年11月7日,第5、6版。

订之。

第九条，本研究院得编印各中定期刊物，由常务编辑员负责办理。

第十条，本研究院拟设"著作奖金"别为两种：甲种全部著述，酬金由六百元到二千元；乙种单篇文字，由一百元至五百元。凡校内外学者单篇，或全部著作，经一定程序，由本院出版审查委员会审查合格时，即定应受奖金数目，由本院院长转请校长核拨奖金，其细则另定之。

第十一条，本院各研究所得分设图书室，广藏中西图籍，供研究阅览之用，全院拟设一博物馆，陈列古物艺术品等，其细则另定。

第十二条，本研究院，设一院务委员会，由院长及各研究所主任，出版审查委员会主任，各研究所分组主席等为委员组成之，以院长为主席，随时举行院务会议，决定本研究院经费预算，及其他一切进行事项。

第十三条，本研究院于每学年终了时，举行大会一次，报告本院过去一年内计划推进事项。

第十四条，本规程大纲由校长核准公布施行。

第十五条，本规程大纲，遇必要时，得由院务会议决议，函请校长核准修正之。

1932年成立的中山大学文科研究院，为1935年该院成为当时全国三所大学首批设立的研究院之一，打下了良好的组织基础。与全国其他大学外国语言文学专业一样，虽然中山大学的"外国语言文学组"一时没能与传统优势的中国语言文学组一样，跻身为研究院的文科研究所之列，但文科研究院内设"外国语言文学组"的制度性率先进行，使得作为工具性之一的外语学科，在制度设置中享有了与其他学科相同的待遇，实属难能可贵。这一方面体现了学院当局对学科发展的前瞻性认识及对学科发展的一视同仁，另一方面则显示了外语（英文）教育和科研朝着高起点和高要求方向过渡及发展的趋势。

2. 设立英文研究会

张葆恒任系主任时，对科研工作格外重视，他除自己身体力行重视科研外，还设立了英文研究会，为英语学科在科研和校园生活中贡献了积极的能量。因该会材料甚少，目前仅见其最早记录为第二次会议大会的记载，故将原文摘录如下①：

> 本校英文研究会，于昨日（星期二）假座同德会开第二次会员大会。并改选干事，事前由该会第一届干事会负责人，将同德会妥为宣布，届上午时，到会会员四十余人及学校代表丘莹先生济济一堂，极一时之盛，由张翰荣君主席，黄倩怡君记录，行礼如仪后，由主席宣布开会理由，继何世明君报告该会过去出版部工作，赵自强君报告研究部工作，邓翘英君报告财政，随即请学校代表丘莹先

---

① 《英文研究会昨开会员大会》，《国立中山大学日报》民国23（1934）年12月19日。

生训话,大意胥谓希望各同学切实共同研究学术,推助中山大学文化,发挥尽致,勖勉有加。次由会员赵自强君、彭世植君等演说。厥后会员陈演晖君、何世明君等,提议甚多,由主席提出分别讨论通过,交下届干事会执行。旋即选举,结果:赵自强,张翰荣,陈演晖,张敬庄,邓翘英,何世明,林锡棠,廖英鸣,雷瑚等九人当选为第二届干事,利秉芳,余垂庆,宁大尧等三人为候补干事,直至十二时许,始散会云。

英文研究会时常邀请相关人士,组织学术演讲,可谓是"切实共同研究学术,推助中山大学文化"。如曾邀请英文系的张宝树教授,在大礼堂演讲浮士德第一部(The first part of *Faust* by Goethe)①。英文研究会研究部还向外征求稿件,以推进学术研究,扩大学术影响。现将英文研究会1934年4月征稿简章摘录如下②:

> 本刊以研究文艺、沟通中外文学为宗旨。内容分批评、创作、翻译、讨论、小品、雕刻、绘画等。文体中文、英文兼收,著者自负文责。赐稿务请缮写清楚,并加新式标点。如有插图,请用墨色,以便制版。译稿务请附寄原文。请用20×20之稿纸,中文一律竖直写。赐稿登载与否,概不发还,如特别声明,不在此例。赐稿登载后,酌量以本刊为酬。赐稿请寄英文研究会办事处。截稿日期五月十日。

英文研究会在活跃和丰富学生课外生活方面,也贡献不少,如制订旅行活动等。现将该会旅行罗浮山的通告摘录如下③:

> 出发集合时间地点:四月五日上午六时三十分在校英文学系办事处集合出发。
> 路程与旅费:第一路:自广州乘上午七时五十分广九车至樟木头,转乘汽车至惠州(联票三元四角),由惠州乘汽车至博罗(八角),由博罗包车至罗浮山冲虚观(每人约需一元),由此路去,约一日抵罗浮,每人须缴车费十元四角,另缴膳宿费五元,共缴十五元四角。第二路:自广州乘上午七时五十分广九至石龙(一元五角五分),由石龙雇艇至东博(每人约须三角),由东博步行三十里,至罗浮山白鹤观,由此路去,一日可抵罗浮,每人须缴车费三元七角,另缴膳宿费五元,共缴八元一角。

---

① 《英文研究会启事》,《国立中山大学日报》,民国23(1934)年4月18日,第12版。
② 《英文研究会征稿简章》,《国立中山大学日报》,民国23(1934)年4月21日,第10版。
③ 《本校英文研究会旅行罗浮山通告》,《国立中山大学日报》,民国23(1934)年3月28日,第7、8版。

总领队：英文系张葆恒主任

英文研究会在活跃学生生活和丰富校园学术方面，起了积极的作用。特别是40年代英文研究会主编的 Arch News[①]杂志，为学术研究添色不少。而自张宝树继任系主任后，极其重视学生的英语实际操练，他通过英文社（The English Speaking Union）举办音乐会[②]、联欢会[③]、邀请嘉宾演讲[④]等形式，有力地推动了校园文化的繁荣和该系学术文化气氛的活跃。

二、暑期科研活动

1. 假期征文活动

假期是学生学习最自主安排的时段，因此学校通过各种形式，鼓励学生在假期内做一定的研究，如以征文的形式，引导学生进行假期学习和研究。在学习方面，早在傅斯年任职期间，为了提升学生读书能力，在暑假便开设过英文、法文、德文补习班。[⑤] 而对于研究性探索，初期学生参与度并不高，如1926年文科暑假征文交卷者，只有一人。为了鼓励其他学生向参与者学习，傅斯年特"函请校长给奖一百元"给这名学生；并借此制定了相应的《民国16年暑期著文奖金办法》。

《民国16年暑期著文奖金办法》的题目和给予奖金办法如下[⑥]。研究类型有两类，一是读书报告，二为文艺评论。

关于读书题目，要求于下列书中，"任择其一，详细读之，作一报告"。这些书包括《论衡》、《古文尚书疏证》、《经传释词》、《汉书艺文志》、《庄子》、《白居易诗》、《史记》。另外还可以在图书馆找以下英文著作来读：

Homer's *Iliad*, Thomas Hardy's *Tess of the D'Urbervilles*, Jonathan Swift's *Gulliver's Travels*, Samuel Butler's *The Way of All Flesh*, Bernard Shaw's *Man and Superman*, Ernst Mach's *The Science of Mechanics*.

关于文艺评论，给出的论题是"文艺与人生"，要求必须据一作者或一时代作者或一派作者为作品，来讨论这一议题。如果根据某一大家的文艺批评，如 Tolstoy 艺术论，来讨论此题者亦可，但"空谈此题或抄成书者不收"。所依据的作者"不以古

[①] 杨柳青：《中大文学院素描》，《国立中山大学校友通讯》第45期，民国31（1942）年3月1日。

[②] 《英文系英语社演剧盛况》，《国立中山大学日报》，民国25（1936）年5月23日，第3、4、5版。

[③] 《本校英语社联欢会盛况》，《国立中山大学日报》，民国25（1936）年11月10日，第2、3版。

[④] 《英文社启事》，《国立中山大学日报》，民国25（1936）年11月5日，第7版。

[⑤] 《文科重要告白》，《国立中山大学日报》，民国16（1927）年6月17日。

[⑥] 《文史科布告·本届暑假著文奖金办法》，《国立中山大学日报》，民国16（1927）年6月29日，第2版。

今内外为限"。

关于征文的奖励办法规定：奖金最高金额，为 150 元，最低者为书券 10 元。获得 150 元者，至多不过 1 人。获得 100 元者至多不过 2 人，获得 50 元者，至多不过 3 人。如无应得高奖之作品，则不滥给。可见标准十分严格。

2. 举办暑假中等学校教员讲习班

1935 年，中山大学与广东省教育厅筹办该年度暑期中等学校教员讲习班。暑假中等学校教员讲习班办班之设立，源于 1932 年因年度中学会考"以理科为最劣"之结果，故教育部于是年暑假，分地设立教员讲习班，以便各中等学校理科教员，得以利用暑假期间，探讨各科之新发展，以促进中等教育。此次办理，"颇具成效"。因此，于本年"奉命继续设立，并于理科之外，增加史、地、英语等项目，而非理科之教员，亦得有参加讲习机会"。中大理科学院院长何衍璿教授，系 1935 年度教员讲习班班主任，英语系教授有伍朝光、伍福焜等。讲习班共有学员 150 余人，于 7 月 15 日，在中山大学礼堂举行开讲典礼。邹鲁校长、何衍璿教授在典礼中致词。何主任在致词中概括道，"本班各组课程，大别分为两种"：一为固定科目，主要探讨"各该组科目之内容""暨其新发展"；一为公共与分组演讲，冀"增加研究兴趣"，"商榷中学教学之方法"①。

虽然暑期中等学校教员讲习班此时仍具有临时性质，但其教学制度和教学内容，则严格按照常规学校教育规范，而其最具有规范性的表现，便是讲习班八项章程的制定②：

> 本班依照教育部令举办，定名为"国立中山大学广东省教育厅会办二十四年暑期中等学校教员讲习班"。本班利用暑假期间，讲习理、史、地、英等科，以便广东全省中学教员探讨各该科之新发展，促进中等教育为宗旨。本班办事处设在国立中山大学。本班设班主任一人，统理本班班务，由国立中山大学校长兼任，或令聘教授兼任之。本班分设数理化、博物、史地、英语四组；本班教授，系聘请国立中山大学富有教育学识经验之教授及讲师，或其他学术专家任之；本班讲习学科，分列为八种：数学、物理学、化学、生物学、矿物地质学、地理、历史、英语。其中，英语组课程有：《发音学大意》、《英语教学法》、《文法与翻译》、《基本英文》。

关于该年度暑假讲习班小结，有如下记录："分别重轻，次第进行，赖各教授之帮助，及各办事员之努力，乃克如期上课。以区区一月之时间，而欲完成偌大之任务，

---

① 《中等教员暑讲班开始讲习》，《国立中山大学日报》，民国 24（1935）年 7 月 18 日，第 2、3 版。

② 《国立中山大学、广东教育厅会办廿四（1935）年暑假中等学校教员讲习班报告书》，第 27 页，藏校史资料室。

诚非易易。然卒能收良好之效果，各教授之不避炎暑，热心服务，实有足感者。兹本班业已结束，爰将其办理经过，编写是册，非敢炫功，亦以志不忘云尔。"①

国立中山大学、广东省教育厅会办二十四年中等学校教员暑期讲习班英语组教授学员合影

此后，暑期中等学校教员讲习班逐渐由临时性的专门培训，变成为制度性的培训计划。1936年，教育部特别发布训令，要求各省教育厅局应会同各大学，举办暑期中等学校理科、史地、英、算等科教员讲习班。训令指出："查提高各级学校师资，应为今后教育上一种主要工作，本部业奉行行政院指示在案。关于促进中等学校教员进修，往年已订定办法实施，兹特再令各省市教育行政机关与本部指定之公私大学于本年度举办算学、理科、历史、地理、英语等科目讲习班。"在落实培训方面，希望三年内使中等学校全体各科教员，至少有"一次参加之机会"②，以求得中等学校教育水平整体得到提高。此后，中等学校暑期讲习班继续举办，其对提高广东中等学校教员水平的贡献，不可忽视。

---

① 《国立中山大学、广东教育厅会办二十四年暑假中等学校教员讲习班报告书》，第1页。
② 《教育部训令，第8042号》，《法令周刊》，1936年第317期，第6—7页。

三、学生课余生活

从1927年到抗战爆发前的十年时间中,国立中山大学学生的校园生活,可谓丰富多彩。英文系学生多样的活动大致可以分为:第一,从活动组织者区分,有学校或者院系组织的活动,如毕业等相关活动、中英二系师生员工的联欢会以及一些突发活动,如师生追悼会以及学生独立组织的活动,如该系的同学录制作、英文研究会的活动等。第二,从活动范围来分,可以将学生的活动或组织行为分为在校活动与假期活动。

1. 组织师生联欢会

1932年12月24日,文学院举办了文学院的中、英二系员生同乐会。出席此次会议的有邹鲁校长、吴康院长以及中国语言文学系的古直、李沧萍,英国语言文学系的张葆恒、符佑之、张掖、袁擢英、伦绛雪、陆明等教授,该院助教邓定文、黄昌祚等,及该中英文两系同学约二百余人。大家"齐集一堂,欢忭之情,咸溢眉宇,诚盛会也"。张葆恒主持会议。

邹鲁校长首先训话,大意为:此日文学院中文、英文两学系员生同乐会,顾名思义,乃"聚两系师生于一堂,共同欢叙,寻求快乐"。但际国家多难之秋,环境相逼,大家虽欲求乐而不可得。故希望诸生乘此求学时代,努力研究学问,培养人格,"以造成一完人",为将来国家民族服务,使中国国家富强,中华民族得与世界各民族"齐驱并驾",然后才能给予各自以最大之快乐。当时的国家现状,虽不能使人欢愉,只希望各位同学在艰难困苦中,创造未来真正快乐之机会,才是此日同乐会的"最高之意义"。

次由吴康院长训话,大意是:即日所谓的中国语言文学系及英国语言文学系两学系的员生同乐会,乃"本学院第三次员生同乐会之盛会"。从两系研究形式而言,系同治语言文字,趣旨似若画一,虽其"诠厥内容,实有歧异"。中文系为探究中国文明之总汇,英文系是传译外国文化之津梁,"皆人文教育之中心,高深学艺之表准。"至于英国语言文学系诸同学研究学问,也求有利于民族国家,"其目的与前述同,惟择述则自异"。所以研究外国语言文字,"非欲为外国文学家",而是要借其语言工作,"结束异域文明",复兴中国文化。欧洲文艺复兴运动之前驱白第拉克 Petrarca 是以校刊拉丁经籍,介绍哲学思想,从而衍成欧土近代思潮"不朽之盛业"。自己等人此时介绍外国文明,将来成功,亦冀能建立中国文化及民族复兴的新时代。因此希望英文系同学努力,使理想大业"告厥成功",全国国民,同登乐土。这才是此日同乐会聚首言欢的最终之鹄的。

英国文学系张主任在中国语言文学系古直主任训话后,接着发言,大意谓:关于英文学一科,"拟略贡鄙见",以"与诸同学商榷"。他认为广州中等学校英文程度颇低,各位同学大多数来自此等学校,遂不能不受其影响。因此计划对于英国语言文学系学科的编配,第一、二年级注重语言,第三、四年级注重文学。希望各位同学在本学系第一、二年级,宜特别注意语言文字之基本训练,俾他日升入第三、四年级,得为文学之专门研究。因为"为学必循序以进，始能有远大之成就"。

各师长情意真挚，训辞恺切，全场同学为之精神焕发，肃然起敬，在充满快乐与高兴之中，掌声雷动。中文系同学刘美昌及英文系同学程云祥相继起立致答词，大致言，学校方面宜多给予同学以研究学术之机会，在校同学也宜努力学问，砥砺品行等等。随后张主任加上佘秀芳唱了粤曲《闺怨》一章，声调婉转凄清，全场鼓掌称赞。

最后邹校长略述欧游见闻，如关于轮船经过巴拿马运河之状况，及美国北部纳格拉瀑布附近水力发电厂内部机械运用能力之伟大。"融融泄泄，都忘形迹，斜阳西坠，钟报五时，始各尽欢而散。"①

这种员生活动随着国内局势的发展，已经超越了简单的师生同乐的范畴，而上升到两系学术交流和交叉，并与时局相结合。

2. 举办各种毕业活动

毕业对于学校和学生来说，都是一件极为重要的事情。因此，从各学系主任到学校校长，都把毕业仪式作为一学年里必要且隆重的事情来办理，这主要体现在毕业茶话会和毕业典礼上。

文史科叙别茶话会。② 文史科各教授以该科各系及高师各部毕业同学毕业考试将竣，各散东西，于1926年6月1日特发起一叙别茶话会，以作临别之亲挚。14日报载其预约各毕业同学原函如下：

> 启者。本届文史科各系及高师文史部、英语部、社会科学部毕业同学，将于本星期六考试完竣。兹由同人等捐小赀，发起叙别茶话会，于本星期日即六月十二日下午一时，在西楼上旧文科图书馆举行，并于二时半摄影。并请文科诸位讲师及办事员参加，届时务乞惠临，此致某君。
>
> 傅斯年、徐信符、伍叔傥、何思敬、江绍原、黄炳芳、陈功甫、黄尊生、崔载阳、龚茹里、顾颉刚、汪敬熙同白。
>
> 六月九日。③

同日报纸对这次盛会作了报导：文史科主任傅斯年暨该科教职员多人，以大学文史科和高师部文科毕业同学"将离校为党国社会服务，此后难得一堂聚首研究学问之机会"，特于该月12日（星期日）下午1时，在西堂旧文科图书馆，开茶话会以致欢送。"是日会中或作训勉之演说，或作谐谈，或唱京调，一堂济济，异常高兴"。

---

① 《文学院中英二系员生同学会续详》，《国立中山大学日报》，民国21（1932）年12月30日，第4、5、6版。

② 《文史科举行叙别茶话会》，《国立中山大学日报》，民国15（1926）年6月10日，第2版。

③ 《欢送大学文史科和高师部文科毕业同学》，《国立中山大学日报》，民国16（1927）年6月14日，第4版。

拍照后,"直至四时方散"。①

预科第三届毕业典礼。1929年国立中山大学本预科第三届的毕业典礼,定于六月廿九日,在新落成的天文台举行。本次毕业典礼与新落成的天文台开幕式,拟一并举行,因而戴季陶、朱家骅正副校长极为重视,多次去电关注,建议"此次毕业典礼之举行,极主隆重"。毕业典礼于正午12时在大礼堂开始,其中包含宣读毕业论文成绩、颁发毕业证书、报告天文台成立经过、参观天文台、来宾茶会等诸多内容。而晚上的游艺大会,"内容异常丰满"②。

文化考察活动。每当临近毕业,除由学校组织的毕业典礼外,还会批准一些院系学生申请的毕业活动,如1937年英文组织的文化考察团即是。英文系1937年班的全体同学,以毕业期近,离校在即,"为增广见闻,充实学问起见",特发起组织文化考察团筹备委员会,并拟定章程一份,"呈由文学院范院长转请校长核准备案",并获得校长批准。③ 随后,英文系召开干事会议组织分配工作,讨论相关事项等④,以做好前期活动组织和动员工作。

毕业同学录制作。为了留念毕业,珍视四年学生生涯,英文系毕业学生自发地组织编印同学录,并建立编印同学录筹备会,统筹毕业同学录制定工作。英文系同学录的编印由学生自己签名加入同学录,并缴纳一定数额的编印费即可。1929年11月20日报载,编印同学录筹备会规定,已签名加入本系同学录而尚未缴费者,需于一星期内,将该费寄宿舍楼25号房之冯绍毅,或3楼19号房之方民希、罗仰天,"以利进行"。若逾期不交,"作不加入论"。其已缴费者,则希望于该月26日以前,"各备银五毫四仙,到东方相馆摄影,俾得早日付印"。若逾期仍未到影者,将来赶不及制电版时,编印同学录筹备会"不负责任"⑤。

3. 其他活动

在校期间所指的其他活动,这里主要说的是突发事件。在英国语言文学系的突发事件中,符佑之教授和学生廖言杨两人的离世来得突然,学校均举行了追悼会,以寄哀思,反映了当时学校与师生及师生之间的情谊。

符佑之外籍教授追悼会。文学院英文系教授符佑之(W. J. B. Fletcher)于1933年11月,在香港跳海自杀,英文系全体师生员工以其在本系"任教有年,年高德劭",特于12月16日下午1时,在中山大学大礼堂举行追悼大会。到会者有邹鲁校长、吴康院长、任启珊教授、符佑之夫人、英文系全体师生员工暨该校同学,约数百

---

① 《欢送大学文史科和高师部文科毕业同学》,《国立中山大学日报》,民国16(1927)年6月14日,第4版。
② 《毕业典礼之种种》,《国立中山大学特刊》,民国18(1929)年6月29日,第10版。
③ 《英文系文化考察团获准备案》,《国立中山大学日报》,民国25(1936)年11月27日,第3版。
④ 《英文系廿六年班文化考察团筹备委员会第一次干事会议录》,《国立中山大学日报》,民国25(1936)年12月7日,第3版。
⑤ 《英文系同学公鉴》,《国立中山大学日报》,民国18(1929)年11月20日,第4版。

人,"济济一堂,备极荣哀"。

大会由英文系主任张葆恒主持,并致悼辞。他说,符先生失踪噩耗传来,本校员生,"深为痛惜",故特为之举行追悼大会。他认为符先生在文学上,有极"精深"的研究,而其忠于事业的精神,"尤足为吾人矜式"。而在过去的一年中,符先生仅因病万不得已而告假一天,且在其告假函中,说到这是他任职四年来第一次告假。在其他方面如对待学生缴交的练习文卷,符先生也往往是在即予批改,翌日发还,"从无延搁"。张葆恒主任认为符先生此种负责精神,"求之当世,实不多见,而于我国人中,尤为少见"。而符先生对中国文学也夙有研究,曾在商务印书馆出版了两卷译成英语的唐诗。所以对于符先生突然"撒手尘寰",张葆恒主任认为不独是英文系之损失,也是中山大学的损失。

随后其他人依次致辞。何世明报告符先生的史略后,邹鲁校长发表了演说。邹鲁校长的演讲大意为,一个人在世上所占之地位极为微小,且生命过得极速,纵使生命有百年,也属渺小之极,惟有真精神方为永远不灭。他认为符先生对人负责认真,对己努力研究学问,此种精神,"真属于永远不灭者",号召大家以符先生的精神为楷模。吴康院长的演说,除了景仰符先生的人格思想外,更指出自杀有消极与积极两种,没有勇气前进,觉得只有自杀一途者,是为消极。如果有勇于进取之精神,为了事业的发展而自杀,则是积极的。吴康院长认为符先生的自杀,是属于积极的。接着冯炳文、任启珊及中山大学的同学等发言。最后符夫人蔡大同女士致谢词,随后摄影、散会。①

此外,校长和英文系师生还分别为符佑之写有挽联。邹鲁的挽联是:君似李青莲,乘月不还,苍天谁问;我惭贾大傅,望风凭吊,碧水无情。张葆恒的挽联为:生平酷嗜谪仙诗,是东土胜流,胸次飘然牛渚月;海外旧传君子国,忆西方净域,归魂应逐贾胡船。英文系全体师生员工的挽联乃:词笔莫争能,年来诗译三唐,奇文远越传兰雅;谪仙高自比,今也恨成千古,醉魂疑萦采石矶。英文系四年级学生送的挽联是:数载训良规,何期志效屈原,无复典型式我辈;一朝成永诀,不料悲随逝水,徒垂热泪哭先生。英文系三年级学生赠的挽联作:文学献标能,最难译青莲,中土名篇流海外;人生岂无味,争奈涧沉正则,片时捐志恨千秋。英文系二年级学生题的挽联为:万顷波涛淹尽万般旧恨;一庭桃李添上一片新愁。英文系一年级学生致的挽联即:诵英译唐诗欣沾善教;闻躬跳香海痛失良师。②

廖言杨追悼会。廖言杨是文科英文系的三年级学生,特别党部执行委员,球队健将。1929年暑假期间,体育部为发扬体育起见,组织远征球队,决定六月四日成行。廖言杨与其列,由广东开始,一直打到上海、北京,"所战克捷,鹰扬江左,驰誉武

---

① 《昨日本校追悼符佑之教授大会纪》,《国立中山大学日报》,民国22(1933)年12月19日,第3、4、5版。

② 《本校昨日追掉符佑之教授挽联》,《国立中山大学日报》,民国22(1933)年12月21日,第1、2版。

林"。7月1日抵达杭州,正期待"万里壮游,一帆风顺",却突然"膺急疾",于7月7日病殁于杭州医院。9月5日由周鼎培将灵柩运回粤,葬于东郊的马球岗之原。同人等"孔伤逝者,遗恨无限!"因此定于10月21日上午9时,在中山大学举行追悼会,"以志哀感"。①

---

① 《廖君言杨追悼会启事》,《国立中山大学日报》,民国18(1929)年10月8日,第4版。

第二章 战火流离（1937—1949）

七七事变后，日本军队开始全面入侵中国，抗日战争爆发。这场战争不仅仅是日本侵略者对中国国土、人命和财产的摧残，同时也是对中国教育，尤其是高等教育的摧残。无数校园惨遭轰炸劫掠，众多高校被迫远迁西南地区，这就是历时八年的高校内迁运动。中山大学因地处岭南，在抗战头一年尚能坚守广州，但随着战火的临近，最终难逃颠沛流离的命运。中山大学外国语言文学系师生跟随母校，先后四度迁校，饱经磨难，和平时期正常的教学科研秩序中断，呈现出锋镝余生的明显特点。尽管如此，师生们不辞千辛万苦，怀着"打返广州，打返石牌"的信念，坚持研究与学习，维持外语教育不坠，对延续文化、传授现代知识、人才培养起到了薪火相传的作用。

第一节 从坚守到撤离

全面抗战开始后，日军的攻略重点最初放在华北、华东一带，其时华南尚无重大战事，但期间广州不时惨遭敌机空袭。从1937年下半年到1938年广州沦陷止，中山大学及其英文系在空袭警报中，坚守了大约一个半学年，尽最大可能地维持着正常教学。

一、维持正常教学

1. 坚持招考新生

1937学年度，英国语言文学系主任仍由张宝树担任（12月敌机空袭后张宝树一度离校，由张葆恒代理主任），第一、第二外国语组主任为王镜澄。① 尽管中山大学属于文化机构，但在日机的野蛮轰炸下，也难以幸免。1937年8月31日，石牌校区便遭空袭，校舍略有损失，学校被迫休课。虽然文学院一度计划9月15日复课，但9月22至24日再遭空袭，全校停课前后达3周之久。②

在此期间中山大学坚持完成了民国26（1937）学年度的新生入学考试，并在9月复课前公布了录取名单。此次英国语言文学系共录取21人，名单如下：③

---

① 《本校廿六年度各学院系处部场所主管人员姓名表》，《国立中山大学日报》，1937年12月27日。

② 《文学院布告》，《国立中山大学日报》1937年9月16日；《本校各学院定期复课》，《国立中山大学日报》，1937年10月21日。

③ 《大学布告》，《国立中山大学日报》，1937年9月2日，第2版。

杨邦品、陈继汉、赵惟浩、梁柏年、蒋北新、刘锦添、梁宝娴、李崇威、梅可城、余兆昆、伍冬琼、黄双元、李宪新、雷锐明、方健鹏、林福五、梁佑尧、孔宪明、冯本铎、吴丽波、张耀麟。

随着各地高校逐渐受到战火的波及，一些外校学生先后南下广州，被中山大学收纳为借读生。此外，还有一些原本在日本留学的学生，返国后也到此借读。据1937年的《一年来校务概要》显示，当时英文系一到四年级借读生的人数，分别为2、4、5、1，共12人，人数占了不小的比例。①

为保障师生安全，文学院先是在石牌校区改建了防空洞，增添了防空设备，后于10月22日迁回中山大学在市区文明路的附中（即中山大学老校区）上课。② 因之前被迫休课，不少师生回家，直到11月初还有人未曾回本院。其时英文系一至四年级已回院之人数达50名，尚有13人未回。③ 学院亦规定该学期于11月15日改选修习课目，在22日补考上学期期考不及格课目。④ 是年12月下旬，临近期末，敌机又再频繁轰炸，12月27日学校再度停课。⑤ 次年2月10日，文学院才正式复课，并从10日到24日补授中断的学业，从2月25日至3月3日举行廿六年度上学期的期末考试，⑥ 据统计全院到考者达九成以上。⑦ 文学院又令本年度四年级学生，应在2月26日前缴交认定毕业论文题目。⑧

2．课程和师资

根据当前两份不同的史料，可得到两份内容有较大区别的英文系1937年度上学期课目表，并反映出基本的师资阵容。

表2-1 1937年度英文系课表一⑨

	一年级必修							
课目	诗学入门	文学背景	初级作文	英国口语	诗学入门			
授课人	罗文柏	畸理	张锦宏	罗塞尔	罗文柏			
	二年级必修							
课目	近代戏剧	浪漫运动	英国文学史	高级作文	华孚莱集以前英国小说			

---

① 萧冠英：《一年来校务概要》，1937年7月7日，藏校史文献室。
② 《文学院廿六年度第二次院务会议》，《国立中山大学日报》，1938年3月7日。
③ 《附各学院各年级学生已未注册人数统计表》，《国立中山大学日报》，1937年11月11日。
④ 《文学院廿六年度第一次院务会议录》，《国立中山大学日报》，1937年11月11日。
⑤ 《文学院廿六年度第二次院务会议》，《国立中山大学日报》，1938年3月7日。
⑥ 《文学院廿六年度第二次院务会议》，《国立中山大学日报》，1938年3月7日。
⑦ 《文学院廿六年度第三次系组主任联席会议录会议》，《国立中山大学日报》，1938年3月10日。
⑧ 《文学院布告》，《国立中山大学日报》，1938年2月17日。
⑨ 《文学院廿六年度上学期授课时间表》，《国立中山大学日报》，1937年9月13日。

续表2-1

授课人	畸理	黄学勤		罗文柏	张葆恒			
三年级必修								
课目	华孚莱集以后英国小说	近代英国文学	莎士比亚一					
授课人	张葆恒	张宝树	洪深					
四年级必修								
课目	戏剧与舞台技术	欧洲文学名著	翻译	短篇小说习作	莎士比亚二			
授课人	洪深	张宝树	洪深	洪深	张宝树			
各年级选修								
课目	浮士德	英语教学法	实用新闻学	现代英国小说	美国文学	短篇小说	演讲术	应用英文
授课人	黄学勤		林明德	张葆恒	畸理	张锦宏	张锦宏	林明德

表2-2　1937年度英文系课表二①

一年级必修							
课目	初级作文	英国口语	诗学入门	文学背景	第一年法文或德文	军训或救护	体育
授课人	孙寒冰	罗塞尔夫人	凌达扬	余世鹏	居励今或朱建邦	军训部	体育部
每周时数	3	3	3	3	4	3	
学分	3	3	3	3	4	0	
备考							
二年级必修							
课目	高级作文	英国文学史	浪漫运动	华孚莱集以前英国小说	第二年法文	党义	体育
授课人	凌达扬	余世鹏	黄学勤	张葆恒	张掖	黄昌谷	体育部
每周时数	3	3	3	3	4	1	
学分	3	3	3	3	4	0	
备考							

① 《国立中山大学二十四—二十六年度教务会议纪事录，附免费暨公费学额委员会议录1936—1938》，藏校史资料室。

续表2-2

	三年级必修									
课目	华孚莱集以后英国小说	莎士比亚	翻译	党义	体育					
授课人	张葆恒	畸理	余世鹏	黄昌谷	体育部					
每周时数	3	3	2	1						
学分	3	3	2	0	0					
备考										
	四年级必修									
课目	文学批评	欧洲文学名著	论文指导	党义	体育					
授课人	凌达扬	孙寒冰	各教授	黄昌谷	体育部					
每周时数	3	3		1						
学分	3	3	3	0						
备考										
	选修课目									
课目	美国文学	浮士德	短篇小说	应用英文						
授课人	畸理	黄学勤	孙寒冰	余世鹏						
每周时数	3	3	3	2						
学分	3	3	3	2						
备考										
	第一、第二外国语组 必修									
	第一外国语（英文）									
课目	模范文选	学术文选	翻译	作文	模范文选读	学术文选读	时文选读	名著翻译	修词学	
授课人	伍福焜	钟耀天	李函谷	钟耀天	朱昌梅	王镜澄	朱昌梅	朱昌梅	伍福焜	
每周时数	1	1	1	1	1	1	1	1	1	
学分	1	1	1	1	1	1	1	1	1	
备考										
	第二外国语（法文、德文）									
课目	第一年法文	第二年法文	第一年德文							
授课人	居励今	张掖	朱建邦							

续表 2-2

每周时数	4	4	4						
学分	4	4	4						
备考	其他各系均得选修	其他各系均得选修	其他各系均得选修						
选修课目 第二外国语（日文）									
课目	第一年日文	第二年日文	日文翻译习作						
授课人	张伯豪	张伯豪	张伯豪						
每周时数	3	3	2						
学分	3	3	2						
备考									

课表一中显示的洪深教授被安排有上课任务，但实际上自抗战爆发后，他因投身于各地的抗日救亡戏剧演出而离开学校。① 因课表二内已无洪深名字，由此推断课表二应更接近实际授课情况。在师资队伍方面，战前主要教授如张葆恒、张宝树、伍福焜等继续留教，比较稳定，英文系还增加了洪深、孙寒冰等名教授，并有畸理（原岭南大学英语系教授）、罗塞尔夫人等外教。

课程方面，针对战时特殊环境，中山大学各院系早在上一学期就增开抗日相关课程。本学年英文系除传统的英美语言、文学、戏剧、经典名著、应用英文、口语、二外等理论或实践的传统必修和选修课程外，还增开了适应战时需要的有关课程。如"实用新闻学"，并为此增订了比较重要的报纸及有新闻性质的刊物。第一、二外国语组也增加了"国际公法、战争法及其他关于战争之教材"②。另一方面，文学院还增加课程以指导学生们应对频繁的空袭，计有"民众组织研究"（陈廷璠、雷通群合授）、"防空救护训练班"（医学院教师讲授）两门，并规定该院各年级的学生均需报名修读。③

3月7日，刚结束上学期期考，1937年度下学期便紧接着开课。④ 本学期英文系的教师队伍，除个别人为躲空袭而回家未归外，变动不大。3月16日英文系学生注册人数状况，可见表2-3：⑤

---

① 陈美英编著：《洪深年谱》，1937年、1938年之相关内容，文化艺术出版社1993年版。
② 《文学院廿六年度第一次各系主任联席会议》，《国立中山大学日报》，1937年12月2日。
③ 《文学院开设战时训练班》，《国立中山大学日报》，1937年12月20日。
④ 《文学院布告》，《国立中山大学日报》，1938年3月10日。
⑤ 《本校各学院各年级男女生注册人数统计表》（3月16日注册部制），《国立中山大学日报》，1938年3月17日。

表2-3 1938年3月16日英文系学生注册情况

年级	一年级		二年级		三年级		四年级	
	男	女	男	女	男	女	男	女
回校人数	9（借读2）	3	15（借读1）	2（借读1）	6（借读4）	0	9	2（借读1）

1937年度下学期英国语言文学系与外国语组课目如表2-4下：①

表2-4 1937年度下学期英国语言文学系与外国语组课目

	一年级必修							
课目	初级作文	英国口语	诗学入门	文学背景	第一年法文或德文	党义	军训或救护	体育
授课人	孙寒冰	罗塞尔夫人	凌达扬	余世鹏	居励今或朱建邦	黄昌谷	军训部	体育部
每周授课时数	3	3	3	3	4	1	3	
学分	3	3	3	3	4	0	0	
	二年级必修							
课目	高级作文	英国文学	现代戏剧	浪漫运动	华孚莱以前英国小说	第二年法文	党义	体育
授课人	凌达扬	余世鹏	畸理	黄学勤	张葆恒	张掖	黄昌谷	体育部
每周授课时数	3	3	3	3	3	4	1	
学分	3	3	3	3	3	4	0	
	三年级必修							
课目	华孚莱以后英国小说	莎士比亚	翻译	文学批评	欧洲文学名著	时文选读	党义	体育
授课人	张葆恒	畸理	余世鹏	凌达扬	孙寒冰	各教授	黄昌谷	体育部
每周授课时数	3	3	2	3	3		1	
学分	3	3	2	3	3	3	0	

---

① 《国立中山大学文学院二十六年度下学期课程表》，藏校史资料室。

续表2-4

	选修课目							
课目	美国文学	浮士得	短篇小说	应用英文				
授课人	畸理	黄学勤	孙寒冰	余世鹏				
每周授课时数	3	3	3	2				
学分	3	3	3	2				
	第一、第二外国语组 必修课目							
	第一外国语（英文）							
课目	模范文选	学术文选	翻译	作文	学术文选	时文选读	名著选读	修词学
授课人	伍福焜 朱昌梅	钟耀天 王镜澄	李函谷 朱昌梅	钟耀天 王镜澄 伍福焜	李函谷	朱昌梅	朱昌梅	伍福焜
每周授课时数	1	1	1	1	1	1	1	1
学分	1	1	1	1	1	1	1	1
	第二外国语（法文、德文）							
课目	第一年法文	第二年法文	第一年德文					
授课人	居励今	张掖	朱建邦					
每周授课时数	4	4	4					
学分	4	4	4					
备考	其他各年级均得选修	其他各年级均得选修	其他各年级均得选修					
	选修课目　第二外国语（日文）							
课目	第一年日文	第二年日文	日文翻译习作					
授课人	张伯豪	张伯豪	张伯豪					
每周授课时数	4	4	3					
学分	4	4	3					
备考			修半年					

根据战时要求或者老师流动的情况，部分课程有所调整或停开。英文系三年级必修课"翻译"，2学分，改为各年级选修；另开"近代英国文学"，3学分，以为替代；四年级必修"文学批评"，3学分，停开，改授"实用新闻学"，仍定3学分；并新开《失乐园》，3学分，各年级选修。①

3. 维持教学秩序

严格上课要求。针对上学期空袭后出现的旷课增多、授课时间减少的情形，文学院决定下大力气整顿。一方面，要求本学期上课时派员切实点名；另一方面，规定上课期间若听到紧急空袭警报，除非确实听到炮声，否则"应力持镇静，继续授课，以免旷课太多"，要求"本学期应格外勤勉，以资补救"。②此举既说明学院对教学质量之重视，又体现了战争对教学的影响程度。1938年6月5日和6日，敌机在文明路旧校区共投下4枚炸弹，部分校舍被毁，死5人，伤10多人，可谓中山大学自抗战军兴以来所遭的最惨痛损失。但是总的来看，战火对1937年度下学期的教务尚未构成严重影响，此时已未见上学期那样长期停课的现象。

在师生的共同努力下，大家又迎来毕业之季。根据日后的《国立中山大学校友通讯》的追忆，1938年度第12届英文系毕业生名单如下③：陈君杰、莫少逸、钟隽、陈敦镇、骆晋坤、朱国伦、郑瑞珍、陈抱中、区炽祥、萧艳龄。

二、抗日救亡活动

1. 参加学校组织的御侮救亡工作团

中山大学一直具有反日爱国传统，号称南方抗日大本营。在抗日战争全面爆发后，中山大学师生更是积极从事于抗战救国御侮的活动。1937年8月16日，校长邹鲁签署布告，令以学院为单位，组织御侮救亡工作团。④文学院的御侮救亡工作团12月正式成立。英文系编入第三团，各干部名单如下：

正团长黄学勤，副团长郑国基。下辖6小队。第一队，英文系四年级学生，队长骆晋坤；第二队，英文系三年级学生，队长梁之模；第三队，英文系二年级学生，队长李端容；第四队，英文系二年级学生，队长刘锡祥；第五队，英文系一年级学生，队长余尧昆；第六队，英文系一年级学生，队长伍盖凡。⑤

不久，"御侮救亡中山大学工作团"改称"国立中山大学抗敌后援工作团"，并于1937年12月8日下午3点，在文明路附中礼堂举行宣誓。外国语组的张掖教授担

---

① 《文学院二十六度第三次院务会议记录》，《国立中山大学日报》，1938年5月2日。
② 《文学院布告》，《国立中山大学日报》，1938年3月10日。
③ 《历届毕业生题名·第十二届》，《国立中山大学校友通讯》，1943年第45期。
④ 黄义祥编著：《中山大学史稿（1924—1949）》，中山大学出版社1999年版，第307页。
⑤ 《文学院御侮救亡工作团更正后之团队番号及团队长名表》，《国立中山大学日报》，1937年12月6日。

任校本部第一团指导员团长,英文系被改编入第四团,其下队伍编制、人员仍旧。①

2. 募捐抗日钱物

募捐是广大学子支援抗战最直接的办法之一。当月下旬,为响应学校号召,募集寒衣支援前线,文学院决定令抗敌后援工作团各支队长在各队伍内劝捐,目标是每位学生至少认制1件。② 英文系二年级同学把本系外教罗塞尔夫人捐赠的法币40元旅行费转捐政府,以期共渡国难。③ 后来英文系全体学生又特别从自己不多的生活费里挤出捐项,以救助杀敌受伤的将士。④

正当师生们逐渐习惯了敌人飞机的偶尔轰炸"下蛋",坚持正常教学之际,日军侵略华南的大规模攻势也正在展开。由于广东守军麻痹大意,被打了个措手不及。1938年10月,日军从大亚湾登陆,很快兵临省会广州城下,中山大学别无选择,在当月19至21日间,仓促地撤离原地,踏上战火纷飞、颠沛流离之旅。

第二节 澄江岁月

早在1937—1938年之交,中山大学已有迁校之策划,先拟迁广西,后又改为广东罗定,但因时局还不十分紧急,加上校内外亦有反对之声,故一直没作积极准备。中山大学迁往罗定等待复课后不久,又决定迁往广西龙州。之后,由于熟人、交通等因素,改迁云南澄江。为指挥运输数量庞大的校产,一个运输委员会应运而生,各院系负责人大多分担有任务,英文系的张掖教授担任总务组主任,发挥了重要作用。为帮助学生到澄江上课,学校在指定线路的沿途设置了多个接待处,张掖教授亦参与负责越南河内方面的接待工作。英文系师生饱经艰辛,为恢复学校千里迢迢赶到澄江。到1939年2月底为止,各院系计到教职员245人,学生1736人。2月10日,中山大学正式在澄江开学,3月1日复课。⑤

一、澄江教务

1. 环境、体制与课程

澄江在昆明西南,两地相距56公里,交通相对于云南其他地方,尚算便利,加以地方相对富庶,自然环境极好。抵达后,学校将县城内外的众多庙宇、祠堂改作校

---

① 《本校抗敌后援工作团校本部第一团指导员团长及队长姓名表》,《国立中山大学日报》,1937年12月13日。
② 《文学院抗援工作团团队长第一次联席会议记录》,《国立中山大学日报》,1937年12月23日。
③ 《文学院英文系二年级同学热心救国》,《国立中山大学日报》,1937年11月22日。
④ 《文学院慰劳抗日受伤将士捐款录》,《国立中山大学日报》,1938年4月20日。
⑤ 萧冠英:《国立中山大学迁校周年感想与今后教育应趋之途径》,《中山公论》,1939年第1卷第4期。

舍，不同学院分散各处。文学院分驻于城内外共7处：城内有文庙、凤麓小学的男子部和女子部、玉光楼及观音阁等5处；城外有斗母阁和翠竹庵前寺两处。① 可惜目前掌握的史料没能告诉英文系在上述地点的具体分布情况。

制度变化。1939年5月，根据国民政府教育部颁布的专科以上学校行政组织暨大学各学院所属学系订定名称的规程，文学院英国语言文学系定正式名为外国语学系英文组，但在校内外仍按旧习惯称之为"英文系"、"外文系"等。澄江时期文学院教学体制的一大变动，是在1940学年度撤销了第一、第二外国语组的设置。②

开设课程。迁校带来的变故，彻底打乱了1938学年度下学期的教学计划，以下课程表很可能制定于迁校之前，目前很难知道表中课程的实际开授状况，亦不知迁澄后在多大程度上能恢复这些课程，但从中仍可以看到这一时期该学科认为应该具有的课程基本构成和迁校前的师资情况。

表2-5 1938年度下学期外国语学系教学计划

一年级必修课目									
课目	一年英文	作文及修辞	文学背景	英国文学入门	一年法文或德文	党义	军训或救护	体育	
授课人	郑国基	凌达扬	余世鹏	畸理	居励今或朱建邦		军训部		
每周授课时数	3	3	3	3	4	1	3		
学分	3	3	3	3	4	0	0		
备考					任选一种				
二年级必修									
课目	二年英文	高级作文	英国文学史	近代戏剧	二年法文	二年德文			
授课人	黄学勤	任泰	张葆恒	畸理	张掖				
每周授课时数	3	2	3	3	4	4			
学分	3	2	3	3	4	4			
备考					须曾修一年法文	须曾修一年德文			

---

① 黄义祥编著：《中山大学史稿（1924—1949）》，广州：中山大学出版社1999年版，第322页。
② 杨柳青：《中大文学院素描》，《国立中山大学校友通讯》，1942年第4—5期。

续表2-5

	三年级必修							
课目	散文习作	近代英国小说	近代英诗	莎士比亚	文学批评	近代欧洲文学	毕业论文	党义
授课人	凌达扬	张葆恒	任泰	黄学勤	张宝树	孙寒冰	各教授	
每周授课时数	2	3	3	3	3	4		1
学分	2	3	3	3	3	4	3	0
备考				与四年级合班				
	选修								
课目	史宾沙	密尔顿	希腊罗马文学	18世纪英诗	18世纪英国散文	美国文学	短篇小说	翻译	乔叟
授课人	黄学勤	黄学勤	余世鹏	任泰	张宝树	凌达扬	畸理	任泰	
每周授课时数	2	2	3	3	3	3	3		2
学分	2	2	3	3	3	3	3		2
备考	三、四年级选修	三、四年级选修	三、四年级选修						本年度停开
	选修							
课目	实用新文学	应用英文	演讲术	语音学	英语教学法	三年法文	三年德文	总理遗教专题第 组
授课人	张宝树	余世鹏	罗塞尔夫人					
每周授课时数	2	2	2	2	2	4	4	2
学分	2	2	2	2	2	4	4	2
备考				本年度停开	本年度停开	本年度停开	本年度停开	

上表资料来自《国立中山大学文学院二十七年度上学期课程表》，075，1938，藏校史资料室。

2. 图书及设备

图书稀少。书本是知识的来源，是学习必备之物。中大馆藏图书在战火中损失严重，带到澄江的书籍，中文66289册，西文9015册，杂志3391册。"实不敷用，所有应用图书,均告借一空,后来者每有向隅之叹……"① 因过去不同学院各设图书馆分馆,各专业的外文书籍多存于分馆,而分馆图书多未迁出,故当时的外文书籍"除普通参考书及中国问题之书外,均未带到,价值甚微"。② 可以想见在迁澄之初英文系师生可用的书籍亦非常有限。学生上课经常无课本、讲义、参考书或资料,大家只能专心听讲,埋头做笔记。

设备简陋。澄江时期,学校连最基本的桌椅和照明工具也缺乏。时人报道:"正因书少人多,图书馆日夜都很拥挤的。他们的膳堂和课室的台灯,都是用泥砖作基,盖上一块木板而成。尺度都未能合标准。课室的空气,温度,湿度,光线等要素,亦没有达到完善的地步","至于晚上的自修,都用火水油灯,洋蜡烛,既易引起学生们的疲倦感,也着实影响学生的眼力的。因此,许多学生近视加深,体格渐弱"。③

3. 师资与教学

师资队伍有所减少。据广东省档案馆所藏的二十八(1939)年度《国立大学及独立学院教授及副教授所授科目调查》④ 显示,迁澄后,英文系的任课教授有张葆恒、黄学勤、余世鹏、凌达扬、毛玉昆、蓝思德(R. F. Lankester)。毛玉昆教授系美国奥贝林大学的文学硕士,1939年3月到校任教。蓝思德是一名英国传教士,英国剑桥大学硕士,长期在昆明各校任教,他也是1939年3月到校。该名单虽未计入可能存在的讲师、助教成员,但按过去习惯推断,其人数极少。

表2-6　1939年度(档案原件写"廿九年一月")所授课目

课目	任课者姓名
英国文学史;近代英国小说	张葆恒
二年英文;近代英诗;莎士比亚	黄学勤
应用英文;文学背景;文学批评	余世鹏
高级作文;短篇小说;演讲术	凌达扬
散文习作(B);维多利亚朝散文;新闻学	毛玉昆
作文及修辞;散文习作(A)	蓝思德(R. F. Lankester)

教学受到影响。以上课表显示,当时开授的专业课程仅16门,较之迁校以前的20多门课,明显减少,教学质量难免有所影响。迁澄之初,百废待兴,管理难免松

---

① 杜定友:《国立中山大学图书馆民国二十七年度工作报告(廿七年七月至廿八年六月)》,《中华图书馆协会会报》,1939年第14卷第2、3期合刊。
② 杜定友:《国立中山大学图由粤迁滇经过及工作近况》,《中华图书馆协会会报》,1939年第14卷第1期。
③ 郑方桢:《迁澄一年的中山大学》,《云南教育通讯》,1939年第2卷第15期。
④ 国立中山大学档,广东省档案馆藏,档案号020/002/730/44。

弛，加上当地自然风景优美，各院学生时常外出玩乐，在澄江县城与城外各学院间的道路上，游人身影一时络绎不绝。在此状况下，教学也有松散之象。有访者记载："功课是很放任的，上课时教授不问旧课，也不必交什么课外阅读报告，一学期中，除师范学院有所谓期中考试外，其他学院，都只有一个很马虎的大考，本学期虽已实行点名上课，但仍难收实效。"① 这种情况，显然也包括英文系在内。

4. 毕业与招新

老生毕业照常进行。无论如何，学校终究是重建了，一切事务都在恢复中。1939年8月1日，全体员工师生齐聚一堂，举行迁校澄江后的第一次联合纪念周暨毕业典礼大会。本年度毕业研究生5人，本科生462人，外校借读生41人。② 其中，英文系毕业生姓名如下③：何远猷、梁之模、英秉钺、吕一民、郑兆长、卢景铉、莫国粹、吴组绍、朱运京。

新生招考录取恢复正常。学校迎来民国二十八（1939）学年度迁澄以来的第一批新生共359名。④ 该年度英文系一年级名单：

陈尉新、李敏、方胜、刘德宝、张耀麟、吕乃纲、李艾香、李润生、傅立瀛、陈守枚、王程鸥、鲁兆麟、樊炳义、王汝静、陶佩霞、陈季植、冯曾礼、梁泰炎、莫公霖。另有借读生7人，随班听讲者3人。⑤

据当年9月13日《申报》记载，英文系总人数有46人。⑥

其民二十八（1939）学年度一年级之外的各年级学生名单如下：二年级生名单⑦：梁崇良、梁柏年、梁宝娴、梅可城、冯本□、钟维贵、陈葆真、梅子强、罗再生、梁大成、钟荣珍、谭炽棠、彭务勤、熊淼成、陈寿昌、李钟镪、王惠荷、龙春娱、李瑞容（休学）、卫启明；另有借读生5人。

三年级注册生名单⑧：伍盖凡、赵惟浩、余兆昆、陈宝瑛、冯翼声、刘锡祥、郑松焕、冯西藩、胡桂馨、赵克镠。

四年级名单⑨：关少伟、林鹤侣、钟日新、张继光、曾柏霖、黄兼善、黄程万、赵丽楣、梁加义、苗文缉、潘汉枢。另有3名借读生。

---

① 天流：《掉舵扬帆前的中山大学》，《战时中学生》，1940年第2卷第4—5期。
② 黄义祥编著：《中山大学史稿（1924—1949）》，广州：中山大学出版社1999年版，第326页。
③ 《历届毕业生题名·第十三届》，《国立中山大学校友通讯》，1944年第48—49期。
④ 易汉文主编：《中山大学编年史1924—2004》，广州：中山大学出版社2005年版，第34页。
⑤ 国立中山大学档，广东省档案馆藏档案藏，020/002/580/112—115。
⑥ 《国立中山大学文学院近况》，《申报》（上海版），1939年9月13日。
⑦ 国立中山大学档，广东省档案馆藏档案藏，020/002/580/027-029。
⑧ 国立中山大学档，广东省档案馆藏档案藏，020/02/580/080-081；020/002/580/017-018。
⑨ 国立中山大学档，广东省档案馆藏档案藏，020/002/580/007-009。

经过前后对比可以发现,刘锡祥、冯翼声两位在二十五(1936)年度入学的学生本应升上四年级,但他们本年度却跟二十六(1937)年度入学的伍盖凡分在同一级,说明存在着休学的情况。另外,还有不少二十五年度入学者的名字未能找到,这些多少反映出战乱和学校搬迁或许妨碍了某些英语系同学的正常升学。一些新出现的名字很可能是转学生。招收的借读生人数比在广州时期明显增加,反映了战争对高等教育的另一面影响。据档案所载的学生籍贯信息表所反映出的信息,粤籍人士还是很多,但广东以外的学生也在增加,非粤籍学生中不少是借读生,这使得英文系的学生来源构成与全校一样,更显多元化和全国化,可谓是战时中山大学外语教育的一种意外收获。

二、学术讲演与校外活动

1. 坚持学术活动

为恢复教学质量,各学院、专业针对自身特点积极开展了多种学术活动,文学院在授课之余,设法举行各种学术报告和演讲活动。已知英文系参与的这类活动有:1939年12月9日系主任凌达扬教授的演讲《我所知的林语堂》;16日外语教师蓝思德教授演讲的《欧战从军记》。① 在相对安定的环境下,不少学者亦在酝酿着新的创作。另外,文学院还恢复出版了多种学术刊物,其中即包括英文系学生出版的半月刊《Arch》。② 总的看来,迁澄后英文系的学术活动不如其他院系活跃,留下的记载不多。然而通过刷新氛围,在学生间"虽然读书的空气还不够浓厚,但总比在广州时好得多";据记载,中大学生在饭后或晚上,经常"假借茶社的台凳灯光看书和讨论"。③

2. 举办外语社会教育

如同在广州石牌时一样,中山大学继续积极带领着学生们走出校园,从事社会教育工作,造福澄江人民。社会教育工作包括公共卫生、扫盲运动、国民精神总动员运动、函授学校等等。函授学校从1940年3月起开班,设立的目的是,"使无力升学之高中毕业生,或有同等学历者,得有研究高深学问之机会为宗旨"。④ 其中英文系主要负责教授应用英文、翻译文法、作文及英国文学史、法文、日文等课程。还有很多其他社会活动因是跨越不同院系的全校性的集体行为,一时很难指认出外文系所具体承担的角色,但该系师生有人参加,当不成问题。

---

① 黄义祥编著:《中山大学史稿(1924—1949)》,广州:中山大学出版社1999年版,第328页。
② 《国立中山大学文学院近况》,《申报》(上海版),1939年9月13日。
③ 郑方植:《迁澄一年的中山大学》,《云南教育通讯》,1939年第2卷第15期。
④ 黄义祥编著:《中山大学史稿(1924—1949)》,广州:中山大学出版社1999年版,第341页。

第三节　在粤北

因日军进逼越南、物价飞涨等多种复杂因素的共同影响，远离故土的中大师生们日渐寻思返回广东。1940年8月，在代理校长许崇清的主持下，学校回迁粤北。一开始计划定址于南雄县，不久改去乐昌县的坪石镇。坪石镇地处粤湘交界处，历来是粤北重镇，粤汉铁路在此设站，人员物资交流方便，物价比澄江更低。加上战时广东省政府设在距离坪石较近的韶关，对中大来说无论是获取物质供应、政策支持抑或者从事各种活动，都比较便利。1940年12月13日文学院召开该学年度第一次教务会议，规定各学院每日上课时间，"一律是上午七时至十一时，下午十二时三十分至三时三十分。"并决定1940学年度学年开始时间为8月1日，结束时间为1941年7月31日。[①] 当年10月22日《申报》（上海）报道，中山大学规定的正式复课时间为11月15日，不过真正恢复上课的时间似乎更晚。[②]

一、教学环境与师资

1. 优美的办学环境

在粤北坪石时期，中山大学各院系分布得更为分散，相互之间距离较远。学校总办公厅在坪石镇（今老坪石街）。全校一年级集中在坪石镇附近的车田坝（后迁乳源县属武阳司）。[③] 文学院一开始设在清洞，因地盘太窄，不久迁往坪石镇附近的铁岭。文学院在坪石镇铁岭的新校址，据说拥有很不错的环境，时人对该处的描述近乎世外桃源：

> 该址原系粤汉铁路局所建，后经粤省银行租用，负山带水，风景绝胜，极宜潜修，几经苦口交涉，始得转让到手，该院师生欣喜异常。建筑尽属西式，分布也颇得体，虽经敌机前来下蛋，奥夫过境丘八毁污，然修整后，仍不失为抗战期中难得之房舍，岭虽不大，然已高离平地，岭上岭下，遍植针松洋槐，树林阴翳，鸟鸣不惊，小径曲曲，幽通各处，男生宿舍，在岭巅，女生宿舍，在岭腰，上下相对，自成乾坤之形。办公室、图书馆、饭厅、礼堂、厕所、浴室等，或屹立岭角，或绕岭而布，稀疏匀称，晚上看去，燃火点点，白日远眺，屋宇丛落，

[①] 黄义祥编著：《中山大学史稿（1924—1949）》，广州：中山大学出版社1999年版，第351页。

[②] 据周鼎培：《由高师前身至本校今日经过概略》，《国立中山大学校友通讯》，1942年第20期所载，直到1941年1月，迁坪各院才陆续上课。

[③] 黄义祥编著：《中山大学史稿（1924—1949）》，广州：中山大学出版社1999年版，第349页。

环山带水，尤显得蔚然深秀，书声外喧，更觉清淡不凡了……全院学生除一年级外共有一百五十四人，女生占三分之一强"。"（设备）在兴建中者，有膳堂，礼堂，浴室，厕所，为第一期工程。体育场（在中山公园内即铁岭斜对面）游泳池，员生同乐会所，及花园为第二期工程，想在不久的将来（顶多是在三十年度开始时）铁岭风光将更因建筑设备而倍添优雅，静恬，青年们的生活将更臻丰美添色了。①

2. 师资与课程

迁往坪石镇之初，由于文学院院长吴康请假，学校聘请了王慕尊、蓝思德和朱谦之三人暂时主理院务，② 朱谦之兼任院长。从现存档案看，蓝思德大概也在此时一度升任英文系主任③。他在1942年停薪留职，前往缅甸前线加入英军④。1941年2月，学校聘叶德辉为专任讲师。⑤ 同年3月，再度聘任著名戏剧家洪深为文学院外国语言系教授兼主任。⑥ 同年9月聘朱树楠为教授，⑦ 12月，聘冯建统为教授。⑧ 从1942年下半年起，外文系主任由黄学勤担任。10、12月分别增聘胡春冰、江乾耀两人为教授。⑨ 胡春冰也是一名戏剧家，曾在《中央日报》任总编辑，抗战期间一直致力于创作和改译救亡戏剧。另有谭藻芬（副教授，教二年级法文），陈秋帆（讲师，教一年级日文）二人，属文学院但不归任何学系。这段时期由于香港沦陷，有不少原在那里工作的知识分子逃到粤北国统区，故学校能持续增聘一些来自香港的优秀外语人才作教师，较好地充实了师资队伍。

值得一提的是，1941年1月聘用的钟日新（初为助教），原为英文系毕业生。⑩ 表2-7中的梁宝娴助教，也可能曾是1937学年度中山大学入学的学生。外语系自己培养的学生留校工作，正是战时教学薪火相传的一种表现。

---

① 《中大向导》，学术新潮出版社，1941年版，第10-11页。
② 朱谦之：《奋斗二十年》，《自传两种》，中国现代自传丛书第3辑第8册，台北：龙文出版社股份有限公司1989年版，第38页。
③ 国立中山大学档，广东省档案馆藏档案藏，020/002/169/179-180。
④ 《英籍教授赴缅投军》，《国立中山大学校友通讯》，1942年第4—5期。
⑤ 国立中山大学档，广东省档案馆藏，020/002/142/068-072。
⑥ 国立中山大学档，广东省档案馆藏，020/002/141/017-019。
⑦ 国立中山大学档，广东省档案馆藏，020/002/142/132-134。
⑧ 国立中山大学档，广东省档案馆藏，020/002/142/194-199。
⑨ 国立中山大学档，广东省档案馆藏，020/002/143/052-062。
⑩ 国立中山大学档，广东省档案馆藏，020/002/169/179-180。

表2-7　1943年度外文系教员名单及其任课一览表①

姓名	黄学勤（系主任）	李吴祯	李一剑	张掖	张葆恒	冯建统	伍福焜	江乾耀	钟日新	梁宝娴	郑书华	梅可城
职别	教授	教授	教授	教授	教授	教授	教授	教授	讲师	助教	助教	助教
教授课目	莎士比亚、四年英文、欧洲文学名著选读	外国文	一年英文、短篇小说、三年英文	一年法文	英国分期文学、小说选读	二年英文、外国文	近代英美文学、外国文、新闻学	应用英文、翻译	文学概论、外国文、英诗选读			

二、学术、教学与学生活动

1. 学术兴趣与学习氛围

业务部门对学术研究是否重视，直接影响到师生的学术兴趣。迁往粤北之后，英语系努力恢复原来在澄江开展过的学术活动。例如：1941年1月14日，学校研究院举行外国语演讲会，请英语系代主任蓝思德教授用英语作《英语的本质及中国学生为何需加研究的理由》的演讲。② 当年8月朱谦之就任为文学院院长，为增进学术交流，在英文系主任洪深的帮助下，首先创建了学术期刊《中山学报》，并设立了学术奖学金。朱谦之据此回忆道："首先，我就得到英文系洪深主任之助，果然如期成功。""我又为着提高文学院学生的学术兴趣起见，特设'谦之学术奖金'，每系拟定一个专题，以一年为期。"③ 反响很好。

随着学生学术兴趣提高而来的，是渐浓的学习氛围的形成。当时为英文系设定的研究专题是《十八世纪英国文学中之中国题材》。"虽然收获很少，而就当时情形来看，却有一种学术号召的力量。"④ 在文学院领导们的努力下，学生学习氛围有很大改观。据成书于1941年、用于向报考中山大学的学子宣传的《中大向导》所载，迁到坪石后"的确是读书了，宿舍里、教室里、图书馆都有人看书"，"早晨起来读英文的、唱歌的、爬山的、晚上练习哑铃的、翻双杠的，许多人把时间支配得很好"。"外国文普遍的被注意着，研究的空气和写作的空气都相当浓厚"，各院系的"本行"研究会、讨论会、演讲会，普遍地建立起来，刊物亦如雨后春笋。这些集体活动，都

---

① 《介绍卅二年度本校各院系教员（一）》，《国立中山大学校友通讯》，1943年第42期。
② 易汉文：《中山大学编年史1924—2004》，广州：中山大学出版社2005年版，第36页
③ 朱谦之：《奋斗二十年》，《自传两种》，中国现代自传丛书第3辑第8册，台北：龙文出版社股份有限公司1989年版，第42页。
④ 朱谦之：《奋斗二十年》，《自传两种》，台北：龙文出版社股份有限公司1989年版，第42页。

说明了中山大学学生的读书空气和生活态度。① 在优良的传统作风之下，不但没松懈读书空气，反而促进了研究的成果，在充分的自由研究之下，"可以想到有不少的作品产生。"②

另一篇文章则生动、具体地记载了文学院学生的学习状况：

> 清晨，同学们便一早起来晋修，山坡上有着许多同学沐浴在晨曦之下，吸着新鲜的空气，晨操，读书，念外国语；上课，同学们倾心听讲，眼睛紧随着粉笔移动，笔不停地在纸上沙沙作响；夜里，在狭隘的图书馆里，十枝微弱的菜油灯光下，挤满了黑压压的人头，每座宿舍的窗口都透出了一片暗淡的灯光，同学们正在利用晚上宝贵的韶光，来复习和预习功课。③

这两篇记录坪石时期中山大学学生战时学习与生活的文章，记载着学生晨读外语（英语）、"外文普遍受到重视"等内容，从一个侧面说明外文系教学受到重视并收到了良好的效果。

2. 业务领导

学术、教学活动的蓬勃开展，离不开一个好的业务领导。1941年3月就任英文系主任的，是我国著名戏剧作家洪深教授。洪深系江苏武进人，毕业于清华学校，后留学哈佛大学攻读戏剧。抗战前曾任暨南、山东等大学的英文系主任，并从事戏剧写作和电影导演工作。抗战爆发后，积极献身抗战，任国民政府政治部第三厅科长，率领青年男女在第一、第五战区从事抗战宣传工作，并力主结合战时需要，进行戏剧改良，贡献很大。此次是他第二度来英文系任职。④ 洪深在坪石的生活条件不甚优越，一家人租住在一间三面有墙一面敞开的农家房子，开敞的房间对面是房东家的猪圈。在大雨倾盆的时日，农屋内到处漏水，洪家人只能盖着油布睡觉⑤。洪深太太回忆："（洪深）早上去学校上课总要带很多参考书，他常常就把布袋书包挂在手杖一端，然后扛在肩上。"洪深到任后，"英文系的读书空气较前紧张，课外活动更生动活泼。同时校内演剧空气也非常浓厚，连许多从未登过舞台的同学，也抱头一试了。他导演的耐心，和对学问的热诚，是受人感动的"。⑥ 他为外文系教授了美国文学、英国文学史、小说选读、翻译以及西洋文学概论等课程。他开设的戏剧评论选修课极受欢迎，常有其他学院学生选修。⑦ 校外到访者见过文学院同学们的学习情境后写道：学

---

① 《中大向导》，学术新潮出版社，1941年版，第36页。
② 《中大向导》，学术新潮出版社，1941年版，第11页。
③ 杨柳青：《中大文学院素描》，《国立中山大学校友通讯》，1942年第4–5期。
④ 《中大向导》，学术新潮出版社，1941年版，第23–24页。
⑤ 洪钤：《中国话剧电影先驱洪深：历世编年纪》，秀威资讯2011年版，第199至200页。
⑥ 佚名：《学府人物》，黄仕忠：《老中大的故事》，南京：江苏文艺出版社1998版，第233页。
⑦ 黄义祥编著：《中山大学史稿（1924—1949）》，广州：中山大学出版社1999年版，第356页。

生"平时多致力于书本上的探讨,图书馆因此特别热闹"。但比起教学,洪深更热爱演剧事业,1942年暑假前即以欲专心写作为由,决定辞去了一切职务,离开了中山大学外文系,这无疑是一大损失。洪深两次在中山大学服务时间不长,但对外文系的教学、科研,尤其是学生的课外活动的活跃,产生了深刻的影响。

3. 课程开设

课程的开设情况,则反映了师资的知识结构和时代主题。因环境改善与师资队伍的充实,迁到坪石后英文系的授课状况已接近迁移澄江前的水平,课目比澄江时期更为丰富。与战前所开课目相比,除英文系的基本课程外,最大的不同是增开了更多哲学与社会科学类的课程,这与战时高校课程面向抗战需要以及当地社会现实不无关系。对此,课程表能给予一个相当直观的呈现。

以下为1941年度上学期课程表:①

表2-8 1941年度上学期课程表

第二年级				
课目	学分	时数	教员	备考
二年散文及作文	3	4	叶德光	内1小时西洋文学概论,由洪深先生授课
英国文学史	3	3	蓝思德	
英诗选读	3	3	黄学勤	
英语语音学	1	1	蓝思德	
西洋通史	3	3	罗志甫	
社会学	3	3	董家遵	任选一门
经济学	3	3	陈国治	
哲学概论	3	3	马采	任选一门
科学概论	3	3	石兆棠	
第三年级				
散文选读及作文(一)	2	2	黄学勤	
小说选读	3	3	蓝思德	
戏剧选读	2	2	洪深	
分期英国文学(浪漫运动)	2	2	黄学勤	
欧洲名著选读	3	3	洪深	

---

① 国立中山大学档,广东省档案馆藏档案藏,020/002/100/065-067。

续表2-8

第四年级				
散文选读及作文（二）	2	2	蓝思德	
英国文学名家全集选读（莎士比亚）	3	3	黄学勤	
英国文学	2	2	洪深	
翻译	2	2	洪深	本科加多1学分，全年4学分
毕业论文	1	0	各教授	
选修课目				
一年法文	4	4	谭藻芬	二、三年级选。因上学年未开，本学年特开，8学分。卅一年度再开。10学分以便3年级得选修
应用英文	2	2	蓝思德	各选
一年德文	3	2	马炳文	
三年法文	2	3	陆侃如	三、四年级选修
一年日文	4	4	陈秋帆	二、三年级各系选修

注：迁校至坪石初期，入学新生都要入驻武阳司，由一年级教育委员（后改称新生部）安排军事训练，故一年级未安排课程。1942年因武阳司地方不足，取消该新生部，一年级生改由各学院训练。①

1943年度课程见表2-9和表2-10：②

表2-9 1943年度英文系必修科目

第一年级

科目	规定学分	每周授课时数	每学期学分	备考
英散文选读及作文	8	4	4	
英语语音学	4	2	2	
国文	6	3	3	
中国通史	6	3	3	
伦理学	6	3	3	
生物学	6	3	3	
伦理学概要	2	1	1	

---

① 《由高师前身至本校今日经过概略》，《国立中山大学校友通讯》，1942年第20期。
② 《018 国立中山大学现状1943》，藏校史资料室。

续表 2-9

科目	规定学分	每周授课时数	每学期学分	备考
社会学 政治学 经济学	6	3	3	任选一科
三民主义	0	1	0	
军训	0	3	0	
体育	0	3	0	

第二年级

科目	规定学分	每周授课时数	每学期学分	备考
英散文选读及作文	6	3	3	
英国文学史	6	3	3	
英诗选读	6	3	3	
西洋通史	6	3	3	
哲学概论 科学概论	6	3	3	任选一科
社会学 政治学 经济学	6	3	3	任选一科

第三年级

科目	规定学分	每周授课时数	每学期学分	备考
英散文选读及作文	4	2	2	
欧洲文学名著选读	6	3	3	
小说选读	6	3	3	
戏剧选读	4	2	2	

第四年级

科目	规定学分	每周授课时数	每学期学分	备考
英散文选读及作文	2	1	1	
名家全集选读（莎士比亚）	6	3	3	
分期英国文学研究	6	3	3	
西洋文学批评	6	3	3	本系特开科目
翻译	4	2	2	
毕业论文	2	1	1	

表 2-10 1943 年度英文系选修科目

科目	规定学分	每周授课时数	每学期学分	何年选修	备考
西洋文学批评	6	3	3	三	
欧洲文学名著选读	6	3	3	三	
分期英国文学研究	6	3	3	三	
法文	18	3	3	二、三、四	第一年修8学分；第二年修6学分；第三年修4学分
戏剧写作	4	2	2	二、三、四	本系特开科目
专家研究	4	2	2	二、三、四	本系特开科目
应用英文	3	3	3	二、三、四	上学期开
日文	18	3	3	二、三、四	第一年修8学分；第二年修6学分；第三年修4学分
德文	18	3	3	二、三、四	第一年修8学分；第二年修6学分；第三年修4学分
英语会话	2	3	2	一、二、三、四	

4. 毕业与招新

粤北时期英文系的导师制继续实行，学生们顺利毕业，这些都说明了该系教务教学活动在简陋的条件下，仍然正常运作。

表 2-11 1940 学年度英文系各导师姓名及其指导的学生：①

导师姓名	指导学生的姓名
洪深	罗再生、陈子华、黄双元、王汝静、刘月瑞、刘锡祥、潘家德、严伯升、严钺
黄学勤	梁柏年、赵维浩、龙春娱、伍盖凡、赵克镠、梁大成、梅可城、梁藻甜
蓝思德	杜定湘、梁生□、李润生、冯翼声、熊淼成、连珍、吴梅君、陈寿昌

1940 年度外文系的毕业生有：余兆昆、龙春娱、胡桂馨、伍盖凡、赵克镠、冯翼声、赵维浩 7 位同学。②

---

① 国立中山大学档，广东省档案馆藏，020/003/99/024。
② 《历届毕业生题名·第十五届》，《国立中山大学校友通讯》，1944 年第 56 期。

新生招录工作的有序开展，为外文系的持续发展，提供了源源不断的新生力量。从现有史料可知，1941 年夏季中山大学公开招录过一年级新生及二、三年级转学生。① 文学院一年级入学考试的科目有：公民、国文、英文、数学（高等代数、平面几何、三角）、中外历史、中外地理、理化、生物。② 英文系转学生考试科目为：二年级考国文、英文、作文、翻译；三年级考国文、英文（作文、翻译、文法）、英国文学史。③ 大概因部分考生需亲自到坪石镇应试，校方出版了一些官方指引以为协助，现在能见到的有 1941 年版的《中大向导》。该书载录了上一年入学考试的题目，其英语考试之题型有如下数种：④

1. Write an essay in English on one of the following subjects. （1 题） 2. Translate into Chinese. （附上一段英语短文） 3. Write down the following sentences, correcting any mistakes. （6 题） 4. Translate into English. （附上一段白话短文） 简单地说，英文考试题型包括作文、英译汉、改错题、汉译英。

据 1942 年《国立中山大学校友通讯》第 4—5 期记载，该年度外国语文学系学生共有 63 人。1943 年通过入学考试被本系录取的新生名单如下⑤：艾江辉、黎伍生、陆特英、廖□健、彭信灼、卫家忠、罗□烈、饶煌村、梁申生、陈□□、易声潜、杨□云、金开宪、曾华源、刘□柏、谢瑞灵、罗群馨、杨绍能、吴辉鸿、谭光第、黄旭。

5. 课余活动

在粤北时期，由于系主任洪深等人身体力行的提倡，外文系同学们的课外活动丰富多彩，尤以戏剧演出为多。当时各系都集体创作了不少刊物或壁报，其中英文刊物有 *Arch News* 半月刊（原为刊本，后改成壁报）。"只要你踏进文学院的大门，你便可以远远望见一幅一幅大块的壁报悬在墙上，编印的是那样讲究，抄写得又那样标致，使人读起来并不感到疲倦。"⑥ 纪念"五四"的活动有演讲比赛、打球和音乐会三类，而纪念"五卅"则有划船赛、游泳赛和话剧公演。⑦ 洪深教授在任时，还曾率领外文系四年级学生赴耒阳考察实习⑧。在他的指导下，不仅文学院，就连其他学院的演剧活动也更为活跃。1941 年 5 月 30 日至 6 月 1 日，全校各学院进行第一次话剧公演，观众如潮，获得一致好评。接着中山大学剧团在洪深亲自导演下，排演了《雾重庆》，于 7 月 4 日晚演出，以欢送 1941 届毕业生。7 月 5 日、6 日晚，又为慰劳驻坪

---

① 《申报》（上海），1941 年 6 月 21 日及 7 月 8 日。
② 《中山大学在港招生八月初举行入学考试》，《申报》（上海），1941 年 6 月 21 日。
③ 《中大向导》，学术新潮出版社 1941 年版，第 97 页。
④ 《中大向导》，学术新潮出版社 1941 年版，第 39—40 页。
⑤ 《本校三十二年度新生放榜》，《国立中山大学校友通讯》，1943 年第 40—41 期。
⑥ 《中大向导》，学术新潮出版社，1941 年版，第 11 页。
⑦ 《中大向导》，学术新潮出版社，1941 年版，第 37 页。
⑧ 国立中山大学档，广东省档案馆藏，020/004/1576/064、066、067。

石的军队而演出,均获好评。① 1942年4月,洪深还指导中山大学同学排演了自己的剧作《风雨同舟》(又名《再会吧,香港!》)②。由于洪深的影响,中山大学的戏剧演出水平得以明显提高。1944年4月,中山大学剧社参加了桂林的西南八省戏剧展览会及戏剧工作者大会,演出了剧目英语剧《皮格马林》(*Pygmalion and Galatea*),由吴华俊导演,英文系教师钟日新为助理导演,两人还亲自扮演了剧中的角色。演出时观者如潮,轰动一时。③

参与"飞虎队"服务工作。1942年初,国防委员会战地服务团在全国五所大学征召熟悉英文之学生,到重庆招待来中国支援抗战的美国"飞虎队"。中山大学的报名者很多,文学院与师范学院英文系的同学尤其踊跃。全校入选者(包括少数非英文系学生)有:陈寿昌、熊成、刘锡祥、杜定湘、梁大成、梁藻甜、蔡文智、邓树声、王启鹏、岑禹杰、梁锦昭、罗再生。④ 这是外文系学生利用自己专业特长参与抗战、支持世界反法西斯战争的一种特殊贡献。

6. 再次颠沛流离

可惜的是,粤北时期的外文系的师生们,终究未能长久安稳享受来之不易的学习生活。1944年末至1945年初,日寇进行最后的垂死挣扎,粤北湘南战局迅速恶化,长沙、衡阳、韶关接连陷落,坪石岌岌可危,1945年1月,中山大学又被迫在慌乱中仓促搬迁。这次迁校,学校硬件物资损失惨重,部分师生亦不幸殒命。搬迁后学校分散于梅县、连县、仁化三处,文学院一部分人迁至梅县,自觅"客家大屋"栖身。3月,该处师生再次复课,因无书本、资料,上课全靠老师记忆讲授,学生做笔记。同月,连县分教处亦复课,当时连县三江镇亦有文学院师生,但现有史料没能反映外文系师生的具体分布情况。同年5月,张掖教授被聘作代理外文系主任,8月,朱谦之担任院长(同时兼任文科研究所和哲学系主任)。随着日本侵略者在该年的投降,中山大学回迁广州,外文系师生终于得以回归离开近七年的故土。

第四节 复员广州

一、努力恢复教学秩序

1. 教学环境恶劣

复员后的英文系随同文学院一道返回广州的石牌校区后,面对的是洗劫一空的校

---

① 黄义祥:《戏剧名家洪深曾任中山大学教授》,《岭南文史》,2006年第2期。
② 古今、杨春忠编著:《洪深年谱长编》,北京:中国戏剧出版社2009年版,第267页。
③ 《本校参加西南戏剧展览会筹备近况》,《国立中山大学校友通讯》,1944年第50期;《本校剧社在桂林招待新闻界中外人士陆续踊跃定座》,《国立中山大学校友通讯》,1944年第52期。
④ 《征集空军服务人员》,《国立中山大学校友通讯》,1942年第4-5期。

园。广州沦陷后,石牌校区一直被日军侵占,抗战结束后一段时间则被国民党的"新一军"占用,学校经过多方争取,始得收回。出人意料的是,原本受到战火蹂躏的校园,还要受到本校自己人的"劫收"。一个署名赖充的学生曾发表文章,指责3名返校接收石牌校区的教授疯狂倒卖校产,连"床、柜、椅子等亦荡然无存"。① 不管这是否属实或夸张,在历尽艰辛后,师生们回到母校看到的,只有空荡荡的房舍而已。

学校复学委员会的复课决定,不过是一纸空文。该委员会决定于1945年12月1日开学,4日至10日注册,11和12日选课,14日上课,但这不过是纸面上的规定。因当时很多事务仍是一片纷乱,不同院系所面临的困难不尽相同,未必能赶在那一天选课、上课。

对于复学伊始的纷乱,法学院的萨孟武教授在《国立中山大学校刊》上曾专门载文叙述,表现在当时有四大纷乱:一是学籍纷乱,即有正式生、旁听生、试读生、补课生等一大堆名目。二是选课纷乱,教育部颁布的三十三年八月修订大学科目表一直不曾实现,学生选课毫无限制,有先选、超选等名堂。三是学生成绩纷乱,表现在很多学生的成绩登记混乱,无从查找。四是入学纷乱,表现在例外太多(未立案的大学之学生亦可转学,未经入学考试的人亦可得入学)。② 以上虽主要讲的是法学院的情形,但其他如文学院的状况大概也相差不远。为恢复教学秩序外文系在文学院的领导下,采取了以下措施。

2. 规范考生编级考试以及新生入学考试

文学院刚复员广州时,朱谦之仍担任院长,直到次年10月才解职,由王力继任(兼中国语言文学研究所主任)。③ 据朱谦之回忆,1945年12月4日至10日旧生注册,11至12日选课。次年1月4日文学院举行旧生编级考试,9日在石牌举行第三次院务会议,议决于该月15日上课及恢复导师制度等要案,同日举行第二次主任联席会议,审核编级试成绩。成绩不及格的学生后来需参加补考。

1946学年度一学期一年级新生有:钟逢治、叶志盛、丘仕骥、杜耀年、陈家祺、赖炳超、潘家森、郑百诗、区次娴、黄俭纯、廖银开、戴镇林、冯兰芳、吴铁坚、金培恩、向重贤、熊希龄、缪映漪、陈玉全、罗善龙、关椰珍、刘的明、周鹤翔、李建德、陈任美、黄文中、梁持群。④ 这批学生很可能是1945年9月10日在梅县、连县举行的新生入学考试中录取的。

3. 重振学术氛围

时任文学院院长的朱谦之决意重振院内学术氛围,在第二次主任联席会议上,定

---

① 赖充:《愤慨话中山大学》,《青年战士月刊》,1945年第2卷第1期。
② 张紧跟编:《百年历程1905—2005 中山大学的政治学与行政学》,广州:中山大学出版社2005年版,第133页。
③ 朱谦之:《中大二十年》,黎红雷编:《朱谦之文集》,广州:中山大学出版社2004年版。
④ 国立中山大学档,广东省档案馆藏,020/002/682/022-025。

下第一周为"学术演讲周",自 15 日起到 19 日止,每日上下午各举行一次演讲,分请本院教授主讲。① 此举效果非常好,其他学院亦相继效仿。2 月 7 日文学院颁发布告,定第五周为"读书运动周"。当月 11 日举行该年度第三次周会,朱谦之演讲并发起"读书运动"。第六周(2 月 14 日起)举办各系联谊会,并提倡"新音乐运动"。从第七周(2 月 20 日)起,朱氏领导发起了出版"壁报运动",在这场运动中,各学系各显身手,出版了大量有自身特点的壁报,外文系即创作了壁报 The Arch。当年 7 月 1 日,又请清华大学前外文系主任,时任中山大学文学院教授的吴达元先生讲演《法国浪漫运动》。② 刚回石牌时,图书馆藏书严重不足,即将撰写毕业论文的同学极感困难。朱谦之院长于 1 月 23 日、24 日、29 日三日,分别与各系四年级学生商谈毕业论文事宜,提议论文题目,指点参考用书。

4. 充实师资队伍

王力就任院长之后,陆续加聘各级教员以充实各系的师资队伍。1946 著名翻译家周其勋即受聘为外文系主任。周其勋在其任内,曾编写了《当代英文选》,中山大学、岭南大学都将此书用作教材。现存档案中还留下不少其他教师的聘用记录,例如 1946 年曾聘邓柱燊为兼任教授和外文系讲师,聘郑书华为助教,聘方淑珍、王宗炎、连珍、陈永桢等人为讲师。早先从外文系毕业、后被聘为讲师的钟日新,又被送往美国留学,1948 年钟氏被聘作外文系教授。1947 年,聘请英籍外教唐安石(端纳)为教授,聘马安娜、郑国基等人为讲师等。1948 年春,外文系主任由曾经留学法国的美术理论家、评论家林文铮担任。其主讲的科目为《西洋戏剧史》,他在外文系主任的职位上一直工作到新中国成立之后。③ 全系师资情况,大体上可以从外文系 1948 学年度毕业论文的指导老师名单中略知一二,他们是:林文铮、梁实秋、黄学勤、唐安石、伍福焜、陈国桦、严镂堂。④

5. 推动创办学术刊物,改善工作和学习环境

在王力院长促成下,院刊《文学》于 1947 年 8 月出版了创刊号。文学院在王力院长主持下,为图书馆分馆添置了不少设备和新书刊。他还设法从细节方面改善工作与学习环境,例如充实教员休息室内的用具,为学生开设休息室,在学院前加建花圃,甚至是派员为学生投递函件,设置学生信箱等。⑤ 1948 年夏天,王力转往岭南大学工作。新中国成立后一度回到中山大学文学院工作,1952 年院系调整后,转而到

---

① 朱谦之:《一个哲学者的自我检讨—五十自述》,《朱谦之文集》第 1 卷,福州:福建教育出版社 2002 版。
② 《文学院本周举行暑期学术讲座》,《国立中山大学日报》,1946 年 7 月 15 日。
③ 詹颖:《从引领运动到"缺席"历史——艺术激变时代的林文铮》,四川大学艺术学院硕士学位毕业论文,2007 年 3 月。
④ 《外文系商请教授指导四年级生写作毕业论文》,《国立中山大学校刊》,第 22 期,1949 年 4 月 5 日。
⑤ 黄义祥:《著名语言学家王力教授》,李尚德主编:《凝聚中大精神——"中大精神与校园文化建设"大讨论文集》,广州:中山大学出版社 2001 年版。

北京大学中文系任教。他为中山大学文学院包括外文系在广州复员时期走上有序发展，作出了不可忽视的贡献。

二、抗争护校迎解放

1. 动荡不安

尽管师长们在努力营造研究与学习的环境，但这些努力在严峻的大环境下显得非常无力，学潮频仍是教学秩序不稳的突出表现。1947年之后中山大学校长几乎每年都有变动，全校师生均感受到这种动荡而不安的状态，教学难免受累。抗日战争结束后省内经济状况本已非常困难，很快又爆发的全面内战，学生的生活待遇更愈恶化，引起不满。中山大学学子一向热心于学生运动，1947至1949年间可谓学潮不断。其中，1947年学潮特别频繁，规模也特别大。1月6日，1000多名中山大学学生在校召开反美大会，次日便在市区举行反美示威并冲入使馆林立的沙面，意图占领美国领事馆。5月24日下午开始罢课，连续3日声援南京"5·20惨案"。5月31日，又举行反饥饿、反内战大示威，以致发生流血冲突。

由于国内经济状况恶化，物价不断攀升，中山大学教授们的生活也日益困苦，而最终以罢教相抗。学校虽时常向政府部门交涉，要求改善教师生活，但所得补助往往杯水车薪。在生活极端困苦却得不到政府有效帮助的情况下，中大教师也于1949年3月25日开始罢教，到4月18日才结束。① 罢教风潮蔓延至其他学校，又与学潮互相呼应，引起很大的社会反响。是年7月23日，当局派出1000多人的便衣队闯入石牌校区，大肆搜捕不满的师生员工，当日被捕教职员15人，学生180多人。所幸校方多方奔走，而使大部分人陆续获得释放。

2. 挽救颓风

面对恶劣的时局环境，管理层拟从设备、学风和交流三方面予以应对。文学院的管理者也清楚恶劣的外部环境给教学带来负面影响，他们在会议中比较认同应在添加图书设备、扭转学风和加强对外学术交流等方面作努力：

> 文学院却要以研究学术为主要任务。但研究学术要有研究学术的环境，研究学术的设备、研究学术的精神与风气，……本院的图书……现已达五万余册，但近年来国内外出版的重要书刊，多尚阙如，有几系所必不可少的仪器，亦还没有购置齐全，此有待于今后努力者一。……一般青年学子，多趋向急功近利，不问兴趣之所在，往往避重就轻，浅尝辄止，仅知皮毛，不肯往深处专研，……如何挽救他们这种颓废的气习，使养成一种良好的学习风气，此有待于今后努力者二。……（外国人之研究）所得结果，往往在我们之上。我们应该和他们多多

---

① 易汉文：《中山大学编年史 1924—2004》，广州：中山大学出版社2005年版，第51-52页。

联络，藉作他山之助，且可以做我们一种刺激，此有待于今后努力者三。①

3. 参与护校

1949年8~10月间，因国民党政权溃败在即，中山大学高层又起了迁校到海南岛之念头，但此时师生们大多冷淡观望，外文系师生与其他院系一道积极开展护校斗争，坚持将学校留在原地，以致当局迁校的企图未能实现。10月14日广州市解放，11月2日，中国人民解放军广州市军事管制委员会文教接管委员会正式接管国立中山大学，② 从此中山大学及其外文系的历史翻开了新的一页。

三、师范学院英语系小史

1. 师范学院设立

中山大学文学院原本设有教育系，1938年4月，国民党临时全国代表大会通过了战时全国教育方案纲要，规定各综合大学筹办师范学院，中山大学于是年8月增设了师范学院，开设了包括英语系在内的8个学系，学制五年，院址设在广州市内的中山大学文明路旧校区。院内专业设置虽与文、理学院原有专业相似，因"文理学院离师院较远"，"教员多惯任专门研究科目，对于师院基本科目多不惯任"，故该院需另要聘大量师资，其英语系所用教师与文学院显然不同，③ 但无疑属于中山大学外语学科不可或缺的组成部分。由于史料暂时缺乏，很难重现该院英语系的全部历史，目前只能简单勾勒出师范学院的部分历史片段。

2. 西迁澄江

学校西迁澄江后，师范学院院址分布于城内的玉皇阁、建设局、极乐寺、北门外五灵庙等处。④ 刚到澄江时，师院硬件设施同样非常恶劣，"各教室所用椅桌，均以木作柱，其上横置一板即为台。以土砖作基，其上横置一板即为凳。每桌四尺，按教室的大小而定多寡。宿舍内床铺均用木制辘架床。自修室兼膳堂，椅桌均以土砖为基，上置木板两块，用膳时用一面，自修时转用它面"。⑤

跟中山大学的其他院系一样，师范学院在澄江亦承担了当地的社会教育工作。该学院的主要任务是开展社会扫盲运动，曾计划从1940年1月起，用一年半时间，对县城附近25个乡镇16岁至30岁的2400多名青年实行强迫教育。除教识字外，还要灌输公民知识、农业知识等。⑥ 因1940年师范学院发生易长风潮，加上8月中山大

---

① 《文学院今后所应做的几件事》，《国立中山大学校刊》第17期，1948年11月11日。
② 易汉文：《中山大学编年史1924—2004》，广州：中山大学出版社2005年版，第53—54页。
③ 《各师范学院院务报告》，《教育通讯》，1938年第34期。
④ 易汉文：《中山大学编年史1924—2004》，广州：中山大学出版社2005年版，第33页。
⑤ 梁山等编著，《中山大学校史1924—1949》，上海：上海教育出版社，1983年版，第101页。
⑥ 黄义祥编著：《中山大学史稿（1924—1949）》，广州：中山大学出版社1999年版，第340页。

学又开始回迁粤北,故扫盲运动的成效不可能很有效。

3. 回迁粤北

回迁粤北后,师范学院院址设在乳源县管埠(管埠现属乐昌县,位于坪石火车站西南约4公里处)。①

> 管埠是一个破落倾颓的大山村,房子街道,全是古式的,师院因组织庞大,到后将空房大屋,宗祠古庙,租借一空,更在山麓底下大兴土木,植树修路,从一月起到四月底才算建造完毕。教室、宿舍,男的女的,都是分别集中,以易管理。在院的东南山脚下,是一簇新的教授住宅区。正北方、同样是在山脚下,是学生宿舍。往来小径,均铺以细沙碎石,虽雨不泞,三面有水,一面负山,景色宜人。②

独立性强。谈到师院的学风和特点,据到访过的人观察,"师范学院是一个含有独立性的学院"。里面的学生很多是家境较差、年纪较大、曾经工作过的。正因如此,学生珍惜来之不易的求学机会,读书也最积极。③ 该院"学术研究空气,亦不亚于其他各院,各系各班设有研究会、讨论会和时事座谈会、国际问题研究会等,淋漓满目。壁报其数量之多,更非各院所可及"。"该院学生有四百余人,女同学占三分之一,为全校之冠,男女同学社交甚为公开……好像兄弟姐妹般友爱亲切。各学院的男女学生,都极羡慕该院同学的生活。"④ 今天我们仍能看到其重要的学术成果之一——发行于1942年11月11日的《国立中山大学师范学院季刊》,内容覆盖了各个学科,文科部分内容尤为丰富,水平不低,间有刊登英语方面的教学和科研文章。

4. 散处各地

1945年粤北各处沦陷,师院同样被迫散处各地。一部分转往龙川龙母,另一部分在连县三江镇。⑤ 复员后,师范学院奉令改制,其原有的国文系、历史学、英语系被并入文学院里对应的学系,⑥ 于是在外国语文学系内部增加了师范外文班。在广东省档案馆留存的档案中,发现了不少外文系学生提出要转入师范班的申请,反映出当时师范生的身份更受欢迎的有趣现象。

---

① 易汉文:《中山大学编年史 1924—2004》,广州:中山大学出版社2005年版,第36页。
② 《中大向导》,学术新潮出版社,1941年版,第17页。
③ 刘家传:《中山大学近影》,《读书通讯》,1941年第30期。
④ 《中山大学在坪石》,《学生之友》,1942年第4卷第5期。
⑤ 易汉文:《中山大学编年史 1924—2004》,广州:中山大学出版社2005年版,第41页。
⑥ 吴定宇主编:《中山大学校史 1924—2004》,广州:中山大学出版社2006年版,第217页。

第三章　曲折前行（1950—1976）

1949年10月1日，新中国成立，中山大学外国语学科由此进入新的发展建设时期。1952年，全国展开高校院系调整工作，在政府、多所高校的支持下，汇集了优势资源的新中山大学外国语言文学系应运而生，这也为其在新中国时期的发展奠定了基础。经历了院系调整的外国语言文学系更名为"西方语言文学系"，教学、科研等工作逐渐步入正轨。为了适应学系发展和学科建设的需要，西语系相继开设了法语、德语专业，连同原有的英语、俄语专业，一共拥有4个语种专业，并于1958年再次更名为"外国语言文学系"。

新中国成立之后，政治运动对人们的工作、生活产生了重要的影响，全国高等教育工作也因此受到越来越多的影响，教育逐渐从属于政治。外语系的发展，尤其是各语种专业的发展，更是国际、国内政治形势的"晴雨表"，在不同时期，各语种专业经历了不同的发展历程，教师、学生亦参与了各种政治运动，政治影响融入到当时外语系的教学、科研等工作中，给外语系的发展打下了深刻的时代烙印。

1970年，为了配合广东省教育计划的实施，外语系被迫整体迁出中山大学，并入新成立的广东外国语学院。其后，随着国内外形势的变化，中山大学于1973年正式复办外语系，至"文革"结束前，仅设有英国语言文学一个专业，师资、教学设备等都有待补充，学系建设逐渐步入正轨。

第一节　院系调整时期的外语系

1950年代，为了适应新的政治体制以及配合国家经济建设的需要，新中国开始在全国范围内进行高等院校的院系调整。经过1952年、1953年以及1954年三次持续的院系、人员调整，新中山大学以原来的中山大学、岭南大学为主体，同时吸收华南联合大学、广东法商学院、武汉大学、湖南大学、南昌大学、广西大学、华中高等师范学校、广东工业专科学校等高等院校的部分系科专业，组成了华南地区的第一所综合性大学。中山大学外国语言文学系（以下简称外语系）在院系调整的过程中，教学与科研力量不断充实，学系实力不断提升。

一、海纳百川

1. 恢复秩序

新中国成立初期，中山大学逐步恢复了各项工作的正常秩序。学校行政机构陆续变更，建立了学习委员会与生活委员会，分别领导全校的政治学习工作与管理全校的生活情况。经过短暂的筹备，1950年1月2日，新中山大学正式开学。之后不久学校成立了临时校务委员会，学校由此开始逐步恢复正常的行政、教学和科研工作。1951年3月，临时校务委员会取消，许崇清、冯乃超接任学校的正、副校长，中山大学正式进入新社会全面建设时期。

院系调整之前的中山大学，设立了文、法、理、工、农、医和师范等七个学院，学科设置全面，共计31个学系，外国语言文学系即隶属于文学院，另有俄文专修科。建国初期至院系调整中期，外国语言文学系的系务工作，主要由林文铮教授主持，张仲新教授则担任俄文专修科主任。

林文铮系广东梅县人，1927年毕业于法国巴黎大学，主修法国文学，选修西洋美术史。1928年起，任杭州国立艺术专科学校教务长兼西洋美术史和法文教授，1938年后任西南联大外语系主任。抗战胜利后，林文铮教授于1947年春受聘任北平中法大学法文系系主任，后于1948年春南下应聘任广州国立中山大学外文系主任，① 后成为中山大学外文系在新中国成立后的首任系主任。林教授主要从事艺术及法国文学的教学及研究工作，著有艺术论文集《何谓艺术》，译有法国波德莱尔《恶之花诗集》等。1953年调至南京大学，任外文系副主任，讲授外国文学史。②

2. 院系调整

1952年10月23日，奉广东省广州区高等学校院系调整工作委员会之命，中山大学筹备委员会正式成立，中山大学首次院系调整工作进入实施阶段。调整之后的新中山大学以原中山大学以及岭南大学的文理学院为主体，并吸收其他高等院系的多方资源，外国语言文学系则主要由原中山大学外国语言文学系及岭南大学西洋语言文学系组成，并保存了原本设立的俄文专修科，学系实力得到加强。

新组建的中山大学并没有停下调整的脚步，在中南区高等学校院系调整委员会的领导下，于1953年9月开始了新一轮的调整工作。在新的院系调整方案中，广西大学外文系、南昌大学外文系、华中高等师范学校英语组、湖南大学文教学院外文系、武汉大学外文系、华南师范学院英国文学系，均计划将部分教师或学生调入中山大学。最后因种种原因，实际调至中山大学外国语言文学系的教师共15人，分别为：华中高等师范学校教授骆传芳、夏露德（美籍），副教授桂灿昆、王多恩、高铭元、邹学毅，讲师刘达康；武汉大学教授戴镏龄、顾绶昌、吴志谦；广西大学教授钟期伟、陈兆畴；湖南大学教授钟仁正、汪梧封；南昌大学教授蔡文显等。关于调入学生的情况，广西大学调入17人，武汉大学调入48人，湖南大学调入13人，华中高等师范学校调入6人，华南师范学院调入5人，共计89人。设备仪器方面，调入中南

---

① 参阅朱伯雄、陈瑞林编著：《中国西画五十年（1898—1949）》，北京：人民美术出版社1989年版，第263页。

② 参阅《江苏省高等学校教授录》编委会编：《江苏省高等学校教授录》，南京：南京大学出版社1989年版，第59页。

财经学院英文打字机3架，武汉大学英文打字机2架，南昌大学英文打字机1架，广西大学英文打字机1架。① 经过本次调整工作，中山大学外国语言文学系改名为西方语言文学系，学系实力再次得到了提升，教学、科研水平不断提高。

戴镏龄教授成为调整后的中山大学西方语言文学系第一任系主任。戴镏龄，江苏镇江人，1939年获英国爱丁堡大学文学硕士学位，同年回国，主要在武汉大学外语系任系主任兼教授，其间曾在安徽大学短期任职。新中国成立后，长期在中山大学外语系任系主任兼教授。80年代后任中国英语教学研究会副会长、中国翻译工作者协会副会长、全国高校外国文学教学研究会顾问、广东比较文学研究会顾问、广东外国文学会会长等职。戴教授在欧洲古典文学批评、英国诗歌与诗论、翻译研究等方面均有很高的造诣。译有《浮士德博士的悲剧》、《乌托邦》等。② 中山大学西方语言文学系正是在戴镏龄教授的带领下，进入了新的建设和发展时期。

经过院系调整，西方语言文学系共设立英国语言文学系及俄罗斯语言文学系两个专业，成为全国仅有的9个英语教学点中的一个③，其师资力量以及教学科研水平都有了质的提升。随着中山大学1953年院系调整工作的基本结束，融汇了华中、华南多方优势资源的中山大学西方语言文学系基本定型，并以此为坚实的基础，走上了全新的发展之路。

二、岭南荣耀

1. 岭南渊源

作为新中山大学外国语言文学系的重要组成部分之一，岭南大学西洋语言文学系同样有着悠久的发展历史。岭南大学的前身是1888年安德鲁·哈巴博士在广州沙基创办的"格致书院"，1900年迁往澳门，中文校名改为"岭南学堂"，1904年校址终定于广州河南康乐园，1912年，受北京教育部的影响，更名为"岭南学校"。学校开办初期规模并不大，缺乏开设完整大学课程的条件，仅开设了大学预科四年及本科一、二年级，但由于学校有比较浓厚的基督教色彩，故而在每周有限的课时安排中，英文课程总是占有较大的比重。例如，在1906—1908年度预科班课程中，一、二年级在一学年中每周共66课时，一年级英文课占17.5课时，二年级英文课占10课时，三、四年级在一学年中每周共58课时，三年级英文课占17.5课时，四年级英文课占15课时；在1906—1907学年度大学课程中，一年级在一学年中每周共43课时，英文课占9课时，二年级在一学年中每周共44学时，英文课占6学时。可见，学校相当重视培养学生的英文能力。

---

① 《中山大学一九五三年院系调整工作总结》，缺档号，现藏中山大学档案馆。
② 参阅易汉文主编：《中山大学专家小传》，广州：中山大学出版社2004年版，第63页。
③ 另外8所高校分别为：北京大学、南开大学、复旦大学、西北大学、南京大学、武汉大学、北京外国语学校、华东师范大学。见李良佑、张日昇、刘犁：《中国英语教育史》，上海：上海外语教育出版社1988年版，第408页。

1916年开办大学部文理学院后不久，卢施博士（Dr. Lillie Losche）和格礼博士（Dr. John C. Griggs）来到当时的英语系任教，该系的实力得到增强。① 1927年岭南大学收归华人自办，成立校董会，钟荣光博士被推选为第一任华人校长，学校改称"私立岭南大学"。

2. 学系概况

至1930年代，西洋语言文学系经过不断发展，已经粗具规模，学系实力稳步提升。从1932年3月出版的《私立岭南大学一览》②中，我们可以窥见当时西洋语言文学系的大致情况。当时的西洋语言文学系隶属于文理学院，分设英文、法文、德文三组，英语组在学系中占据主导力量。主要设有西洋文学及英文教学法两个主修科，其中英文教学法科与教育学系合办。西洋文学科的教学目的，在于使学生熟识西洋文学史的主要发展脉络，对于各个时代、作品以及相关作家均有特别的认识。课程中虽然涉及具体国家的文学，但主要仍以整个的欧洲文学为研究对象。英文教学法科则希望学生对于西洋文学有较为全面的认识，并培养良好的西洋文学素养，而且该科学生还需要选修英文及教育学，其目的则在于培养中小学的英文教员人才。另外，学系规定，主修西洋文学或英文教学法的学生，须辅修国文或教育学等科，而其他学系学生，如果已修完初级各必修科目，则可以辅修英文或法文等科。三组情况分别如下：一为英文组，凡英文科目及用英语教授之西洋文学均属此组。二为法文组，即法国语言文学或用法文教授者均属此组。三为德文组，即德国语言文学或用德文教授者均属此组。③

3. 师资与学生

西洋语言文学系当时拥有较强的师资力量，外籍教师所占比例很高，所有教师均有美国的教育背景，且大部分教师拥有硕士或硕士以上学位。教师具体情况见下表：

表3-1 1932年私立岭南大学西洋语言文学系教师情况一览

姓名	职务	职称	毕业学校及学位
基来度 （P. A. Grieder）	系主任	副教授	美国都宾大学文学士 爱欧华大学文学硕士
龚约翰夫人 （Mrs. J. S. Kunkle）		散任教授	美国司密斯大学文学士 哥伦比亚大学文学硕士及哲学博士
古路得女士 （M. R. McCullough）		讲师	美国的保大学文学士 拉克利扶大学文学硕士
石福（J. B. Shackford）		讲师	美国西北大学理学士及文学硕士

---

① 李瑞明编：《岭南大学》，香港：岭南（大学）筹募发展委员会1977年版，第50页。
② 收入张妍、孙燕京主编：《民国史料丛刊》第1101册，郑州：大象出版社2009年版。
③ 《私立岭南大学一览》，收入张妍、孙燕京主编：《民国史料丛刊》第1101册，郑州：大象出版社2009年版，第133页。

续表 3-1

姓名	职务	职称	毕业学校及学位
何文（B. L. Hormann）		讲师	美国夏威尔大学文学士
畸理（E. J. Kelley）		讲师	美国斯丹福大学文学士 法国格兰奴布大学毕业
戴惠琼女士		讲师	岭南大学文学士 美国纽约大学教育科硕士 纽约协和神道学院神道学士

资料来源：《私立岭南大学一览·大学各学院教员名表·西洋语言文学系》，张妍、孙燕京主编：《民国史料丛刊》第1101册，第36页。

岭南大学对于入学者有着严格的选拔标准，对于英文水平则有更高的要求，报考者在当时须满足下列所有要求才可入校学习：一、党义：曾读过孙中山总理演讲之三民主义及建国大纲。二、国文：最少学习过十二年国文课程。三、本国历史地理：曾习本国普通历史及地理。四、英文：要求达到下面三种程度：甲、对于英文造句、作文与英文文法，须合乎葛理佩所著的《英文津逮》卷四或相当程度；乙、曾精读高中英文读本两三百页；丙、能以英语为课室听讲讨论之媒介。五、数学：曾习算术、初级代数、中等代数及平面几何。六、西洋史：曾习下列三者之二：甲、泰西各国专史，如英国史、美国史；乙、上古及中古史；丙、现代史至一八七十年止。七、物理学：曾习物理学一年，且须有实习室之相当训练。报名时须缴实习室记录。八、其他学科：均须具有新制高中毕业的程度。而进入西洋语言文学系的学生，还必须学习过上古及中古史，否则需要在修业期内，补读史学四学点。①

4. 课程安排

所谓"学点"，主要表示学生上课时间的多少。在一学期中，学生每周上课一小时、实习二小时或三小时，即可获得一学点。对于修满某一科并及格的学生，除予以学点外，还视其成绩优劣给予绩点。② 学点与绩点一起，即构成了学生最终能否毕业的评定依据。作为西洋语言文学系的学生，在四年中须修满最少140学点及140绩点，方可毕业。

西方语言文学系对于学生的培养相当严谨。在一、二年级时，该系所有学生均须必修党义、国文、英文、法文、史学、现代文化、生物学、化学或物理学等初级课程，共71学点；三年级之后学生，则需依各自的情况，选修相应的课程，修满剩余的学点及绩点。该系各课程说明见表3-2，表3-3和表3-4。

---

① 《私立岭南大学一览》，收入张妍、孙燕京主编：《民国史料丛刊》第1101册，郑州：大象出版社2009年版，第109—110页。

② 关于给予绩点的准则繁多，具体参阅《私立岭南大学一览》，收入张妍、孙燕京主编：《民国史料丛刊》第1101册，郑州：大象出版社2009年版，第113页。

表3-2 岭南大学英国语言文学各科目说明

科目编号	科目	内容及要求	学时安排	学点
英文一甲乙	作文阅书及演说	研究句逗、章节与结构，浏览小说、短篇戏剧、论文、诗歌等等。课外读本，每月约尽一本。每星期练习演说一次。	每周讲授三小时，实习三小时 两学期	4
英文三丙丁	英语语音补习科	训练发音之准确，明白音调之变迁，了解句语之节奏。一年级生说英语语音不清楚或有困难者宜选读此科。	每周二小时 一学期	0
英文二一甲乙	高级作文	练习日常应用文字，依个人之兴趣，分文学、美术、社会学、经济学、商学等科教授。除主修理科、农科、及家政科学生外，均须选读此科。	每周四小时 两学期	3
英文四一甲乙	英语演说	实习演说方法。	每周讲授一小时，实习二小时 两学期	2
英文四三甲乙	语音	研究英语语音。专为主修英文教学法者而设。	每周二小时 两学期	1
英文四五甲乙	希腊罗马神话	阅读荷马、希腊著名剧家维琪尔、奥维持各家作品。	每周二小时 两学期	2
英文四九甲乙	英国文学史（上）	英国文学史由初期迄十八世纪，注意当时大陆文学上与哲学上各种重大运动。	每周三小时 两学期	3
英文五一甲乙	英国文学史（下）	赓续英文四九甲乙，由十八世纪以迄现代，并注意美国重要文家作品。	每周三小时 两学期	3
英文五五甲乙	俄国文学	研究俄国文学，尤注意于小说与戏剧。对于苏俄治下之文学潮流，亦加研究。	每周三小时 两学期	3
英文六一甲乙	当代小说	选读当代英美及大陆各国文家小说名著。	每周三小时 两学期	3

续表 3-2

科目编号	科目	内容及要求	学时安排	学点
英文六三甲乙	欧洲小说	简单研究小说之起源，详细研究十九世纪法英德俄小说演进之程序。	每周三小时 两学期	3
英文六五	短篇小说	研究短篇小说之资料与技术。	每周三小时 一学期	3
英文六七	散文	研究古今散文名家之生平及作品。	每周三小时 一学期	3
英文六九	当代诗歌	详读英美当代重要诗歌。	每周三小时 一学期	3
英文七一甲乙	当代戏剧	泛览英美大陆当代名家作品，及涉猎最近剧场运动。	每周三小时 两学期	3
英文七三甲乙	欧洲剧场及其戏剧	研究戏剧之起源，由希腊以迄十九世纪，尤注重剧场之演进与布景之革新。	每周三小时 两学期	3
英文七五甲乙	十九世纪前期	研究当时之主要运动及作家，尤注意英法德三国。	每周三小时 两学期	3
英文七七甲乙	十九世纪后期	研究当时之主要运动及作家，尤注意英法德俄及北欧各国。	每周三小时 两学期	3
英文八一甲乙	莎士比亚	选读莎氏主要剧本，从剧本中观察伊利沙伯及雅各比恩时代背景，旁及莎氏同时戏剧作家。	每周三小时 两学期	3
英文八七	哥德导论	研究哥德之生平及品性。选读其主要小说、戏剧，及其名著《浮士德》第一卷。	每周三小时 一学期	3
英文九五丙	英文教学法	与教育学九五丙同。（注重中学英文教授法，学生选修，须得主讲教员之许可）	每周四小时 一学期	4
英文九九甲乙	毕业论文		两学期	2

表 3-3　法国语言文学各科目说明

科目编号	科目	内容及要求	学时安排	学点
法文一一甲乙	初级法文	研究法文文法，练习作文及会话，阅览浅近及略深之散文小品。	每周五小时两学期	5
法文一三	会话	选此科者，须先修法文一一甲乙。	每周三小时一学期	3
法文三一	法文散文及诗歌	阅览法国古今小说诗歌，实习作文。	每周三小时一学期	3
法文三二	法文戏剧	选览拉辛、毛亚利、嚣俄、罗士丹各家著作。研究高级作文及文法。各生须于一定范围内，选读一本或一本以上之参考书，在课堂报告。	每周三小时一学期	3
法文五一甲乙	法国文学史导论	研究其起源，尤致意于重要时代作品及作家。	每周三小时两学期	3

表 3-4　德国语言文学各科目说明

科目编号	科目	内容及要求	学时安排	学点
德文一一甲乙	初级德文	研究德文文法之要素，习作及会话，阅览浅近及略深之散文小品。	每周五小时两学期	5
德文一三	会话	选此科者，须先修德文一一甲乙。	每周三小时一学期	3
德文三一	德文散文及诗歌	阅览德国古今小说诗歌，实习作文。	每周三小时一学期	3
德文三二	德文戏剧	阅览德国古今戏剧精华，实习高级作文。	每周三小时一学期	3
德文四一甲乙	科学文	特别注意科学专名辞语及文法上各种困难之点，以为日后阅览德文科学论文之准备。修此科者须先修德文一一甲乙。	每周三小时两学期	3
德文五一甲乙	德国文学史导论	研究其起源，尤致意于重要时代作品及作家。	每周三小时两学期	3

资料来源：《私立岭南大学一览·教务规程·课程纲要·文理学院·西洋语言文学》，收入张妍、孙燕京主编：《民国史料丛刊》第1101册，第135-138页。

5. 能力培养及教学模式

岭南大学始终重视培养学生的外语能力,尤其是英语能力。早在"格致书院"开学之初,哈巴博士及其夫人就用英语介绍学生将要学习的课程,"使学生们能有点心理准备,因为他们今后将必须用这种语言学习其他课程"①。在1905年中国上海举行的"中国基督教教育会"第5届年会上,来自广州岭南学校的英文教师黄念美(Olin D. Wannamaker)②介绍了该校使用的一种新式英语教学方法——"古安系列"(Gouin Series)教学法。黄念美认为这种通过实物演示及表演,从而充分调动学生的积极性,努力发挥学生的眼睛观察与听力判断的英语教学方法,可以使学生更快地掌握词汇,并且将新词汇与不同句型搭配进行操练,更利于提升学生的英语能力。这种方法尤为重要的是,培养了学生用英语思维思考问题的习惯,"凡用英文则头脑中想象所及之意见及观念,必先以英文构成,即随口讲出,不须先行由中文思想翻译过来","是故二三年后,成效大著。"③ 在澳门办学期间,为了营造更好的英语学习环境,培养学生的英语思维,学校按照学生的投票结果,规定每天9:15至14:30为英语时间,在此期间全校师生只能说英语。一旦有人违反规定,不论是教师还是学生,都需要进行自我检查,并记录在案。而在体育比赛中,本方选手如果说汉语,则对立一方可另加一分。④

岭南大学一直坚持着英语化的教学模式,作为与英语关系最紧密的学系,西洋语言文学系始终为全校的英语化教育贡献着力量。所有新入岭南大学的学生,不论所在院系、所选科目若何,都需要学习英文初级课程,西洋语言文学系则主要承担了此方面的教学任务,并取得了较为显著的成果。正如最后一任岭南大学校长陈序经所说:"所有岭南的学生,即使各种学科的成绩都很差,但英语总有点根底。"⑤ 随着国民政府1935年发布禁令,禁止用英文教授历史、地理等学科,并将英文列为纯粹语言学科⑥,学校其他学系不再开设英语课程,这使得西洋语言文学系能够将力量更好地集中于本系的发展和建设,从而使自身的教学水平得到提升。

随着1952年的院系调整,西洋语言文学系奉献出自己的全部力量,带着岭南大学时期所有的荣耀,并入了中山大学外国语言文学系,成为其中重要的组成部分,以全新的面貌踏上了新的征程。

---

① 李瑞明编:《岭南大学》,香港:岭南(大学)筹募发展委员会1997年版,第12页。
② 黄念美(Olin D. Wannamaker),毕业于私立大学范德堡大学和哈佛大学,1902年来到岭南学堂,担任英文教学工作。
③ 朱有瓛主编:《中国近代学制史料》第4辑,上海:华东师范大学出版社1993年版,第544页。
④ 张美平:《民国外语教学研究》,杭州:浙江大学出版社2012年版,第240页。
⑤ 陈序经:《有关岭大与钟荣光的几点回忆》,广州市政协文史资料研究委员会:《广州文史资料》第13辑,1964年内部发行,第40页。
⑥ 李瑞明编:《岭南大学》,香港:岭南(大学)筹募发展委员会1997年版,第93页。

第二节 "文革"前的外语系[①]

院系调整之后,中山大学外国语言文学系行政、教学、科研等各项工作均逐步展开。在学系的发展过程中,亦继续进行了部分调整工作,包括专业设置、学制设定等方面。经过调整,外国语言文学系的规模、实力都有不同程度的提升,教学、科研工作均取得了一定的成果。但随着国际、国内形势的变化,中山大学根据上级指示多次开展政治活动,外国语言文学系亦参与其中,"教育革命"使得学系的教学活动及科研工作均受到不同程度的影响。随着60年代国际形势的转变及《高教六十条》的颁布,学系的教学及科研工作渐有起色,但随着社会主义教育运动在全国范围内的开展,学系再次受到政治活动的影响,刚刚恢复正常的各项工作再次陷入窘境。

一、方兴未艾

1. 苏联经验

新中国成立之后,随着"一边倒"的外交政策,全国教育界开始引进和学习苏联先进的教育经验和教学方法,经历了院系调整的新中山大学外国语言文学系亦紧跟全国脚步,引进苏联教材及教学方法,推动了新时期外语教学工作的发展。

从1952学年度第二学期开始,中山大学根据苏联经验,实行了系主任负责制[②],取消了原有的"学院"级编制,外国语言文学系从此成为了独立的教学行政单位,时人将其简称为"外文系"。教研组及教学小组的设置,成为了教学组织方面新的尝试,开始全面领导各专业的教学和科学研究工作。1951年,时隶属于文学院的外文系,设有大一英文、大一俄文、英文翻译三个教研组。[③] 1953年院系调整后,外国语言文学系于1954年初更名为西方语言文学系(简称"西语系"),根据专业划分,成立了英语教研组及俄语教研组,并且成立了5个教学小组。其中一年级专业基本英语教学小组的主要负责人为高铭元,二年级专业基本英语教学小组的主要负责人为杨琇珍,莎士比亚选读教学小组的主要负责人为谢文通、钟日新,基本俄语教学小组的主要负责人为张仲新,该小组负责本系的专业课教学工作,文理科俄文教学小组的主要负责人为刘约,该小组则主要负责全校范围内的俄文公共课。[④] 在之后的发展过程

[①] 1953年10月改为西方语言文学系,1958年9月改回外国语言文学系,为保持文章叙述的连贯性,故使用"外国语言文学系"为标题,特此说明。

[②] 吴定宇主编:《中山大学校史(1924—2004)》,广州:中山大学出版社2006年版,第261页。

[③] 《中山大学1950年度教务及教学工作总结摘要》,现藏中山大学图书馆校史分馆。

[④] 易汉文主编:《中山大学编年史1924—2004》,广州:中山大学出版社2005年版,第60页。"俄文公共课"即如同现在的"英语公共必修课"。1949年后,中国内地高等学校普遍开设俄文公共课以取代民国时期的英文公共课。

中，西语系根据专业、课程的设置，陆续增添了相应的教研组（室）和教学小组，使学系建制渐趋完备。

2. 俄语教材和人才

引进和使用苏联外语教材，成为教学实践的重要环节，这在学系英语专业的教学活动中尤为明显。1953学年度英语教研组根据年级，共设四个分组，每个分组依据词汇、口语、语法、作文、翻译等课程，再设教学小组。教师在教研组的领导下，共同备课，开展集体教学。一、二年级的学生，开始使用苏联高级英文（上下册）教材，学生与教师组成了学习互助小组，以此帮助程度较差的同学提高学业水平。[1] 而在使用苏联教材的过程中，外文系教师亦结合实际情况，增加了相应的内容，例如编写了一些关于学生生活、本校情况、祖国经济建设与政治运动、国内外时事的会话教材，并且在翻译训练中，更加注重学生中英互译能力的培养。[2] 虽然其时英语专业在全国范围内都有所收缩，但外文系在英语专业教学方面依然保持了一定的力量，始终把培养"英国语言文学研究人才、翻译人员和教师"作为自己的培养目标[3]，不断提升学生的听、说、读、写以及科研能力，这也为之后外文系英语专业的重新崛起奠定了比较扎实的基础。

由于在经济、文教等各方面建设中，需要借鉴苏联经验，国家急需大量的俄语人才，培养各专业俄语人才亦成为了中山大学外文系的工作重点。1953年8月4日到9月3日，中山大学受中南区高等教育管理局的委托，在暑期里举办了为期一个月的"中南区高等学校文理科教师暑期俄文专业书籍阅读速成班"。本次俄文速成班学员共129人，分苏联共产党史、物理、化学、生物等四组进行学习。外文系成为主要的教学力量，由俄文专业的教师和学生组成的教研组，制订了教学计划并编撰了教材，俄文专业的学生也担任了主讲和辅导的教学工作。在学校的大力支持、外文系师生的共同努力、学员们的积极配合下，本期速成班取得了显著的效果。[4] 之后，学校为了鼓励教工学习俄文，聘请了俄文专业的多位教授，组成了俄文学习成绩评定委员会，对俄文水平优良的教工给予奖励。[5] 学系在俄文专业的教学过程中，亦注重实践活动，积极开展课外俄语会话运动[6]，使学生反复练习所学的俄文知识，教师主动参与其中，俄文教学质量不断提升。

3. 其他语种发展

1956年1月，周恩来在北京召开的全国知识分子会议上，作了《关于知识分子问题的报告》，其中提到为了适应国家建设发展的需要，必须增加知识分子的数量；

---

[1] 《外文系基本英语教研组第一次工作小结》，《人民中大》，1953年2月4日，第3版。
[2] 《采用苏联英语教材的一些经验》，《人民中大》，1953年4月9日，第2版。
[3] 《英语专业英语课应如何执行统一教学计划》，《中山大学周报》，1954年12月4日，第2版。
[4] 《暑期教师俄文速成学习成绩显著》，《中山大学周报》，1953年10月9日，第4版。
[5] 《本校教工俄文学习成绩评定》，《中山大学周报》，1954年1月28日，第4版。
[6] 《开展课外俄语会话运动》，《中山大学周报》，1954年4月17日，第2版。

同时"为了实现向科学进军的计划,我们必须为发展科学研究准备一切必要的条件。……必须扩大外国语的教学,并且扩大外国重要书籍的翻译工作。"① 高等教育部根据这一指示,制订了1956年至1967年十二年的人才培养规划,"决定在继续办好俄语教学的同时,逐步加强其他外语(特别是英语)的教学,并从1956年秋季起逐年扩大英、德、法等语种的招生数量。"② 中山大学西语系由此开始了其他语种专业的筹备工作,相继于1957年、1958年开设法国语言文学专业和德国语言文学专业。

1957年,学校加大了对于西语系的建设力度,学系内更是充满了生机。在师资力量方面,原先担任文理科各班英语教学的教师成为专职教师,不再兼职于其他教研组。为了开设法语专业,学系从外校调入了部分法语教师,组建了法语教研组,以领导法语的教学工作。学系内增开的多门进修课程,亦使青年教师获得了更多的学习机会,学系教师队伍得到了扩充。在教学设备方面,学校提供了5间语音实验房间,以供西语系师生进行语音和口语教学活动,并且如录音机、收音机、电唱机、留声机唱片、语音实验器材等设备,均有所增添。除此之外,西语系图书分馆的规模,亦较过去有相当程度的扩大。③ 整个学系的实力在各方的努力下,正稳步得到提升。

图3-2 1957年西语系毕业生于中大校园留影

随着建国初期各地开设的大量俄语学校的出现,至1956年止,全国共培养俄语人才约16000人④,这大大超出了国家的需求。随着国家招生政策的调整,中山大学

---

① 中共中央文献编辑委员会编:《周恩来选集》下卷,北京:人民出版社1984年版,第186页。
② 李良佑、张日昇、刘犁:《中国英语教学史》,上海:上海外语教育出版社1988年版,第408页。
③ 《西语系发挥教师专长,增添设备》,《人民中大》,1957年10月17日,第1版。
④ 李良佑、张日昇、刘犁:《中国英语教学史》,上海:上海外语教育出版社1988年版,第407页。

西语系俄语专业，亦开展了相应的调整工作。1956年起，西语系取消了俄文专修科，并且暂停了俄语专业的招生。1957年，为了缓解全国俄语人才过剩的情况，高等教育部决定俄语专业暂停招生一年，① 中山大学西语系的俄文专业再次暂停招生，直至1958年恢复招生。

1958年秋季，西语系已拥有了英语、俄语、法语、德语四个专业，并且系内还有部分日语教师，这已超出了"西方语言文学"的范畴。为了"名副其实"，西语系向学校提出了将现有系名改为"外国语言文学系"的建议，学校教务处随即批准。9月26日，西方语言文学系正式改名为外国语言文学系。为了与原先的"外文系"有所区别，遂简称为"外语系"，这也表明了此时学系教学和科研工作的重点，已由"外国文学"转向了"外国语言"。

4. 新生改制与英语教学方案制订

各语种专业的学制在此时期不断发生着变化。为了提高外语干部的水平，高等教育部决定自1956年秋季起，全国综合大学外语专业新生改为五年制②，英语专业随即根据指示改为五年制，而其后恢复的俄语专业以及新开设的法语、德语专业学制则暂时都定为四年。从1962年起，中山大学规定本科教育实施五年制③，外语系其他各语种专业随即在该年秋季改为五年制。

1960年代，随着国民经济有所好转，《教育部直属高等学校暂行工作条例（草案）》（简称《高教六十条》）的公布，全国教育界出现了新的气象，外语系的教学工作重上正轨。而随着国际局势的变化，各语种专业的发展亦受到不同影响，招生人数随着形势的变化而有所变动。

表3-5　1960—1964年外语系各语种专业实际招生人数统计表

专业＼年份	1960	1961	1962	1963	1964
英语	45	30	36	47	54
德语	15	15	18	20	19
法语	15	15	17	20	29
俄语	15				

资料来源：《1960至1965年新生录取情况统计》，1-1960-JX13-2，现藏中山大学档案馆。

---

① 李良佑、张日昇、刘犁：《中国英语教学史》，上海：上海外语教育出版社1988年版，第409页。

② 《通知该校外语专业自1956—1957学年入学新生起改为五年制》，缺档号，现藏中山大学档案馆。

③ 吴定宇主编：《中山大学校史（1924—2004）》，广州：中山大学出版社2006年版，第280页。

从 1957 年开始,全国俄语专业逐渐收缩,其他语种获得了更多的发展机会。而由于中苏关系逐渐紧张,全国部分高校相继取消了俄语专业,中山大学外语系亦于 1961 年停止了俄语专业的招生,仅设立俄语公共教研室,以负责学校的公共外语课程。随着 1964 年最后一批俄文专业学生毕业,俄罗斯语言文学专业完全停办。而在此期间,外语系在英语、法语、德语等专业方面的建设,则都有不同程度的发展。

1961 年 4 月,在中共中央宣传部召开的高等学校文科教材编选计划会议上,来自中山大学、北京大学、北京师范大学、北京外国语学院、吉林大学、南开大学、河北大学、山东大学、南京大学、复旦大学、华东师范大学、上海外国语学院、厦门大学、武汉大学、四川大学、云南大学、上海外文学会等单位的有关教师聚集一堂,讨论并制订了一份五年制的英国语言文学专业的教学方案①,其他语种专业亦可参考本方案。其后,经修订的西方语言文学专业教学方案被传达至全国各个学校。该方案确定了外语专业的培养目标,即外语专业的毕业生的主要工作,"将是教师和一般翻译工作,其次也需要一部分专门从事语言文学方面的科学研究工作的干部"。② 关于课程的设置,则主要以提高学生实际运用语言的能力为目的,选修课则可以给学生带来更多的自由时间和选课机会,扩大学生的知识领域并发挥其特长,为培养学生独立思考和独立工作能力创造条件。以英语专业为例,除政治学、政治经济学、哲学、思想政治教育报告等政治理论课及体育课外,专业共同课设有英语、文学概论、语言学概论、英语语言理论(包括英语语音学、词汇学及语法、修辞)、汉语、英美历史和概况、中国文学史、欧洲文学史、英美文学史、英美文学作品选读、第二外国语等课程,另设有以语言专题研究及文学专题研究为中心的多门选修课程。③ 中山大学外语系各语种教研组以此教学方案为依据,对本专业的教学计划进行了相应的调整,教学质量有所提升。

5. 加大外语教育力度

1963 年 12 月,周恩来总理出访非洲十国。1964 年 1 月,中国先后同突尼斯、法国建立外交关系,中国的国际地位不断上升,国家对于外语人才的需求也越来越大。高等教育部于 1964 年 10 月,制定了《外语教育七年规划纲要》,强调加大专业外语与公共外语的教育力度,并且将英语确定为第一外语,要求学习英语的人数要大量增加,学习法语、德语等语种的人数要适当增加,而学习俄语的人数,则因国际形势的原因,而需要适当收缩④。中山大学外语系根据此纲要,对各专业的招生及教学计划均作了适当调整,全力为国家培养质量优良的外语干部。

---

① 李良佑、张日昇、刘犁:《中国英语教学史》,上海:上海外语教育出版社 1988 年版,第 423 页。
② 《西方语言文学专业教学计划修改说明(草稿)》,1-1961-KY1100-002,藏中山大学档案馆。
③ 李良佑、张日昇、刘犁:《中国英语教学史》,上海:上海外语教育出版社 1988 年版,第 424—425 页。
④ 李传松:《新中国外语教育史》,北京:旅游教育出版社 2009 年版,第 115 页。

国家在制定新的外语教育规划的同时，亦开始关注外国问题的研究。经国务院外事办公室批准，教育部决定在全国多所重点高校，建立研究外国问题的机构。1964年6月，中山大学接到通知，要求成立东南亚历史研究室及英语和英美文学研究室，"在所研究的领域内系统地搜集和整理资料，并在占有丰富的资料的基础上进行系统的研究"，研究成果可以表现为供有关党政领导机关参考的动态简报、供有关领导机关和研究机构参考的比较系统的资料、学术论著三种形式，① 以此支持国家外交战略工作的开展。

经过学校的讨论和研究，因要兼顾研究美国与英国的语言及文学的任务，故将原通知中的"英语和英美文学研究室"改为"英美语言文学研究室"，于1964年7月，与东南亚历史研究室同时成立。中山大学英美语言文学研究室由外语系英语专业的12名教师兼任，戴镏龄教授为研究室主任，研究室下设两个小组：方淑珍（副教授）、吴继辉（副教授）、王宗炎（副教授）、桂灿昆（副教授）、骆传芳（教授）、陈永培（讲师）、伍谦光（讲师）组成语言研究小组，以现代英美语言综合研究（包括关于现代英美语言学说的评价批判）、英美语言的成长及发展、英语教学理论与实践为三个主要研究方向。戴镏龄（教授）、蔡文显（教授）、王多恩（副教授）、钟日新（副教授）、桂诗春（讲师）组成文学研究小组，以19世纪、20世纪批判现实主义文学研究、当代英美文学动向及流派研究（着重小说及戏剧）、英国文艺理论评价批判（着重近现代部分）为三个主要研究方向。② 研究室具体研究规划如下：

表3-6 英美语言文学研究室1964—1972年研究规划简表③

项目	内容	进度	主要负责人
1. 近代英国戏剧	1. 着重评介萧伯纳全部剧作，批判1884年以来费边社会主义思潮，揭露其机会主义和改良主义实质； 2. 探讨英国文学从1850至1950一个世纪的发展规律。	1964-68	钟日新
2. 现代美国戏剧	结合美国20世纪历史发展和社会斗争，探讨美国现代剧各种流派及其发展规律。	1969-72	钟日新

---

① 《关于高等学校建立研究外国问题机构有关事项的通知》，1-1964-KY1100-010，藏中山大学档案馆。
② 《英国语言文学研究室规划（草案）》，1-1964-KY1100-009；《中山大学英美语言文学研究室研究规划（修订稿）》，1-1964-KY1100-010，现均藏中山大学档案馆。
③ 资料来源：《中山大学英美语言文学研究室研究规划（修订稿）》，1-1964-KY1100-010，藏中山大学档案馆。

续表 3-6

项目	内容	进度	主要负责人
3. 现代英国进步文学	1. 评介现代英国进步文学中马列主义与修正主义改良主义的斗争； 2. 揭露机会主义与修正主义影响。	1964-67	桂诗春
4. 现代英国资产阶级文学流派	1. 揭露各种反动文艺观点； 2. 批判本时期颓废文艺作品； 3. 评论现代资产阶级批判现实主义文学实质。	1967-72	桂诗春
5. 19世纪中期英国批判现实主义文学	1. 以狄更斯各时期作品为研究重点； 2. 以萨克雷、勃朗蒂姐妹、盖斯凯尔夫人等作品为研究重点。	1964-68 1969-72	蔡文显 蔡文显
6. 现代英国文艺理论	着重批判芮怯慈、燕卜荪、艾略脱、里德等人资产阶级唯心主义文艺理论及其影响。	1964-72	戴镏龄
7. 美国批判现实主义小说	1. 以从马克吐温到海明威、刘易士一系列代表作家为研究对象； 2. 以当代反动流派为研究对象； 3. 评介美国黑人小说。	1964-67 1967-72 1964-67	王多恩 王多恩 骆传芳
9. 当代美国语言词汇	着重研究词汇中所反映的美国社会现实，包括经济文化生活等。	1968-72	骆传芳
10. 当代英美语音学研究	1. 发展及趋向； 2. 语音学成果在教学中的应用； 3. 英汉语音系统对比研究。	1964-67	桂灿昆 陈永培等
11. 美国结构语言学派研究	评介其重要理论及最新发展。	1968-72	桂灿昆 王宗炎 骆传芳
12. 当代英语语法学研究	着重介绍批判各种英语语法流派及其专著。	1967-72	王宗炎
13. 英语教学问题研究	1. 探讨英语教学的理论及实践； 2. 批判现代资产阶级英语教学理论家帕墨及韦斯特等唯心主义观点。	1964-72	方淑珍等
14. 英国语言史	着重近现代部分。	1964-68	吴继辉 伍谦光
15. 现代英语在澳大利亚及加拿大等国家发展概况	着重研究词汇及用法的特点。	1969-72	吴继辉 伍谦光

6. 重要的发展机会

英美语言文学研究室的成立，使外语系英语专业获得了重要的发展机会，并且在之后的一两年中，展现出了较强的科研能力。借助于英美语言文学研究室的建立，外语系添购了词典、百科全书、英美语言理论著作、现代英美文学作品等方面的大量书籍，并订购了以论述英美语言、文学及语言教学为主的英语杂志35种，在学系图书建设方面取得了进步。①

表3-7　1965年外语系教职工名册

姓名	性别	职称	籍贯	专业	姓名	性别	职称	籍贯	专业
戴镏龄	男	教授	江苏镇江	英语	李慰慈	女	教授	广东新会	法语
蔡文显	男	教授	江西金溪	英语	梁宗岱	男	教授	广东新会	法语
谢文通	男	教授	广东南海	英语	汪梧封	男	教授	上海市	法语
夏露德	女	教授	原美国籍现入中国籍	英语	颜继金	男	教授	广东钦县	法语
骆传芳	男	教授	江西九江	英语	吴绪	男	教授	江苏沭阳	法语
方淑珍	女	副教授	广东东莞	英语	杨润余	女	副教授	湖南长沙	法语
王多恩	男	副教授	安徽泾县	英语	林讬山	男	副教授	福建福州	法语
王宗炎	男	副教授	广东合浦	英语	马炳华	男	助教	广东高要	法语
吴继辉	男	副教授	上海市	英语	孙传才	男	助教	安徽滁县	法语
钟日新	男	副教授	广东东莞	英语	于耀南	男	助教	江苏无锡	法语
桂灿昆	男	副教授	云南昆明	英语	李良裕	男	助教	江苏南京	法语

---

① 《中山大学英美语言文学研究室工作简要报告》，1-1964-KY1100-010，藏中山大学档案馆。

续表 3-7

姓名	性别	职称	籍贯	专业	姓名	性别	职称	籍贯	专业
陈永桢	男	副教授	广东广州	英语	黄建华	男	助教	广东南海	法语
李筱菊	女	讲师	广西苍梧	英语	程依荣	男	助教	湖北武昌	法语
刘达康	女	讲师	湖南长沙	英语	刘伟佳	男	助教	广东东莞	法语
钟鸣砧	男	讲师	广东梅县	英语	卢绮梅	女	助教	广东中山	法语
钟佑同	男	讲师	广东广州	英语	梁启炎	男	助教	广东罗定	法语
桂诗春	男	讲师	陕西西安	英语	罗勇·亨利	男	助教	已入中国籍的阿尔及利亚人	法语
陈永培	男	讲师	广东新会	英语	陈妹妹	女	助教	广东顺德	法语
伍谦光	男	讲师	广东台山	英语	张仲绛	男	教授	广东大埔	德语
黄伟文	男	助教	广东新会	英语	黄震廷	男	教授	广东台山	德语
黎导	男	助教	广东兴宁	英语	朱白兰	女	教授	原罗马尼亚	德语
脱秉事	男	助教	江苏南京	英语	张苏奎	男	副教授	广东龙川	德语
祁庆生	女	助教	广东东莞	英语	张佳珏	男	讲师	湖北沔阳	德语
陈兆忠	男	助教	广东番禺	英语	章鹏高	男	助教	浙江黄岩	德语
王应龙	男	助教	福建厦门	英语	谭镜心	女	助教	湖南湘潭	德语
何昆和	男	助教	广东顺德	英语	汪久祥	男	助教	南京市	德语

续表 3-7

姓名	性别	职称	籍贯	专业	姓名	性别	职称	籍贯	专业
龚华基	男	助教	广东新会	英语	魏家国	男	助教	安徽和县	德语
黄门澄	男	助教	广东和平	英语	黄海津	男	助教	广东顺德	德语
章万才	男	助教	广东梅县	英语	吴曦轮	女	助教	福建泉州	德语
关士华	男	助教	广东	英语	王西曼	女	助教		德语
胡东立	男	讲师	四川重庆	公共俄语	周振文	男	助教	福建	德语
徐庆修	男	讲师	广东广州	公共俄语	李美梅	女	助教	广东	德语
何薇	女	讲师	广东广州	公共俄语	曾煜燐	男	助教	广东	德语
周婉嫦	女	讲师	广东开平	公共俄语	黄翠峰	女	教授	广东台山	公共英语
黄倬汉	男	讲师	江西清江	公共俄语	周光耀	男	副教授	广东合浦	公共英语
罗河清	男	讲师	广西环江	公共俄语	伍锐麟	男	副教授	广东台山	公共英语
吴文	男	讲师	广东兴宁	公共俄语	廖世健	男	副教授	广东梅县	公共英语
张露蓓	女	讲师	浙江镇海	公共俄语	邬学毅	男	讲师	湖北武汉	公共英语
吴肇香	男	讲师	广西桂林	公共俄语	高铭元	男	讲师	安徽太湖	公共英语
陈珍广	男	讲师	广东新会	公共俄语	李根洲	男	讲师	广东开平	公共英语
罗冠球	男	讲师	广东合浦	公共俄语	温庚林	男	助教	广东高鹤	公共英语
盛震江	男	讲师	江西临川	公共俄语	卢守荣	男	助教	广东中山	公共英语

续表 3-7

姓名	性别	职称	籍贯	专业	姓名	性别	职称	籍贯	专业
林文涛	男	讲师	广东大埔	公共俄语	翁士昭	男	助教	广东潮安	公共英语
王国忠	男	讲师	福建长汀	公共俄语	林丰青	女	助教	福建福清	公共英语
司徒池	男	讲师	广东开平	公共俄语	黄炳苏	男	助教	广东开平	公共英语
张梅丽	女	讲师	热河	公共俄语	黎国荣	男	助教	广东番禺	公共英语
周佐伦	男	讲师	广东南海	公共俄语	郑昌珏	男	助教	湖南长沙	公共英语
汪德文	女	讲师	广东广州	公共俄语	陈斌文	男	助教	广东	公共英语
黄迪仁	女	讲师	湖南衡山	公共俄语	郭纯儿	女	助教	广东中山	公共英语
陈善明	男	讲师	广东潮安	公共俄语	徐见辉	男	助教	广东	公共英语
周寿荣	男	讲师	浙江缙云	公共俄语		男	助教	广东潮阳	公共英语
钟纯智	男	讲师	广东蕉岭	公共俄语	汪淑钧	女	教员	湖北应城	英语
邝燕玉	女	讲师	广东南海	公共俄语	陈城	男	教员	广东花县	日语
纪经纬	男	讲师	广东汕头	公共俄语					
关兆鹊	男	讲师	广东开平	公共俄语					
张汉城	男	讲师	广东南海	公共俄语					

注：原表中法语、公共英语各有一名教师无法识出，统计表中已留白。
资料来源：《我校外语系教职工名册》，1-1965-KY1100-003，藏中山大学档案馆。

至 1966 年"文化大革命"爆发前，中山大学外国语言文学系共有英国语言文学、德国语言文学、法国语言文学三个专业，下设英语、德语、法语、公共英语、公共俄语5个教研室，共109名教师。其中教授14名，副教授13名，讲师37人，助教43人，另有其他教员2人。经过十几年的建设发展，中山大学外国语言文学系在华中、华南地区内，已具备了雄厚的实力，师资力量不断增强，教学质量有所提升，在科学研究方面也结下了累累硕果。

二、科研硕果

1. 代表成果与研究计划

1953年至1956年，中山大学西方语言文学系通过不断地努力，在保证学系教学稳定发展的前提下，取得了一定的科研成绩。具有代表性的成果是戴镏龄教授所翻译的西方名著《乌托邦》。原书著者英国作家托马斯·莫尔结合希腊文"ou"（希腊文"无"之意）、"topos"（希腊文"位置、地方、空间"之意）而造出"Utopia"一词，戴镏龄教授根据原意并结合经验，首创"乌托邦"这一经典译名，其中"乌"、"托"、"邦"分别代表"没有"、"寄托"、"国家"的含义，"乌托邦"即为"空想的国家"。此书的翻译在当时产生了较为广泛的影响。另外，戴镏龄教授翻译的《浮士德博士的悲剧》以及吴志谦副教授根据俄译本翻译的希克梅特的剧本《土耳其故事》等，都是此时期西语系重要的科研成果。①

1956年，中共中央提出"百花齐放、百家争鸣"的方针，并提出了"向科学进军"的口号，知识分子地位逐渐提高，高校教学、科研环境逐渐好转。此时西语系教师纷纷制订科研计划，以响应中央的号召。例如系主任戴镏龄教授准备在1958年前编出《英语辞汇学》并及时开出此课②，俄文教研室余寿康助教提出了个人六年研究规划，前三年主要编写《汉、俄、英语语法比较研究》，后三年重点研究苏联文学。③ 在老、中、青教师的集体努力下，西语系的教学及科研工作不断开展，质量逐步提高。

2. 科研卫星

1958年之后，"大跃进"的风潮弥漫全国，西语系在科研方面亦开始"放卫星"。1959年5月，外语系师生以"向国庆十周年献礼"为目标，提出了多项科学研究项目。例如编订《俄语常用动词辞典》、《德语基本单词及成语小辞典》、《英汉四用新辞典》、《实用汉法辞典》等工具书，翻译《向秀丽》一书的俄、英、法、德四种译本，编写《英国语言史》等。另外，还包括翻译各国文学名著，编订各种语言教材，撰写学术思想、文艺思想批判论文，外语教学法论文，进行外国作家、各种语言理论的研究及等大小共49个项目。④ 这些项目大多在本年度完成或有所进展。其中英语教研组应商务印书馆之约，为适应成年人自学英语的需求，于1959年底初步

---

① 《本校教工俄文学习成绩评定》，《中山大学周报》，1954年1月28日，第4版。
② 《谈谈我个人科学研究的初步规划》，《中山大学周报》，1956年5月5日，第2版。
③ 《我的科学研究工作的规划》，《中山大学周报》，1956年6月2日，第2版。
④ 《紧密结合教学，外语系大搞科学研究》，《中山大学》，1959年5月9日，第2版。

编出了《英语自学丛书》中的7册，包括《英语自学文选（文学）》、《英语自学文选（科学技术）》、《英语自学文选（政治经济）》、《英语语法入门》、《英语动词》、《英语句法图解》、《英语同义词》。①

3. 科研跃进

1960年3月，为了配合"三面红旗"以及贯彻"教育必须为无产阶级政治服务、教育必须与生产劳动相结合"的教育方针，中山大学在全校范围内，大搞科研活动，学校要求各部门"鼓足干劲，奋战五十天，做出优异成绩，迎接全省全国群英大会！"② 外语系为了迎接学校的"群英大会"，同样搞出了多个"跃进"项目。德语教研组基本完成了《德华新辞典》的审校工作，俄语教研组已将歌颂马口英雄的《烈火雄风》翻译为俄文，英语教研组完成了《英语语调》的编写工作并且注释了两本文学名著，公共英语教研组全力完成了大部分教材的修订工作。③ 在教师们开展科研工作的同时，各语种专业各个年级的同学亦发挥力量参加科研项目。英语专业四年级同学完成了杰克·伦敦的《铁蹄》、史蒂夫·诺尔逊的《志愿军》的注释工作。三年级同学编译了英文《广州游览手册》，并翻译了4个短剧。二年级同学将《烈火雄风》、《为了六十一个阶级兄弟》、《他们是苏联士兵》等文章译成英文，并将《胡志明主席生活片段》、《马丽·巴登》、《纺织工人马南》等作品译成中文。法语专业三年级同学完成了《烈火雄风》、《光辉的史诗》的翻译工作。二年级同学翻译了儿童文学《姊妹俩》，并编成了一本包括2000多个会话的《学生法语会话手册》。④ 此外，俄语、德语各年级同学在论文、会话手册、作品翻译等方面，也完成了多项成果。

4. 科研计划

随着国内、国际形势的转变，全国外语教育工作在1960年代初期共同进步，此时期的中山大学外语系在教学、科研方面亦取得了显著的成绩。1962年，英语教研组除继续审校、修订《英汉四用新辞典》、《英语自学丛书》（政治经济、文学、科技部分）并翻译了部分书籍外，还抽调了一部分教师参与广州人民广播电台举办的英语座谈，并在中山大学学校工会举办的夜校中，担任了英语教学的工作。⑤ 其他语种及教研室亦有重要的科研规划，具体情况参见下表：

---

① 《英语自学丛书》，《中山大学》，1959年12月1日，第2版。
② 《我校党委和行政发出通知，群英大会定于五月二日举行》，《中山大学》，1960年3月30日，第1版。
③ 《外语系奋战传捷音》，《中山大学》，1960年4月7日，第1版。
④ 《外二级结合专业课大搞科研，增长了知识，搞出了成果》，《中山大学》，1960年4月23日，第2版。
⑤ 《英语教研组在努力提高教学质量的同时，积极开展科学研究活动》，《中山大学》，1962年1月20日，第1版。

表 3-8　中山大学 1962 年重要科学技术研究计划简表

项目名称	主要内容	主要负责人及参与人员	备注
修订《英汉四用新辞典》	对原《英汉四用词典》进行更新修订，增添新词，审核选词释义，校对语音，增添例句等。	戴镏龄、方淑珍、王多恩、桂诗春等人	英语教研室
翻译苏联科学院《英语文学史》二卷二分册	原文为俄文，译为中文。	蔡文显、桂诗春、陈珍广、廖世健	英语、俄语教研室
修订《英语自学文选》三部（科学、文学、政治经济）	《英语自学文选》三部，增添新选文，改换旧选文，增添注释。	吴继辉、钟日新、王多恩等人	英语教研室
编写理论课讲义	现代英语课中包括三个组成部分，其中词汇、语法部分已有初稿，其余部分正着手进行。	王宗炎、周光耀、桂灿昆、伍谦光	英语教研室
萧伯纳研究	包括萧氏的生平及作品研究。	钟日新	英语教研室
德语常用词汇	德语新型字典，德文词条汉语解释，根据德意志民主共和国最新的常用 18000 个常用词编译。	张仲绛、汪久祥、章鹏高、张苏奎、张佳珏、朱白兰等人	德语教研室
理论语法（翻译）	分词法与句法二部分，根据苏联最新出版的德语理论语法进行翻译。	黄震廷、张仲绛、章鹏高等人	德语教研室
德国历史概况（讲授提纲）	德国简史及概况。	张仲绛	德语教研室
德国文学史概况（讲授提纲）	德国文学史的一般情况，着重介绍古典作家及近代工人阶级作家。	朱白兰	德语教研室
论浮士德	对浮士德的研究介绍和对他的评价（拟作为科学论文报告）。	朱白兰	德语教研室

续表 3-8

项目名称	主要内容	主要负责人及参与人员	备注
翻译《蒙田随笔》		梁宗岱	法语教研室
高级法语语法		张掖	法语教研室
英语语法表解		卢守荣、蒋世华、钟期伟	公共英语教研室
翻译《物理化学》		温庚林、蔡少谷、翁士昭等人	公共英语教研室
俄语语法手册	基本语法知识（主要对象综合大学学生）。	胡东立、徐庆修为主要负责人。参加人员有：钟纯智、胡汉健、萧威、陈善明等人	公共俄语教研室
物理专业高级阶段俄语教材	有关物理专业的基础知识。	徐庆修为主要负责人，参加人员有周寿荣、朱儒冲、邱明祥等人	公共俄语教研室
生物专业高级阶段俄语教材	有关生物专业的基础知识。	曾昭民为主要负责人 巫强生协助	公共俄语教研室
历史专业高级阶段俄语教材	有关历史专业的基础知识。	胡东立为主要负责人，朱贤嗣、李竹贤参加工作	公共俄语教研室
《生物学文摘》（昆虫部分）	介绍各国昆虫生物学、生态学、热带害虫防治等。	曾昭民、罗河清	公共俄语教研室 接受科学出版社翻译任务
普希金	介绍诗人生平及创作活动。	钟纯智、苑艺（专业教研室）	公共俄语教研室 接受外国历史小丛书编委会约稿
拜伦	介绍诗人生平及创作活动。	钟纯智、苑艺（专业教研室）	公共俄语教研室 接受外国历史小丛书编委会约稿
斯坎德培	介绍阿尔巴尼亚民族英雄斯坎德培的英雄事迹。	钟纯智、苑艺（专业教研室）	公共俄语教研室 接受外国历史小丛书编委会约稿
罗蒙诺索夫	介绍罗蒙诺索夫的生平及在科学、文学方面的贡献。	钟纯智、苑艺（专业教研室）	公共俄语教研室 接受外国历史小丛书编委会约稿

续表3-8

项目名称	主要内容	主要负责人及参与人员	备注
牛顿	介绍牛顿的生平及其在科学方面的贡献。	钟纯智、苑艺（专业教研室）	公共俄语教研室接受外国历史小丛书编委会约稿
论列夫托尔斯泰《安娜·卡列尼娜》中安娜的形象		廖世健	俄语教研室
汉语形容词的俄译法	汉俄语形容词的主要特征、长短尾形容词的运用、评价形式的运用。	盛震江	俄语教研室
从剧本《在底层》看高尔基的革命人道主义思想	通过《在底层》阐明作者的革命人道主义思想。	李根洲	俄语教研室

资料来源：《中山大学1962年科学研究计划社会科学部分简表（草案）》，1-1962-KY1100-001，藏中山大学档案馆。

1963年，外语系积极开展日常学术报告活动。一年中共举行了23次大小学术报告讨论会，报告内容涉及当时外国语言文学、外语教学法、教学经验等方面的问题，取得了一定的成绩。全年计划共有22项科研项目，但因该年学校开展"五反"整改等政治运动的影响，全年仅完成了9个项目。①

4. 科研与教学成果

1964年，社会主义教育运动在全国范围进入高潮阶段，学校正常的教学及科研工作再次受到影响，但由于该年7月成立了中山大学英美语言文学研究室，外语系特别是英语专业还是获得了一定的发展机会，并取得了一定的科研成绩。截至1965年11月，英美语言文学研究室在语言理论研究方面，共完成了4篇论文，即骆传芳的《华尔夫假设评论》和《评美国结构语言学派的哲学路线》、王宗炎的《英语重音与语法》，以及集体完成的《评苏联维纳格拉多夫的修正主义语言观点》，并且整理出了《新韦氏国际英语大辞典》（第3版）的国外综合评论，以及当时英美语言界对结构主义语言学派批判的资料。在英美文学研究方面，共完成3篇论文，即钟日新的《试论萧伯纳的〈不愉快的戏剧〉》、桂诗春的《批判现代英国文艺界的修正主义观点》和蔡文显的《关于狄更斯评论的问题》，并且对拜伦的《哈罗尔德》、狄更斯的《艰难时代》、伏尼契的《牛虻》等作品进行了总结和报告；同时，初步整理了1964年英国报刊关于西欧文学流派"境况注意"的报道资料。在研究过程中，研究室在

---

① 《外语系1963年度科学研究工作总结》，1-1963-KY1100-007，藏中山大学档案馆。

英语教学法方面亦取得了一定的成果,集体编写了大学一年级"听说领先法英语教材"28课,并及时进行了经验总结,而且整理出英国人帕默所著的《通过动作讲授英语法》的学习资料。① 英语专业成为外语系此时重要的支撑力量,为维持学系的发展提供了重要的支点。

随着国内外形势的不断变化,外语系正常的教学及科研工作受到政治方面越来越大的影响,而这种影响始终伴随着中山大学外语系在新中国成立初期的发展历程,挥之不去。

三、"政教结合"

1. 在运动中改造思想

新中国成立后,中央政府为了巩固新政权,发起了多次政治运动,中山大学同其他高校一样,配合政府要求,开展了一系列的政治运动。作为"反帝斗争的中坚力量"②,外国语言文学系在接连不断的政治活动中表现积极,政治活动与专业教育越来越紧密地联系在一起。

为了培养无产阶级的先进知识分子,全国在进行院系调整的同时,还开展了思想改造运动,外文系同学和老师均参与了这场运动,并且积极学习时事政治,认为"只有通过政治、时事学习,加深对爱国主义与国际主义的体会,提高阶级觉悟与政治理论水平,才是鼓舞我们自觉地积极地进行学习的源泉,才能加强我们的学习效果"。③ 一些教师对"纯技术观点"进行了自我批评,政治学习与专业学习并重,成为了教师、学生前进的方向。

政治思想教育逐渐融入专业课程的讲授过程。作为外文系的师生,已经认识到"学习外文的目的是在于掌握这门科学武器为祖国人民服务",所以"要把它当做一个光荣的政治任务来完成"。④ 这反映在实际教学过程中,要求师生在翻译方法上,需要特别注意"政治立场"等问题,"译得好不好不只是文字技巧问题,也是思想问题。"⑤

1953年12月,学校开始积极组织学习过渡时期的总路线。通过学习,西语系师生批判了"个人英雄主义"等旧思想⑥,并且由于国家需要的是一批具有高度政治思想而又精通外语的、具有社会主义觉悟的外语人才,学系再次明确了外语专才的培养

---

① 《中山大学英美语言文学研究室工作简要报告》,1-1964-KY1100-010,藏中山大学档案馆。
② 《1951年中山大学毕业纪念册》,转引自舒宝明主编:《校影》,广州:中山大学出版社2004年版。
③ 《能搞好时事政治学习,也能搞好业务学习》,《人民中大》,1953年1月21日,第3版。
④ 《外文系三年级举行师生座谈会》,《人民中大》,1953年4月22日,第1版。
⑤ 《外文系基本英语教研组第一次工作小结》,《人民中大》,1953年2月4日,第3版。
⑥ 《学习总路线批判旧思想》,《中山大学周报》,1954年7月3日,第3版。

"必须结合政治思想教育"的目标①。学习苏联先进的教学经验、重视"斯大林的语言学著作和马克思主义文艺观点"②，成为当时课程改革以及教材编写的指导思想，这也明显影响了西语系在教学内容方面的改革。

1956年周恩来所作的《关于知识分子问题的报告》，以及中共中央"百花齐放、百家争鸣"政策的提出，都表明党对知识分子的态度发生了转变，这些报告和政策在学校引起了广泛讨论。西语系教师纷纷表示要坚决拥护党的领导，用马克思列宁主义的原理来处理教学、科研上的问题，并且积极进行自我改造，不断提高政治认识，努力完成党和国家所赋予的重要任务。在此之后，西语系的教学和科研工作都有所发展，并且对于如何培养学生独立钻研能力的问题开展了讨论，学系发展渐入佳境，但是这种良好的状态随着新的政治运动来袭而转瞬即逝。

2."反右"及整改

1957年4月27日，中共中央发出了《关于整风运动的指示》，开始在党内进行了整风运动，但是随着运动的发展，党内整风转为"反右派"运动。中山大学在此期间组织了一系列"反右"运动，全校在10月份进入了整改阶段。西语系成立了整改工作组，"大鸣、大放、大字报"成为主要的运动形式，全系师生积极参与其中，教工张贴大字报90余张、学生张贴230余张，学系正常的教学工作受到影响。起初的"鸣放"多是师生对于系务及教学工作的意见，例如对于学习苏联先进经验及教学改革的讨论等等③，涉及政治问题较少。④ 但随着"反右"运动的逐渐深入，一些师生被认为是"右派"典型，受到了公开的批判。如教师雷沛汉因其编印的《英语语法讲义》被认为"不仅在编排上有缺点，在文字上有错误，更严重的是它的思想内容极端反动，对青年学生毒害甚大"⑤，因而在12月11日西语系召开的批判大会上，被受到了集中批判；教师邬学毅则被当作"右派小集团军师"而受到猛烈的批判。⑥

1958年"反右"运动的余波仍然不断。随着整改工作的推进，中山大学于年初开展了"精简机构、干部下放"的工作，首批下乡的教职员共195人，西语系教师张仲绰、王宗炎、黄迪仁、黄伟文、钟鸣砧、钟佑同、庞天健、马炳华、张从德、关兆鹊、韩祥初、汤庚麟、陈善明、周寿荣、汪久祥、张露蓓、王国忠、沈克澄、韦德三、梁植、邓忠仁、余寿康、巫强生、戎镇华、温庚林、李筱菊等共26人，主动申

---

① 《怎样使英语专业更好地为总路线服务》，《中山大学周报》，1954年4月10日，第2版。
② 《加强学习马克思列宁主义文艺理论，充实专业知识》，《中山大学周报》，1954年10月30日，第2版。
③ 《西语系教师继续批判特权思想和教条主义》，《中山大学周报》，1957年6月13日，第1版。
④ 具体可参阅《西语系整改工作简报》，1-1957-XZ1100-007，藏中山大学档案馆。
⑤ 《西语系开会批判雷沛汉》，《中山大学周报》，1957年12月19日，第3版。
⑥ 《西语系右派小集体的军师邬学毅被揪出来》，《中山大学周报》，1958年3月18日，第2版。

请下放参与体力劳动①，全面改造思想、接受锻炼。

3. 红与专之辩论

3月，中共中央发出关于开展"反浪费、反保守"的指示，中山大学整改委员会决定于18日，在全校范围内开展"双反"运动②。之后不久，西语系即于25日组织"大字报展览会"，汇报了学系在"双反"运动初期关于办学路线、师资培养、教学方向及个人等方面的收获。③ 随着"双反"运动的进行，校园内展开了关于"红专关系"的大辩论，随后逐步扩大为"拔掉资产阶级白旗，树起无产阶级红旗"的运动。④ 西语系内气氛渐趋紧张，教师纷纷配合运动的发展，普遍要求自我改造，大多数教师纷纷"引火烧身"⑤，自觉接受批判。教师周其勋⑥、周光耀⑦、钟日新⑧、梁宗岱⑨等在全系师生的帮助下，进行了思想革命，对于个人主义、政治态度、人生观、世界观、文艺观点、红专问题等思想问题进行了彻底的批判。教师们希望通过改造努力做到"红透和专深"，从而更好地为人民服务。⑩

6月下旬，中山大学在结束"以红和专问题为中心的自我革命运动"的同时，开始了以改革教学与改革科学研究为主要内容的"双改"运动⑪，而开展教学和科研工作要政治挂帅、要与生产劳动相结合是此次运动的核心内容。在教学方面，新的教学计划和教学大纲必须"政治挂帅"、必须能够反映最新的科学成果和思想斗争实际，并要求学生要结合劳动生产，加强体育活动。⑫ 西语系正是在此基础之上，逐渐展开了教学、科研方面的革新工作。

4. 新教育方针之贯彻

1958年9月19日，中共中央发出了《关于教育工作的指示》，确立了党的教育方针是"教育为无产阶级的政治服务，教育与生产劳动相结合"，将政治与教育紧紧

---

① 《光荣榜》，《中山大学周报》，1958年1月18日，第1版。
② 《我校整改委员会举行扩大会议决定本周起展开双反运动》，《中山大学周报》，1958年3月18日，第1版。
③ 《西语系组织"大字报展览会"》，《中山大学周报》，1958年3月25日，第1版。
④ 《自觉革命运动进入思想总结阶段》，《中山大学》，1958年6月10日，第1版。
⑤ 《不破资产阶级思想誓不休》，《中山大学》，1958年5月23日，第1版。
⑥ 《大破然后能大立，西语系教工期望周其勋先生下决心》，《中山大学》，1958年5月13日，第1版。
⑦ 《周光耀先生批判错误思想》，《中山大学》，1958年6月3日，第1版。
⑧ 《西语系全体教工集会，帮助钟日新先生检查思想》，《中山大学》，1958年6月3日，第2版。
⑨ 《西语系教工拔白旗、插红旗，帮助梁宗岱教授进行思想革命》，《中山大学》，1958年6月10日，第2版。
⑩ 《政治是主帅》，《中山大学周报》，1958年4月4日，第1版。
⑪ 《校委扩大会议通过"双改"计划》，《中山大学》，1958年6月25日，第1版。
⑫ 《中山大学教学改革和科学研究改革运动总结报告》，缺档号，现藏中山大学档案馆，转引自吴定宇主编：《中山大学校史（1924—2004）》，广州：中山大学出版社2006年版，第275页。

地捆绑在一起，中山大学在进行"双改"运动的同时还开始积极贯彻新的教育方针。10月，外语系连同中文系、历史系的师生，共同下放到东莞参加劳动锻炼。生活在漳澎人民公社的外语系师生，分别编入漳澎民兵的各个排，住进草棚，与农民一起过着紧张的军事化生活。① 师生们展现出了高昂的劳动热情，"他们在参加堵河工程中，一天干活10多小时，有时达到21个小时，同学们半截身体陷入泥中，浸在水里，有人呕吐，有人头晕，他们清醒过来后，不听劝阻，又继续战斗"。② 在努力参加劳动的同时，他们还积极进行教学改革，批判了教学上脱离政治、脱离实际、脱离生产、脱离群众的"四脱离"现象。经过近三个月的劳动锻炼，外语系师生于1959年1月回到了学校，他们对于"教育必须与生产劳动相结合"的方针，有了更为真切的体会。③ 在1959年一年中，外语系师生共参加劳动8个星期，其中集中劳动6星期，校内分散劳动2星期。④ 在之后的教学改革过程中，为了提升教学质量，更是为了贯彻新的教育方针，外语系制定了系内教学情况汇报、任课教师互相听课等制度，重视课内外的实践活动，俄语、英语专业都开展了外语会话活动，并且要求学生每周除学习必要的外语专业课外，另需参加政治学习、生产劳动、体育、民兵训练、文娱活动等。⑤

5. 教学改革与"四清"

1960年4月，全国教育界开始了新一轮的教学改革，旨在深入检查"资产阶级学术思想"，重新制订教学方案，编写"又红又专"的教学大纲和教材。外语系紧跟教学改革的步伐，于6月制订出三年"跃进"的规划草案，决定以党的社会主义建设总路线和文教战线群英大会的精神为指导，继续深入贯彻党的教育方针，努力培养"又红又专"的师资队伍，"多快好省地培养又红又专的人才"成为了学系的主要目标。学系"大力发展毛泽东思想学习运动，要求在三年内系统地学习'毛选'四卷，此外，还要系统地学习四门政治课，以建立无产阶级世界观。同时大力开展学术思想批判运动，为了改造全系师生的世界观，必须加强师生的劳动锻炼，促使知识分子劳动化"。在制订教学大纲、编写教材方面，外语系从英语专业、俄语专业、法语专业、德语专业、公共俄语、公共英语、理论战线"七条战线"⑥ 加以展开，坚持"政治标准第一、艺术标准第二"的原则，强调理论联系实际，以此加强外语教学的

---

① 《红专第一步——记文科师生下放东莞劳动锻炼生活》，《中山大学》，1958年12月6日，第3版。
② 《一九五八年大跃进以来中大工作成绩简况》，缺档号，现藏中山大学档案馆，转引自吴定宇主编：《中山大学校史（1924—2004）》，广州：中山大学出版社2006年版，第276页。
③ 《外语系教工同学凯旋》，《中山大学》，1959年1月13日，第1版。
④ 《外语、历史、中文三系教学质量检查综合材料》，缺档号，现藏中山大学档案馆。
⑤ 《全面深入贯彻党的教育方针，外语系采取措施提高教学质量》，《中山大学》，1959年3月18日，第1版。
⑥ 《外语系教改进入订大纲写教材阶段》，《中山大学》，1960年7月16日，第1版。

"政治性、思想性、战斗性"。①

1961年9月,中共中央正式印发《高教六十条》,总结了新中国高等教育在"大跃进"时期所出现的问题,以"调整、巩固、充实、提高"为方针,重新将"教学"定为高校的工作重点,并且规定高校要努力提升教学质量,积极贯彻党的知识分子政策以及"双百"方针等等。中山大学以《高教六十条》为中心,再次开展了教育革新,外语系的教学、科研工作逐渐重入正轨,学系内紧张的政治气氛有所缓解。

外语系舞蹈团排演"志愿军战歌"

但是好景不长,1964年达到高潮的社会主义教育运动,迅速扩大为"清政治、清经济、清组织、清思想"的"四清"运动,中山大学正常的教学、科研、行政工作再次受到影响。学校计划逐步组织师生参加农村社会主义教育,并且将"教学放在第四位,开展兴无灭资斗争"②,教学工作一度中断。外语系正常的教学、科研工作,亦因师生参加"四清"运动而受到严重阻碍,除英美语言文学研究室在政策支持下取得一些成绩外,其他方面均无重要科研成果。

随着校园内政治运动热情的高涨,外语系持续受到接连不断的政治运动的影响,正常的教学、科研工作受到越来越多的阻碍,而随着"文化大革命"的到来,外语系的各项工作均陷入停滞状态,彻底淹没在"文革"的红潮中。

第三节 "文革"中的外语系

一、外语教育要革命

1966年5月,"文化大革命"的浪潮席卷全国,中山大学校园内掀起了揭露和批判"反动学术权威"、"走资本主义道路的当权派"等各种各样的政治狂潮,学校各级主要负责人以及大批教师、干部被关押批斗,学校行政、教学工作陷入瘫痪。

---

① 《外语系教改继续深入 订出三年跃进规划草案》,《中山大学》,1960年6月29日,第1版。

② 吴定宇主编:《中山大学校史(1924—2004)》,广州:中山大学出版社2006年版,第274页。

1968年7月31日、8月13日，解放军毛泽东思想宣传队以及广州工人毛泽东思想宣传队先后进驻学校，共同贯彻执行中央"七三"、"七二四"指示。9月11日至23日，全校9个学系及机关、总务等11个单位成立革命领导小组。9月29日，中山大学革命委员会成立，革委会与革命领导小组成为了学校各级单位的领导机构。① 外语系的师生不可避免地卷入到各种混乱的运动中，有时还被树立为典型并在全校范围内进行宣传。1968年11月10日上午，外语系师生共9人来到八里石茅厂生产队，组成"五同"小队，与该生产队的7户贫下中农同吃、同住、同学习、同劳动、同斗私批修，自觉接受为期16天的贫下中农再教育，成为了当时的模范。②

　　1969年4月召开的中国共产党第九次全国代表大会，以"无产阶级专政下继续革命的理论"为核心，全面肯定了"文化大革命"，强调"准备打仗"的理念，并提出了"斗、批、改"的新任务，"文革"在全国范围内继续深入进行，同时"教育革命"成为了全国教育界的主要任务。此时的外语系各班均成立了"革命大批判小组"，积极参与学校的"教育革命"，批判本系教师及教学方面所谓的"修正主义教育路线"、"资产阶级文学道路"。③ 之后，为了坚持政治治校，坚持"教育革命"，加强战备，学校决定展开第一次"四好"总评，而外语系则成为了全校唯一的先行试点，于11月24日开始，在学校军宣队、校革委会负责人参加的工作组以及外语系党支部、系"三结合"领导小组的联合领导下，集中进行"四好"总评，④ 并取得了丰硕的成果，外语系在总评过程中所总结的经验也被广泛宣传和学习。⑤

　　随着"教育革命"与"革命大批判"的深入开展，1970年初外语系几乎中止了正常的教学活动，全系"战斗"气氛热烈，并贴出了《外语系只能在革命大批判中新生》的大字报，学生主动带领教师进行"革命大批判"，希望通过"思想上的大跃进"使外语系"重获新生"。⑥ 外语系的"革命大批判"运动再次成为了全校关注和学习的对象。⑦ 但是谁曾想，等待着外语系的并不是"重生"，而是被整体迁出的命运。

---

　　① 吴定宇主编：《中山大学校史（1924—2004）》，广州：中山大学出版社2006年版，第295页。
　　② 《宝剑锋自磨砺出　梅花香从傲寒来——记外语系茅厂"五同"小队》，《新中大》，1968年12月6日，第3版。
　　③ 《评"文学道路"——批判外语系的修正主义教育路线》，《新中大》，1969年9月24日，第4版。
　　④ 《外语系展开"四好"总评》，《新中大》，1969年11月30日，第1版。
　　⑤ 《突出无产阶级政治　搞好年终"四好"总评——外语系四好总评的做法》、《总评的过程也是创"四好"的过程》，《新中大》，1969年11月30日，第2、3版。
　　⑥ 《外语系革命大批判的烈火越烧越旺》，《新中大》，1970年2月4日，第2版。
　　⑦ 《新阶段，新问题，新做法——我系是怎样开展革命大批判的》，《新中大》，1970年4月11日，第2版。

二、涅槃重生

1. 全系调出

1970年初,中山大学接到广东省革命委员会的指示,要求中山大学外语系与暨南大学外语系、外贸系一同并入广州外国语学院,并将该学院更名为广东外国语学院。

9月,除少数教师留在中山大学担任公共外语教学任务外,中山大学外语系的其他教师连同行政人员一起,全部调往广东外国语学院。9月14日,中山大学向广东外国语学院移交调动人员档案,中山大学外语系正式并入广东外国语学院。

表3-9 中山大学外语系调出人员统计

姓名	性别	语种	职别	姓名	性别	语种	职别
戴镏龄	男	英语	教授	何昆和	男	英语	助教
蔡文显	男	英语	教授	龚华基	男	英语	助教
王多恩	男	英语	副教授	黄门澄	男	英语	助教
方淑珍	女	英语	副教授	章万才	男	英语	助教
桂灿昆	男	英语	副教授	关仕华	男	英语	助教
吴继辉	男	英语	副教授	许典创	男	英语	助教
王宗炎	男	英语	副教授	顾绶昌	男	英语	资料员
钟日新	男	英语	副教授	童汉章	男	英语	助教
陈永桢	男	英语	副教授	彭国柳	男	英语	助教
桂诗春	男	英语	讲师	吴远得	男	英语	助教
刘达康	女	英语	讲师	李慰慈	女	法语	教授
李筱菊	女	英语	讲师	梁宗岱	男	法语	教授
陈永培	男	英语	讲师	吴绪	男	法语	教授
伍谦光	男	英语	讲师	林讬山	男	法语	副教授
钟佑同	男	英语	讲师	马炳华	男	法语	助教
钟鸣砧	男	英语	讲师	于耀南	男	法语	助教
周佐伦	男	英语	讲师	孙传才	男	法语	助教
黄伟文	男	英语	助教	李良裕	男	法语	助教
黎导	男	英语	助教	黄建华	男	法语	助教
祁庆生	女	英语	助教	程依荣	男	法语	助教
曾宪才	男	英语	助教	陈翠芬	女	法语	助教

续表 3-9

姓名	性别	语种	职别	姓名	性别	语种	职别
李美伦	女	英语	助教	李万钧	男	法语	助教
林向荣	男	英语	助教	梁启炎	男	法语	助教
陈兆忠	男	英语	助教	杨润余	女	法语	副教授
王应龙	男	英语	助教	陈学吟	女	法语	
脱秉事	男	英语	助教	麦梅娟	女	法语	
张仲绛	男	德语	教授	巫强生	男	俄语	
黄震廷	男	德语	教授	周寿荣	男	俄语	
张苏奎	男	德语	副教授	纪经纬	男	俄语	
张佳珏	男	德语	讲师	张露蓓	女	俄语	
汪久祥	男	德语	助教	叶维名	男		外语系党总支副书记
谭镜心	女	德语	助教	关锦俭	男		外语系团总支书记
魏家国	男	德语	助教	蒋世华	女		外语系政治辅导员
黄海津	男	德语	助教	李锦希	男		外语系政治辅导员
吴曦轮	女	德语	助教	梁基赵	男		外语系办公室主任
朱娟娟	女	德语	助教	张燕萍	女		外语系人事秘书
魏本荣	男	德语	助教	谢均煊	男		外语系行政助理秘书
李美梅	女	德语	助教	赵静蓉	女		外语系教务员
周振文	男	德语	助教	白季正	女		
王西曼	男	德语	助教	杨金仙	女		
曾煜璘	男	德语	助教	廖坚池	女		
胡东立	男	俄语		苏应昇	男		
张梅丽	女	俄语		杨望硕	男		
王国忠	男	俄语		李耀章	男		

注：统计表中共88人，而在1970年9月14日向广东外国语学院移交的调动人员档案中，并未见陈学吟、胡东立、张梅丽、周寿荣等四人的档案，此四人可能在本次调动之前已外调至广东外国语学院，赖棋良（男）的档案亦被移交至广东外国语学院，因此本次共移交85位教工的档案。在外调人员中，廖坚池不久再次调回中山大学工作。外语系外籍教师朱白兰、夏露德主动要求留校工作，并未参与本次外调工作。

资料来源：《我校教工调往外单位工作的材料·我校外语系李锦希同志等八十五人调往省外语学院工作名册》，1970-XZ1100/003/67，现藏中山大学档案馆。

经过一系列的讨论和调整工作，中山大学外语系最终共77人被调往广东外国语学院，其中教授、副教授17人，讲师11人，助教40人，职工9人。大批设备及图书均随人员同时调出，图书馆原藏外语图书7万多册，调整后仅余约8000册；电影机（1部）、电视机（1部）、收音机（15部）、录音机（25部）、打字机（34部）等电化教学设备均被调走。① 有着50多年历史的中山大学外语系最终被调出，取消所有外语专业，仅剩一个外语小组承担学校公共外语的教学工作，学校的外语教学水平和科研能力受到沉重打击。

留在中山大学继续任教的外语教师，承担起了全校公共外语教学的任务，并且努力提升教学质量，学校亦不断重视外语教学。中国共产党中山大学党委会于1972年11月底，决定将外语小组改为公共外语教研室，任命陈珍广、黄迪仁为教研室负责人，以加强公共外语教学工作的领导。②

2. 复办外语系

1970年至1972年，国际局势不断变化，中国国际地位逐渐上升，相继与加拿大、意大利、尼日利亚、奥地利、伊朗、比利时、阿根廷、希腊、日本、联邦德国、澳大利亚等几十个国家恢复或建立了外交关系，特别是在1971年10月恢复了联合国的合法席位以及1972年2月与访华的美国总统尼克松共同发表《上海联合公报》之后，国家对外语人才的需求尤为迫切。1972年底，中山大学为配合国家的战略发展，开始尝试复办外语系，期间充满了智慧和艰辛。12月30日，中国共产党中山大学委员会即向广东省教育战线共产党的核心小组及中国共产党广东省委进行报告，试探性地提出了复办外语系的问题。学校认为随着形势的发展，恢复外语系不但可为国家培养外语人才，"而且将对提高我校师生外语水平，促进各门学科的发展起它应有的作用"。学校认为综合性大学外语系与外国语学院外语系的培养目标有所不同，应侧重于理论上对外国语言、文学及其他学术等方面的研究，培养研究、翻译和高等学校外语师资等人才。并且，中山大学作为重点对外开放单位，在国外具有一定的影响，复办外语系亦可促进对外学术交流。学校提出了"以自力更生为主，力争外援为辅"的复办方针，开始筹备复办外语系的工作，希望最迟在1974年前首先开设英国语言文学专业，招生30人左右，日、俄、德、法等语种专业根据日后的师资情况，有计划地逐步开设。③

经过了几个月的等待，关于复办外语系问题的批复迟迟未来，因此，中山大学经过更加细致的研究，于1973年4月6日，向广东省教育局、广东省"革委会"、国务院科学教育组呈递了关于复办外语系的综合报告，再次努力尝试恢复外语系。在简单回顾了外语系的历史以及再次阐述复办外语系的必要性之后，学校认为，当时学校已有的师资力量（英语教师44名，其中老教师6名，中年教师25名，68、69届毕业

---

① 《关于我校恢复外语系问题的报告》，1973 – XZ1100/006/21，藏中山大学档案馆。
② 《关于建立公共外语教研室及其成员的通知》，1972 – DQ1100/005/46，藏中山大学档案馆。
③ 《关于我校筹备恢复外语系问题的报告》，1973 – XZ1100/006/21，藏中山大学档案馆。

生13名，半数以上可担任专业课）加上一些调入的教师，基本可以胜任英语专业一至三年级的全部课程。同时，学校还向广东外国语学院提出了"支援"的请求。广东外国语学院经历调整后，师资力量十分雄厚，教师资源过剩，且在调整时中山大学不少教师因爱人调出，工作和生活都产生了不少困难，情绪受到影响，因此，中山大学希望"在不影响广东外语学院基本师资力量的原则下，适当地调回十五名左右包括部分骨干力量在内的老、中、青教师"，同时调回部分图书及设备，以此解决中山大学复办外语系所面临的实际困难。①

1973年5月8日，广东省委常委经过讨论和研究，同意中山大学恢复外语系，并于该年度开始恢复英语专业并招收学生30人，且指示广东外国语学院，对于复办中山大学外语系所需的师资、图书、设备等资源，酌情给予支援。② 随后不久，国务院科教组同意中山大学1973年秋季招收英语专业学生30名，复办外语系的工作正式进入实施阶段。经过讨论和研究，公共外语教研室副主任陈珍广拟出了复办外语系的具体设想和计划：①复办之后的外语系致力于培养高等院校外语师资以及国际学术理论文学艺术等方面的研究和著作翻译人才；②以英语专业为起点，在未来有计划、有步骤地恢复和增设日、法、德、西、俄等专业；③为了节约人力，提高教学质量，在今后一两年内，积极补充和更新电化教学设备；④学生修学年限暂定三年，拟先增加一年预科，以补习外语基础知识及外语专业所需要加强的文化知识。③ 中山大学复办外语系的工作有条不紊地进行着。

8月底，戴镏龄、方淑珍、祁庆生、李美伦等四位教师由广东外国语学院调回中山大学，以应外语系新学期的教学之需④。同时，戴镏龄教授重新主持外语系的系务、教学等工作，学系行政工作日益正常化，停办将近三年的中山大学外语系，在经历了外迁的坎坷后重获"新生"。

三、恢复办学

1. 重新起步

就在中山大学外语系迁往广东外国语学院的同时，中国共产党广东省革命委员会指示，广州地区高等院校于1970年11月同时招生，招收工农兵学员。12月1日，中山大学首批工农兵学员共547人，在中山纪念堂参加了隆重的开学典礼。⑤

1973年秋，复办后的中山大学外语系迎来了第一批英语专业的工农兵学员，学系的教学工作逐步开展。从1973年秋到1976年，外语系英语专业共招收四届英语专

---

① 《关于我校恢复外语系问题的报告》，1973 - XZ1100/006/21，藏中山大学档案馆。
② 《关于中山大学恢复外语系问题的批复》，1973 - XZ1100/006/21，藏中山大学档案馆。
③ 1973 - XZ1100/006/21，藏中山大学档案馆。
④ 《关于从广东外语学院调戴镏龄等4人回中大工作的报告》，1973 - XZ1100/014/26，藏中山大学档案馆。
⑤ 吴定宇主编：《中山大学校史（1924—2004）》，广州：中山大学出版社2006年版，第300页。

业的工农兵学员计148人，其中1973级为三年半学制，1974级、1975级、1976级为三年学制。①

表3-10　中山大学1973年外语系英语专业新生名单（28人）

姓名	性别	姓名	性别
梁英	男	林小伦	男
苏国华	男	何福英	女
李月华	女	方建华	女
伍杏英	女	黄昭	女
萧仲腾	男	李旭辉	女
杨思	男	王昌辉	男
王晓斌	男	邓赞东	男
符传文	男	杨小凤	女
方玉都	男	黄润娟	女
陈腾华	男	关彩莲	女
胡宝娥	女	潘灿坤	女
王俊贤	男	马红鹰	女
叶惠妹	女	梁由新	男
蔡淮枫	女	吴红雷	女

资料来源：《中山大学1973年外语系英语专业新生名单》，1973-JX13-2，藏中山大学档案馆。

表3-11　1974年中山大学外语系英语专业工农兵学员名单（40人）

姓名	性别	选送单位	姓名	性别	选送单位
王宜忠	男	广东陵水	李勇	男	广东琼山
李飞英	女	广东化州	严子山	男	广东新兴
李步连	女	广东始兴	丘榕桂	男	广东新丰
李建贞	女	广东梅县	陶志敏	女	广东博物馆
李冬青	女	广东高鹤	许细妹	女	广州市公安局
李敬松	女	广东佛山	尹淦培	男	广东东莞
李广新	男	广东云浮	何源英	女	广东高要

① 1976级校友提出他们在校时间为三年四个月，经确认，1976级与1975级一样，均为三年制，只是毕业时间不确定。

续表 3-11

姓名	性别	选送单位	姓名	性别	选送单位
李建英	女	广东阳春	何安举	男	广东大埔
李红	女	广东广州	黄建基	男	广东揭西
符史电	男	广东文昌	黄兆丰	男	广东顺德
傅锦先	男	广东罗定	杨奕任	男	广东湛江
周立华	男	广东信宜	杨育明	男	广东食品进出口公司
曾祥威	男	广东蕉岭	张美芳	女	广东开平
邢伟红	女	广东梅县	冯穗	男	东方宾馆
麦桂冰	女	广州兵团	陈石月	男	广东龙川
胡桂萍	女	广东英德	陈川荣	男	广东海口
秦志华	女	广东红星茶场	孙塔	男	广东海丰
陆锦娇	女	广东揭阳	孙建平	男	广东潮安
马军	男	广东韶关	刘紫山	男	广东紫金
刘明	男	广东陆丰	刘英	女	广东遂溪

资料来源：《中山大学第四届工农兵学员名册（外语系）》，1974-JX13-2，现藏中山大学档案馆。

表 3-12　1975 年中山大学外语系英语专业工农兵学员名单（40 人）

姓名	性别	选送单位	家庭住址	姓名	性别	选送单位	家庭住址
王成艺	男	海南	广东东方	古平英	女	湛江	广东高州
韦远栋	男	湛江	广东信宜	叶建忠	男	惠阳	广东惠州
刘传华	男	湛江	广东阳春	刘爱群	女	肇庆	广东郁南
冯桂冰	女	佛山	广东高鹤	朱国程	男	海南	广东儋县
安国	男	广州	广东广州	孙惠东	女	肇庆	广东四会
沈木珠	女	汕头	广东普宁	吴秀莲	女	湛江	广东阳江
李百荣	男	梅县	广东五华	张文浩	男	惠阳	广东龙川
张建文	男	韶关	广东清远	张海南	男	海南	广东文昌
杜小穗	女	广州	广州市	陈佩霞	女	佛山	广东新会
陈建荣	男	惠阳	广东紫金	陈文宽	男	梅县	广东丰顺
陈琼英	女	韶关	广东南雄	陈玉屏	女	海南	广东琼山
欧秀兰	女	韶关	广东乐昌	林秋文	男	韶关	广东英德
林敬文	男	汕头	广东饶平	罗嘉	男	广州	广东广州

续表 3-12

姓名	性别	选送单位	家庭住址	姓名	性别	选送单位	家庭住址
冼卓林	男	佛山	广东斗门	赵文	男	湛江	广东电白
钟卫平	女	广州	广东广州	宫超英	女	惠阳	广东龙川
梁北汉	男	肇庆	广东新兴	梁伯文	男	肇庆	广东德庆
梁仕聪	男	佛山	广东开平	黄锦洲	男	汕头	广东潮阳
黄曼平	男	海南	广东海南	黄鹏辉	男	汕头	广东揭阳
黄好富	男	海南	广东万宁	黄志雄	男	惠阳	广东惠阳
甄瑞霞	女	佛山	广东台山	兰玉玲	女	梅县	广东大埔

资料来源：《中山大学第五届工农兵学员名册（外语系）》，1975-JX13-2，现藏中山大学档案馆。

中山大学外语系第三届工农兵学员毕业留影

表 3-13　1976 年中山大学外语系英语专业工农兵学员名单（40 人）

姓名	性别	选送单位	姓名	性别	选送单位
冀云	女	省公安局	冯海军	男	广东琼海
何粤川	女	广东翁源	黄灿辉	男	广东清远
黄丽萍	女	广东佛冈	钟兰青	女	海南农垦
王东东	男	汕头地区	丁勤春	女	湖南
胡春毛	男	湖南	杨丽华	女	湖南
唐祖新	男	南岑棕矿	苏才芳	女	广东乐东
李仲达	男	湖南	陈小元	女	湖南
木晓慧	女	广东广州	冯晓明	女	广东广州
刘国农	男	广东广州	郝晓冰	女	广东广州

续表 3-13

姓名	性别	选送单位	姓名	性别	选送单位
李枕东	男	广东广州	于拉克	女	广东广州
庞荣熙	男	广东恩平	陈士元	男	省直（广州）
武鹰	女	广东罗定	王名珊	女	广东广宁
潘小芬	男	广东宝安	黄一雪	女	广东化州
黄霞怡	女	广东高州	何水球	男	广东电白
兰粤春	男	省煤炭局	刘小钢	女	广东广州
向宁	女	广东广州	肖建国	男	省公安局
刘日华	男	省公安局	郝佩娟	女	省公安局
王胜洪	男	省公安局	黄传英	男	省公安局
王秀莲	女	省公安局	郭铁鹰	男	省公安局

注：此表共38人，缺2人。

资料来源：《中山大学第六届工农兵学员名册（外语系）》，1976-TX13-2，现藏中山大学档案馆。

2. 公共英语教学

时至1975年，重新起步的外语系不仅培养英语专业的学生，并且继续承担着全校公共英语的教学任务。随着全国形势的变化以及学系发展的需要，补充学系力量成为了当务之急。外语系当时共有教师65人，其中教授5人、副教授3人、讲师17人、教员2人、助教38人；这65人中，长期病休6人，超过退休年龄、准备退休的7人，外语系面临着严峻的师资短缺问题。英语专业当时共有18位教师，但因身体及其他工作原因，仅有11人参加教学工作，承担了1973级、1974级两个年级4个班的全部课程和教材编写工作，且由于长期担负过重的教学工作，教师体质普遍下降。

而在公共英语方面，共有31位教师，负担着全校69个公共英语班共2250名学员的英语教学任务，并且在"文化大革命"后，理科各系普遍使用结合专业的英语教材，"全校文理科教材共达44种之多，并且教材要教师自编自教，多数教师一般要负责2个专业班级教材编写和教学工作，个别教师一个人要负责3个专业班教材及教学任务"。① 随着招生工作的继续进行，外语系师资力量不足的问题愈加突显。而在德、法、日、俄等语种方面，尚有少数教师，但由于缺乏高级教师以及部分教师的身体欠佳，各语种还不具备开设专业的能力。为了缓解教师压力以及促进学系的建设，外语系于2月即向学校申请，要求在暑假之前补充英语教师10名，并且希望为本系分配75年暑期毕业的工农兵学员，其中需要英语专业者6人、法语专业者2人、日语专业者4人，以扩大学系师资队伍的规模。② 之后，在广东省教育局及学校的支

---

① 《关于外语系请调师资报告》，1975-XZ1100/013/23，藏中山大学档案馆。
② 《关于外语系请调师资报告》，1975-XZ1100/013/23，藏中山大学档案馆。

持下,一些外语教师被调至中山大学,外语系的师资力量得到了一定程度的补充,学系教学及科研能力逐渐提升。

3. 新的发展契机

与广东省外贸局的合作,给外语系带来了新的发展契机。为了适应广东省对外贸易的发展,1975年5月,经广东省外贸局与中山大学主要领导进行会谈和研究,决定将中山大学外语系与广东省外贸局长期固定挂钩,培养外语外贸方面的专业人才。7月,广东省外贸局与中山大学联合向广东省革命委员会上报,中山大学外语系与广东省外贸局正式确立合作关系。从1975年开始,外语系除招收三年制学员外,还开设了一些外语短训班,对外贸在职干部进行外语培养。而为了使学员毕业后能较快地适应外贸工作的要求,外语系在原有课程外,又采取一定措施,使学员初步熟悉有关外贸的业务知识。经过专门培养的外语系应届毕业生,除少数留任中山大学以充实外语系师资队伍外,大部分均分配至外贸局。为了配合外贸局的需求,外语系英、法、日等语种的教师资源均得到一定补充,复设法语专业、开设日语专业的工作,也被提上了日程。①

为了适应学系建设以及时代发展的需要,中山大学外语系不断创造条件,逐步复办了法语、德语等专业,开办了日语、西班牙语等专业。但由于大多数教学骨干均无法从广东外国语学院调回,当时的师资力量仍显单薄。因此,中山大学于1975年年底,请示广东省教育局及广东省科教办,希望能够派出本校外语系英语教师2至3人、法语教师1人,分别赴往英、美、法国学习语言,并且从有关外语院校,逐年选派相关专业的毕业生来外语系任教。②复办之后的中山大学外语系不断加快发展和建设脚步,学系规模逐渐扩大,在科研方面亦展现出了应有的实力。

四、再展风采

从学系复办到"文化大革命"结束,中山大学外语系在这段时期最主要的科研任务,当属参加联合国文件翻译的工作。

1. 联合国第一、二批文件翻译

1974年,中山大学相继迎来了第一批、第二批翻译文件。外语系本应主要承担翻译联合国文件的工作,但由于刚刚复办的外语系师资力量薄弱,外语专业只有一年级的学员,之前并无翻译联合国文件的经验,无力单独承担翻译任务。因此第一批文件是由学校指定成立的联合国文件翻译小组翻译的,外语、中文等系均参与其中。在积累了一定的经验以及调配了更多的教师力量后,从第二批翻译材料开始,外语系在联合国文件翻译小组中所承担的责任不断增加,逐渐成为了文件翻译的主力军。

1974年6月,根据国务院科学教育组、国家出版事业管理局联合召开的翻译联

---

① 《关于中大外语系和省外贸局建立长期固定挂钩协议的报告》,1975 - XZ1100/003/23,藏中山大学档案馆。

② 《关于外语系请调师资报告》,1975 - XZ1100/013/23,藏中山大学档案馆。

合国文件会议精神,经中山大学革命委员会办公会研究决定,调历史系的教师李永锡、戴裔煊、图书馆林启森、经济系的教师王瀹如等,组成翻译小组,负责翻译有关文件。翻译小组由"教革组"的杨伊白同志负责,工作地点在历史系东南亚历史研究室。① 原件内容是联合国安理会关于处理中东以色列问题及苏联入侵捷克问题的争议记录。外语系部分教师首次参与到此次翻译工作中。这次翻译工作从6月12日开始,至7月28日完成,中译字数约为96000字。②

8月16日,学校开展了第二批文件的翻译工作。原件的主要内容是有关刚果问题以及印巴对克什米尔争端的问题。承译本次翻译任务时,学校改变了翻译小组的编制,戴镏龄、周光耀等部分外语系教师被抽调至翻译小组,由戴镏龄、周光耀分别任联合国文件翻译小组正、副组长,并由外语系总支负责领导小组政治学习。外语系承担了更多的任务和责任,学校亦从历史、中文、经济、地理各系及图书馆抽调力量,支援翻译任务。③ 从8月16日开始,至10月29日完成,中译字数约127000字。外语系许多教师利用课余时间坚持参加翻译工作,在翻译过程中严谨认真,务求译文的准确,认真处理了许多细节问题,例如:对于一些有争议的内容多按照原文翻译,并在其后添加注释;一些联合国特设的临时机构名称或个别会员国的行政组织名称,当时并无标准译法,翻译小组则按照理解自行译出,但另作标注说明;在翻译文件时,将英文与法文相互对照,更为准确地修订译文,并且尽量保持原文语气,特别是切合发言人的政治立场。④ 在翻译工作接近尾声时,翻译小组对于本次工作进行了总结,并且为使外语系教师更好地总结翻译经验,在教学及翻译工作上更上一层楼,学校将联合国文件翻译工作归入外语系日后工作计划中的一部分,这使得外语系在教学与实践相结合方面,跨出了坚实的一步。

2. 联合国第三批文件翻译

1976年9月,中山大学外语系师生投入到第三批联合国文件的翻译工作中。本次翻译小组主要由外语系73级英语专业22名学员与部分教师组成,所译的是联合国22届大会1624会议文件。73级学员成为了本次翻译工作的主要力量。22名学员共分4个小组,各配1名教师,推选学员代表与教师共同担任小组的领导和组织工作。教师作为本次翻译工作的辅导力量,先就翻译材料进行全面介绍,并就翻译中应注意的问题举办专门讲座;然后"把材料当做精读课,师生一起备课,逐字逐句逐段,一一共同研究,务期吃透原文,掌握其精神实质"。在翻译工作开展前,师生共同学习了该次会议的背景资料,使得师生们在翻译时,"对于联大发言代表的政治态度和立场作了正确的判断,因而不管文件上字里行间有时用的什么含蓄的语言、间接的比

---

① 《关于成立我校"联合国文件翻译小组"通知》,1974 – XZ1100/006,现藏中山大学档案馆。
② 《中山大学联合国文件翻译小组工作总结》,1974 – XZ1100/006,现藏中山大学档案馆。
③ 《依靠党的领导,努力完成翻译任务》,1974 – XZ1100/006,藏中山大学档案馆。
④ 《中山大学联合国文件翻译小组工作总结》,1974 – XZ1100/006,藏中山大学档案馆。

喻、闪烁的辞令，他们都能尽量如实地用汉语表达出来，务求切合发言代表的身份。"① 在各人翻译后，小组将译稿进行了比较，取长补短，反复斟酌，以求得译名、语调、文体的统一，并力求做到精益求精，终稿通过了小组成员的集体审阅。本次翻译工作历时一个月，在外语系师生不懈的努力以及学校的大力配合下，顺利完成。

3. 风采再现

复办后的中山大学外语系通过师生的不断努力，学系建设不断前进，在一系列的教学和翻译工作中逐渐重现了往日的风采。

总之，1949年新中国成立后，中山大学外国语言文学系走过了一段曲折的发展历程。院系调整后，师资力量、图书设备的补充，使得当时的西语系的实力大为增加。学系踏着学习苏联先进教育经验的浪潮，不断进行教学改革，语种专业逐步增加，学系建设成果明显。50年代末期，经过5年发展的外语系，已粗具规模。学系共开设英、法、德、俄4个语种专业，全系教师将近百人，学生300多人，藏书近3万卷，另有期刊12000多册，还建有语音实验室、外语广播站，② 学系各方面建设趋于完备。然而，随着政治运动的浪潮在全国不断翻涌，学系正常的教学、科研、行政等工作均受到不同程度的影响，从"反右"运动到"双反"运动，从"大跃进"运动到"四清"运动，政治对学系各方面的影响越来越大，各语种专业在国内外政治形势的影响下，呈现出了不同的发展走向。1970年，学系被迫并入广东外国语学院，"中山大学外国语言文学系"的名号暂时告一段落。尽管这一举措客观上对提高广东省外语水平不无裨益，但中大外语学科的发展无疑受到重创。1973年，经过各方努力之后，外语系总算复办，开始逐步恢复行政、教学、科研等工作。虽然在各个时期政治因素总会给学系的发展带来不同程度的阻力，但是通过全体教师、学生的共同努力，外语系抓住一些难得的契机，在教学、科研方面仍然取得了难能可贵的成绩。1976年10月，漫延全国的"文化大革命""红潮"退去，中山大学外国语言文学系在走过崎岖的发展道路后，终于迎来了新时期的曙光，进入了学科春天阶段。

---

① 《结合战斗任务组织教学就是好——中山大学外语系英语专业七三届学员参加联合国文件翻译工作小结》，1976 - XZ1100/004，藏中山大学档案馆。
② 《外语系今昔》，《中山大学》，1959年9月30日，第5版。

第四章　重建充实（1977—1991）

从 1977 年到 1991 年，是中山大学外语学科发展的春天。"文革"结束不久，中山大学外语系就恢复了本科招生，并复办日语、德语、法语等专业。另一方面，外语系在这一时期还取得了一些重要发展，表现在：一些新的机构开始设立，如广州英语培训中心；一些新的学科建设成果开始出现，如外语系开始招收研究生，英美语言文学专业博士点设立，等等。这些都如同春天播撒的种子一样，得以在以后的日子里不断发芽，并茁壮成长，从而结出了中山大学外语学科这棵青葱大树上的闪亮果实。20 世纪 80 年代初，外语系在各项事业恢复发展的基础上，开始对外语教学、学科建设和办学条件进行全面改革和充实提高。1982 年，随着改革大潮的兴起，市场经济的快速发展，社会对外语专业人才的需求也与日俱增，对提高大学生英语综合水平和培养外语专业人才提出了迫切任务。在学校领导的重视下，外语系抓住这一历史机遇，大力改善办学条件，数次修订教学方案，实行全面的教学改革，积极探索学科建设，加强师资队伍建设，成功申报了英语语言文学全国重点学科。截至 1992 年成立外国语学院止，这一时期是外语系不断充实提高并发展壮大的时期，中山大学外语人为此付出了艰苦的努力。

第一节　本科专业教育恢复和调整

一、外语教育受到重视

1. 英语恢复高考

1977 年冬，经重新复出的邓小平批示，中央教育主管部门宣布在全国恢复 1965 年开始中断长达 10 年的"高考"（即普通高等学校招生全国统一考试），让长期以来入学无望、求知无门的青年们看到了一丝希望。十几届长期荒废了学业的初高中毕业生中，有 570 万人踊跃报名参考，在仅有的月余时间里（且多在工间和早晚），依靠手头为数有限的课本和材料匆忙复习，参加了 1977 年 12 月初举行的考试。经过选校申请、阅卷、政审、体检、调档等程序，约有 50 名学生最终接到了中山大学外语系的入学通知书，并于次年 3 月初跨入了康乐园的大门。

1977、1978 级是个特殊的群体，他们是"文革"结束后恢复高考的首批大学生。"文革"期间，英语教学受到严重破坏。教学内容简单枯燥，政治性较强，其内容不是工人农民或张明、李华，就是革命口号或毛主席语录，几乎没有什么实用性。教材也不太按循序渐进的原则编写,如初一英语课本的第二课只有一句话:"祝毛主席万寿无疆!"第五课也是一句话:"提高警惕,保卫祖国。"因此,当时的英语与政治被学生视为最不受欢迎的两门课,学生的英语水平普遍较低。以中山大学英语系77级学生陈峰所在考场为例,其"所在的人口7万的石井公社考场里,就只有3人英语及格"①。然而,1977级和稍后的1978级学生,专业基础虽然薄弱,但是他们能从高考大军中脱颖而出,在毅力、拼搏、阅历等方面更有独到之处,并且他们对这次学习机会极为珍惜,对知识的渴望十分迫切。因此,尽管专业基础不佳,没有受到系统、良好的英语训练,但精神品质突出,渴望知识,刻苦用功,成为高考恢复之后的前几届学生的共同特点。加上外语系的全体老师,如任课的方淑珍、黎秀石、苟锡泉等为代表的外语系中国老师以及加拿大籍班主任 Linda Ironside、英国籍老师 Peter Harris 等外籍教师的悉心教学,克服了师资不足等困难,通过分班教学,因材施教,教书育人,一丝不苟,取得了比较理想的教学效果。这批学生在中国改革开放之后,逐渐成为社会的一股推动力量和国家发展的涉外工作的栋梁之才。这一点也说明中山大学外语系在恢复高考之后的本科教学的成功。因此,当后来一些从事英语方面工作的同学被人问起,"英语学得这么好,是在哪里学"的时候,他们都无不自豪地说:"我毕业于广州中山大学外语系"。

2. 行政班子及时调整

1978年6月16日,根据中共中央关于加强教育工作的指示和《全国普通高等学校暂行工作条例》(修订稿)的精神,为了加强共产党的政治思想工作,保证党的方针、政策的贯彻执行,充分发挥系行政的作用,中山大学决定实行系党总支领导下的系主任分工负责制,撤销了原系的革命领导小组及原任干部的职务,对外语系办公室主任以上干部作了如下的调整和安排:戴镏龄为外语系行政负责人,具体职务待呈报上级批准后另行通知;方淑珍、陈珍广为副主任;陈志雄为外语系党总支副书记、代理书记;洪沛、蒋世华为外语系正副办公室主任。②适应新形势的外语系行政领导的及时更换和调整,有力地加强了全系教学的组织和领导工作,保证和落实了恢复外语教育时期的各项拨乱反正工作,意义非同一般。

3. 学校召开外语教育专题座谈会

20世纪80年代初,全国开始由社会主义计划经济向社会主义市场经济过渡,在广东率先改革开放的特殊环境里,面对市场经济大潮的冲击,在外语师资极端困难和基础甚为薄弱的条件下,市场经济发展的需求和高等教育发展形势,对大学外语专业教育,提出了前所未有的高标准和高要求。要使外语系跟上形势,无疑需要迎难而上的决心和克服困难的努力。

---

① 陈峰:《毕业卅载忆中大——感怀原外语系几位恩师》;区鉷主编:《思华年》,广州:中山大学出版社2014年版,第140页。

② 中共中山大学委员会:《外语系办公室主任及以上干部安排》,1978年6月16日,1978-KY1100-018,藏中山大学档案馆。

1982年，外语系、历史系3位中年党员教师给学校领导写了一封信。信中提及关于如何提高教学质量、正确处理教学与科研关系，以及如何做好确定、晋升教师职称工作等大家十分关心而且亟待解决的问题。信中还建议校领导趁中共"十二大"文件的传达学习机会，结合提升职称的工作，认真抓一下教学工作。其中有一点专门涉及基础课和公共外语课，要求对长期从事基础课、公共课而又一贯认真负责、教学效果好的教师，在科研成果的要求上应与担任专业课的教师和很少上课因而有时间写文章的教师区别开来，对其中主动承担教学重任，热心教学，努力辅导学生，不断改进教学方法、提高教学质量而深受学生欢迎，并具有一定科研能力和学术水平的部分优秀教学者，"应予优先提升"，以"体现政策，鼓励全体"。[①] 为统一对这些问题的认识，调动广大师生员工的革命积极性，推动全校的教学、科研及其他工作的开展，1982年10月，学校办公室将此信印发给全校各单位，要求结合各自单位的情况，认真讨论、研究，将意见整理为书面材料。这是涉及包括外语系专业教育和公共英语等外语教育在内的全校性问题，可算是当时重视本科教育的一个缩影。

1987年3月28日，主管文科的副校长胡守为和教务处负责人到外语系，与系领导就外语专业和公共英语教育举行专题座谈会。外语系领导汇报了本系当时存在的七大方面现状和困难：

（1）教师严重缺编。外语系此时共缺编30多人，主要缺的是英语专业和公共英语教师。缺编的原因：学校发展速度太快，老教师陆续退休，中青年教师留不住。1977年以来，外语系留了30多个毕业生，但只剩下13人，有的出国了，有的到校外单位去了，有的到校内其他单位去了，走的原因是住房条件太差。此时要留毕业生在系里很难。教师队伍严重青黄不接。老教师退休后连安排教师指导硕士生的毕业论文都很难，甚至系领导要央求教师指导论文。

（2）图书资料非常缺乏。与兄弟院校的外语系比较，旧图书方面中山大学外语系还略占一些优势，但新图书却少得可怜。1986年11月，王宗炎教授给研究生院写了一个报告，要求拨款购置图书，但迟迟没有批复，对此，王教授非常生气，声称没有图书资料就不招博士研究生。外语系领导指出，外语专业的博士点在广东、甚至中南地区都是仅此一家，学校应该重视和保护好。

关于图书资料问题，胡守为副校长提出了解决办法：一是请外语系到图书馆看孔安道基金会赠送的图书有无适合外语系用的，若有可与图书馆商量，搬到外语系的资料室来；二是博士点有购图书的专款和外汇额度，外语系可根据需要，开具书单，送图书馆购买。关于外语系设图书分馆，胡副校长说，图书馆业已同意，人事处认为在不增加编制的情况下，可以照办。

（3）设备陈旧、缺乏。除公共英语外，外语系只有一个60座位的语音室，且设备陈旧，连广州市的有些中学，如六中、五中的语音室都不如。学生对此意见很大。

---

① 中大校办（1982）013号：《关于历史系、外语系三位中年教师党员一信的文件》（1982年10月20日），藏中山大学档案馆。

同时，没有复印机，有些外籍教师带来的补充材料无法迅速印发给学生，影响了教学。

（4）办公用房、课室紧张。当时外语系仍有3个教研室没有办公的地方，排课时课室有冲突。本来在筹建电教中心时，设计方案中包括了外语系的办公用房，但后来外语系一个房也没有分到。外语系曾要求将现有的办公楼加盖一层，但学校没有批准。另外，公共英语部成立后一直没有装电话，希望学校能尽快解决。

（5）学校对外语系重视不够。外语系认为，校领导中仍有重理轻文的倾向，外语系在"文革"时遭到很大破坏，1973年才复办，学校对此认识不足。胡守为副校长对这一点作了解释，指出学校领导是重视外语系的，也了解外语系此时的困难。他说，关于缺编问题，外语系也要物色一下人选，如果本校的留不住，可找外校的毕业生，也可争取留学回国人员。办公用房全校都紧张，有的系条件比外语系还差，学校只能统筹解决，一些新大楼建成后，情况或许会好些。

（6）关于成立外国语学院的问题。外语系建议英语培训中心与外语系合并。因为在全国的英语培训中心中，中山大学的师资力量是最强的。鉴于此时外语系教室紧张，建议英语培训中心与外语系合并。合并后有些课程可以合上，这样可省不少师资，也有利于形成教师的梯队。谈到这个问题时，胡守为副校长认为，成立外国语学院时，可将英语专业、公共英语、英语培训中心三部分合起来。外语系提出，学院名称最好改为外国文化学院，这样可以不局限于语言文学，专业结构也要改变一下，如开设"中美文化比较"、"英语国家国情"等课程。

（7）希望公共英语部的经费单列。希望学校派设备处、图书馆的工作人员到外语系调查。①

这次外语教学专题会议，外语系向学校领导反映了本系的师资、设备等方面困难，也提出了设立外国语学院等重要问题，彼此面对面沟通，达到了相互理解，并得到了学校有关领导的重视。

4．办学条件改善

随着学校各项事业的迅速恢复和发展，外语系办学规模逐渐扩大，招生数量持续增加。为适应新时期发展需要，在学校有关部门的重视和大力支持下，外语系积极推进基础设施和教学手段的现代化，在教学楼、外语广播电台、图书资料设备建设等方面，得到了跨越式发展。

为了保障教学的需要，学校非常重视新教学楼的建设，多次召开会议，讨论外语教学大楼建设、搬迁事宜。1983年，外语系新教学大楼落成。新教学楼投入使用后，由总务处主管，电教中心、外语系、英语培训中心、汉语中心共同使用。② 新教学楼

---

① 中大校办：《胡守为副校长与外语系领导座谈情况通报》（1987年4月15日），藏中山大学档案馆。

② 中大校办（1983）046号：《关于讨论成立分子生物学教研室问题及外语教学大楼搬迁事宜》（1983年11月29日），藏中山大学档案馆。

的落成,是外语系发展史上的一座里程碑,它大大改变了外语系过去面积狭小,设备简陋的局面。

出于提高全校学生英语综合水平的迫切需要,外语系加快了教学设施建设的步伐。20世纪80年代初,上海、南京、天津等一些高等院校,陆续办起了校内小型外语教学电台,以便于充分利用课余时间,进行外语辅助教学,这对提高外语教学水平,起到了良好的作用。1986年,外语系向广东省无线电管理委员会申请,在校内设置一个小型的外语教学电台,采用调频(FM)广播波段进行广播。外语电台在学校教务主管部门的监督下,由外语系派出专人负责管理,按教学进度和教学要求,具体安排节目的内容。每天的播送时间,分早、午、晚3次,安排在学生的课余时间进行。① 外语教学电台的设置,以及各种电子化教学手段的运用,迅速提高了学生听、说、读、写"四会"的能力。

重视完善图书资料与仪器设备,采取交换、接受捐赠②、购买等措施,不断满足教学科研的需要。1981年,中山大学同美国加州大学洛杉矶分校(UCLA)签订了图书资料交换协议,建立了校际和系际(对口系)图书资料交换和仪器设备采购的正式关系,充分发挥在UCLA进修学习人员搜集图书资料方面的作用。他们利用出国进修学习的机会,在国外搜集、选购有关图书资料,学校则每年支出2000美元给在UCLA进修的学习人员,作为替校、系购置图书资料的费用。他们所购置的图书资料,以社会科学方面的英文书籍为主,根据各学科专业的需要,严格挑选,保证质量;每种一本,不买复本。自然科学方面,主要是复制重要外文科学资料;购置图书资料,一般要先将书单寄回学校审批,经同意后,方可采购;为校、系购置的图书资料,一般由进修学习人员回校时带回,也可通过旧金山—上海海运寄回。在UCLA经常有一些"退休"淘汰的仪器设备,学校设法折价购买,或请人捐赠。事先必须请进修学习人员对有关仪器设备的规格功能、陈旧程度、折旧价格、运费等了解清楚,报经学校审查同意后方可购买。③ 这些举措对缓解教学资源紧张情形,起到了明显作用。

二、各外语专业规划和教学方案之制订

20世纪80年代以来,全国以经济、科技、教育领域的体制改革为主旋律。1985年《中共中央关于教育体制改革的决定》之颁布,开始了新时期我国全面的教育

---

① 中大(1987)009号:《关于设置外语教学电台的请示》(1986年1月6日),藏中山大学档案馆。
② 中大(1987)67号:《关于接受郑定欧、孔宪跃先生分别赠书给外语系、计算机学系的函》(1987年4月29日),藏中山大学档案馆。
③ 中大会议纪要(1981)002号:《关于与加大交换图书、仪器设备及外语教学等问题》(1981年6月13日),藏中山大学档案馆。

改革。① 在此大背景下,全国外语教学暴露的问题也越来越突出,主要表现在以下几方面:其一,既懂专业知识、又有较高外语水平的复合型人才少,无法满足社会需求。其二,外语教学计划陈旧,教材不规范。其三,师资短缺,学术水平参差不齐。其四,毕业生的外语综合水平较低,尤其是听说能力较差。中山大学外语系既面临全国高校外语教学所面临的共同挑战,也面临着全校提升整体教学质量对公共英语教学提出的独特要求。在这种形势下,外语专业教学改革成为当务之急。

1. 外语各专业的重置和规划

"文革"前,中山大学外语系共设有英语、俄语、德语、法语四个专业,学生达500余人。1965年,招生人数为170人,其中英语招收了100人,法语招收了40人,德语招收了30人(俄语专业于1961年停止招生);教职工共计137人(职工23人)。②"文革"时,中山大学外语系被迫合并到广州外国语学院,大批教师转到广州外国语学院,外语系遭到很大冲击。1973年,中山大学外语系恢复了英语专业的招生,到1978年止,英语专业共送出了三届毕业生,计147人(短期培训班学生未计算在内)。"文革"结束后,中山大学外语系只有一个英语专业,专业设置数量少,极大地限制了外语系的发展,规划和设置外语专业发展成为当务之急。

为适应"文革"后社会形势的变化和拨乱反正、百废待兴的需要,促进外语系的发展,外语系领导开始考虑扩充其他专业,进行专业调整。1978年6月,外语系提出了专业设置和发展规划。该规划认为:

(1) 外语系今后的发展方向,重点拟放在西语方面,开设英语、德语和法语专业。其中以英语为重点,同时视国家需要,也考虑开办日语专业。

(2) 英语专业1980年以后,计划每年招生60—80人,师资队伍相应增加到60人,其中一部分是科研力量。

(3) 德语专业争取1979年秋季招生15—20人,师资逐步增加到15—18人。

(4) 法语专业,如条件许可,1980年拟招收一个班,学生人数15—20人。

(5) 外语系原设有英美语言文学研究室,决定年内恢复,急需配备人员,添置图书,以便开展研究工作。除部分兼职研究人员外,应配置专职研究人员。③

---

① 《中共中央关于教育体制改革的决定》(1985年5月27日)指出:"党的十一届三中全会以来,虽然教育事业得到了恢复,开始走上了蓬勃发展的道路,但是,轻视教育、轻视知识、轻视人才的错误思想仍然存在,教育工作方面的'左'的思想影响还没有完全克服,教育工作不适应社会主义现代化建设需要的局面还没有根本扭转。要从根本上改变这种状况,必须从教育体制入手,有系统地进行改革。改革管理体制,在加强宏观管理的同时,坚决实行简政放权,扩大学校的办学自主权;调整教育结构,相应地改革劳动人事制度。还要改革同社会主义现代化不相适应的教育思想、教育内容、教育方法。"

② 中山大学外语系:《中山大学外语系专业设置及发展规划》(讨论稿),1978年6月,第1页,藏中山大学档案馆。

③ 中山大学外语系:《中山大学外语系专业设置及发展规划》(讨论稿),1978年6月,第3页。

外语系教学与科研并重的专业设置和规划得到了学校认可。1979年暑假后，学校对原有的系、专业进行了调整，调整的原则和要求之一，就是"根据综合大学的性质、任务、特点，按学科设专业或系，专业口径要宽。专业方向要从赶超世界先进水平着眼，力求体现专业的先进性"①。按照这一原则，中山大学外语系的专业开始得到新发展，在加强英语专业的同时，法语、德语、日语专业也开始重新设立。

法语专业。中山大学法语专业早在1957年就已经创建，是我国中南和华南地区最早成立的法语专业。在20世纪五六十年代，著名作家和翻译家梁宗岱教授曾任教于该专业。创建初期，学生人数有十来人，教师数量甚至多于学生数量。期间，教学重视语言基础，例如语音课程即采取"大班教学，小班操练"的方法。在讲解读音规则后，学生小组练习，老师一对一指导。教学细致，师生互动频频。1958年成立人民公社后，在校师生积极参与劳动，每周至少一个下午进行劳动。法语专业的老师和学生在认真完成学习任务的同时，也经常下乡。学习工作两不耽误。

1964年中法正式建交，全国学习法语的热情高涨，招生人数也激增。中山大学外语系在人数增多的情况下，仍然保证教学质量。课程设置步步完善，听、说、读、写面面俱到。"文革"中期，中山大学法语专业并入广州外国语学院的法语系，中山大学法语专业遭到严重削弱，直至1980年，中山大学法语专业才重新招生。

1980年，中山大学法语专业重新招生后，制定了完善的教学计划以指导教学，其内容大体如下：

（1）培养目标。要求学生初步掌握马克思主义关于语言、文学的基本理论，具有本专业所必需的基础知识和一定的专门知识，以及比较熟练的听、说、写、读、译法语的技能；具有较强的汉语表达能力；初步掌握一门第二外语；具有初步的科学研究能力及健全的体魄。②

（2）时间分配。法语专业实行4年制，4年总共201周，大体分配为入学教育1周，毕业教育1周，工农业生产劳动、公益劳动共6周，军事训练2周，机动6周，寒暑假33周（每学年寒假3周，暑假7周，第四学年只计寒假3周），教学训练时间共152周（其中包含业务实践3—4周，复习考试12周）。③

（3）课程安排。课程分为必修课和选修课两种，课程安排如表4-1所示：

---

① 易汉文主编：《中山大学编年史》（1924—2004），广州：中山大学出版社2005年版，第83页。
② 中山大学教务处：《中山大学外语系法语专业教学计划》（试行方案），1980年7月，第2页，藏中山大学档案馆。
③ 中山大学教务处：《中山大学外语系法语专业教学计划》（试行方案），1980年7月，第2页。

表4-1 课程安排

课程类型	课程名称	总学时	第一学期	第二学期	第三学期	第四学期	第五学期	第六学期	第七学期	第八学期	考试学期	考查学期
必修课	时事政治教育	68	0.5	0.5	0.5	0.5	0.5	0.5	0.5	0.5		
	中共党史	68	2	2							2	1
	政治经济学	68			2	2					4	3
	哲学	68					2	2			6	5
	汉语习作	136	2	2	2	2					1, 2, 4	3
	体育	136	2	2	2	2						1, 2, 3, 4
	法语语法	68					2	2			6	5
	法国历史与概况	68					2	2			6	5
	法国文学史与选读	102						2	2	2	8	7
	法语综合实践课	926	14	14	13	13					1, 2, 3, 4	
	阅读（精泛）课	476					8	8	6	6		5, 6, 7, 8
	口语课	136			2	2	2	2				3, 4, 5, 6
	听力课	68			1	1	1	1				3, 4, 5, 6
	翻译课	68							2	2	7, 8	
	作文课	34							1	1		7, 8

续表 4-1

课程类型	课程名称	总学时	第一学期	第二学期	第三学期	第四学期	第五学期	第六学期	第七学期	第八学期	考试学期	考查学期
必修课	第二外语	204					3	3	3	3	4,6	5,7
	科研训练	4~6周								4~6周		
选修课	中国通史	68	2	2								1,2
	文学概论	68	2	2								1,2
	语言学概论	51			3							3
选修课	法语词汇学	34					2					5
	科技法语	34							2			7
合计	必修课	2689	20	20	22	22	22	22	14	14		
	选修课	255	4	4	3	2		2				
	科研训练	4~6周								4~6周		

（4）成绩考核。规定课程考核分考试、考查两种。考试采用笔试或口试、开卷或闭卷等方式进行。考试科目，每学期一般不超过3门。考试成绩采用百分制计分法，考查成绩采用四级计分法（即优、良、及格、不及格）。学习成绩优秀者，除政治理论课和体育课外，其他课程均可申请免修。通过考试达到良好以上成绩（75分以上），经系主任批准，可以免修；成绩特别优秀的，经系主任审查报校长批准，可以跳级或提前毕业；考试、考查不及格者，应进行补考，补考不及格者，按照教育部有关规定办理。①

德语专业。德语专业的培养目标是，初步掌握马克思主义关于语言、文学的基本理论；具有本专业所必需的基础知识和一定的专门知识，以及比较熟练的听、说、写、读、译德语的技能；具有较强的汉语表达能力；初步掌握一门第二外语；具有初

---

① 中山大学教务处：《中山大学外语系法语专业教学计划》（试行方案），1980年7月，第3—7页。

步的科学研究能力及健全的体魄。①

日语专业。日语专业培养目标是，初步掌握马克思主义关于语言、文学的基本理论；具有本专业所必需的基础知识和一定的专门知识，以及比较熟练的听、说、写、读、译日语的技能；具有较强的汉语表达能力；初步掌握一门第二外语；具有初步的科学研究能力及健全的体魄。②

2. 合理制订教学方案

外语系为了加强对学生的培养，1978、1980年先后进行了至少两次专业外语教学方案的制订和调整，规定了教学目标、课程设置、考核方法等重要问题。

首先，在培养目标方面，外语系遵照党和国家的政策，制定人才培养的目标和任务："应该使受教育者在德育、智育、体育几方面都得到全面发展，成为有社会主义觉悟的有文化的劳动者"；"外语系的基本任务是培养又红又专的高等学校师资、翻译和具有英美语言文学研究的初步训练的人"③。此外，要求毕业生要"具有健全的体魄"④，德、智、体全面发展。

在专业能力具体要求方面，外语系还做了详细的说明。规定毕业学生要具有较好的外语实践技能，必要的外语基础理论及基础知识和一定的文化知识，并具有分析问题和解决问题的能力。具体内容则包括："语音、语调基本正确，朗读流畅；语法概念清楚，能在语言实践中较熟练地运用基础语法；掌握4000—5000单词、短语；能阅读与笔译国外出版的外语报刊和现代文学作品，基本正确，文字通顺；能笔译《人民日报》的一般社论，无严重错误；能听懂外台的一般性报道；能写一般的应用文；能独立从事一般的口译工作；具有一定的汉语知识和写作能力；具有我国与所学语言国家和地区的政治、史地和文化知识；具有一定的语言文学基础理论和基础知识，并具有这方面的初步研究训练"等多方面要求。⑤ 从这一具体要求可以看出，外语系除了要求学生掌握基本的外语理论知识外，对语言的应用实践也十分关注，比如翻译外国作品，从事一般口译工作等，这代表了外语专业人才培养未来发展的要求和方向。

其次，在课程设置方面，外语系规定，课程设置必须根据培养目标要求，从加强基本技能训练、加强基础知识和基础理论出发，做出全面安排。本科学习时间为4年，每年上课40周，兼学4周，假期6周，机动2周⑥。其中英语专业课的具体设置如表4-2所示：

---

① 中山大学教务处：《中山大学外语系德语专业教学计划》（试行方案），1980年7月，第1—2页，藏中山大学档案馆。
② 中山大学教务处：《中山大学外语系日语专业教学计划》（试行方案），1980年7月，第1—2页，藏中山大学档案馆。
③ 中山大学外语系：《中山大学外语系教学计划》，1978-XZ1100/007/05，藏中山大学档案馆。
④ 中山大学外语系：《中山大学外语系教学计划》，1978-XZ1100/007/05，藏中山大学档案馆。
⑤ 中山大学外语系：《中山大学外语系教学计划》，1978-XZ1100/007/05，藏中山大学档案馆。
⑥ 中山大学外语系：《中山大学外语系教学计划》，1978-XZ1100/007/05，藏中山大学档案馆。

表4-2 《英语专业课程设置意见》①

课程、总学时、周学时、学期		一年级 上	一年级 下	二年级 上	二年级 下	三年级 上	三年级 下	四年级 上	四年级 下
政治	240	2	2	2	2	2	2	2	2
体育	144	2	2	2	2				
英语基础课	1760	14	14	12	12	10	10	8	8
中文写作	80	2	2						
语言学引论	40			2					
文艺学引论	40				2				
国家概况	80					2	2		
文学史、文学选读	160					2	2	2	2
书刊选读	80							2	2
语音、语法、词*学	80							2	2
第二外国语	160					2	2	2	2
共计	2864	20	20	18	18	18	18	16	16

从上表4-2可看出,英语专业课程中,英语基础课无疑是最主要的,除此之外,政治、体育也占有一定比例。尤其值得注意的是,英语专业学生有中文写作这一门课程,这使学生在学习掌握英语的同时,对中国本身的语言文化也有训练,这是公认的培养高素质外语人才的经验。

最后,在对本科生的考核方面,外语系主要采取考试(口试或笔试)、考查、撰写论文的方式进行考核。考核目的在于帮助学生系统复习功课,及时发现教与学两方面存在的问题,以利于改进教学工作,提高教学质量。外语系学生"每学期考试科目一般不超过两门,其余科目可进行考查。考试不及格的必须经过认真准备进行补考。考试成绩要登记归档。毕业论文由指导教师及教研室给予评语"②。后来在1978年9月份教育部召开的重点大学规划座谈会上,教育部的主要领导曾说过大学生可不做毕业论文。因此,中山大学外语系考虑为了相对集中时间和力量,以加强对学生进行基础知识、基本理论的教学和基本技能的训练,拟只在高年级学生组织参加一些科研活动,进行一些科研训练,不再安排学生做毕业论文的时间。

这一时期外语系除了平常的教学活动外,还积极举办了其他课外活动,以丰富学生的业余生活,使学生在活动中学到各种知识。由外语系倡议的1978年全校英语竞

---

① 中山大学外语系:《中山大学外语系教学计划》,1978 - XZ1100/007/05,藏中山大学档案馆。

② 中山大学外语系:《中山大学外语系教学计划》,1978 - XZ1100/007/05,藏中山大学档案馆。

赛举行就是一个典型例子。1978年,中山大学为了推动同学们更好地学习和掌握外语基础课程,表彰和奖励学习优秀的同学,激发同学们努力学习、刻苦钻研、力争上游,不断地提高教学质量,决定在同学中举行一次英语竞赛。比赛内容是由外语系统一命题,面向全校同学,内容主要是外语基础知识,另有附加题。考试方式为闭卷考试。奖励方法为实行统一评分,对优胜者分别评定一、二、三等奖。参加外语竞赛的外语系同学不列入名次,另给奖励。奖励办法:获得一、二、三等奖的同学,除张榜表扬外,分别给予一定的物质奖励。组织领导方面则由教务处、团委会、学生会、外语系派人组成竞赛领导小组,分别负责有关事宜。聘请外语系戴镏龄教授、方淑珍教授为顾问,指导比赛工作。聘请外语系若干教师负责出题、监考和评分。① 这次竞赛,进一步激发了广大学生学习英语的兴趣,提高了他们的英语水平,同时也扩大了外语系在全校的影响力。

教学方案进一步修订。中山大学外语系在制定教学计划时,并非一成不变,其内容系根据时代变化和实际需要不断调整。1980年7月,外语系又重新制定了新的英语专业本科教学计划。内容如下:

英语系的培养目标:"根据党的教育方针和国家对综合性大学的要求,本专业培养德、智、体全面发展的从事英美语言文学研究、教学、翻译及其他有关的英语工作者。"② 具体要求除了学生政治思想方面的要求外,还要求学生"初步掌握马克思主义关于语言、文学的基本理论;具有本专业所必需的基础知识和一定的专门知识,及比较熟练的听、说、写、读、译的技能;具有较强的汉语表达能力;初步掌握一种第二外国语;具有初步的科学研究能力,有健全的体魄"③。与1978年英语系的培养目标相比,1980年英语系的培养目标,结合了综合性重点大学的实际,要求无疑更高和全面,除对英语本专业的要求外,还需要具备语言、文学基本理论、汉语表达和一定的科研能力,并增设了选修课。

在课程设置上,1980年的英语系实行的是四年学制,课程设置分为选修和必修两类,必修课是每个学生都必须掌握的基本理论、基本知识、基本技能的课程,每个学生都必须学习。每个学生还应在教师的指导下,在选修课程中选修3至4门课,另选修两门与外语专业有关的语言、文学历史、国际政治或自然科学方面的课程。关于选修课的设置,1980年的英语专业教学计划与1978年的教学计划有很大不同,它鼓励学生在掌握基础理论、基础知识、基本技能的基础上,根据自己的志趣,侧重学习某方面的专门知识,以发挥其所长。

---

① 中山大学教务处、中山大学团委会、中山大学学生会:《关于举办数学和英语竞赛的通知》,1978年12月15日,藏中山大学档案馆。
② 中山大学教务处:《中山大学外语系英语专业教学计划》(试行方案),1980年7月,第1页,藏中山大学档案馆。
③ 中山大学教务处:《中山大学外语系英语专业教学计划》(试行方案),1980年7月,第1—2页。

该次英语专业的教学计划中,还特意列出了学生参加生产劳动与社会实践和科学研究训练的时间,以此来使教育与生产劳动相结合,促进学生与工农相结合,从而达到理论联系实际的目的,培养学生独立分析问题、解决问题和进行科学研究的能力,体现了综合性重点大学外语学科的优势和特色。

最后,在成绩考核方面,1980年英语专业的教学计划里规定:"课程考核分考试考查两种,考试采用笔试或口试,开卷或闭卷等方式进行,考试科目,每学期一般不超过3门。考试成绩采用百分制计分法,考查成绩采用见下计分法(即优、良、及格、不及格),学习成绩优秀者,除政治理论课和体育课外,其他课程均可申请免修,通过考试达到良好以上成绩(75分以上),经系主任批准,可以免修,成绩特别优秀的,经系主任审查报校长批准,可以跳级或提前毕业,考试、考查不及格者,应进行补考,补考不及格者,按照教育部有关规定办理。"① 相较于1978年英语系的考核方法,1980年制定的考核方法更加清晰明确,对学生更具有指导意义。

三、各专业外语教学方案的新修订

教学计划是国家对教学的统一要求,是编写教材和教师进行教学的主要依据,也是衡量教学质量的主要标准。1983年,鉴于社会主义市场经济建设对中国高校外语专业人才的培养模式提出了新的要求,根据执政党的教育方针和国家对综合大学的要求,外语系对各专业的教学计划进行了重新修订。

1. 各科共同的培养目标和具体政治思想、专业要求

培养目标:根据党的教育方针和国家对综合大学的要求,本专业培养德、智、体全面发展的从事英、德、日、法语言文学研究、教学、翻译及其他有关的专业工作者。政治思想:"认真学习马列主义、毛泽东思想,逐步树立无产阶级的阶级观点、群众观点、劳动观点、辩证唯物主义观点;热爱中国共产党,热爱社会主义;具有爱国主义、国际主义精神;具有共产主义道德品质,遵纪守法;坚持实事求是和理论联系实际的学风;不断提高政治思想觉悟,为社会主义服务,为人民服务。"

专业要求:初步掌握马克思主义关于语言、文学的基本理论;具有本专业所必需的基础知识和一定的专门知识,具有较准确而熟练的听、说、写、读、翻译英(德、法、日)语的技能;具有较好的汉语写作能力;初步掌握一种第二外国语;具有初步的科学研究能力以及具有健全的体魄;学制均统一为4年。

成绩考核和时间分配。前者包括课程考核目的、形式、评定等级等;后者含4年时间201周,在教学、科研、军训、参加劳动等的分配。各专业基本要求大同小异。以英语专业为例,为了巩固学生所学知识,增强分析问题和解决问题的能力,检查教学效果,提高教学质量,必须建立严格的考核制度。课程的考核为考试、考查两种。考试采用笔试或口试、开卷或闭卷等方式进行。考试科目,每学期一般不超过4门,

---

① 中山大学教务处:《中山大学外语系英语专业教学计划》(试行方案),1980年7月,第1—2页。

采用百分制评分。考查采用五级制评分（优、良、中等、及格、不及格）。业务实践、科学研究训练或毕业论文，由指导老师采用五级制评定成绩，并附上评语。生产劳动、军事训练，采用在个人小结、班组评议的基础上，由有关教师、专职学生干部评定的方式考核。学习成绩优秀的学生，除政治理论课、体育课外，其他课程均可免修。考试取得良好以上成绩（80分以上），经系主任批准，可以免修。成绩特别优秀者，经系主任审核报校长批准，可以跳级、提前毕业或报考研究生。考试、考查不及格者，应进行补考；补考不及格者，按教育部有关学籍管理的规定办理。

时间分配。在校4年总共201周，大体分配如下：每学期寒假3周，暑假7周，共33周（第四学年不计暑假时间）；入学教育1周；毕业教育1周；生产劳动6周；军训2周以上，共为43周。教学、科学研究训练时间158周（其中包含业务实践3至4周，复习考试15周）。第八学期集中4至6周；或8至10周对学生进行比较系统的科研训练或指导写毕业论文。

2. 英语专业教学计划

课程设置。根据本专业培养目标的要求，课程设置要有利于学生的德、智、体全面发展，既要加强基础理论、基础知识、基本技能的教学和训练；又要从实际出发，因材施教，鼓励学生在掌握基础理论、基础知识、基本技能的基础上，根据自己的志趣，侧重学习某方面的专门知识，以发挥其所长。为此，课程设置分为必修课和选修课两类。必修课是每个学生都必须掌握的基本理论、基本知识、基本技能的课程，每个学生都必须学习。此外，每个学生还应在教师指导下，在选修课程中选修3至4门课，另选修两门与外语专业有关的语文、文学、历史、国际政治或自然科学方面的课程。

3. 德语专业教学计划

课程设置。根据本专业培养目标的要求，课程设置的重点在于关于基础理论、基础知识、基本技能的教学训练；在此基础上，鼓励学生根据志趣，学习某些专门知识，以发挥其所长。为此，课程设置分为必修课和选修课两类。每个学生都必须学习必修课程。此外，每个学生还应选修若干门选修课。

4. 法语专业教学计划

课程设置。根据本专业培养目标的要求，课程设置要有利于学生的德、智、体全面发展，既要加强基础理论、基础知识、基本技能的教学和训练，又要从实际出发，因材施教，鼓励学生在掌握基础理论、基础知识、基本技能的基础上，根据自己的志趣，侧重学习某方面的专门知识，以发挥其所长。为此，课程设置分为必修课和选修课两类。必修课是每个学生都必须掌握的基本理论、基本知识、基本技能的课程，每个学生都必须学习。此外，每个学生还选修一定与专业有关的课程。

5. 日语专业教学计划

课程设置。根据本专业培养目标的要求，课程设置要有利于学生的德、智、体全面发展，既要加强基础理论、基础知识、基本技能的教学和训练，又要从实际出发，因材施教，鼓励学生在掌握基础理论、基础知识、基本技能的基础上，根据自己的志趣，侧重学习某方面的专门知识，以发挥其所长。为此，课程设置分为必修课和选修课两类。必修课是每个学生都必须掌握的基本理论、基本知识、基本技能的课程,每个学生都必须学习。此外,每个学生还应在教师指导下,选修 2 至 4 门课选修课程,另选修两门与外语专业有关的语文、文学、历史、国际政治或自然科学方面的课程。

从以上新修订后的各专业教学计划可以看出,这一时期的外语教学与人才培养体现了以下几个共同的主要原则:其一,以德、智、体全面发展的外语工作者为培养目标,将知识传授与能力培养相结合;其二,教学上以基础训练为重点,同时鼓励学生的个性化发展;其三,强化科学研究训练,培养学生独立的分析问题、解决问题和进行科学研究的能力;其四,理论联系实际,使专业教育与生产劳动相结合。与此同时,又体现了英语、德语、法语、日语不同专业各自的特点。

德语与日语专业的时间安排与考核方法都与法语专业相似,但在课程设置上有所不同,这里就不再详细叙述。需要指出的是,中山大学外语系各个专业的授课计划并不是一成不变的,每个专业在不同的发展阶段,都会根据社会形势的变化,调整自己的内容,以更好地适应社会的需求,这是外语教育发展的一个规律。它在以后的外语教学方案的修订中,也一再体现出来。

四、学生工作

1. 加强学生思想与社会实践教育

学生社会实践是大学教育不可缺少的重要组成部分。1987 年 5 月,《中共中央关于改进和加强高等学校思想政治工作的决定》强调:"青年学生只有在学习科学文化知识的同时,积极参加社会实践,更多地了解国情,了解社会主义建设和改革的实际,了解人民群众的思想感情,才能树立起为社会主义祖国而献身的信念,逐步锻炼成为有用的人才。"1987 年 6 月,国家教委、团中央联合下发了《关于广泛组织高等学校学生参加社会实践活动的意见》,对高校学生参加社会实践活动提出了明确的要求,社会实践活动作为教育的重要实践环节被纳入了教育计划。这一时期,社会实践活动受到了全国各级党政领导和社会各方面的重视,大学生在共青团的组织下,规模空前地开展了社会实践活动。这一时期改革开放不久,国门打开,各种思潮涌入,良莠不齐,涉外的外语系学生所碰到的问题,较其他专业更为复杂。

据外语系赴中山市社会调查组之记录,为了使大学生在步入社会前,充分了解国情、民情,加深对党在十一届三中全会以来的路线、方针、政策和"一个中心、两个基本点"的认识,在胡守为副校长、外语系党总支书记李友文的带领下,结合"1989 年政治风波"后的特定历史实际的要求,外语系师生共 100 人,于 1990 年 4 月 11 日至 18 日,奔赴中山市进行社会调查,接受社会实践教育,这无论在外语专业的教育史上,还是中山大学的校史上,均占有一席之地。①

从 1990 年 4 月 12 日至 15 日,社会调查组先后到中山市的 5 个镇区(小榄镇、

---

① 参见中大党委(1990)65 号:《中山大学外语系学生赴中山市进行社会调查总结》(1990 年 5 月 8 日),藏中山大学档案馆。

古镇、沙溪镇、张家边区、三乡镇)、三家大型企业（中山洗衣机厂，中山市包装印刷工业集团公司、中山精细化工厂）进行调查。在调查过程中，参观了镇区所属的工厂、企业、港口、学校、农村专业户的家庭农场、民宅及颐老园等，听取了镇区干部和企业领导的情况介绍。老师和同学们白天外出调查；晚上在教师的指导下，同学们以小组为单位进行讨论，将白天的见闻结合自己的思想实际，进行交流，同时提出一些问题，并把这些问题及时反映到本次调查的领导小组。从1990年4月16日至18日，领导小组根据前一阶段所提出的问题，召开总结交流大会，有10位同学在会上发言，总结起来主要有以下方面：

第一，社会主义制度是中国一切进步和发展的基础。近一个世纪前，伟大的革命先行者孙中山先生，奔走呼号，领导资产阶级民主革命，以图强国富民。辛亥革命虽然推翻了清王朝，结束了两千多年的封建帝制，但是，中国社会的半殖民地、半封建性质并没有改变，无论是当时的国民党，还是其他资产阶级政治派别，都没有找到国家和民族的出路。1949年，中华人民共和国的成立表明：中国的出路在于彻底推翻帝国主义、封建主义的统治，进而转入社会主义，即只有社会主义才能救中国。尽管中国的社会主义制度仍处于初级阶段，但毫无疑问的是，这个国家正在确立社会主义制度，并在社会主义条件下取得了旧中国根本不可能取得的成就。更重要的是，在社会主义制度由比较不完善向比较完善的过渡过程中，中国共产党已确立了一条建设有中国特色的社会主义道路。这条道路的起点是该党的十一届三中全会，这条道路的基础是改革、开放。

第二，稳定的政治局面是进行社会主义现代化建设的根本保证。"稳定"一词，可谓是1989年来重复率最高的词。在学校里，通过政治学习，大家间接地接受了稳定的局面对于中国建设的重要性理论教育。但在未赴中山调查前，许多同学仍然对1989年初夏之交发轫于学潮的政治动乱认识不足，对于社会主义事业和改革没有热情，持漠不关心的态度。正如一位同学所说的那样："当我刚刚从'六四'的迷惘中走出，苏联实行多党制，波兰团结工会的入阁，罗马尼亚的流血政变，都无不在我的脑海中又投下层层阴影"。中山之行，在铁的事实面前，同学们的思想产生了很大震动。在写总结时，有38位同学结合自己在中山的见闻和在动乱中及之后的所思所想，围绕稳定与发展这个问题发表了自己的见解。

学生收获。这次社会调查使大多数同学的思想认识有了一定程度的提高，澄清了以前存在的模糊认识，达到了预期的目的。87级德语专业的一位女同学，最初对于此次社会调查的认识不足，思想上存在一些疙瘩，特别是对"社会主义能否救中国"、"安定团结"的重要性等方面感到迷惘，因此，对这次社会调查不够重视，甚至产生对立情绪。临行前，她突然表示不参加这次社会调查，后来校有关部门及系领导及时找她做工作，最后她勉强同意赶赴中山。她带着"社会主义能否救中国"的问题，一边看，一边想，经过几天的参观、学习、讨论、总结，她的思想认识发生了变化，端正了思想认识，看到了这一代青年的希望，"满载而归"。她在总结中谈到："我们现在的当务之急是创造一个稳定的社会环境，在稳定的大局上，我们整个国家也会像中山市一样,群策群力地发展起来。发展必须走改革开放与自力更生相结合的道路,在执政党的正确领导下,社会主义制度的优越性能充分发挥出来,社会主义能够救中国,中国共产党能够救中国,我们国家有希望,民族有希望,我们这一代人也有希望。"

调查组的经验和建议。通过本次社会调查,调查组得到的经验和建议是:目的明确,强调抓主流,抓本质。由于本次社会调查时间短、调查范围广的问题,在出发之前和调查过程中,本次调查领导小组始终告诫和引导同学们抓主流,抓本质,从大处着手,即看中山市十年以来的巨变,充分认识只有社会主义才能救中国和发展中国,在中国共产党领导下的安定团结的政治局面是进行社会主义现代化建设的根本保证这两方面的问题。

在调查过程中,充分发挥了教师的引导作用,以解决学生思想认识上的问题。8位跟队教师分别到8个学生小组中,除组织好学生进行讨论外,还与学生促膝交流,了解学生思想上存在的疑惑,引导他们联系实际进行今昔对比,即将中山市10年前的情况与现状的比较,从而使学生能够在8天有限的时间里,思想问题得到解决。

严格管理,纪律严明。在整个调查过程中,调查领导小组自始至终强调组织纪律性和目的性,要求全体同学遵守纪律,礼貌待人,虚心向社会和群众学习;并吸收了3位同学参加本次调查领导小组,针对同学们中发生的问题,如外出不请假、不准时到达集合地点等进行严肃的批评教育。由于基本上做到了步调一致,调查得以顺利进行。

要求社会调查与为社会服务结合起来。这次到中山市调查,正值初夏季节,中山市及各镇区的领导干部在百忙之中要抽出时间、人力,物力来安排调查活动。如果全广东省的大学生都以这种形式进行社会调查,必会给社会造成沉重的负担,使这种"走出校门,步入社会"的有益活动产生不良的影响。如果能够针对各个系学生们的不同特点,让他们在调查过程中,亲自为社会做一些实际工作,方是长远之计。

调查范围应体现出层次感。这次调查活动所走访的基本都是由穷变富的典型,看到的只是积极的一面,使调查活动显得有些单薄。如果能够在调查范围开拓得更益广泛的前提下,能体现出好、中、差这样的层次感,实际效果会更好一些。这次参观走访的镇区的农户,采取师生自由组合,分别到附近农户走访了好、中、差的不同层次,效果很好,师生们既看到了改革开放的成就,也看到了存在问题的一面,可见只要认真组织讨论学习和加以引导,大家还是能够正确对待存在的问题的。

2. 鼎力支持学生社团组建

1984年,中山大学外语系1982级学生会干部王华琰等同学向外语系申请成立"外语学会",以此来提高学生的外语水平,得到系里的大力支持。经系批准,"外语学会"于1984年底成立。该学会以1982级学生为主,1983、1984级也有许多同学参加,注册学员最多达1900人。他们在腥亭举行"外语角",在中山大学旧礼堂举行英语节目,后来又办了"英语杂志"、组织观看英语录像,深受学生的欢迎。

3. 学生个人和集体获得先进称号

1979年至1980年度中山大学学生先进党支部、好党员的名单中，外语系1978级党支部获得了"学生先进党支部"的称号。外语系的梁加保、凌伟增、彭巧玲获得了"学生好党员"称号①。中山大学1980年度学生先进班集体、三好优秀学生、三好学生、优秀学生干部的名单中：外语系1977级英语专业B班，外语系1977级英语专业A班获得了先进班集体的称号。外语系黄继炎、余正获得了"三好优秀学生"的称号。另外还有多人获得了"三好学生"和"优秀学生干部"称号②。中山大学1981年度在学生先进班集体、优秀三好学生、优秀学生干部、三好学生、文体积极分子的评选中，外语系1978级英语A班，1980级英语C班获得了中山大学1981年度"学生先进班集体"的称号。外语系的李石、苗理安等同学获得了"优秀三好学生"称号，外语系的周敏、黄继炎、何启德等同学被评为"优秀学生干部"。另外，外语系还有多名学生获得了"三好学生"或被评为文体积极分子③。以上这些荣誉的获得，表明外语系在中山大学本科教育中，取得了教书育人的良好成绩，为中山大学外语系的发展，起到了添砖加瓦的作用。

总之，在1977年到1981年间，中山大学外语系迎来了发展的春天。在这段时间里，它既有传统专业的复苏，又有新兴专业的发展。它可以说是中山大学外语系发展历史中一个承前启后的阶段：它一方面对"文革"之前外语系的一些旧的内容进行了整合；另一方面，它又是在改革开放、中国加大与世界联系的环境下，开展的系列新的举措，这些举措就像春天的种子一样，不断成长壮大，使外语系在中山大学以及全国同类高校中，地位愈来愈重要。

第二节 研究生培养和公共英语教学

一、英语语言文学研究生招考

随着中山大学外语系师资力量的不断加强，教学质量也不断提高，只是培养本科学生，已经不能适应外语系发展的需求，培养外语系研究生已经被提到日程上来。事实上，早在20世纪50—60年代，中山大学外语学科受苏联学位制度的影响，戴镏龄、桂灿昆等导师就招收了副博士研究生，先后招收了伍谦光、陈永培、李家玉、芶锡泉等数名副博士研究生。1979年，中山大学外语系经学校和教育部批准，重新招收研究生，延续了"文革"时期中断多年的专门外语教学和研究高级人才的培养，成为中山大学外语系发展历史中的一个重要里程碑。

---

① 中山大学校刊编辑室编：《中山大学》1980年第6期，第3页。
② 中山大学校刊编辑室编：《中山大学》1980年第9期，第3页。
③ 中山大学校刊编辑室编：《中山大学》1982年第33期，第4页。

1. 培养方案

培养方案：可从培养目的、具体要求、课程安排、考核方法等多个方面，对外语系1979年所招收的英语语言文学硕士进行介绍。

培养目的：中山大学英语语言文学硕士是培养德、智、体全面发展的英美语言文学研究人才和高等学校英语专业教师。

具体要求：具有社会主义觉悟，比较熟悉马克思主义，愿意为中国的四个现代化贡献全部力量；有坚实的英语基础，能做初步的英美语言文学研究工作，并担任英语专业高年级语言文学方面的课程。应该掌握听、说、读、写、译各方面的语言技巧，了解英美文学历史发展概况，着重学习某些重要作家的作品，也具备关于英语语言及教学法的基础知识；[①] 身体健康，经常进行体育锻炼，以增强体质，保持充沛的精力。[②]

学习年限：研究生最高学习年限为3年，分两个阶段。第一阶段两年，以学习一些专业基础课和专门课为主。第二阶段一年，以进行初步研究工作为主。一般研究生只学习两年，成绩优良，经导师共同评定为有研究能力者才能修习3年。[③]

英语语言文学硕士的课程安排：第一年课程为英诗概论及选读、英国小说选读、现代英语文选、英语作文、英语口语、政治理论课，以上课程每周各上课两小时。在对各个课程的介绍中，外语系认为，英诗是英国文学的最高成就，英国小说是英国文学的入门阶梯，学生应对其某些主要作品认真研读。现代英语文选、作文、口语这3门课，其实是一门课的三个方面，即读、写、说并重。第一方面尤其要紧。政治理论课非但探讨政治、经济方面的问题，还与研究方法有重要关系，必须重视。

第二学年课程为莎士比亚选读、英美小说选读、英语作文、英语语言学专题以及第二外语，这些课程也是每周各上课两小时。在这些课程中，外语系认为，莎士比亚是英国最重要的作家，又是英国戏剧史上最突出的人物，对其作品必须严谨对待。英美小说家很多，应继续挑选重要作品进行学习。作文是高年级的重要功课，也最需补充师资，应该继续练习提高。英语语言学专题包括理论语言学和实用语言学，这也是英语教师应具备的知识。第二外语如过去已经修过，可以免修，但必须考试及格。

除了通过正常教学对硕士生进行教育外，中山大学外语系还规定，有适当师资（如请到外国专家或外校教师兼课）时，还将不定期的开设一些选修课或讲座，以此提高学生水平。

2. 考核办法

外语系规定："硕士生第一、二年各门课只考试，不写论文。如果有任何一门课

[①] 中山大学外语系：《中山大学外语系研究生培养方案》，1979—XZ1100/012/32，藏中山大学档案馆。

[②] 中山大学外语系：《中山大学外语系研究生培养方案》，1979—XZ1100/012/32，藏中山大学档案馆。

[③] 中山大学外语系：《中山大学外语系研究生培养方案》，1979—XZ1100/012/32，藏中山大学档案馆。

不及格,学生不得参加第三年的学习。第三年则是在教师指导下阅读文献资料、收集材料、研究问题,写成论文。论文可以有多种形式,如文学评论、语言专题研究、教学实验报告等等,要求有心得、有见解。论文写成后,由学校组织进行答辩。"[①] 此外,中山大学外语系硕士生还要进行教学实习以及生产劳动等活动。研究生教学实习安排在第三年,时间累计不超过两个月。生产劳动每年半个月。

从以上可以看出,1979年中山大学外语系已经对英语语言文学硕士有一套相对完整的培养方案,对英语语言文学硕士的培养目标、课程安排、考核方法等重要内容,都有明确清晰的认识。英语语言文学硕士的培养,不仅体现了中山大学外语系的教育和科学研究水平,增强了影响力,而且还使硕士生导师对研究生的培养有了了解和实践,为后来中山大学外语系申请英美语言文学专业的博士点,打下了基础。

此外,值得说明的是,由于中山大学外语系对研究生的培养,有明确的目标和方案,带动和影响了外语系其他专业的研究生教育的发展。1998年日语专业设立日语语言文学硕士学位授予点,硕士课程设有"日本文学"、"日本文化"、"日语语言"等三个研究方向。1999年,法语语言文学硕士学位授予点开始招生,设有"法语语言文学"和"法语语言文化"两个方向。2004年,德语专业也建立了德语语言文学硕士学位授予点,设有"德语文学与文化"和"德语语言与翻译"两个方向。不同语种硕士点的不断建立,表明了中山大学外语系的教育水平不断提升,各个专业竞相开花。中山大学外语系为国家和社会培养了一大批高层次的教学和科研等方面的人才。

二、英语语言文学专业博士点建立

1981年,中山大学外语系英美语言文学专业申请博士点并获得成功。同年11月,中山大学外语系的戴镏龄教授经国务院批准,成为英美语言文学专业的首批博士生导师。英美语言文学专业博士点的成功申请,是中山大学外语系发展进程中的又一个重要的里程碑。

1. 博士点申请与导师制

中山大学外语系博士点的成功申请,是在中国导师制度逐渐发展的背景下完成的。导师制是研究生培养过程中的一项基本制度,又称导师负责制,它是由导师对研究生的学习、科研、品德及生活等各方面进行个别指导并全面负责的教学管理制度。我国研究生导师聘任制,是伴随着研究生教育的产生、发展而不断完善的。早在20世纪初,北京大学和清华大学就已经产生了导师聘任制度。1916年,蔡元培受命为北京大学校长,鉴于至1917年底中国仍未培养出自己的研究生这一事实,他出台了一系列关于研究生教育的举措,于1918年公布了《北京大学研究所章程》,对导师的资格及指导方式做出了规定。此后,清华大学也开办了研究院,聘请国内著名的学

[①] 中山大学外语系:《中山大学外语系研究生培养方案》,1979—XZ1100/012/32,藏中山大学档案馆。

术大师，培养精英学生。新中国成立后，中国共产党和政府十分重视研究生教育的发展工作。1953年，高等教育部发布了《高等学校培养研究生暂行办法（草案）》，正式确立了指导教师负责制，即导师制。

改革开放后，中国实行了学位制度，作为学位制度的重要组成部分，博士生导师聘任制度经历了一个渐进的改革过程。30多年来，博士研究生导师（以下简称"博导"）的审批经历了国务院批准、国务院学位委员会办公室审批、博士学位授予单位自行审定三个阶段。第一阶段为1981—1984年，博导需经过国务院学位委员会审核，由国务院批准，第一批、第二批博导遴选，即系按照此审批权限分别于1981、1984年进行的。第二阶段为1985—1993年，博导由国务院学位委员会审核批准，第三、第四、第五批博导的遴选按照此审批权限分别于1986、1990、1993年进行。第三阶段为1993年至今，系博导由学位授予单位自行审定。[①] 中山大学外语系戴镏龄教授，正是在第一阶段被国务院学位委员会审核，经国务院批准的第一批博士生导师。

2. 博导实力

中山大学外语系能够申请英美语言文学专业博士点成功，与当时中山大学外语系聚集了几位在国内外英美语言文学方向有重要影响力的教师有密切关系。1981年中大外语系英语专业教研室有教员29人，其中教授5人，副教授3人。在向国务院学位委员会办公室提出的《申请授予硕士、博士学位学科专业简况表》中，中山大学外语系推荐了四位能够培养研究生的导师，他们分别是戴镏龄、谢文通、王宗炎、周光耀等教授。其中戴镏龄和谢文通的研究方向均为英美文学，计划每年招收博士生各2人；王宗炎和周光耀的研究方向均为英美语言，计划每年招收博士生各2人。[②]

这4位教授在英美语言文学方面都有很高的造诣。戴镏龄教授是江苏省镇江人，他是中国著名的外国语言文学家、翻译家。1953年，他开始到中山大学外语系任教，其研究专于英国语言文学，尤其长于古典文艺批评。研究成果丰硕，在新中国成立前就在各种刊物上发表了关于西欧文学批评史，英国诗歌、小说、传记、戏剧、散文的发展等多种论文，并且在商务印书馆翻译出版了世界名著《乌托邦》，在开明书店出版了大学教材《近代英文散文选》等著作。在课题方面，他还应中国莎士比亚研究会之约，从事与莎士比亚有关的课题研究，为1981年的《研究年鉴》使用。在之前研究生的培养方面，戴镏龄教授在1957、1964年分别培养了一名英语词汇方向的研究生，其主讲课程内容是有关英国语言的各种专题，并指定阅读书籍，定期检阅读书报告。"文革"结束后，戴镏龄与其他教授一起，在1979年招收了10名研究生，1980年招收了2名研究生；对这些研究生的指导办法，系前半段时间给他们上课，

[①] 张淑林、裴旭、方俊、朱玉春：《我国研究生导师聘任制的历史沿革和未来走向——以中国科学技术大学博士生导师聘任制改革探索为例》，载《学位与研究生教育》，2010年第11期。

[②] 《申请授予硕士、博士学位学科、专业简况表》（外语系），1981年3月24日，藏中山大学档案馆。

全面提高英语语言及文学基础，后半段确定方向及撰写论文。①

王宗炎教授，广西壮族自治区合浦县人，1934年毕业于广州中山大学英文系。他在语言文字领域的贡献，主要体现在英语的教学与研究（其中尤以写作、翻译见长）、对国外语言学知识与理论的评介以及对语言学著作的评论方面。他在美国《密勒士评论报》上发表过英语文章数十篇，在语言研究所、中国语言学会等开办的多种期刊上，发表论文30篇，并主编在商务印书馆出版了3本有关英语语法的书籍，即《英语语法入门》、《英语动词》、《英语句法图解》。另外他还翻译出版了30万字的《光荣与梦想》第一册在商务印书馆出版。在课题项目方面，王教授先后完成了语言研究所安排的"评吕叔湘《语文常谈》"课题、"评哈利迪《现代汉语语法范畴》"课题，另外还有广东人民出版社委托的译文两篇，中国对外翻译出版公司的课题"赵元任论翻译"以及广东语文学会的课题"论核心句"。在申请博士生导师之前，王宗炎教授在1979年与其他老师一起招收了10名研究生，研究方向都是语言学，主讲的课程分别是"现代英语散文选"和"语言学"专题。②

谢文通教授，1909年4月出生，1930年获燕京大学政治学学士学位，1933年获美国加利福尼亚大学文学硕士学位。归国后，他先后在西北联合大学外国语言文学系、西南联大外国语言文学系、浙江大学外国语言文学系、北京大学外国语言文学系以及中山大学外语系工作。谢教授研究成果丰硕，1959年在商务印书馆出版了著作《英语文学文选》，1979年在《现代外语》上发表论文《杜诗英译数首》，此外他还在国外期刊上发表多篇论文。在课题方面，多是自选课题，如整理宋词、杜诗英译旧稿，注释教材供研究生使用，等等。研究生的培养方面，1979年，谢文通教授与其他老师合作招收了10名研究生，研究方向是英美文学，所上课程是"19—20世纪英美小说"。此外，1980年他还与其他老师合作招收了2名研究生。③

周光耀教授，1905年11月出生，1941年获得岭南大学英语系学士学位，先后在香港民生书院、春华书院、广州岭南大学英语系、中山大学外语系任教。在研究成果方面，1961年，他在商务印书馆出版了集体署名的《英语语法入门》、《英语动词》两部著作。1979年，在广东人民出版社出版了《英语（科技）语法基础》；同年，又在《现代外语》上发表论文《〈现代英语语法〉简介》。课题方面，主要是研究自选课题如英语的特点、英语词的来源及表达方式等。周光耀教授1979年与其他老师合作培养过10名研究生，其研究生的研究方向是培养写作能力，为学生上"英语写作"、"英语散文选"两门课程。④

以上这4位教授都是在国内外英美语言文学方面有较大影响力的学者，表明当时中山大学外语系虽然整体师资力量有所欠缺，但是在高端学者方面，仍在国内学术界

---

① 《申请授予硕士、博士学位学科、专业简况表》（外语系），1981年3月24日。
② 《申请授予硕士、博士学位学科、专业简况表》（外语系），1981年3月24日。
③ 《申请授予硕士、博士学位学科、专业简况表》（外语系），1981年3月24日。
④ 《申请授予硕士、博士学位学科、专业简况表》（外语系），1981年3月24日。

有相当的话语权。

3. 成功申博的其他条件

中山大学外语系能够获得英美语言文学专业的博士点，除了有一批高水平的、能够担任博士生导师的教师外，还与外语系的其他条件有关。其一是，中山大学外语系在1979年开始招收研究生，因此有培养研究生的经验，能安排合理、高水平的研究生课程。当时研究生的课程主要有戴镏龄教授主讲的"莎士比亚"、"英美诗歌"，谢文通教授主讲的"英美小说"，王宗炎教授主讲的"现代英文选"、"语言学"专题，周光耀教授主讲的"英语作文"，以及外语系特意安排的外籍教授讲授的"英语口语"。以上课程都是72学时。由于课程安排合理完善，故而能使学生在掌握基本英语语言和英美文学的基础上，从事于学术研究。其二是，中山大学外语系有语言实验室，可以帮助研究生提高语言能力；有一定规模的藏书，可以开阔学生的眼界，丰富学生的知识。此外，中山大学外语系还一直在与广州外国语学院沟通，努力要回之前合并到广州外国语学院的图书和设备。

高水平的指导教师、丰富的研究生培养经验以及合理的课程安排，加上一定规模的研究设备和图书资料等众多因素，促使中山大学外语系成功申请了英美语言文学专业的博士点。学术带头人戴镏龄教授也因此成为我国第一批英美语言文学专业的博士生导师。成功获得博士点，对中山大学外语学科的发展有重大的影响，中山大学外语系在国内外的影响力进一步加强。同时，中山大学外语系的英美语言文学专业也获得很大的发展。这一专业不仅培养了英语基本功扎实、知识结构合理、具有广泛适应能力的中国一流的应用型外语人才，而且还始终致力于为国家输送高级翻译和英语教育与研究领域的专门人才。该专业通过对学生进行听、说、读、写、译等五个方面的全面高级训练，并在此基础上为学生开设英美文学、语言学和翻译学、跨文化交际等方面的专业课程，同时还为学生提供英语国家社会与文化、外交、新闻与法律等方面的大量的选修课，使他们具备了一流的英语水平和宽广的知识面，并为以后全国重点学科的成功申报打下了坚实基础。

三、公共英语教育和改革

中国综合性大学外语教育大多担负着双重的外语人才培养任务，即除专业外语外，还负责该校全部的公共外语教学，任务远比其他专业繁重，对学校全面教育的发展和外语水平的提高负有更大使命。中山大学公共外语教育，尤其是传统强项公共英语教育，与其他综合性大学一样担负着本科和研究生公共外语的重任。

1. 本科生公共英语教学的恢复与改革

中山大学外语系公共英语课程，早在国立广东大学时期就已经开设，历经国立中山大学时期和建国初期，即使是"文革"时期也不曾完全中断。1970年底，首届工农兵学员进校时，就开始设立公共英语，先在理科，后在文科开始设立。到1978年，公共英语教研室已有英语教师32人，担任着全校近60个班（包括一个业余夜校班，一个四机部委托办的科技英语短训班）2000多学生的公共英语课程[①]。公共英语教育对提高中山大学学生的英语水平有很大意义。从1970年起，中山大学先后招收了7届学员，其中已有5届（包括七五届）毕业生。这些学员入学时大都没有英语基础，但经过2至2年半（授课时数大约是180—200学时）的公共英语课程教学后，大部分学员均掌握了一定的语言基础知识，为进一步的自学打下了基础。对其中一些系和专业，如化学系、物理系光学专业的调查结果显示，约有1/3的学员能借助辞典看懂本专业的英语参考资料。

此外，除了对本校学生进行英语教学外，公共英语教研室的老师还将课题拓展到校外，多次到附近工厂的"工人大学"担任英语课的讲授任务，培养了一大批掌握了一定英语技能的学员，有的学员甚至可以担任"工人大学"的英语教师[②]。正是由于中山大学外语系老师们积极认真的教学，才使公共外语教育即使在"文革"期间仍然有所发展，培养了一大批懂得基础外语的学员。

"文革"结束后，为了实现四个现代化这一宏伟目标，中山大学外语系对公共外语教学提出了新的更高的要求，结合需要和实际条件，公共英语教研室在1978年及时将有关建议向学校和相关部门作了反映。其所提出的建议，成为这一阶段中山大学公共外语发展的见证。建议的主要内容为以下几点：

第一，加强对公共外语教师以及学员的思想指导，消除"文革"时期的遗患。中山大学外语系积极纠正学员之间那种认为"公共外语可有可无"、把公共外语和专业学习对立起来的看法，加强了党对公共外语教学的领导，明确公共外语在今后实现四个现代化中的作用，使各级教育行政部门予以足够的重视。

第二，建议教育部尽快拟定公共外语教学大纲，明确教学任务、要求、内容、安排等。由于之前公共外语教学没有统一的标准，使公共外语在教学和管理上都有不小的麻烦。因此，外语系公共外语教研室希望教育部能早日制定一个统一的教学大纲，以便各级教学部门和全体公共外语教师都有一个共同的准则和标准，便于检查教学效果，便于总结经验和提高教学质量。

第三，开设语种问题。此时各校开设的公共外语主要是英语，有的学校也开设了俄语，少数开设了日语。大学公共外语开设的语种与中、小学的语种有密切关系。比如，20世纪初70年代末广州市小学开设了英、俄、法、日几个语种，到中学时就只有英、俄两种。由于受政治和外交上的影响，以及家长普遍不愿意让子女学俄语，教学效果不理想，学习俄语者到了大学一般都转学英语。这样一来，相当部分的学生在中小学所学的外语实在是白白浪费了时间，并且增加了大学公共外语教学的困难。因此，公共外语教研室认为，研究今后中、小学外语课和大学公共外语语种的衔接，是

[①] 中山大学外语系公共外语教研室：《中山大学公共英语教研室情况与建议》，1978年6月，第1页，藏中山大学档案馆。

[②] 中山大学外语系公共外语教研室：《中山大学公共英语教研室情况与建议》，1978年6月，第2页。

急需解决的问题。

第四，教材问题。为了改善教材不足的问题，中山大学外语系公共外语教研室建议，一方面继续搞好理科公共外语统编教材，另一方面可以组织力量，以系或专业为单位，从基础阶段起，编写若干套教材，并配以一系列的教学参考资料，如教师手册、唱片等。另外，当时理科公共外语教材已组织了人力在上海、北京等地编写，但是文科英语教材尚未组织全国统一编写。因此，他们建议立即着手进行文科英语教材的编写，争取1979年能够在全国发行采用。

第五，师资问题。随着学校规模的扩大，公共外语教研室的师资力量显得不足。尤其是随着学员入学水平和教学要求的提高，教师的业务水平也急需提高。因此，教研室希望教育部和广东省能提供更好的机会，采取多样形式，对公共外语师资进行长期或短期的培训，以提高教师的业务水平。

第六，电化教学是提高外语教学质量的重要手段。由于当时公共外语实行电化教学还未得到各方面应有的重视，再加上物资紧缺，所以，一个学校内只能先保证外语专业的需要，而无法保证公共外语使用。但公共外语也不能长期停留在只读不听的教学方式而不予改进。因此，公共外语教研室希望有关部门保证提供必要的电教设备、场所、人员配备。另一方面，有关领导机关也应加强技术指导，组织经验交流，使公共外语在电化教学方面，有个较大的跃进。

第七，加强公共外语的教学研究。公共外语教研室注意提高教师的业务水平，在完成教学任务的前提下，鼓励教师开展语言理论专题研究，改进教学方法，提高教学质量。为此，教研室建议有关部门发行了一份公共外语教学的刊物，以交流教学经验，提高学员学习外语的积极性；并建议从国外进口更多的大、中学教材和教学参考书以及有关语言基础、科技读物等书刊，以便于加强对国外外语教学的研究，提高教师的业务能力和教材编写的水平。[1]

在以后的时间里，中山大学外语系公共外语的教学，基本上是按照以上建议和要求逐步发展的。公共外语教学的师资力量不断增强，教学手段更加多样，教材和设备趋于齐全。通过公共外语教育，中大学子提高了外语水平，开始能够阅读国外相关专业的资料，学习国外的先进知识，不断提高自己的学术能力。在这之中，中山大学外语系发挥了重要作用。这些公共英语教学的建议，不仅及时适应了中山大学的教学需要，而且反映了当时全国高教公共英语教育的共同要求，具有普遍性意义。

公共英语教学改革。为加强本科、研究生公共外语的教学工作，1986年12月，外语系成立了公共外语部（以下简称"公英部"）。公英部成立后，仍归外语系统一领导，行政体制级别略高于教研室。公英部成立之初，由郑昌钰担任公共外语部主任（兼）、徐级明、林烈城任公共外语部副主任。[2]

---

[1] 中山大学外语系公共外语教研室：《中山大学公共英语教研室情况与建议》，1978年6月，第4—7页。

[2] 中大人（1986）143号：《通知》（1986年12月4日），藏中山大学档案馆。

主管文科校领导胡守为副校长到外语系召开专题座谈会后,学校下决心把提高全校学生英语水平,作为办出中山大学特色、全面提高教学质量的先行点和突破口。在学校人力、物力、财力十分紧缺,百废待举的情况下,优先保证公共英语的教学需要。

第一,改革教学手段,提高课时效率。外语系公英部的郑昌珏、徐级明、夏纪梅等人在1989年"全国普通高等学校优秀教学成果奖申报书"中作了如下记录:1985年,国家教委制定了新形势下大学英语文理科通用的教学大纲,对大学四、六级英语水平制定了各项具体的指标。随后,全国大学英语文理科通用的统一教材付诸使用。为有效地贯彻实施新教学大纲,适应新的教学要求,公英部和教研室首先组织研习教学大纲,而且向学生公布了大纲标准,做到教和学双方明确努力方向。

与此同时,校领导和有关部门还为推进公共英语教学改革提供了财力和物力支持。在大纲公布的同一年里,学校拨款14万元,依靠学校电教中心的专业和技术力量,完成了大规模上听力课所需的磁场发射无线耳机系统,健全了命题、阅卷、测试分析、学生成绩归档所需的电脑设备,连同后来追加的8万元设备费,中山大学已具备两座教学楼供5000学生同时用无线耳机上听力课或进行听力测试的条件。另外还有100座有线听音室,以供学生自选录音材料练习听力。还有9间56座的课室可以上录像课,有一间48座和一间28座的语言实验室。有了良好的设备,公共英语部和教务处又在提高设备使用效率上下功夫,把听力训练材料分为精听和泛听两种,课内课外相结合,为学生提高英语听力提供了场地和条件。

在处理正常教学与国家统考的关系上,公共英语部按教学规律办事,以学好大纲规定的教学内容为原则,把功夫下在提高学时效率和授课质量上。在有限的学时内,努力提高统编教材的使用效果,合理安排1-4册的精读、快速阅读、泛读、听力、语法和四级模拟题练习,不搞题海战术,不以统考为唯一的教学目的。86级的教学实践证明,一分耕耘一分收获,扎扎实实的教学才会换来实实在在的成绩。全国大学英语四、六级考试,中山大学的学生成绩的纵向和横向对比,可以86级学生为例。中国学生在国内一向最弱的是听力,而中山大学86级学生参加四级标准考试听力部分的平均分达到了15.19分,这个数字比全国总平均分11.05高4.14分,比其他重点院校的平均分12.57高2.62分。以听力部分占考题总分100分的20%来计算,15.19分占20分的75.95%,即等于在统考中听力平均分达到了76分。大纲规定的听力理解准确率为不低于70%,由此看来,中山大学学生在听力方面已达到并大大超过大纲标准。在阅读和写作技能的教学过程中,坚持精讲多讲、以量保质的原则。阅读坚持1:4的精泛比例,写作坚持多写多练,仅在第四学期统考前16周内,公共外语部某室全室教师人均收改学生作文练习达上千份次,86级四级考试的阅读平均分达29.28,比其他重点院校平均分27.21高2分。按阅读40分满分计算,据大纲规定准确率不低于70%为衡量标准,中山大学86级学生的阅读能力已达大纲要求。写作尽管尚未达及格线,但平均分7.58也高于其他重点院校的平均分(6.60)。

经过两年的艰辛努力,中山大学86级参加1988年全国大学英语四级标准考试在参试率、及格率、优秀率、平均分四大项均超过了其他重点院校的平均数。全国重点大学平均通过率为58.1%，优秀率5%，平均分63.22，参试率93%。中山大学的通过率为76.4%，优秀率12%，平均分69.58，参试率98.8%（只有部分体育尖子和少数民族生没有参加）。1989年，中山大学85级、86级、87级三个年级的部分本科生在1988年四级考试的基础上，参加了全国大学英语六级标准考试，全国平均及格率为参试人数的14.7%，中山大学及格率为参试人数的45.8%。

关于研究生英语入学考试学生成绩的纵向和横向对比。中山大学公共英语教学质量曾居全国下游。1982年，中山大学的研究生英语入学考试及格率在全国32所重点院校中排位倒数第三。然而，1988年，中山大学研究生英语入学考试及格率则已在全国十八所重点院校中上升到前五名的位置，全国及格率为36%，中山大学及格率达53.5%。1986年，该校新生入学时达到英语课程水平的人数大约只有40%～50%，起点较低。入学后先后军训8周，以致英语总学时数缺少11%，影响了正常教学进度和大纲规定的教学任务的完成。① 但由于措施得力，使这种状况大为扭转。

第二，以统考为动力，促进学校协作精神和学风建设。学校把参加全国大学英语标准考试，作为促进学校各方面建设的重要一环，切实借统考为动力，调动各方面的积极因素，搞好校风和学风建设，出现了各方努力、通力协作的局面。1986级的全体公共英语教师分头与各系建立联系，配合做好学生的思想工作。教务处主动与校领导和各部处联系，搞好考务管理，制定有关规定，扫除影响教学和统考的各种障碍，以使学生既能认真对待国家级考试，又能兼顾平时成绩。教务处采取第四学期三七开评定成绩的办法，即第四学期期末考试成绩占总评分30%，四级标准考试成绩占70%，以此促使学生在心理上既有一定的压力又有适当的安全感。为鼓励学生提高竞争能力，学校决定对统考成绩优秀的学生给予奖励。为了保证大规模统考所需的场地和设施，电化教育中心和总务部门及时完善听音、课室、电力等设备，各院系配合解决学生自购耳机出现的问题，设备处为学生保质保量提供耳机，免费维修。统考在领导重视、各方协作、教师努力的气氛下，形成了一股无形的动力，学生们在"读书无用论"和经商赚钱观念日渐盛行的风气面前，在广东放开粮价、伙食费上涨的不稳定因素干扰面前，仍能把精力集中于学习，出现了图书馆、听音室、教学楼座无虚席的局面，有力地促进了中山大学学风的好转；而好的学风自然会带来好的成绩。②

2. 研究生公共英语教学规划和改革

随着中山大学的不断的发展，各个专业都开始招收研究生，而外语学习对研究生了解国外学术动态、增强自己的学术能力有着重要的帮助。因此，中山大学外语系还肩负着其他院系研究生的外语教学任务。1979年中山大学《关于研究生外国语学习

---

① 参见郑昌珏、徐级明、夏纪梅：《为适应改革开放的形势要求，努力提高大学英语的教学质量》，1989年3月25日。

② 参见郑昌珏、徐级明、夏纪梅：《为适应改革开放的形势要求，努力提高大学英语的教学质量》，1989年3月25日。

和考试的补充规定》(以下简称《规定》)中,对此有详细的规定。

《规定》首先即提出"外国语是研究生的必修课。研究生要熟练掌握一门外国语。有条件的研究生应争取学习第二外国语"①,对研究生学习外语的重要性有明确认识,这也从侧面体现出中山大学外语系在研究生培养上的重要作用。对于研究生掌握外语的具体熟练程度,中山大学规定,研究生对于第一外国语的熟练程度要做到如下五条:掌握3000个以上单词和词组,其中常用基本词能汉外互译;掌握基本语法知识,能在阅读时熟练应用,并熟悉常见的外国语特有的表达法;能熟练地阅读有关本专业的外国书刊(日语要求借助工具书能阅读专业书刊);能借助词典正确通顺地将语言现象较复杂的本专业外语材料译成汉语,笔译每小时达1500印刷符号以上;日语要求借助工具书每天笔译1000个汉字);在日常生活和专业范围内,具有较好或一定的外语听、说能力。第二外国语方面则要求研究生做到:掌握一定数量的基本单词和词组以及基本语法知识,能在阅读时应用。②

从以上的要求可以看出,中山大学对研究生的外语掌握程度,是以研究生是否能利用外语、提高自己在本专业的学术能力为标准的,要求研究生能够做到了解本专业的国外研究情况,并且希望研究生能够利用外语与国外学术界进行交流。为了使研究生达到上述要求,外语系对研究生的外语教学进行了如下严密的规划和设计:

第一,具备教学大纲。外语教师要根据第一、第二外国语的要求,结合研究生的实际情况,分别制定外国语教学大纲。教学大纲要经外语系和公共外语教研室审定,报教务处备案。教学大纲一经批准,教师要根据教学大纲进行教学,在计划时间内完成教学任务。

第二,拥有合适教材。在当时的情况下,由任课教师选定一至两种本校或外单位编写的教材,由指导教师指定专业外语阅读材料,供研究生上课和自学。有关听、说训练的教材仍然由任课教师选编。

第三,要有好的教师。外语系指派水平较高、教学经验丰富、责任心强的外语教师担任研究生的外语课教学。教师要定期向外语系和有关教研室领导汇报研究生外语教学情况。外语系和有关教研室要定期听取教师的汇报,检查教学效果,总结经验,及时解决存在问题。

第四,学习方式的要求。外语系为研究生开设第一外国语课,一方面应继续提高语言基础,选读语言现象较为复杂的典范性文章,进行分析讲解;另一方面应加强阅读实践,宣读专业书刊,由研究生提出疑难,任课教师定期辅导和解答。要有较经常的外译汉的练习和一定数量的汉译外或外语写作练习。要加强听、说能的训练。

第五,学习时数的安排。研究生的外语学习总时数一般不超过700学时。第一、

---

① 中山大学教务处:《关于研究生外国语学习和考试的补充规定》,1979 – XZ1100/020/07,藏中山大学档案馆。

② 教务处研究生科、研究生外语考试小组:《中山大学研究生外语考试的几点意见》,1979年6月9日。

第二外国语时数分配一般为500和200学时。具体分配如下：第一学年上学期300学时，下学期200学时；第二学年200学时。第一外国语要求在一年至一年半内通过，第二外国语要求在第二学年末通过。

外语上课与自学时数方面。第一学期：自学180学时，讲授、辅导等120学时。其中讲授40学时，辅导40学时，听、说训练40学时。第二学期：自学120学时，讲授、辅导和听、说训练80学时。其中讲授、辅导40学时，听、说训练40学时。第二学年第二外国语时间安排：自学120学时，讲授80学时（主要安排在第三学期）。第四学期由研究生自学。仍未通过第一外国语的研究生以自学方式继续学习，并准备通过考试。

第六，关于考试。研究生外语考试由外语系组织考试小组主持。考试小组负责讨论并确定命题和评分标准。有关专业方面的阅读、翻译、听说的试题，考试小组应征求专业指导教师的意见。考试形式主要采取笔试和口试两种，由考试小组评定成绩并写简单的评语。口试和笔试用百分制记分，笔试占总分的70%，口试占30%。在考试时间上，研究生应在入学后一年半以内，参加第一外国语的考试。外国语考试一年内可举行3次。第一次在第一学年上学期末，第二次在下学期中，第三次在第二学年上学期末。研究生可根据上述时间和自己的学习情况，向系和指导教师、指导小组提出考试申请。经同意后，由外语系考试小组确定考试的具体日期。考试没有通过的研究生，经考试小组同意，可参加补考，但必须在毕业前通过考试。如毕业前仍不能通过，经学校批准，按研究生结业处理。二年制研究生第二外国语只作选修课，只进行考查。考核时间安排在第二学期末举行。①

在关于如何确定研究生是否通过考试方面，学校规定：除日语班研究生只考语法基础部分外，英、俄两个语种的研究生均考语法基础、专业翻译和听说能力三个部分。三部分通过，算外语考试通过，下学期可不再修习第一外语课。一部分或两部分通过的，算一部分或两部分通过，下学期可不再修习已通过的部分。对于未通过的部分或几部分的研究生，下学期仍要继续修习相应部分的内容。这部分学生经第三个学期的学习，再进行X次通过考试。语法基础好以及专业翻译达到及格以上，即使听说能力不及格，仍算通过及格，但需要在考试评语上加以说明②。

通过这一整套对研究生外语的培养和训练，中山大学研究生的外语水平迅速提高，外语系在其中的作用可谓是功不可没。正是外语系的悉心教育，中山大学研究生才能够与国际学术界进行交流，了解到学术界的最新动态，不断提高自己的学术水平。

---

① 中山大学教务处：《关于研究生外国语学习和考试的补充规定》，1979 - XZ1100/020/07，藏中山大学档案馆。

② 教务处研究生科、研究生外语考试小组：《中山大学研究生外国语外语考试的几点意见》，1979年1月5日。

第三节　注重学科建设

20世纪80年代初，广东作为全国经济改革的先行区，受商品经济风气的影响，教师队伍渐有不稳定因素的干扰，这在很大程度上制约了当时的学科建设。外语系采取了一系列敢为人先的措施，在较短的时间内使师资队伍、专业结构、对外交流、学术管理、科研质量与影响力有较大的提高。

一、聚合师资队伍

1. 补充师资

由于在"文革"期间中山大学外语系的师资力量被调到广州外国语学院，中山大学外语系后来虽有复办，但师资力量一直缺乏。为了补充师资，中山大学外语系采取了各种方式来强化师资力量，其过程十分曲折而艰辛。

第一，招考社会分散外语人才。由于教学科研的发展需要，中山大学外语系的师资益显不足，力量较弱，且招生人数逐年增加，"任务繁重，难以应付教学"。因当时向外地（外单位）调进教学科研外语人员不易，故而需要从社会上招考分散的外语人才，"以解燃眉之急"。[①] 为此，1980年6月3日，中山大学人事处向教育部干部局建议招考教学人员，主要包括英语和日语两种。招考条件是"政治历史清楚，愿为我国教育事业服务，有志从事外语教学工作，具有一定外语水平，能坚持正常工作者，领有本市正式户口，均可报考"[②]。考试项目是英语或日语笔试及口试。经过考试，择优录取；录取者，需经一年试用期，试用期满后，符合录用条件者，报上级人事部门批准，可录为国家干部，试用期间工资待遇按规定发给。在这次向社会招聘外语人才的活动中，为了使招聘工作取得好的成果，中山大学外语系决定将招聘广告登录在《光明日报》、《南方日报》、《羊城晚报》等具有广泛影响力的大型报纸上，并连登招聘广告3天。[③] 从中可以看出该系对引进优秀外语人才的重视。这次向社会招聘外语人才的举措取得了一定的成果。如日语调进人员，包括关燕军（教授）、邱仕俊（副教授）、黄光卫（副教授）、廖枫模（副教授）、潘顺华（讲师）等（此处从关燕军至潘顺华处所列职称系退休时的职称）。其中1980年9月，潘顺华老师被中山大学外语系日语方向聘为日语专业讲师。潘老师从小在日本长大，日语熟练流利，业务能力强，她被招聘为中山大学外语系日语专业老师，对于该系日语专业的发展，有着很大的帮助。而潘老师舍弃在日本的优越生活、毅然返回祖国、为祖国的建设作出

[①] 中山大学人事处：《报送"我校招考外语人员启事"》，【80】中大人字第32号，藏中山大学档案馆。
[②] 中山大学人事处：《报送"我校招考外语人员启事"》，【80】中大人字第32号。
[③] 《拟请〈羊城晚报〉等刊登招考外语人员启事的报告》原件，藏中山大学档案馆。

贡献的事迹，还曾在《南方日报》上有过专门的报道。

第二，鼓励教师进修，提高教师业务能力。由于中山大学外语系在"文革"期间遭到过严重破坏，1970年甚至被迫取消，直到1973年才得以复办，教师的业务能力参差不齐。尤其是1978年中山大学外语系开始招收研究生并开办其他专业时，教师业务能力不足的情况更加明显。因此，外语系鼓励教师进修，努力提高自身的业务水平。1978年9月9日，外语系黄敬甫老师在给中山大学党委黄焕秋书记的信中，就提到希望学校鼓励德语教师进修的问题。"外语系的德语专业目前尚未开办，有教师8人（其中老五届生6人），尽管这些同志都搞过一些外语工作，但总的来说，大部分同志的业务水平是不能适应发展着的教育理想的要求。因此，我们提出要进修"，并认为外语系德语专业在没有开办的情况下，可以先把教师组织起来翻译资料，以老带新，通过进修（广州外国语学院当时已同意中山大学教师去听西德教师讲课），这样就可以"提高业务水平，以利将来工作"。建议"不要强行分配专业不对口的工作"。① 即希望通过加强师资培训，提高教师水平的方式，来弥补外语系教师数量少的缺陷。

第三，从其他学校调进教师。由于自己招聘、培养外语教师耗时较长，而当时中山大学外语系的教学任务又很紧，因此外语系就有从其他地方外调教师的计划。1973年中山大学党委给广东省委报告，希望能够从中央国际关系学院调进外语教师。当时中央国际关系学院已经下放到河北省冀县，并且决定不再开办，原有的各语种外语教师将由河北省委分配。得到消息的中山大学立即向广东省委报告，希望广东省委能够联系河北省委，调进一批外语教师，以改善中山大学外语系师资力量紧缺的情况②。

在从其他学校调进外语教师的过程中，部属的中山大学外语系与省管的广东外国语学院③的争执，自是不可避免的问题。

本来中山大学外语系在"文革"前师资力量充足，外语系设英、俄、德、法语4个专业，毕业生的质量在全国外语院系中也名列前茅，有不少人已成为各高等院校、研究所、出版社和外事部门的外语骨干。但是1970年10月，当时的广东省主要领导，以广东省委名义，突然下令停办中山大学外语系，把英、俄、德、法语专业的教师及图书、设备调往1965年才成立的广州外国语学院，该院随即更名为广东外国语学院，只留下少数教师在中山大学担任文理科的公共外语课。中山大学外语系的师资

---

① 黄敬甫：《关于德语专业教师进修、工作等问题，致函党委书记黄焕秋同志》原件，1978年9月9日。

② 中共中山大学委员会：《关于从中央国际关系学院调进外语教师的请示报告》，中大【1973】043号。

③ 1965年7月，广州外国语学院正式成立；1966年1月，直属中央人民政府高等教育部管理；1969年10月，广州外国语学院下放广东省管理，随后于1970年10月与中山大学外语系、暨南大学外语系及外贸系组建"广东外国语学院"。1977年11月，广东外国语学院正式恢复广州外国语学院校名，重新归属教育部领导。1995年1月，广州外国语学院划归广东省管理，同年6月，与广州对外贸易学院合并组建广东外语外贸大学。

力量、图书设备调到了广东外国语学院，这就为两校在中山大学外语系复办后，关于师资和图书设备的归属问题的纠纷，埋下了隐患。

1973年，中山大学外语系复办后，师资力量极度紧缺，因此，中山大学向广东省委反映，希望可以从广东外国语学院调回一批教师回校执教。当时的广东省委也有指示，中山大学外语系所需师资、图书设备，请广东外国语学院"给予支援"。1973年6月，由于当年的秋季招生将近，中山大学考虑到外语系专业教师的数量和质量都很不够，为保证教学质量，因此正式提出从广东外国语学院调回老师的申请，"根据我校外语系培养目标和实际工作急需，综合照顾部分教师爱人关系，建议将英语教师戴镏龄、方淑珍等15人（教授副教授5人，讲师3人，助教5人，职员2人）调给我校工作，请予批准"①。出于学校发展考虑，广东外国语学院一时无法同意将原中山大学外语系老师调回，直到1974年7月，成功调回的英语教师只有4名。

1974年，中山大学外语系的师资力量更加紧张，1973年外语系只有两班学员，学员数量不是很大。复办外语系时，公共英语方面尚可抽部分人力支援英语专业，组成一个人数不多的教学班子。但1974年秋季外语系招生人数大为增加，除英语专业再招两个班40人外，公共英语增加近1000学员，连同前两届英语专业学生，共计学员67人，分四个班，公共英语共约2400人，分71个班，师资力量严重不足。无奈之下，中山大学革命委员会再次向省教育局报告，请求落实1973年省委常委请广东外国语学院支援中山大学外语系恢复过程中"所需师资、图书、设备"的批示。1970年中山大学外语系奉命合并到广东外国语学院时，调出的教职工86人，图书约7万册，设备数量亦不少。该报告指出，当时已初步办起来的中山大学外语系在师资、图书与设备方面"仍然存在很大的困难"，"急需"广东外国语学院的"支援与帮助"。② 希望可以从广东外国语学院调回一批教师支援外语系，但仍没有结果。

之前调到广东外国语学院的原中山大学外语系的老师之所以迟迟不能调回，原因是多方面的：一是广东外国语学院确实需要他们，不舍得他们离开；二是有的老师虽然想回，但家属工作特殊，不宜回；三是比较适宜广东外国语学院的工作环境，本人不愿回的。

中山大学外语系师资紧缺的情况直到"文革"结束后仍然存在。1977年，中山大学外语系再次提出从广东外国语学院调回教师的要求。外语系在1973年复办后，积极培养了一批外语人才，其中1973年9月招收了第一届英语专业工农兵学员28名，1974、1975年各招40名，1976年招60名③。这批英语人才在很多岗位都发挥了重要作用。虽然复办后外语系取得了一定的成就，但是由于1970年的合并，主要师

---

① 中共中山大学委员会：《关于从广东外语学院调回一批教师的报告》，1973年6月4日。
② 中山大学革命委员会：《中山大学一九七四年度关于将以前错误地并入广州外语学院的我校外语系师资和图书设备调回我校的报告材料》，1974年7月3日。
③ 《关于中山大学外语系撤消和复办的情况》，1977年5月。表3-13提到1976年中山大学外语系英语专业工农兵学员为40人。二者学生人数不一致。

资力量和设备图书被调走，因而外语系在教学和研究上都存在较大困难，师资的数量和质量远远不能适应当时教育事业发展的需要。1977年，外语系除了30名公共英语教师外，英语专业共28名教师，其中老教师7名（其中3人已届退休年龄，因多病已不能工作），中年教师13名（其中2名长期因病全休，1名出国援外），青年教师8人（1人长期因病全休，1人准备出国留学），除负责联合国资料翻译及行政工作外，实际从事教学工作的只有16人（其中6人是69届以后毕业的），另外还有1名外籍教师担负着3个年级的教学和教材编写工作。①

　　由于师资不足，特别是缺少中层的教学骨干，致使有的课未能按计划开出，教师忙于应付第一线日常教学任务，无法进修提高，健康水平亦有所下降。外语系能否办好，不但关系着外语人才的培养，它对中山大学的整体发展也有很大影响。从中山大学这个具体单位来说，不办好外语系就会影响其他学科的进一步提高。1970年砍掉外语系的恶果是，全校文理科的外语水平明显下降。中山大学过去有4个语种，既可以从事这些国家和地区语言的研究，也可以为各系各个学科服务，而此时不仅英语方面受到严重削弱，而且有的语种，如德语，甚至面临无人通晓的境地。师资力量的不足，使外语系多次在中山大学本校其他系或附近工厂企业要求外语系老师为他们翻译外文资料，或者要求为他们提高在职人员外语水平时，面临不能满足对方要求的尴尬。而且，"文革"结束后，中山大学外语系还面临逐步开设新语种的需要，师资不足的问题更加显现。在广东，虽然广东外国语学院已有多个语种，但从培养目标和加强研究外国的长远目标考虑，中山大学外国语系和广东外国语学院的分工，还是有所侧重的。前者更多是培养研究型人才，后者偏重于实用型人才，因此两者功能并不重叠，不会造成师资资源的浪费。因此，加大对中山大学外语系师资力量的援助，在中山大学看来，很有必要。正是因为这个原因，1978年3月，中山大学再次向教育部提出申请，"请将1970年错误调给广州外国语学院的中山大学外语系和英美文学研究室全体教师及全部图书调回中大外语系"②，中山大学外语系主任戴镏龄教授甚至专门跑到北京找教育部部长，希望能够将广州外国语学院的老师调回中山大学。

　　但中山大学外语系的要求，未能得到主管部门的完全认可。1978年9月教育部一司外语处来电称，"中山大学外语系主任戴镏龄同志，最近到北京找刘（西尧——引者注）部长，要求把广州外国语学院原中大的教师调回去"。教育部主要领导的意见是："中大的外语系要逐步加强，目前首先办好英语专业，其他专业待有条件时才办。目前不能把在外语学院的教师调回去，要把两个学校都办好，戴的意见，不合适。中山大学人力不够，可从外语学院抽回几个英语专业的"③。中山大学外语系的

---

　　① 《关于再次请求将以前错误地并入广州外国语学院的我校外语系教学人员、图书及设备全部调回我校的报告》，中大【1978】041号。
　　② 《关于再次请求将以前错误地并入广州外国语学院的我校外语系教学人员、图书及设备全部调回我校的报告》，中大【1978】041号。
　　③ 《教育部一司外语处刘同志来电话内容》，1978年9月28日。

师资问题仍未能解决。

1979年中山大学外语系开始招收英语语言文学专业的研究生,并开始创办其他外语专业,外语系的师资不足情况更加严重,从广州外国语学院调回原中山大学教师的要求更加急迫。尤其是1978年暨南大学复办,本来并入广州外国语学院的暨南大学外语系教师全部调回原校,从而促使中山大学更强烈地要求调回中山大学外语系教师。

因此,1979年中山大学再次向教育部打报告,提出多年一直坚持的要求。报告首先叙述了中山大学外语系的光辉历史。"中大外语系是华南历史最悠久的训练外语人才的中心",新中国成立后十七年里,又是全中南地区外语教学及科研活动的一个重要基地。1963年,经教育部批准,在中山大学建立了英美文学研究室,开展英美文学的研究工作,在华南地区对外文化及学术交流活动中,"中山大学外语系占有一定的地位"①。其次,介绍了中山大学外语系合并到广州外国语学院的背景以及之前为调回中山大学老师的种种努力。但到1979年"只调回英语教师8人,图书资料全未归还"。教育部曾给广东省高教局发了一个《处理中山大学和广州外语学院的外文图书问题》的文件。该文件下达后,中山大学即"请广东省高教局照教育部文件规定的处理办法,召集两校具体洽商落实",但由于得不到广东外国语学院和省高教局的积极配合,以至到此时仍"毫无结果"。② 报告最后指出,外语系对中山大学有着重要的作用。外语系是中山大学这所综合性大学的一个重要组成部分,它不仅担负着为国家培养外国语言及文学理论研究和教学人才的任务(这与广州外国语学院主要是培养有语言实践能力的翻译工作者有别),还担负着提高本校文理科各系学生、中青年教师外语水平的重任。办好外语系是办好作为全国重点大学之一的中山大学的一个重要环节,而削弱外语系,造成外语师资水平低下,骨干教师不足,必然影响中山大学这个整体。因此,中山大学希望能够将以前合并到广州外国语学院的外语系教师和图书资料调回中山大学,希望教育部能给予解决。

同年,中山大学外语系英语教研室主任、副主任以及教授、副教授给教育部新任部长蒋南翔写信,希望能够达到调回教师的目的。在信中开头,主笔人点明自己是中山大学外语系英语教研室的负责人和老教师。为了办好英语专业,培养出外语系应该培养的英语人才,他们特意向蒋部长呼吁,要求拨乱反正,把之前广东省革命委员会从中山大学外语系调走的英语教师及图书、设备从广州外国语学院调回来。

1979年,中山大学外语系英语专业已有3个年级共9个班的学生,但是师资力量十分薄弱,教授、副教授虽有几个,可是年事已高,难以同时兼顾教学、科研、培养师资、教学行政等工作,中年骨干教师几乎全部调走,各年级课程的主讲教师都很不够。而当年外语系又招收研究生20名,负担更重,战线更长,人手短缺的现象更加严重。这样下去,不但外语系的发展得不到保证,全校公共外语课也难免质量下

---

① 中山大学:《关于办好我校外语系的报告》,1979年3月10日,中大【1979】088号。
② 中山大学:《关于办好我校外语系的报告》,1979年3月10日,中大【1979】088号。

降,各系(尤其是理科)的科研工作必然大受影响,中山大学所谓"重点大学"将名不副实。因此,中山大学外语系的教师希望能够将合并到广州外国语学院的教师和图书资料归还。并且还指出,1978年秋天,教育部已指示可把几个英语教师由广州外国语学院调回中山大学,但是,半年多来,除了一个老教师自己长期坚持要回中山大学,幸获调回外,其余调人调书问题并没有得到解决。所以,中山大学外语系希望教育部立即派人来广州,监督执行部发指示。

两校之间围绕师资问题的争执不断发生,直到1979年夏这一问题才得以解决。经中山大学长期艰难交涉,终于得到教育部和广东省委的理解和支持,广州外国语学院也同意每个专业放两三个骨干教师回中山大学,其中有英语教师陈永培、钟佑同、王应龙,法语教师孙传才、梁启炎,德语教师谭镜心、李美梅。1979年冬,教育部又发文指示图书资料的处理办法:中山大学外语系合并到广州外国语学院时搬迁去的图书可采取对半分成的办法,即一半归还给中山大学,一半留在广州外国语学院。至此,中山大学与广州外国语学院两校因师资与图书的争执终于画下了句号。

2. 强化师资建设

外语系及时加强师资队伍建设,从公共英语教师队伍建设入手,制定和贯彻一系列行之有效的管理制度和措施,将发挥老教授的带头作用与培养中青年教师相结合,全面提高教师队伍的综合素质,并聘请外国语言专家,基本形成了一支学术造诣深、年龄结构合理、梯级层次比较整齐的教学科研队伍。

第一,将公共英语教师队伍建设放在首位。据外语系公共英语部郑昌珏、徐级明、夏纪梅等人记述:"学校把公共英语师资队伍建设放在首位,优先保证公共英语的教学需要。在公共英语师资队伍的数量上,保证每年从全校本科和硕士学位毕业生中选留一定量的教师;对外地申请调入公英部的教师,经过必要的审核,条件成熟者也尽快办理调入手续。为了保证基础英语阶段教学,在人力不足的情况下,学校动员各院系承接专业英语的教学任务,从而使公英部集中有限的人力抓好两年内的基础教学。在质量上,学校师资管理和教务管理部门密切配合公英部,选派教师出国深造,或到国内兄弟院校进修;举办教师进修班研修硕士学位课程。对教学不合格或不胜任者,坚决及时调出公英队伍;对教学优秀、成果显著的教师,学校多次予以评奖或晋升。"①

为了保证公共英语的师资,中山大学还建议"外语系停办面向社会的外语夜校。如的确需要继续办下去,则应在保证完成校内公共外语教学任务前提下量力而为,减少班次,挑选合格教师,保证教学质量。总之,一定要先集中力量保证把本校各类学生的公共外语课开出来。"②

---

① 郑昌珏、徐级明、夏纪梅:《为适应改革开放的形势要求,努力提高大学英语的教学质量》,1989年3月25日。
② 中大会议纪要(1981)002号:《关于与加大交换图书、仪器设备及外语教学等问题》(1981年6月13日),藏中山大学档案馆。

在教师队伍的管理方面，公英部制定和贯彻了一系列行之有效的管理制度和措施。

（1）排课计划化。每学期由公英部选定单位周课时，充分利用现有的课室，安排同一年级的班分别在同一单位时间上英语课。这样排课有利于同一年级教研室在教学进度、教学检查、教学要求和测试等方面的统一部署和行动，有利于在全校同一年级内实施分级教学，改变了过去由各系各自安排公英课时和地点的状况。此外，各年级教研室在公英部的统一调配下，基本保证大多数教师相对稳定的两年一循环的任课方式，有利于教师熟悉教材，用好教材。排课计划化，还包括有计划地分配和安排教师既教文科班，又教理科班，基本上一年调整一次教学班的原则，避免因教师的人为差异，带来教学效果的不同。

（2）教学秩序化。由于每个教师必须负责精读、泛读、快速阅读、听力、语法5门课程，教研室每学期初发给教师课程进度表，其中明确规定了各门课程的课时比例和教学要求，特别是对精读、听力、快速阅读的进度，期中和期末考试的时间都做了统筹计划，使全体教师对整个学期的教学心中有数，步调一致。

（3）管理制度化。每学期发给教师由公共英语部印制的《教学手册》，要求教师依据其中提供的栏目，详细记录学生的学习情况和考勤情况，认真填写期末教学总结。《教学手册》交回部里统一存档，可作为教研室了解教学情况的依据，也可以在教师中传阅，以增进相互间的了解。各教研室定期召开教师大会，实行签到制度，以严明纪律。会议内容或研习教学大纲，或研讨教学疑难，或分析教学形势，或集体备课。教研室领导坚持听课了解情况或开展调查反馈，了解学生对教材、教法、教学态度等方面的意见和建议，有的放矢地加强质量管理，抓好落实教学责任制，对教学不负责者进行严肃批评教育，对表现突出者则及时宣扬提倡。这样做，有利于整顿和端正教风，为提高教学质量提供保障。

公共英语部在实施以上制度和措施的过程中，以身作则，模范带头，要求老师做到的，自己首先做到并认真做好。例如，公英部严重缺员，人力不足，超工作量任课是长期的老大难问题。据统计，公共英语教师只占全校教师总人数的2.2%，而承担的教学任务约占总学分的9%（还不包括硕士、博士英语课任务）。以公英部不到40人的师资，要承担全校100个教学班来计算，减去病弱者，人均负担3个教学班，实际超过了工作量指标的50%。除了计划内两年的本科生和专科生班、以及一年的硕士生和博士生班的教学任务以外，还有本科高年级的选修课、四级不合格学生的补习课，以及外语系和其他院系计划外班和每年研究生英语入学考试与成人教育入学考试试卷的评阅工作。工作量之大，范围之广，任务之多，责任之重，使公共英语教师长期不得不超负荷地工作。公共英语部和教研室领导也与普通教师一样超负荷工作。在这批领导人中，共产党员占10%，他们处处以党员的标准严格要求自己，以国家利益为重。有的虽曾被外单位以优厚条件聘请，有的曾被推荐出国常驻，有的曾被选派国外使馆工作，但他们都谢绝或放弃了这些诱人的机会，努力为国家培养外语人才，为提高我校外语教学质量，坚持在教学第一线。领导的表率行为，为稳定公共英语教师队伍起了一定的凝聚作用，树立了忠于职守的形象。

据统计，公共英语教师公派出国人员回归率达百分之百，期终按时回归者占80%以上。教师中带病坚持工作者有之，自觉克服家庭、住房、待遇等方面的困难而尽心尽责教学的人不少，要求入党和被吸收入党的教师在当时"有增无减"，主动要求增加工作量的青年教师越来越多。在当时外语吃香、外语人才走俏的时代里，尽管也有不少公共英语教师先后另谋高就，但仍有一批坚定分子不为外界的吸引力所动，为教学呕心沥血，任劳任怨地在自己的岗位上做出了成绩。他们中有的当上了广东省"南粤巾帼"，有的被评为省、学校的先进工作者。教师队伍中可歌可泣的动人事迹，反过来激励着领导们更加努力率领大家辛勤耕耘，在中山大学公共英语教学史上"写下了令人欣慰的一页"。① 1989 年，外语系公共英语部荣获中山大学优秀教学成果集体奖。②

1985 年，戴镏龄教授与外籍教师玛丽亚

第二，专业外语将发挥老教授的带头作用与培养中青年教师相结合。在外语系，尤其是英语专业在充实提高的过程中，老教授们发挥着重要的带头作用，其中戴镏龄、谢文通、王宗炎、周光耀等人，长期成为教学与科研的中坚力量。外语系教师十分紧缺，在岗教师工作量十分饱和，但外语系仍派出一批中青年教师出外进修考察，组织青年教师参加各种培训学习、学术交流、出国深造或访问，青年教师迅速成长，并逐渐在教学和科学研究上挑起了大梁。

第三，以"少而精"为原则聘请外国语言专家。1981 年，根据国务院对审核聘请外国文教专家计划的指示精神，即"要从严掌握"，外语教学任务"主要应靠国内力量来解决"③。据此，聘请外国专家主要贯彻"少而精"的原则，必经过认真的了解，方确定拟聘请的专业对口、符合条件的专家（见表 4 - 3）。

---

① 参见郑昌珏、徐级明、夏纪梅：《为适应改革开放的形势要求 努力提高大学英语的教学质量》，1989 年 3 月 25 日。

② 参见易汉文主编：《中山大学编年史（1924—2004）》，广州：中山大学出版社 2005 年版，第 113 页。

③ 教育部文件（教外专字）170 号：《关于一九八一年度聘请外国语言专家计划的通知》，藏中山大学档案馆。

表4-3 1981年度国务院批准教育部聘请外国语言专家计划名额

聘请单位	申报计划	核准计划	专业				聘期	备注
			英语	法语	日语	德语		
浙江大学	4	0						同意原批准的4名专家，聘期延长一年，不新增聘
成都科技大学	3	0						同意原批准的3名专家，聘期延长一年，不新增聘
中山大学	3	3		1	1	1	2年	
华中工学院	2	2	1		1		2年	
暨南大学	3	1				1	2年	
陕西师范大学	1	1	1				2年	
南开大学	2	1			1		2年	
合计	18	8	2	1	3	2		

二、成功申报英语语言文学重点学科

1986年5月，在国家教委"有计划地建设一批重点学科"① 方针的指导下，中山大学开展全国重点学科的申请评选工作，根据国家建设的需要，有计划地建设一批重点学科，"目标是把它们逐步建设成为培养高级专门人才和进行科学研究的重要基地，做到能够成批培养相当于世界高水平的博士、硕士；接受高等院校及其他部门的学术骨干进修深造；解决经济建设中的重大科学技术问题，为国家重大决策提供科学依据，要求在提高教育质量和学术水平上起示范带头作用。"②

1986年7月，外语系英语语言文学专业成功申报全国重点学科专业。英语语言文学学科成立于"文革"前，"文革"期间工作中断达13年之久。1979年恢复后，即组织力量大力开展科学研究及培养博士和硕士等高级专门人才的工作。从1979年起，年年招收研究生，截至1986年止，已毕业16位硕士研究生。该学科人员共29人，其中教授5人，副教授4人，讲师11人，助教6人。学术带头人为戴镏龄，有资格培养研究生的导师除戴镏龄外，还有谢文通、王宗炎、周光耀3位教授。

英语语言文学学科研究的重点方向是中西文化对比研究、语言学及英语教学研究，这些研究不仅直接促进了英语教学的发展，同时还对中外文化交流，亦有相当大

---

① 1985年5月27日，《中共中央关于教育体制改革的决定》颁布，提出"根据同行评议、择优扶植的原则，有计划地建设一批重点学科"。

② 中山大学（1986）：《关于重点学科申请评选工作意见》（1986年5月24日），藏中山大学档案馆。

的影响。截至1986年,该学科相继出版了数部专著及发表了一系列论文和译文,有的专著已获得了省级的科学研究奖,同时还承担了国家的大百科全书的编写工作。"这些研究项目力图吸收外国一些有用的东西,同时又考虑到'四化'建设的需要,其研究成果对当时实行的开放政策有一定的影响。"①

三、有计划地开展对外交流与合作

20世纪80年代,一方面,来自联合国教科文组织以及美国、加拿大、伊朗等各国及港澳地区的社会组织、教育和学术机构、政要、专家学者先后到中山大学访问和讲学;② 另一方面,中山大学出国交流人数也在逐年增多。为出国人员进行英语强化培训,是外语系工作的重要组成部分。1980年9月,中山大学与美国加州大学洛杉矶分校(UCLA)联合创办的英语培训中心和英语师资训练班,使中山大学外语系的对外交流与合作的发展上了一个新台阶,这一时期主要面向出国留学生、进修人员进行出国前的英语强化培训,组织出国进修预备人员进行外语统考。英语培训中心在强化出国人员外语培训的同时,也使初出校门的年轻教师得到了提高外语水平的训练,并为学校及社会培养了大批各类不同层次的外语人才。

"文革"结束后,尤其是中国实行改革开放的政策后,中山大学外语系加强了与外国的学术交流,一方面积极邀请国外专家来中山大学讲学,另一方面则派遣教师到国外以及港澳地区进修(见表4-4)。

表4-4 中山大学推荐参加1981年出国进修外语统考人员一览

序号	1	2	3
姓名	廖楚雄	张亚拉	吴明义
性别	男	男	男
出生年月日	1942.1	1946.11.4	1946.10.7
籍贯	广东	广东	广东
民族	汉	汉	汉
家庭出身	教工	贫农	贫农
政治面貌	群众	群众	党员
职称	讲师	助教	助教
出国前最后学历	大学毕业	大学毕业	大学毕业

---

① 中山大学外语系:《中山大学重点学科申请简表(英语语言文学)》(1986年7月10日),藏中山大学档案馆。

② 吴定宇主编:《中山大学校史(1924—2004)》,广州:中山大学出版社2006年版。

续表 4-4

序号	1	2	3
工作单位	化学系	化学系	生物系生化教研室
出国学习单位名称	美国	美国	待定
出国学习专业	物理化学	量子化学	生化
业务考核主要情况	现从事催化理论研究。集体发表过《ZSM-5分子筛用于选择重整的研究》论文，担任物理化学实验课，主讲误差理论。现在英语培训中心学习。基础课及专业基础课考试成绩：物理化学81分，催化动力学95分	发表《微扰法决定周环反应立体选择性》等论文两篇，从事量子化学计算方面的研究。担任过78、79届研究生的部分课程。现在英语培训中心学习。基础课及专业基础课考试成绩：线性代数及群论97分，量子化学98分	从事生化实验课的教学，编写《麦牙根酶降解RNA》等实验讲义。曾从事"树脂法提取ATP"的研究，基础及专业基础良好
考试语种	英	英	英
备注			

1. 邀请外国专家来校讲学

改革开放后，由于国际交流的增多，外语愈加重要。为了加大培养外语人才的力度，教育部也多次出台相关政策，以鼓励外语教学。1978年，教育部、外交部和财政部共同下发《关于办好外语短训班的通知》①。在通知里，教育部要求"各省、市、自治区教育部门就3、5年内高等院校（包括国务院有关部委及地方领导的高等院校和外国语学校）选派外语教师、研究生参加短期培训的问题作出规划，并报教育部备案"②。为鼓励外国学者来华，教育部要求各地方对来华的外国语言学者和教师，要从如下方面提供良好的服务：

第一，在对各国来华学者的接待礼节方面，对来自不同国家的专家，在礼遇上大体要平等。各专家组抵达或离开北京时，由教育部外事局派人迎送。专家在华期间宴请两次，即"专家来华抵京时，由教育部外事局负责出面宴请一次，邀有关使馆文化官员出席；专家从北京到达短训班所在地时，由举办短训班所在省、直辖市教育部门负责人出面宴请一次。宴会标准，按国家接待一般外宾的规定执行。短训班临结束

---

① 教育部、外交部、财政部：《关于办好外语短训班的通知》，1978-XZ1100/014/02，藏中山大学档案馆。
② 教育部、外交部、财政部：《关于办好外语短训班的通知》，1978-XZ1100/014/02，藏中山大学档案馆。

前,由举办学院负责人出面组织一次师生联欢茶会"①。

第二,来华专家在华期间的生活待遇方面:"零用费,每人每月为一二百元,由教育部掌握发放。专家上半月来华的,按全月发放;下半月来华,按半月发放。零用费只限在华期间使用,不予兑换外汇。食宿费、杂费(包括洗衣、理发、烟茶)、医疗费和在华期间的交通费均由我方负担。伙食费标准,按国家接待一般外宾有关规定执行。"② 专家教学结束离华前,还将由主办单位赠送一次纪念品。

上述费用开支,即专家来华、离华回国路费、零用费,以及在京期间食宿费、杂费、医疗费、交通费、参观旅行费、礼品费、省际之间的旅费等,一律由教育部责结算,从教育部教育事业费内开支。专家在外地教学期间的食宿费、杂费、医疗费、交通费、参观旅行费、礼品费,一律在已下达的有关省、直辖市教育事业费内开支。在改革开放初期中国的经济还不发达的情况下,教育部能够为外来专家提供如此优厚的待遇,也表明了教育部对引进外国先进的知识、提高本国外语水平的重视。

此外,为了鼓励国内的教师、学生参加外语培训,教育部还规定:"参加短训班学习的高等院校(包括外国语学校)的外语教师、研究生,学习期间仍由原单位按原工资标准发给工资(享受助学金的研究生,仍由原学校发给研究生助学金),不享受住勤和地区差额补助,伙食费由其本人自理。他们赴短训班所在地的往返旅费,一律由原单位按现行旅差费开支办法报销。教材讲义费、工具书由学员自理,印发的教材讲义有关院校可按成本收费。"③

总之,通过以上这份通知可以看出教育部对外语学习的重视。教育部积极吸引外国语言学者来华讲学,鼓励国内外语教师和研究生参加外语培训。它希望通过这种方式来提高国内的外语水平,为我国培养更多的高水平的外语人才,以适应改革开放的需要。正是在这种背景下,中山大学外语系也积极与国外外语学者展开交流,邀请外国语言学者来校讲学,并派遣教师学者出国或到港澳进修。

1978年5月,英国文化委员会派来的两位专家添·约翰斯先生和帕·麦格里斯通小姐来中山大学举办英语讲座。外语系以及中山大学的校领导对此十分重视,制定了详细的迎接和招待计划。住宿、伙食以及交通方面,中山大学拟在东方宾馆为两位学者各提供一个单间,房内供应茶、烟。伙食标准按照每人每日6元;交通方面,则向广州市小汽车公司租一辆小轿车供其上下班使用。期间两位学者在中山大学校内的参观游览以及广州市内的活动,都由外语系领导在其中参与陪同。可见,外语系在这

---

① 教育部、外交部、财政部:《关于办好外语短训班的通知》,1978 – XZ1100/014/02,藏中山大学档案馆。

② 教育部、外交部、财政部:《关于办好外语短训班的通知》,1978 – XZ1100/014/02,藏中山大学档案馆。

③ 教育部、外交部、财政部:《关于办好外语短训班的通知》,1978 – XZ1100/014/02,藏中山大学档案馆。

次英国学者来中山大学举办讲座的活动中扮演着重要角色。①

两位专家的讲学内容主要有三个方面：①教学法和高年级教学示范，包括听、说、写、读各方面；②语言学和语言理论问题，包括语言语法和现代英语；③电化教学问题，包括电化教学的装置和使用、电影用于教学等。这次讲座直到1978年5月27日才圆满结束，参加讲座的师生普遍反映，两位专家的水平较高，经验丰富，讲话生动。他们介绍了不少较新的外语教学法和现代英语的发展动态，对于如何编对话、编练习、精简读物以及如何装备、使用电化语言实验室，都做了详尽的介绍，使大家开阔了眼界，从而开始以崭新的角度来考虑自己的教材、教法和教学设备。

在两位专家离开广州回国的前一天，学校和外语系领导、有关工作人员以及学习班的全体成员，在白云山举行了告别联欢茶会。

外语系师生对两位专家的辛勤劳动表示感谢，对他们认真热情的工作态度给予了高度的评价。约翰斯和麦格里斯通在答词中，感谢中山大学的合作和协助，宾主共祝中英两国人民的友谊日益发展。总之，这是一次成功的英语讲座，通过这次讲座，中山大学外语系的师生开阔了视野，了解了国外英语研究的最新进展。这次讲座对于外语系的外语教学，从理论到实践，都有很多启发。②

2. 初步启动到境外访问学习

除了邀请外国学者来中山大学讲学外，外语系的教师还主动到国外或者港澳地区学习。比如，1979年中山大学教师代表团前往香港，到香港大学、香港中文大学进行学术访问。在访问期间，中山大学与这两所学校对建立双方学术合作交流和科研协作达成了协议，同时这两所学校也同意为中山大学教师进修提供条件。随后，就有外语系的两位老师到香港大学学习英国文学及语言学，学习时间长达一年。③除了教师、学者方面的交流外，外语系还积极从国外购买书籍，以了解国外的研究动态。

四、取得科研成果

外语系作为中山大学的一个重要组成部分，在这一时期获得了科研、教学，甚至思想政治等方面的奖励和荣誉。

1. 健全学术管理制度

20世纪80年代初，在"全国重点高等学校应努力办成教育中心和科学研究中

---

① 中山大学外国语专家客座讲学班办公室：《英国英语客座讲学组专家接待计划》，中大【1978】060，藏中山大学档案馆。

② 中山大学外国语专家客座讲学班办公室：《外国专家客座讲学情况简报》复印件，1978年五月15日，藏中山大学档案馆。

③ 《关于赴香港大学、香港中文大学进行科研学习申请外汇的报告》，中大【1979】149号，藏中山大学档案馆。

心"的方针指引下①,全校科研工作逐步恢复并得到发展。为了适应这种发展的需要,全面提高教师学术科研水平,外语系相继成立了系学术小组、学位评定委员会英语语言文学分委员会、翻译专业技术职务评审委员会等,推进学术管理的科学化、民主化,指导和推动各项工作的开展。

1984年,外语系成立了学术小组。由李根洲任组长、陈珍广任副组长,组员由钟佑同、郑昌珏、邱仕俊、黄迪仁、罗河清、章鹏高、梁启炎、戴镏龄、王宗炎等人组成。② 1991年,中山大学第四届学位评定委员会英语语言文学分委员会成立,由李根洲等11人组成,英语语言文学分委员会主席由李根洲担任,副主席由陈永培担任(见表4-5)。③

表4-5 中山大学第四届学位评定委员会英语语言文学分委员会组成名单

序号	姓名	性别	出生年月	专业	职称	行政职务	备注
1	李根洲	男	1930	英语	教授	系主任	主席
2	陈永培	男	193211	英语	教授	英培中心主任	副主席
3	戴镏龄	男	191311	英语	教授		
4	王宗炎	男	1918	英语	教授		
5	钟佑同	男	193210	英语	教授		
6	郑昌珏	男	1935	英语	副教授	系副主任	
7	王应龙	男	1936.12	英语	教授	英培中心副主任	
8	肖洁文	女	1935	英语	副教授	研究生负责人	
9	章鹏高	男	1931	德语	教授		
10	吴之桐	男	1941.10	日语	副教授	日专教研室主任	
11	梁启炎	男	1940	法语	副教授	法语教研室主任	

1991年,翻译专业技术职务评审委员会成立,由李根洲任组长、黎国荣任副组

---

① 1978年2月17日,国务院转发了教育部《关于恢复和办好全国重点高等学校的报告》。报告指出:"要充分发挥高等学校是科学研究一个重要方面军的作用,积极开展科学研究工作,努力承担国家和地方的科研任务,为赶超世界先进科学技术水平作出成绩。要不断总结和积累教育改革和科学研究的新鲜经验,为迅速提高我国高等教育水平贡献力量。"

② 中大人(1984)234号:《关于外语系学术小组名单》(1984年11月1日),藏中山大学档案馆。

③ 中大(卷号:1991-JX12-3):《中山大学第四届学位评定委员会英语语言文学分委员会组成名单的通知》(1991年5月15日),藏中山大学档案馆。

长，王应龙、李根洲、吴之桐、梁启炎、黄卓汉、曾广声等人组成。①

2. 出版了系列有影响的教材

外语系为教学开展科研，以科研促进教学，在教学任务十分繁重的同时，在没有学术假也没有科研工作量安排的情况下，为适应新的形势需要，围绕新的教学大纲编写辅助配套教材，围绕外语教学领域内的问题开展研究探讨。这一时期编写出版的系列教材有：

《大学英语学习丛书》（含英语词汇、语法、听说、写作、测试等），中山大学出版社1989年版。《英语阅读技巧与训练》1-4册，中山大学出版社1985年出版；《文科英语选读》（上下册），商务印书馆1985年出版；《大学英语教程》1-6册，中山大学出版社1986年出版；《英文文字处理大全》，中山大学出版社1988年出版。此外，外语系教师在国内外报刊上发表的有关语言学、语言教学、教育测试等方面的论文100多篇。在1987年和1988年两次分别由国家教委召开的全国大学英语教材研讨会上，外语系代表均因小组发言有一定质量而被指定为大会第一、第二发言人。除了教材和论文，外语系教师还参与译文、译著、编写字典等科研项目，有的被列入国家教委"七五"计划，有的受到某些专业学科专家的好评。②

3. 一批教师担任省内外重要学术团体职务

这一时期，外语系教师参加省级以上学术团体的有广东外语学会、翻译协会、外国文学学会、大学英语研究会、外语电教协会、国际语用学会、国际语言学学会等。其中，戴镏龄教授任中国英语教学研究会理事和副会长，③谢文通教授任中国外语教学研究会名誉理事，肖洁文副教授任高教外语专业教材编委会委员，等等。

在教书育人事迹方面，不少教师在校内外获得了荣誉奖励或荣誉称号。如1981年8月，日语系教师潘顺华老师的感人事迹被《南方日报》宣扬；④同年，日语系林东海老师被推选为广东省台湾自治同盟的先进代表⑤；周海中副教授获霍英东教育基金会高等院校青年教师奖等。这些都反映了外语系师资队伍和学科建设水平的不断提高，在全国及广东省外语学界获得了良好的声誉。

此外，在党政建设方面也取得不俗的成绩。在1981年度中山大学先进党支部、优秀党员的名单中，英语培训中心教工党支部、外语系78级学生党支部获得了"先进党支部"的荣誉称号。外语系的李根洲、梁启炎、杨光、唐佳清则获得了"优秀

---

① 中大（1991）427号：《翻译专业技术职务评审委员会》（1991年12月27日），藏中山大学档案馆。

② 参见郑昌珏、徐级明、夏纪梅：《为适应改革开放的形势要求，努力提高大学英语的教学质量》，1989年3月25日。

③ 中国外语教学研究会筹备小组：《给中山大学关于中国外语教学研究总会理事会候选人和申请团体会员的函及复函》，1980年9月17日，藏中山大学档案馆。

④ 许金丹：《她的生命重放异彩——记从日本回国的中大教师潘顺华》，载《南方日报》，1981年8月17日。

⑤ 中山大学校刊编辑室编：《中山大学》，1981年，第28期。

党员"的称号。① 同年,"庆祝中国共产党成立六十周年"专刊,特意颁布了"七一"表扬优秀党员名单,全校共有 60 人获得"优秀党员"的称号,其中就包括外语系的李根洲、黄飞红、梁加保② 3 位师生。③

第四节 "英培"的设立和发展

中山大学广州英语培训中心(以下简称"英培"),创建于 1980 年,是教育部直属的 11 个出国留学预备人员的培训部之一,现隶属于中山大学外语与翻译大学院。英培中心受教育部和中山大学的双重领导,主要任务是对教育部选派的出国留学生、进修生和高级访问学者进行出国前的英语强化培训,学员期末参加国家留学基金委组织的统一考试,成绩通过者颁发证书,证书受国家留学基金委承认。同时,在完成教育部出国留学人员培训任务的前提下,接受企事业单位或个人的外语培训。在英培学习,不光是可以拥有中山大学非常优越的住宿环境和学习环境,更主要的是,能让学员真真正正地学到些东西。创办 30 多年来,英培办学从未间断,为国家、企事业单位及社会培养了大批各类不同层次的外语人才,积累了丰富的办学经验,形成了自己的特色,赢得了良好的声誉。

一、成立背景

英培的成立,与中国当时施行改革开放的国策有重大关系。近代以来,中国政府在受到西方冲击的同时,逐渐认识到西方文化有其积极的一面,开始派遣和鼓励国人出国学习。但是,晚清时期,中国一面受西方侵略,一面自身保守愚昧;民国时期的中国国内又是战乱频仍,没有稳定的条件;建国后虽然留学条件渐好,却又很快受到"文革"冲击。因此,中国国内一直没有形成大规模派遣留学生的良好条件,留学人数一直较少。"文革"结束后,中国迅速开始实行改革开放的国策,大规模派遣留学生的条件已经成熟,且为国家所急需。邓小平同志在 1977 年 6 月视察清华大学时,就提出要加大留学生的派遣数量。他要求为适应中国和世界形势,要将原来一年派遣 300—400 人的留学生规模,在 1978 年增加到 3000 人。当时德国驻中国的一个文化参赞在知道这个数目时还不敢相信,特意问了两遍。结果知道确实如此,而且 1979 年人数更要达到 1 万人时,她彻底惊呆了。留学人数突然大规模增加,原来的留学生外语培训机构显然不再能够承担得起,因此教育部开始让地方高校承担一部分留学生的外语培训任务。中山大学外语系由于办学质量享誉国内外,尤其是英语学科更是成绩斐然,因此教育部让中山大学外语系成立英语培训中心,专门负责培训出国预

---

① 中山大学校刊编辑室编:《中山大学》,1982 年,第 30 期,第 4 页。
② 梁加保为 1977 级学生。
③ 中山大学校刊编辑室编:《中山大学》1981 年,第 20 期,第 1 页。

备生的英语,以适应改革开放政策下出国人数大幅增加的形势。

二、"英培"草创

1979年下半年,中山大学就开始筹创英语培训中心。首先,在英语培训中心的基建工程方面,中山大学预计培训中心的规模是能够培训学员250名,并能居住9名外籍教师、5名中国籍教师以及若干工作人员。中心宿舍分为学生宿舍和教师宿舍两部分,学生宿舍2人一间,一人8平方米;教师宿舍一人一个套间,套间使用面积30平方米,建筑面积60平方米。教室有25人课室9间,以及一个可以容纳300人的大课室,此外还有工作室、辅助工作室(包括资料室、打字室、录音室等)、食堂等建筑,总投资大约120万元①。这在20世纪70年代末的中国,可谓是一笔巨款。其次,除了英培的基建工程外,其设备也需要操心。比如学生的桌椅被褥、教师的办公桌、书架等等,这些都是中山大学需要解决的问题。最后,中山大学外语系为了办好英培,还与美国加州大学洛杉矶分校合作,在1980—1985年间合办英语培训中心。20世纪70年代末,虽然中山大学外语系教学水平高超,但由于英培的主要任务是培训出国人员的英语运用能力,与中山大学英语专业平时的教学不完全一致。因此,中山大学外语系为了提高英培的培训质量,精益求精,特意派遣教师赴美国,与美国加州大学洛杉矶分校联系,希望能够与他们分校合作,共同创建英语培训中心。

应中山大学李嘉人校长的邀请,以美国加州大学洛杉矶分校的副校长埃文·维·斯文森博士为团长的学术代表团一行13人,1979年1月访问了中山大学,并正式建立了中山大学与加州大学洛杉矶分校的校级联系。②此后,在1979年4月21日至5月17日,以中山大学李嘉人校长为团长、黄焕秋副校长为副团长的中山大学学术代表团一行9人,应邀访问了美国加州大学洛杉矶分校。这是改革开放后,中国较早出国访问的大学学术代表团。访美期间,代表团就中山大学与加州大学洛杉矶分校之间的交流与合作问题,进一步交换了意见。9月25日至10月5日,中山大学与美国加州大学洛杉矶分校联合举办广东经济发展学术讨论会,双方之间的关系更加密切。③1979年11月12日,中山大学庆祝建校55周年。在这次盛会上,除了当时的广东地方领导习仲勋、杨尚昆等人外,美国加州大学洛杉矶分校的成露西教授也在大会上致辞④,可见当时中山大学与美国加州大学洛杉矶分校之间的关系十分密切。

此后,经过中山大学与加州大学洛杉矶分校的反复磋商,双方终于达成协议,共

---

① 中山大学:《教育部派遣出国留学生英语培训中心基建工程估算》,1979年8月14日,第1—2页,藏中山大学档案馆。
② 吴定宇主编:《中山大学校史》(1924—2004),广州:中山大学出版社2006年版,第330页。
③ 吴定宇主编:《中山大学校史》(1924—2004),广州:中山大学出版社2006年版,第330页。
④ 易汉文主编:《中山大学编年史》(1924—2004),广州:中山大学出版社2005年版,第84页。

建广州英语培训中心。1979年11月17日，代表中山大学的中山大学校长李嘉人和代表加州大学的校长小查理·杨共同在协议书上签字，教育部副部长高沂也出席了签字仪式。该协议主要内容包括：

（1）英培设在广州中山大学。其目的主要是为中华人民共和国教育部派赴英语国家研习科技的留学人员进行英语培训，也培训少量高等院校的英语教师。

（2）培训的要求。经过培训，使留学人员出国后可以参加用英语进行的学术研究活动，顺利通过各英语国家为外国留学生举行的英语考试；使英语教师的教学水平能有显著提高。

（3）英培作为中山大学的一个组成部分，设主任一人（杨琇珍），必要时增设副主任，由中方委派。除中方配备5位教师外，从加州大学洛杉矶分校聘请9位（逐年减聘2位）教师。美方教师组成专家组，其中一位组长由美方选定，在中方主任的领导下负责教学工作。其他行政、后勤工作人员的编制由中方另定。

（4）培训对象分甲、乙、丙三班。培训时间暂定甲班10周，乙班20周，丙班30周。甲班每期1个班，乙班每期4个班，丙班每期4个班。每班均为25人，即同时在校者225人每年培训400人（每年甲班4期、乙班2期、丙班1期）。每期甲、乙、丙班数目亦可根据具体情况，适当调整。

（5）美方为中方培训逐年代替美方专家的中国教师，中方于1980年9月派3人赴加州大学进修，其中2人1年，1人2年；以后每年9月派3人赴加州大学进修，其中1人1年，1人2年，至累计共9人为止。美方免收学费。美方派相同数量的留学生来中山大学学习，中方也免收学费。为了增进双方友谊，中方教师取代美方教师后，如英培继续开办，中方聘请美方受过英语专业训练、取得了教学文凭的英语教师二人，按当时的专家待遇，在英培担任教学工作，为期二年。以后是否续聘，再依实际情况另作协商。

（6）为了办好英培，美方向中方赠送教学设备（附有清单）一批，价值共约4万多美元。中方将在近几年内，分批邀请美方30人来华访问2周，并负担其在华期间的食宿和市内、省际交通费用。

此外，协议还规定美方专家在华时，中方需要支付美方专家工资，并且要提供住房、医疗、公事用车和按照中国规定进行旅游活动的费用等其他内容。①

协议签订后，中山大学一方面得到了美国外语专家的帮助，使得外语教师的教学水平迅速提高，培养了英培的师资队伍；另一方面，中山大学也得到了美方赠送的一批教学设备，包括打字机3台，复印机2台，盒式录音机25台，幻灯投影机2台以及其他一些设备，总共价值42950美元。② 这批设备的到来，对英培的建设有极大的

---

① 《中山大学与加州大学评议会关于举办广州英语培训中心协议书》（复印件），1979年11月17日，藏中山大学档案馆。

② 《中山大学与加州大学评议会关于举办广州英语培训中心协议书》（复印件），1979年11月17日。

帮助。在与加州大学洛杉矶分校合作的5年中,中山大学广州英语培训中心取得了很大成绩,所培养出来的学生的英语水平逐渐得到了美方大学的认可。在开办培训中心之初,国内的英语教学因以往长期的对外封闭而处于停滞状态。美籍教师带来了新的英语教学方法,特别是短期英语强化教学方面的一些新的理论及方法,扩大了中国教师的眼界,对教学起到了一定的作用。

中山大学广州英语培训中心第6届毕业生留影

但是,在合作过程中,中美双方也出现了一些不尽如意的问题:一是美方派遣来的教师经常出现不听从中方领导安排的情况。二是美方教师盲目执行美方设计的教学计划,不考虑中国学生的实际情况。三是美方一些教师来华后,只关注自己所带的课题研究,对学生的指导不够用心。在这种情况下,中山大学外语系的领导坚持以我为主、为我所用的原则,在学习美方优秀经验的同时,坚持要求美方教师服从中方的领导,并积极培训中方自己的英语教师,以逐渐降低美方在英语培训中心的作用。到1985年,中方教师已经逐渐能够承担得起英语培训的任务,因此,从1985年以后,英培改由中山大学外语系独办。中山大学外语系的老师依靠英培这一平台,认真教学,积极为学员解惑,使大量出国人员的英语水平得到提高。20世纪八九十年代,中山大学非英语专业出国留学师生,绝大多数都经过了英语培训学习,打下了良好的英文基础。这些师生学成回国后,成为本校重要的领导、科研和教学骨干,为学校的发展作出了重要的贡献。

三、基本成型

1992年,中山大学外国语学院成立,该院由原外语系、汉语培训中心及广州英语培训中心组成,自此,广州英语培训中心(即"英培")成为外国语学院的一个系级单位。加入外国语学院后,英培的各项工作进一步得到发展,在教学、师资、科研等方面都取得了长足进步。英培在应用语言学与专用英语研究方面达到了较高的水平,部分研究成果达到了应用语言学领域的领先水平。

中山大学广州英语培训中心基本成熟，主要表现在：

（1）师资力量加强。英培有多名教授、副教授以及众多讲师、助教，师资力量强大，队伍结构合理，教师的业务能力强。为了增强师资力量，英培一方面从国内外吸收引进具有硕士学位或副高以上职称的中青年教师，引进的教师不但具有独立开课、授课能力，而且具备独立开展科研工作和承担科研项目的能力；另一方面，英培每年选派一名教师到国外或港澳地区学习或攻读学位。此外，英培还在应用语言学硕士研究生中，挑选德才兼优的学生留校工作。到 2000 年，英培的教师队伍基本上已经建设成为一支教学、科研双肩挑的精干队伍。①

（2）科研条件改善。要开展科学研究，保证科研工作的顺利实施，提高学术水平，改善科研条件是关健因素之一。因此，英培努力于改善科研条件。20 世纪 90 年代，英培多次加强电脑室建设，将原有电脑升级，并致力于增加电脑数量，基本做到了讲师以上职称的教师每人配备一台电脑。此外，英培还增加了中心资料室的藏书量，使图书资料从原来的 2 万册，到 2000 年增加到 25000 册，每年订阅国内外专业刊物 17 种，并且还更新语言实验室 1 间，增设录音、录像棚 1 间，为教师开展科学研究创造了良好的、必要的条件。②

（3）国内外学术交流合作扩展。为促进英培的科研工作和学术水平的提高，使英培的科研工作年年有新的发展，并扩大英培声誉，使其在国内外的学术上占有一席之地，英培积极开展国内外的学术交流与合作。在国外方面，英培计划每年派出教师到国外知名大学作访问学者，进行合作研究，并与国外一两所大学建立长期科学研究与教学的合作关系，双方互派人员进行研究工作。同时，邀请国外知名学者来英培指导科研工作和作学术交流，或是进行学术讲座。在国内方面，英培加强与一些重点大学的联系，利用各自优势开展有关合作研究，在 20 世纪 90 年代多次召开全国性的学术研讨会。③

（4）研究课题成果总量增加。一个高教机构承担课题的多少，往往能够体现出该机构的学术水平。中山大学广州英语培训中心在教学工作极端繁忙的情况下，正确处理好教学与科研关系，在保证完成教委要求的教学任务的同时，积极组织教师申请各级各部门的科研项目和企业委托的研究课题。同时，英培每年从办学收入中提出一部分经费，支持一些具有研究价值但得不到有关部门支持的自选教学研究课题。英培的大力支持，进一步激发了教师从事课题研究的兴趣。仅从 1991 年到 1998 年，中山大学广州英语培训中心教师就发表了论文 55 篇，译文 8 篇，出版词典 4 本，教材 4 套，译著 6 本，课题成果总计 77 项。④

此外，这一时期，中山大学广州英语培训中心的课程规划初步明确。其教学的主

---

① 《中山大学广州英语培训中心"九五"科研计划》（1996—2000）（复印件）。
② 《中山大学广州英语培训中心"九五"科研计划》（1996—2000）（复印件）。
③ 《中山大学广州英语培训中心"九五"科研计划》（1996—2000）（复印件）。
④ 《中山大学广州英语培训中心"九五"科研计划》（1996—2000）（复印件）。

要目标是培养学员在英语听、说、读、写等方面的实际运用能力,所以注重学员在国内外学习、工作和生活的需要和英美国家的文化背景。在教学方法上强调英语教学的目的性和交际性原则,重视各种交际技能的培养。为了帮助学员通过各种标准化考试,英培也重视培养学员的应试技巧和能力。

在听力方面,它要求学员能基本听懂学术报告及讨论中的发言,做好笔记,并根据听到的内容进行讨论,恰当评价别人的发言。在口语方面,学员要能较熟练掌握日常口语,进行一般会话;对于听众的提问能作正式或非正式的学术回答;能参加各种形式的讨论。在阅读方面,英培要求学员能以较高的速度阅读难度相当于大学或研究生院程度的材料,并把这种能力用于学习或研究工作。在写作方面,学员要能了解英语论说文的结构、表达方式和写作技巧,能写一般性的论说文(包括科技论文和与之有关的内容提要、参考书目等)和应用文(如信函、便条、简历等)。此外,学员还应该熟悉英美文化,了解英美社会,学会如何适应国外的环境。

在上课时间方面,英培每期培训时间为20周,每周22节,共约440个学时,开设听力、口语、阅读、快速阅读、写作、TOEFL辅导等课程,并辅以视听和英语培训,6门主课的课时安排分别为每周6、4、4、4、2、2节

考核方面,英培的考试包括学科考试和标准考试两种,学科考试的目的,是检查学员对各门课讲授内容的掌握程度。这种考试在期中和期末各进行一次,标准考试的目的,是客观衡量学员的实际英语水平,其标准与美国托福和密执安大学标准化考试一致,这种考试在期末进行一次,学员在考试中成绩合格者,发给结业证书和成绩单。

经过20世纪90年代的发展,中山大学广州英语培训中心的地位和影响力不断加强,英培也成功地摆脱了其成立之初依靠国家教委拨款才能运行的尴尬局面。自1980年1月至1990年代末,国家教委给中心的经费共2731000元,中心自筹经费为2416748元。其中,1994年至1997年国家教委拨款为247000元,自筹经费为1488414元。从这两组数字可以看出,在经费来源方面,英培在1990年代,已由初步的教委拨款为主,转为中心自筹经费为主。1990年代中心在教委拨款不多的情况下,依靠自身力量,不但完成了各种培训任务,并且向学校上缴了相当大的一部分收入,支持了学校的建设和发展。财政独立,也说明了英培已经基本成熟。

四、变革发展

进入新世纪以后,国内外形势都发生了重大变化,尤其是中国加入WTO后,英语培训迎来了新的发展机遇。为了抓住这一机遇,中山大学广州英语培训中心开始进行变革,以加快发展。

2002年5月,英培开始进行结构的调整,具体内容是:

英培的办学宗旨不变。英培的牌子、财产继续保留,继续承担国家分配的培训任务;任命外国语学院主管成人教育的副院长翁贤芝担任英培主任,取消原来在英培施行的工资返纳制度,原英培的教师与外国语学院的教师队伍整合,打通使用。自

2002年9月份起，原英培的教师已开始承担学院英语专业本科生和学校其他专业本科生、研究生的公共英语的教学任务。①

经过这次结构调整，英培作为教育部国际交流与合作司直接领导下的教育部直属的培训部，其性质没有改变，职能没有改变，资产没有丢。经过这次调整，英语培训中心的班子更健全，功能更合理，教师队伍的综合教育和专业教育能力更强，能更好地承担国家分配的培训任务。

2002年教育部出国人员培训部工作会议于2002年8月初在上海外国语大学召开。教育部国家合作与交流司司长曹国兴全程参加了本次会议，并在会上作了重要讲话。强调了"五个不变"的思想，对培训部今后的工作提出了几点要求：

第一，坚持"五个不变"，即"宗旨不变、思想不乱、人员不散、资产不丢、牌子不丢"。培训部为国家的公派出国留学工作作出了贡献，有历史功绩，这点不应忘记。培训部的宗旨不变，继续为出国培训，包括自费留学培训作贡献。把人员固定住，培训部的发展就有前途。

第二，培训部要办成一个出国留学（包括自费留学）的精品单位。十一个培训部要认清形势，与时俱进。要有新的起点，新的思路，新的发展战略。要树立一个品牌，一个典型，一个样板；在学生家长中有威信，在外国的学校也要树立我们的牌子。让人家相信我们是个名牌，这样我们才会发展，才有前途。另外，培训部要做到"三个服务"：为社会服务，为地方服务，为跨地区的发展服务。

第三，培训部之间互相检查的评估制度。这是为了通过评估互相提高，互相学习、取长补短，真正把十一个培训部形成一个集团军，这样对培训部的发展有利。

第四，培训部的收入要留一部分发展基金。十一个培训部都必须明确的，收入不能吃光、用光、分光，要留出一定比例的发展基金，这是不能动的，万一有用的时候再拿出来。

第五，培训部的规模要发展。没有一定的规模就没有效益，效益和规模是连在一起的。但是也要稳步发展，要考虑市场前景，教师的培养，还要考虑教室，考虑教学设施。②

根据这五点要求，中山大学广州英语培训中心进一步进行调整，整合各项资源，加强英培的竞争力和影响力，使社会对英培进一步认可。为了吸引社会人士报考英培，英培除了在学习上加强教育，使学生的英语水平获得提高外，还在生活上关心学员。比如学员的住宿问题，由于英培没有相对稳定的学员宿舍，学生在学习生活中产生很多困难，有了不满情绪，甚至有学员转到其他英语培训机构学习。为此，英培的领导积极与学校商量，希望学校为英培解决学员住宿的问题，最终使问题得以解决，

---

① 中山大学外国语学院、中山大学广州英语培训中心：《关于确认英语培训中心管理体制调整情况的报告》，2004年10月25日。

② 中山大学外国语学院：《关于英培中心今后发展的请示》，2002年9月3日，外院【2002】7号。

保证了英培在同行中的竞争力。

通过不断的变革，英培的牌子越来越响，英培也成为国内公认权威的外语培训机构。到2013年为止，中山大学广州英语培训中心在办学30多年里，共举办了86期留学人员的高级英语培训班，积累了丰富的经验，形成了由有丰富教学经验的教授、副教授、博士、硕士研究生、外籍人士和出国多年的海归派组成的力量雄厚的师资队伍。其培训语种也扩展为日、英、韩、法、德、俄、泰、越南、西班牙、阿拉伯、意大利等多个语种。其班别也设为日、夜班、全日制、半日制班、周末班等，形成了自己鲜明的办学特色。英培一直坚持以学生满意为中心，秉承"一切为学生就业服务"的办学宗旨，将各种实用型外语培训当作今后的重点发展目标，并顺应时代潮流、适应社会需要，提出"直击外语，增强就业资本"的口号。让外语学习兴趣者和急需提高外语水平的学生清楚地认识到"专业知识＋外语＝成功"和"外语是21世纪的通行证"。在新的时期，英培将秉承优秀的外语教育传统，创新办学理念和方法，优化配置各类外语教育资源，努力创建世界一流的外语教育培训品牌。

第五章　整合发展（1992—2000）

改革开放以来，中山大学外语系进行了一系列的教育改革，不断发展壮大，至1992年12月，在原外语系的基础上，合并了中山大学广州英语培训中心和中山大学汉语培训中心，成立了中山大学外国语学院。自1992年至上世纪末，中山大学外国语学院已发展成为一个以外国语言、文学、文化、国际商务为重点的教学与科研机构，为我国外事外经、外语教育、国际商务、新闻出版、旅游文化等部门培养了大批高素质的外语专业人才。

第一节　外国语学院的诞生与发展

一、建院基础与筹备工作

在上一章提到，早在1987年3月，外语系就拟在原有的英专、公英、英培中心合并的基础上，向中山大学领导提出成立外国语学院或外国文化学院的可行性问题，但鉴于各种客观原因，当时未能实现。为了更好地组织外国语教学和科研的力量，促进外语学科和人才培养的发展，1991年7月8日，经学校党委常委研究决定，中山大学确定成立外国语学院，并成立由李根洲为组长，陈永培、李友文和张维耿为组员的外国语学院筹备组，负责建立外语学院的筹备工作①。

1. 外国语学院建立的基础

外国语学院的筹备工作首先充分考虑和整合原外语系的外语教学和科研的力量，将外国语学院的筹备工作建立在雄厚的教学基础之上，依托多年的教学积累力量，为成立外语学院打下坚实的基础。

1992年1月27日，中山大学发出了关于成立外国语学院的通知。通知指出，为提高我校外语学科的学术水平，加强和促进我校外语教育和对外汉语教育的发展，经1991年第十六次校务会议研究决定，成立中山大学外国语学院。外国语学院由现有的外语系、英语培训中心、汉语培训中心（该中心后改名为对外汉语教育中心）组成②。

---

① 《关于成立外国语学院筹备组的通知》（中大［1992］198号），中山大学，1991年7月8日。
② 《关于成立外国语学院的通知》（中大［1992］041号），中山大学，1992年1月27日。

1992年3月14日，中山大学外国语学院向学校图书馆递交了《关于成立外国语学院图书分馆的报告》。报告指出，根据形势发展及教学科研的需要，并顾及外国语这门学科的特殊性，经学校校务会议研究决定，由外语系、英语培训中心及汉语培训中心联合组成外国语学院，并于1992年1月正式成立。基于目前外语系资料室、英语资料室、汉语资料室的规模、服务对象、工作人员的性质，院领导认为有必要也有条件成立外国语学院图书分馆，以便资料共享，更好地为广大教工、研究生、本科生（包括全院各年级）、出国进修人员及外国留学生服务。此时据统计分馆的藏书量约有73000多册，计划开展流通、采编、资料编辑、参考咨询、情报服务等业务项目，并设置教师、研究生两个阅览室。基于馆藏的规模、设置的岗位及服务对象，初步拟定工作人员为9名。

1992年6月30日上午，校长办公室主任黄淑伟、总务处处长周少钦、教务处正副处长夏敬谋、吴运添、财务处处长杨宗炼，外国语学院李友文、翁贤芝、张平等举行会议。会议着重讨论外国语学院将来对教学、办公用房的安排和使用问题，关于电教楼314、312、310、313、311与外语系办公室互换使用的问题，关于新办公室修缮、安装电器的问题，以及如何使用电教楼等问题。会议对以下几个问题达成了一致的意见：

（1）同意外国语学院将电教楼314、312、310、313、311五间课室改做学院办公室，原办公楼103、104、106、202、204改作课室。所涉及到的电教楼的五间课室以及办公楼腾出来做课室的房间的修缮问题、电器与桌椅的安装问题，拟由外语系另打报告给校办、总务长转有关职能部门，并由职能部门测算费用后，进行修缮安装。

（2）同意外国语学院使用电教楼201阶梯教室。考虑到现有学校课室安排比较困难，对201室的使用要有个过渡期，下个学期教务处还要安排10节课，以后逐步全部归外国语学院安排使用，并全权管理。

（3）会议认为，在原来外国语学院申请学院成立所需经费基础上，再拨款3万元作为学院成立的经费数目，由学校领导部门与教务处核准用意。此外，有关电教楼5间课室改为院办公室的拆装修缮等报告共3份已于6月26日交校办①。

1993年6月16日，中山大学研究生院向外国语学院发出通知指出，经学校学位评定委员会主席、副主席核准，同意戴镏龄、王宗炎、李根洲、陈永培、钟佑同、肖洁文、龚少瑜、王应龙、苟锡泉、王宾等教授，吴增生、郭纯儿、李美伦、林连书、林裕音、黄家祐、郭社、许剑雄、冯启忠等副教授具有硕士学位研究生指导教师资格②。

2. 筹备工作

1991年第十六次校务会议于12月16日上午在梁銶琚堂第二会议室举行。本次校务会议对外国语学院成立的有关事宜进行了讨论研究，并做出了有关决定。外国语

---

① 《中山大学外国语学院会议纪要》（打印稿），1991年7月1日。
② 《中山大学研究生院文件》，（中研院〔1993〕021号），1993年6月16日。

学院筹备组代表李根洲、李友文在会上汇报了筹备组成立3个多月来的工作情况。经过反复做思想工作，群众从不理解到比较理解，筹备组的同志认为目前成立外语学院的群众基础已基本具备。

筹备组在调查研究的基础上对外语学院的体制、结构等问题提出如下意见：

（1）关于学院的体制。经反复调查研究，筹备组认为目前3个单位力量分散，不能做到人尽其才、物尽其用；成立学院后，人力、财力集中在学院，统一调配。系一级单位也应保留一定的人、财权，教学、科研的安排应主要放在系。总之，要发挥院、系两个积极性。

（2）关于学院的结构。筹备组提出了3个方案。第一个方案：学院下设1个系，即外语系；1个部，即大学英语教学部；2个中心，即英语培训中心和对外汉语教学中心；3个室，即电教室、文学研究室、电脑室；1个馆，即图书分馆。第二个方案：学院下设3个系，即英语系、大学英语系及德法日语系，2个中心（同上），3个室（同上），1个馆（同上）。第三个方案：学院下设1个系，即外语系，1个部，即大学英语教学部，2个中心（同上），3个教研室，即德、法、日语教研室，1个馆（同上）。

（3）关于学院的办公用房。筹备组建议学校对办公用房作必要的调整，使外语学院有一个相对集中的办公地方。

（4）关于学院的名称，筹备组认为还是称外语学院为好。不过，汉语培训中心应改名为"对外汉语教学中心"。

（5）关于学院的领导班子。筹备组认为一定要选好院长、常务副院长和院办主任。建议设1个院长，4个副院长。

经过与会者认真讨论、研究，对成立外国语学院问题作出如下决定：

（1）与会者一致认为，外国语学院筹备组做了大量出色的工作，成立外国语学院的条件已经成熟，应尽快在本学期内成立。

（2）关于学院的体制和结构。会议认为涉及体制和结构的变动要慎重，基本同意以筹备组提出的第一方案为基础，吸收第二方案中好的部分，即：学院可设英语系和德法日语系；1个部，即大学英语教学部；2个中心，即英培中心、对外汉语教学中心；3个室，即电教室、文学研究室、电脑室；一个馆，即图书分馆。但要考虑需求、效益，特别是对成立新系的必要性等要进行充分调查、论证。

（3）关于学院的办公用房。会议决定，对现有的电教大楼进行调整，挤出一层作为外国语学院的办公用房。这项工作由黄淑伟同志和周少钦同志负责落实。

（4）关于学院的领导班子。会议同意请组织部和人事处做好工作，尽快物色人选。同时要考虑选拔一两个中青年教师进入学院的领导班子。

（5）关于奖金分配问题。会议同意筹备组提出的原则：尊重历史，承认差别，暂时不谈，着眼全局，落实政策，统筹安排，在学院成立半年内先维持现状。

（6）会议一致同意，全校的公共外语教学应由外国语学院统一抓起来，以保证教学质量，这应成为今后努力实现的一个方向①。

1992年4月6日，中山大学外国语学院发出征集院徽启事。由原中大外语系、英语培训中心、汉语培训中心组成的中山大学外国语学院即将成立。学院成立是学校的大事，尤其是该院师生员工的大事。为了增强全院师生员工的凝聚力和对外的号召力，学院应拥有自己的院徽。为此，学院决定向全院教师、干部、学生、工人征集院徽设计图案。院徽的图案要美观、含蓄、具有外国语学院的特点，又要能够做成徽章佩戴。设计的图案形式不限，方圆直径不大于2.3厘米，不小于2厘米，并对图案作扼要的文字说明。

中山大学外国语学院拟于1992年12月20日正式成立，届时邀请广东省市领导、学校、各院系部处、各兄弟院校领导、外国语学院离退休教职工、校友以及赞助单位代表参加。为了更好地组织这次活动，搞好来宾的接待工作，力求把这次活动搞得既隆重又热烈，为此，学院决定成立会务组，有关工作安排如下：

会务组组长李友文，副组长夏纪梅、易汉文、张平、李小珠、刘展坤。

其中，张平负责宣传工作，易汉文、刘展坤、苏惠芳、李小珠、沈雁负责后勤工作，谷晓丰（聘）与国亚萍负责会务与文娱工作，黄飞红、李明珍与张芹负责接待工作，夏纪梅负责成立大会组织工作②。

3. 新教学大楼落成

为支持中山大学外语教育事业，推动外语教育工作不断向前发展，为中国的社会主义现代化建设培养更多更好的外语专门人才，广东省珠江投资公司决定给外国语学院捐建教学大楼一栋，面积7000平方米，投资800万元人民币。该大楼捐赠书已于1995年10月正式签字，国家教委也正式批准新建外国语学院大楼。1996年，鉴于外国语学院教学大楼已扩大建设面积2000多平方米，珠江投资公司将投资增至1700万元人民币，有关电缆处理及其他涉及清理施工场地方面的费用由中山大学承担。

1998年10月22日，外国语学院向校领导递交《关于聘请朱孟依先生为外语学院名誉院长的请示》。请示中指出，香港合生创展集团董事局主席朱孟依先生慷慨捐资1700万元兴建外语大楼，已建成并投入使用。朱孟依先生这种关心、支持中山大学教育事业，尤其关心、支持中山大学外语教育工作的高尚精神，深受广大教职工的称赞和敬佩。为了表达敬意和今后工作发展的需要，加强学校与社会，尤其是社会各界的联系与合作，继续争取各方面对中山大学教育工作的关心支持，经研究讨论决定，聘任朱孟依先生为外国语学院名誉院长或外国语学院顾问。同时，外国语学院也拟定受聘仪式在校庆时外语大楼落成典礼一起进行③。

1998年11月12日上午，中山大学外国语学院大楼落成典礼正式进行。校长王珣章在该大楼落成典礼上作了讲话，王校长代表中山大学全体师生员工，对亲临出席

---

① 《中山大学1991年第十六次校务会议纪要》（复印件）。
② 《中山大学外国语学院成立大会工作安排》（打印稿），藏外语与翻译学院。
③ 外语学院：《关于聘请朱孟依先生为外语学院名誉院长的请示》，1998年10月23日。

落成典礼的朱孟依先生伉俪表示衷心感谢,对亲临参加大楼落成典礼的全体领导、各位嘉宾、师生员工表示热烈的欢迎①。

二、学院组织机制的完善

1. 组织机制沿革

1993年5月13日下午,校领导黄水生、曾汉民、梁超伍、吴文辉、李宝健、黄淑伟,总务长周少钦,校长助理苏一凡到外国语学院召开现场办公会议,参加会议的还有校办、校体制改革领导小组成员、有关职能部门负责人以及外国语学院的部分领导。

在听取了外国语学院领导的汇报后,校领导充分肯定了外国语学院成立以来所做的工作和取得的成绩。会议认为,外国语学院领导在非常困难的条件下坚持工作,所取得的成绩是非常显著的,为进一步适应改革开放的要求,更好地为广东20年赶上"亚洲四小龙"服务,学院领导要有办好学院的责任感和紧迫感,这直接关系到能否贯彻邓小平同志提出的"三个面向"方针,即"要面向世界,面向未来,面向现代化",学院领导要从这一认识高度出发,进一步发挥学院制的优势,提高办学效益,为广东外向型经济培养更多的外语专业人才。

会议还特别肯定了外国语学院整抓院风、学风建设的做法,认为外国语学院领导在抓院风、学风建设方面旗帜鲜明、态度坚决,这一经验值得好好总结,并向全校推广。

会议还围绕外国语学院汇报提纲中的一些具体问题作出如下决定:

(1) 关于学院的体制。会议决定,学院的行政管理权放在院一级,系一级单位主要负责教学和科研。学院设分党委,作为党委的派出机构,系一级党的机构设置要根据实际情况而定,由学院和组织部进一步协商。

(2) 关于学院的结构。会议决定,外国语学院的基本结构是2个系(英语系和由日、法、德、俄等4个语种组成的一个系,名称待定),2个中心(英语培训中心和汉语培训中心),1个部(公共英语教学部)。会议强调,英语培训中心应统一在学院内,不能脱离学院而单独存在或被解散,可考虑让英语培训中心参与学校的公共英语教学。

会议认为,办好外国语学院的关键是师资队伍建设。当时外国语学院面临的主要问题是,公共英语教学师资队伍严重不足,直接影响到全校公共英语水平的提高。这一状况如不迅速扭转,中山大学学生的英语水平将有大滑坡的危险,为此,对公共英语教学须适当采取一定的倾斜政策,如增加课时补贴等。为解决公共英语教师严重不足的状况,会议决定公开招聘公共英语教师,具体工作由人事处、校舍处负责。为了培养师资队伍,会议还同意外国语学院要求举办语言学博士学位培训班的计划,建议外国语学院向岭南基金会申请资助。

---

① 中山大学校报编辑部:《中山大学校报》,1996年1月22日,第297期,第4版。

会议要求后勤部门尽快提出能拿出若干套房供外国语学院公开招聘公共英语教师的意见，学院教学和办公用房由主管教学的副校长召集有关部门协调解决①。

1993年6月15日，中山大学校领导经外国语学院召开现场办公会议协议决定：调整外国语学院基本结构，拟将原外语系调整为外语一系（英语系）、外语二系（日、法、德、俄系）。此外，经主管文科的张荣芳副校长同意，把外国语学院公共英语教学部改名为大学英语教学部。经1994年3月29日所召开的经1994年第五次校务会议研究决定，外国语学院外语系正式调整为外语一系（英语）和外语二系（德、法、日、俄语）。公共英语教学部正式改名为大学英语教学部②。

1994年2月28日，中共中山大学委员会向外语学院党总支发出了《关于设立外语学院分党委及其干部任职通知》。通知宣布：①根据工作需要，决定将外国语学院党总支改设为外国语学院分党委，作为校党委的派出机构，负责领导外国语学院党的工作。②李友文同志任外国语学院分党委书记，黄飞红同志任外国语学院分党委副书记。

同年，任命黄家祐为外国语学院外语一系主任，任命张芹为外国语学院外语一系副主任，任命郭社为外国语学院大学英语教学部主任，任命林烈城、伍杏英为外国语学院大学英语部副主任，任命许剑雄为外国语学院英语培训中心主任，任命林连书为外国语学院英语培训中心副主任，任命周继胜为外国语学院对外汉语培训中心第一副主任，任命李海鸥为外国语学院对外汉语培训中心副主任，任命吴之桐为外国语学院外语二系主任（兼），任命梁启炎、曾广声为外国语学院外语二系副主任。③。

2. 组织机制状况

调整后的外国语学院的组织机构，主要是外语一系、外语二系、大学英语教学部、英语培训中心、对外汉语培训中心、研究生公共英语教研室几部分。它们各自在教学和科研方面发挥着作用。

（1）外语一系。该系即原来的英语系，由原外语系英语专业发展而成，至此已有74年历史，是国家首批授予英语语言文学博士和硕士学位的单位之一。至1999年设有英语语言文学博士点，拥有3名博士生导师；两个硕士点（英语语言文学、比较文学与世界文学），15名硕士导师以及一个本科专业（英语）。全系此时有本科生205人，硕士生54人和博士生8人。师资力量雄厚，当时有教师27人，其中教授9人，副教授11人。办学经验丰富，教学效果良好，学生质量较高。该系本科生在历年全国英语专业四级和八级统测中，均取得良好成绩。该专业学生于1999年参加第

---

① 《校领导到外国语学院召开现场办公会议纪要》（中大党办〔1993〕007号、中大校办〔1993〕030号），党委办公室、校长办公室，1993年6月5日。

② 《关于将外语学院外语系调整为外语一系和外语二系的通知》（中大党办〔1994〕149号），中山大学，1994年3月29日。

③ 《关于设立外语学院分党委及其干部任职通知》（中大组字〔1994〕005号），中共中山大学委员会，1994年2月28日。

四届"21世纪杯"全国大学生英语演讲比赛,获并列第三名。1995年以来,外语一系承担国家级或省级科研项目4项,出版各类著作20部,发表了学术论文100多篇,其中约1/3发表在核心刊物上,在国内颇有影响。

(2)外语二系。外语二系设有法语、德语、日语3个教研室。法语和德语两个专业成立于20世纪50年代中,是中国中南地区最早成立的法语专业和德语专业。日语专业成立于1978年。全系有教师36人,其中教授3人(博士生导师1人),副教授15人。该系教师长期从事外国语言和文化的教学与研究工作,有较丰富的教学经验和较强的科研能力,1990年代前5年来共出版译著29部,发表论文100余篇。

二系一贯重视理论与实践相结合,努力加强对学生基础知识、基础理论和基本技能的训练,为学生创造了良好的教学环境,并让他们打好了扎实的基础。二系日语专业学生连续7年在"日语能力考试"中获广东考区第一名。法语专业学生于1996年全国作文和演讲比赛中获全国第一名,1997年在全国法语专业学生素质测试中,获华南地区第一名。那几年里,二系一手抓基础,一手抓改革,对学生实行主辅修培养。如法语专业学生主修法语,副修国际贸易,这种办学模式很受学生欢迎。

(3)大学英语教学部。该部成立于1985年,原名为公共英语教学部,负责全校除英语专业外的所有专业的大学英语1—6级课程的教学任务。大学英语教学部当时有教师61人,其中教授2人,副教授11人。

大学英语是中山大学本科生和专科生的必修课程,是中山大学首批重点课程和最重要的公共基础课之一。在教学上,比较重视打好语言基础和培养运用语言进行交际的能力。在培养读、听、写、说技能的同时,兼顾准确与流利,并充分利用录音、录像、电视等化电化教学手段,不仅扩大学生的知识面,而且大大提高了教学质量。在每年两次参加全国的四、六级英语统考中,统考成绩每年都在持续上升,合格率、优秀率都超过全国重点大学平均水平20%。大学英语教学部在做好教学的同时,积极组织教师进行科研工作,并取得可喜成果。那5年里,共出版教材17部,专著7部,发表论文近100篇。大学英语课程分别获1989年、1993年校级和省级优秀教学科研奖。

(4)英语培训中心。中山大学广州英语培训中心是国家教育部直属11个出国留学人员培训部之一,成立于1980年9月,前5年主要与美国加州大学洛杉矶分校合办,1985年9月起由中方管理。此时有专职教师12人,职工6人。中心的主要任务是为国家培训留学人员,同时也为中山大学和社会各界举办各种层次的英语强化班。中心是教育部属下唯一招收外国语言学与应用语言学硕士研究生的培训部。从1987年起至此,已招收研究生20多人。中心已开设10多门研究生课,已建立自己的研究生教学大纲,在应用语言学、专用英语、研究设计、统计学、英语测试、教育测试、英语教学法、计算语言学研究方面有较好基础。该中心除学院图书馆可供使用外,有经教育部拨款建立起来的图书室,共有应用语言学等专用书籍8000多册,中英文杂志25种,还有电脑软件和其他资料可供使用;中心为科研提供良好的物质条件和时间保证。中心的主要研究方向有两个：即应用语言学研究设计与统计学和应用语言学的理论和实践。在英语测试和计算语言学方面，也有较多的研究成果。据不完全统计，1990年以来，中心共出版学术专著8部、译著11部、发表论文58篇。在人才培养方面，中心把重点放在中青年教师上，培养方式包括选派出国进修，举办各种研讨会、学术讲座，组织教师听课并开设研究生课程，大大加强了中心的科研和教学力量。

（5）对外汉语教学中心。对外汉语教学中心成立于1981年，已培养外国汉语普通进修生和高级进修生近2000名。该中心有教授1名，副教授5名，研究方向有对外汉语教学、现代汉语（语法学、词汇学、方言学）、汉语史、语言学、社会语言学、文化语言学、中国文学、民俗学、英语、法语、日语、西班牙语、汉外对比。共出版专著8部、教材9部，发表论文200篇。在华南地区和全国对外汉语教学界有一定影响，是中国对外汉语教学学会华南分会、广东省对外汉语教学研究会秘书处所在地，汉语水平考试（HSK）指定考点。

（6）研究生公共英语教研室。研究生公共英语教研室有教授1人，副教授3人，讲师8人。该教研室主要负责全校除英语专业外博士生、硕士生英语教学任务以及硕士课程班英语教学任务，近5年来，出版教材13部，发表论文30篇。

自1992年以来，在学校党委的领导与学校职能部门的大力支持下，外国语学院在雄厚的实力基础之上，依托多年的教学与科研力量，为学院的建立与发展打下了坚实的基础，整合多方力量完善学院的行政与教学体制与组织结构，正式确定外国语学院教学的基本结构，使得原外语系正式调整为两个系、2个中心（英语培训中心和汉语培训中心）、1个部（公共英语教学部）。硬件方面，广东省珠江投资公司为外国语学院捐建教学大楼一栋，使得外国语学院在外语教育事业上有了良好的环境，有力地推动着中山大学外语教育工作不断向前发展。

第二节　英语语言文学蝉联全国重点学科

一、专业简介与特色

1. 专业简介

1994年，外国语学院英语语言文学学科申请参评国家重点学科。该学科有着悠久的学术历史和强劲的学术实力，其源头可追溯至1924年的广东大学时期，积淀深厚。1994年，外国语学院外语系调整为外语一系和外语二系[①]。其中，外语一系为英语系，英语语言文学学科就隶属于该系。英语语言文学学科是我国首批具有博士、硕

---

① 《关于将外语学院外语系调整为外语一系和外语二系的通知》（中大〔1994〕149号），1994年3月29日。

士学位授予权的专业之一,是广东省重点学科和国家重点学科。教学层次包括本科和研究生,本科学科是校级名牌专业和省级名牌专业。

(1)课程结构。该学科本科主要课程有汉语写作、英语精读、泛读、口语、听力训练、语法、翻译、作文、英国文学史、英美文学选读、英美历史概论、英美报刊选读、涉外英语、科技英语、秘书英语、旅游英语、第二外国语等。该专业本科以培养具有扎实的语言基础、较深的中西文化修养、较强的创新能力和独立工作能力的英语人才为目标。①

(2)该学科研究生专业课程包括英语语言、英语文学、应用语言学及专用英语3个研究方向。主要课程有马克思主义概论、马克思主义文学批评、第二外语、英语语言学概论、英语文体学、西方文学批评、诗论、心理语言学、社会语言学、英美作家专题研究、欧洲文化、中国文化概论、语音学、高级写作等课程。该专业研究生以培养德、智、体全面发展的具有熟练掌握英语基本技能,并且有较高的文学、语言理论修养,能从事英语语言和义学以及现代应用语言学理论研究的英语人才和高等院校英语教师和外事部门与文化交流单位所需的高级人才②。

2. 学科特色③

英语语言文学学科是外国语学院的优势专业,具有本土化意识、跨学科比较和应用性三大专业特色和优长。该学科点是中国南方唯一的英语语言文学博士点,拥有3名博士导师。1994年国家教育委员会批复委属有关高校关于专业设置的意见,外语学院的英语语言文学专业被列为中山大学自行审定增列博士生指导教师的26个学科、专业之一④。1994年3月30日,外国语学院发布通知,戴镏龄教授和王宗炎教授因年事已高,分别提出不再担任学院英美语言文学研究室正、副主任,改任顾问,由区鉷教授担任主任一职,英语语言文学专业的学术传承有序进行。

(1)本土意识。是由该学术带头人区鉷教授率先提出。1988年,区教授就发表了《外国文学与本土意识》的文章,明确提出要立足本国进行外国文学研究、教学和翻译工作,本土意识逐渐成为该学科点最突出的特色。1988年4月,在英国牛津大学举行的海外英国文学教学研讨会上,区鉷教授宣读了题为《外国文学教学:一个有文化负载的过程》的论文,强调本土意识,批驳"欧洲中心论",得到大多数与会代表的支持。英国文化委员会特别邀请区教授从本土意识的角度,写一篇会议评论,登在《会议简报》上。北京大学赵萝蕤教授评价本土意识论说:"研究外国文学而同祖国文学联系起来,这使我们看待外国文学有了新的角度,肯定也会有新的深

---

① 《中山大学外国语学院专业介绍》(打印稿),藏中山大学外语与翻译大学院。
② 《中山大学外国语学院专业介绍》,藏中山大学外语与翻译大学院。
③ 该部分主要参考《中山大学英语语言文学重点学科点论证报告》(摘要,打印稿),1994年1月。
④ 国家教委:《关于委属高校专业设置问题的批复》(教高【1994】1号),1994年1月21日。

度。"① 后来本土意识论的研究列为国家教委"八五"人文、社科研究项目。在 1994 年 9 月举行的中国外国文学学会第五届年会上，区鉷教授的"本土意识"论再次得到全国各地外国文学研究者的认可，不少代表以此为理论依据，支持中国社会科学院外国文学研究所所长吴元迈提出的"建立外国文学研究的中国学派"的主张。美国当代文学理论家弗雷德里克·詹姆逊（Fredric Jameson）了解到本土意识论之后，认为这种理论与他提出的"第三世界文化"理论有相通之处，因此欢迎区教授来杜克大学与他共同搞研究。

本土性在该学科点的科研成果中反映得很充分。博士生导师王宗炎教授一直立足于中国的学术实践和汉语的现实来评介西方语言学理论；博士生导师戴镏龄教授早年就发表过中西诗歌比较的论文，当时仍承担了一个中西文学比较研究的国家教委重点科研项目；芶锡泉教授进行的"中西悲剧的文化与表现形式"研究，是国家教委博士点专项基金项目；区鉷教授与人合作撰写的《美国现代诗》（小型专著）则处处以中国人的眼光，在中国文化的背景下理解和欣赏美国现代诗歌，引起了专门研究美国现代诗及其在世界的传播的美国学者的注意。区鉷教授对美国当代诗人加里·斯奈德所受的中国文化的影响，从另一个角度体现了本土意识论的精神，即对外国人从他们自己的本土意识出发来看待中国文化要持宽容态度。可以说，该学科点的科研和教学的中国气派已经形成，这在全国兄弟学科点中是比较少有的。

（2）跨学科比较。在 20 世纪 90 年代前期，该学科点的教学和科研领域已经外延到文化学和翻译学，具有跨学科比较的优势。1991 年 3 月，主持举办了国际文化研究会第四次学术研究会并出版了论文集。1993 年，又与欧洲跨文化研究中心联合组织了有多国学者参加的"丝绸之路"大型考察活动。1994 年 5 月，主持举办的第四届澳大利亚研究国际研讨会，也不是单纯语言文学的研究，而是对澳大利亚文化的研究。王宗炎教授主编了一套《外国语与外国文化》丛书。王宾教授从事基督教与儒家思想的比较研究，并且在国外发表了论文。本科生和研究生的课程设置也反映了这种跨学科的边缘性。硕士点增加了跨文化沟通和翻译理论与实践两个研究方向。本科生也开设了有关欧洲文化的课程。

（3）应用性强。该学科点的教学工作与社会需要结合紧密，具有很强的应用性特色。为了配合英语语言教学，该学科点编撰了多种教材和工具书，早年曾有《英语自学丛书》风靡全国，前后修订再版两次，到 1991 年为止，发行量超过 20 万册。戴镏龄教授主持翻译的《英国文学史纲》，在"文化大革命"前几乎是高校英语专业唯一的英国文学史教材。近 5 年来，又出版了《四级英语辅导教材》、《启发性研究生英语教材》等。

为了适应社会对英语人才的需求，该学科点接受英国剑桥大学考试委员会及国家教委的委托，承担了剑桥商务英语证书考试的组织工作，并成为广东省第一个考点，编写了《剑桥商务英语证书 BEC 备考系列》教材（4 册）。工具书方面有王宗炎、区

---

① 《中山大学英语语言文学重点学科点论证报告》（摘要，打印稿），1994 年 1 月，第 1 页。

鈺教授编撰的《英汉应用语言学词典》，是第一部中国人用汉语编写的应用语言学词典，获得了广东省第五届社科成果一等奖①和全国高校首届人文社会科学优秀成果二等奖（1996年）。此外，还编撰了《现代美国俚语双解词典》、《学生英汉双解词典》、《大学英语常用词用法词典》、《英语学习词典》等，总字数超过1000万。

该学科点还为本科生开设了外贸英语、口译、笔译等应用型课程。本科生教学工作的进一步加强，有助于整个华南地区英语语言文学教学和研究水平的提高，适应了这个窗口地区的对外开放及经济活跃的形势需要，在全国范围内亦可与兄弟院校的同类学科更好地合作和交流，为我国的英语语言文学专业的建设作出更大贡献。总之，英语语言文学学科在长期的发展过程中形成了本土意识、跨学科比较和应用性强三大特色，这三大特色也不断推动着该学科的继续发展，并深刻地体现在师资梯队、科研和教学之中。

二、凝炼材料

1. 师资队伍

中山大学外国语学院英语语言文学学科点拥有良好的学术队伍，梯队合理，学术实力较强。戴镏龄、王宗炎等是该学科点著名教授和学者。戴镏龄教授（1913—1998）是外国文学方面的著名专家，主要讲授过的课程有英语诗歌、欧洲古典名著、莎士比亚、西欧文艺批评史和写作、翻译等课程。在译著方面，有《浮士德博士的悲剧》、《乌托邦》、《英国文学史纲》、《近代英美散文选》（合译）。在论著方面，发表过《近代英国传记的简洁风格》、《谈奈希的〈春天〉》、《英国文艺批评史中的唯物论观点传统》、《〈新圣经〉的翻译及其经验》、《关于邓肯这个人物的探讨》等中英文论文。②

王宗炎教授（1913—2011）是语言学方面的专家，中国语言学会第一、第二届学术委员会委员，广东省政协第四、第五届委员，《中国大百科全书·语言文学卷》编委会委员，上海外语教学出版社《现代语言学丛书》两位主编之一。他长期从事英语教学和研究工作，讲授过的课程主要有欧美语言学史、英语语言学、英语散文选、翻译理论研究等。译著有《光荣与梦想》（第一册）、《名利于我如浮云》。著作有《回春楼谈英语》、《语言问题探索》两本论文集。③ 1995年，他与戴镏龄教授，共同获得"陈世贤奖教奖学金"的奖教金特别奖④。

该学科此时的学术带头人是区鈺教授，他是新中国自己培养的第一位英语语言文

---

① 易汉文主编：《中山大学编年史（1924—2004）》，广州：中山大学出版社2005年版，第131页。
② 《中山大学外国语学院》（打印稿），第16页。
③ 《中山大学外国语学院》（打印稿），第18页。
④ 《外语学院1995年度"陈世贤奖教奖学金"获奖名单》（打印稿），藏中山大学外语与翻译大学院。

学专业博士、英国剑桥大学博士后、博士生导师。他在国内首先提出外国文学研究的"本土意识"理论,独立完成或与人合作出版专著、译著、工具书、教材共6种,独立完成的有影响力的论文14篇,并与国外同行专家有密切的学术交流。

该学科点的学术队伍有教授13人,副教授18人,讲师26人,助教20人,总计77人。45～55岁年龄段有3名教授,其中1名是学术带头人。其他2名中,1名从事文化研究,是国际文化研究会会员、中国比较文学学会理事,在海内外学术刊物上发表论文多篇;另一名既编撰词典又搞翻译,发表译、著字数近500万字。35～45岁年龄段有一名从事澳大利亚研究的副教授,在这一领域里处于国内前列位置。35岁以下有多名学有专长的讲师。

该学科点主要采取多做集体科研项目的办法以培养学术队伍。如参加编写《大学英语常用词用法词典》的有20多人,参加编写《四级辅导教材》的有20人,参加编写《应用语言学词典》的有10人。经过这种锻炼,年轻教师逐步具备了独立开展科学研究的能力,并培养了团队的合作精神。此外,通过发问卷调查的方式,了解教师们的研究方向,归类后分别选出带头人,并经常按研究方向开展学术活动,以提高师资水平。

该学科点此时有语音实验室5个,共194座。微电脑40台,阅卷机1台,高速复录机4台。实验室面积450平方米。图书67825册。

就学科实力而言,英语语言文学学科在师资实力、学术梯队和硬件配备方面均比较强劲。因此,尽管在客观条件方面还面临着一些问题,如师资短缺、教师住宿条件较差等,但在人才培养、学术研究和学科交流等方面,依然取得了突出的学科成就。

2. 学科成就

(1) 人才培养。在人才培养方面,该学科点在博士、硕士和本科生培养上,均取得了优异的成绩。1989年到1994年间,学科点培养了博士研究生4名,硕士研究生42名。其中一名博士毕业生已成为本学科学术带头人,多名硕士毕业生已获得高级职称。硕士生在学期间就在国家一级出版社出书的1人,论文获省社会科学优秀成果奖的2人次。据不完全统计,研究生发表论文超过50篇。本科生1994年的统考情况如下[①]:大学英语四级统考通过率占89.3%,全国平均通过率只有59.5%;英语专业四级统考通过率占81.4%,全国平均通过率只有37.82%;英语专业八级统考通过率占50%,全国平均通过率为34.77%。中山大学是广东省参加统考的学校中,唯一进入A级的学校。

(2) 科学研究与学术交流。该学科1986年至1994年间[②]共发表论文158篇。其中发表在国外学术刊物和国内一级刊物上的论文62篇,获省级以上奖励5项。正式

[①]《中山大学英语语言文学重点学科点论证报告》(摘要,打印稿),1994年1月,藏中山大学外语与翻译大学院。

[②] 该时间段为外国语学院"英语语言文学学科"上次获得全国重点学科称号的时间至再次参评全国重点学科的时间。

出版专著 22 部，译著 30 部，教材 40 部。该学科点此时承担着 4 项国家和省级科研项目。已完成的科研项目中有 3 项获得了省级奖励。该学科点在学术交流方面，工作进展也十分顺利，成绩显著。在 20 世纪 90 年代前五年期间，该学科点主持了两次大型的国际学术会议，第一次是 1991 年 3 月举行的国际文化研究会第四次学术讨论会，出版了论文集；第二次是 1994 年 9 月举行的第四届澳大利亚研究国际研讨会，出版论文集。从 1993 年起，该学科点成为剑桥大学考试中心和国家教委共同指定的剑桥商务英语证书考试的考点，负责广州地区的考务以及试前的辅导工作。另外，每年出版一本论文集，刊登该学科点人员的科研成果，每年颁发科研奖。还充分利用该学科点的师资力量，接受其他学校（如河南大学）的博士研究生来上课。在 20 世纪 90 年代前五年期间，该学科点出国进修或合作科学研究 54 人次，参加国际学术会议 18 人次，接待海外学者讲学 6 人次。

除在人才培养、科学研究和学术交流方面所取得的学科成就之外，该学科的重要组成机构——英培中心也为国家和社会培训了大量人才，并很好地体现了该学科的应用性特色。

3. 相关支撑：英培中心与大英部

中山大学英语培训中心（下面简称为"英培中心"）成立背景、功能、发展见前章，在此不再重复。这里强调的是该英语专业教育机构在"英语语言文学学科"点中的重要地位和作用。在保证完成国家教委下达的培训任务的前提下，该中心每学期还招收代培生和自费生。为培养英语强化教学方面的师资力量，从 1986 年开始，还招收了以"应用语言学与专用英语"为研究方向的硕士研究生，是国家教委直属培训部中唯一招收研究生的单位。经过多年发展，中心无论在人才培养还是科研工作方面，均取得了显著成绩。曾有一个班 20 多人参加托福考试，取得了全部超过 600 分的好成绩。在完成国家教委分配的培训任务的同时，英培中心还根据广东省改革开放的实际情况，积极为社会培养英语人才。自 1980 年以来，英培中心培养的社会人才，大致可罗列如下[①]：

第一，为高校培养师资 500 多人。第二，为南油东部、西部公司，白天鹅宾馆，顺德广东通信设备有限公司，珠海机场，广州海关，广东对外劳务公司，肇庆外贸局，中山教育局，广东省农业厅，番禺人事局，南油广州对外劳务公司共培训 2000 多人。第三，培训自费生（包括自费出国人员）2300 多人。第四，培训夜大专科班学生 800 多人。第五，培训 TOEFL、BEC 等各种应试人员 2300 多人。第六，与电台合办英语教育课程，培训 2000 多人。自英培中心成立以来，主要通过教师们的通力合作，以老带新，来积极开展教学和科研工作。该中心在培训了大量人才的同时，还出版了著作 16 部，译著 5 部，词典 1 部，编写教材 11 本，发表论文 57 篇，译文 14 篇。所以，英培中心在"英语语言文学学科"中的地位不容忽视，贡献值得肯定。

---

① 《外国语学院"211 工程"预审工作素材》（打印稿），1995 年，藏中山大学外语与翻译大学院。

与英培中心相似，中山大学英语教学部在英语语言文学学科点中，也占有重要地位。① 英培中心主要是面向国家和社会的建设需要，而大学英语教学部则担负着中山大学全体学生的公共英语教学工作，因此是面向校内的，二者由此形成了良好的互补。大学英语教学部原名为公共英语教学部，1994年3月29日更名为大学英语教学部②。该部担负中山大学文理科各系本科生、硕士研究生、博士研究生的英语和第二外国语的教学任务。每年还要为参加全国大学英语四级、六级证书考试和参加全国硕士研究生英语科目入学考试的学生开设辅导班。

大学英语教学部的绝大多数教师是中青年人，他们勇于在教学实践中进行探索，自1985年实施全国统一的教学大纲以来，教学与科研成果喜人。进入20世纪90年代以来，中山大学本科生参加全国英语统考，通过率每次都远远高于全国重点大学的平均水平。1990年第一次全省研究生公共英语统考，中山大学即获得第一名。大学英语教学部由此荣获广东省"集体优秀教学奖"。为适应教学发展的需要，大学英语教学部的教师绝大多数此时已学会使用计算机，并初步做到能利用计算机以进行教学管理、编写教材、评阅试卷、分析考试结果、建立试题库等工作。在科研方面，大学英语教学部紧密结合教学实践，集体编写并出版了多本教材、教辅材料、词典等。

在重新评定国家重点学科之前，大学英语教学部即已开始了教学改革，并且在最终蝉联国家重点学科之后，教学改革仍在继续。大学英语教学部1991—1993年进行过全面的教学结构调整。新生入学后进行分级考试，根据他们的成绩把年级的教学班分为了快班、普通班和慢班三种层次。对不同层次的学生，大学英语教学部采取了不同的措施和教学方法。例如快班从二级开始教学，增加了口语、阅读和写作训练；慢班每期增加1个学时，并由教学经验丰富而且认真负责的老师任教，加强基础知识的训练；重点抓好普通班的教学组织和管理等。

1994—1996年，大学英语教学部重点狠抓听力、阅读和写作的教学。在每个学期的教学计划中，大学英语教学部都详细地规定了听力、阅读和写作等3个项目的教学内容、进度和指标，以保证学生有充分的时间和机会进行学习和训练。另外，大学英语教学部每年还组织教学公开课、学习辅导班和专题讲座，经过一段时间的教学和训练，中山大学学生在这3个方面有了显著的提高，听、读、写3种技能已成为中山大学英语教学的强项。1996—1998年又加强了口语会话的教学和训练。大学英语教学部除了要求教师和学生在课堂上使用英语教学外，还鼓励和推广各种有利于提高口语会话能力的活动。例如，成立用英文报告时事新闻的值日生制度，定期用英语进行专题辩论和学习经验交流活动等等。为了促进口语教学，大学英语教学部还试行了口语考试，成绩优胜者由学校授予口语合格证书。从1998年秋季起，该部加速了英语

---

① 该部分主要参考《中山大学外语学院本科教学评优自评报告》（打印稿），1998年9月20日，藏中山大学外语与翻译大学院。

② 《关于将外语学院外语系调整为外语一系和外语二系的通知》（中大【1994】149号），1994年3月29日。

口试、多媒体写作和翻译等教学试验,增开了一些应用性的选修课,使学生的听、说、写、读、译能力得到全面发展。

大学英语教学部教学改革的成效是显著的。这从中山大学1995—1998年连续四年大学英语四级统考与全国和广东省的其他学校的情况比较可得到证明①,见表5-1。

表5-1 1995—1998年中山大学与其他大学的大学英语四级统考成绩比较

考试年级	考试日期	比较单位	比较项目		
			合格率(%)	优秀率(%)	平均分
本科93级	1995.5	全国所有院校	49.7	2.1	59.47
		广东所有院校	50.5	2.7	59.93
		全国重点院校	65.3	4.6	64.29
		中山大学	76.5	10.9	68.88
本科94级	1996.6	全国所有院校	43.6	2.1	57.4
		广东所有院校	48.2	3.2	59.05
		全国重点院校	61.8	4.9	63.4
		中山大学	81	11.9	70.45
本科95级	1997.6	全国所有院校	43.1	2.5	57
		广东所有院校	49.6	4.75	59.59
		全国重点院校	63	5.7	63.82
		中山大学	85.7	21.6	74.08
本科96级	1998.6	全国所有院校	41.2	2.2	56.71
		广东所有院校	缺	缺	缺
		全国重点院校	60	5.4	63.01
		中山大学	85.8	19.9	73.75

大学英语教学部的教师们担任的工作任务较重,由于师资长期缺乏,教师不得不超负荷工作。由于大学英语教学部的教师以公共课授课为主,科研编制因此缺乏,科研实力相对较弱。尽管存在着这些实际困难,大学英语教学部依然取得了优秀的教学成绩,表现在中山大学学生在各项英语考试中,水平均位列全国领先位置;而且,伴随着教学改革工作的有序深入,大学英语教学部的工作日益更加出色。

---

① 《中山大学外语学院本科教学评优自评报告》(打印稿),1998年9月20日。

三、再次蝉联重点学科①

"文革"结束后,中国的各项建设事业均有待恢复和发展,重点学科的重新评定工作由此逐渐展开。1978年,国务院转发教育部《关于恢复和办好全国重点高等学校的报告》,恢复并增加了部分重点院校。经过调整与合并,至1981年底,全国重点高校已有96所。1987至1988年,国家教委在全国107所高校中,评选了416个国家重点学科,并利用世界银行的1亿美元贷款和其他经费,对这些重点学科的发展进行扶持②。中山大学在这次国家重点学科评选中,共有25个学科被评为国家重点,外国语学院英语语言文学专业一举中的。

1991年4月9日,全国人大七届四次会议批准了《中华人民共和国国民经济十年规划和第八个五年计划纲要》,明确提出,"有重点地办好一批大学。加强一批重点学科点的建设,使其在科学技术水平上达到或接近发达国家同类学科的水平"。为落实国家规划,国家教委向国务院正式上报了《关于重点建设好一批重点大学和重点学科的报告》。该报告提出,"建议由国家教委设置重点大学和重点学科建设项目,该项目简称为'211'计划"。

1993年2月13日,党中央、国务院正式发布了《中国教育改革和发展纲要》,指出"要集中中央和地方等各方面的力量",办好100所左右的重点大学和一批重点学科、专业。同年7月15日,国家教委发出了《关于印发〈关于重点建设一批高等学校和重点学科点的若干意见〉的通知》,这是国家教委为实施"211工程"所发布的第一个指导性文件。

1994年7月3日,在国务院《关于〈中国教育改革和发展纲要〉的实施意见》中,对"211工程"的表述为:"实施'211工程'。面向21世纪,分期分批重点建设100所左右的高等学校和一批重点学科,使其到2000年在教育质量、科学研究、管理水平及办学效益等方面有较大提高,在教育改革方面有明显进展。争取有若干所高等学校在21世纪初接近或达到国际一流大学的学术水平。"③ 通过《中国教育改革和发展纲要》以及《关于〈中国教育改革和发展纲要〉的实施意见》,国家重点学科被纳入到"211工程"中来,这就实现了国家重点学科与"211工程"的结合。由此,原来已经被评定的国家重点学科,就需要重新评定。外国语学院响应国家建设"211工程"的政策,积极自审,于1994年1月提交了《中山大学英语语言文学重点学科点论证报告》,并于1995年1月25日至3月1日间准备了《外国语学院"211工程"预审素材》。1996年8月,中山大学成为首批27所"211工程"高校之一。

---

① 该部分主要参考教育部:《"211工程"大事记》,网址:http://www.moe.gov.cn/publicfiles/business/htmlfiles/moe/moe_ 1985/200804/9084.html

② 王孙禹、孔钢成、雷环、邵小明:《改革开放以来我国高水平大学及其重点学科建设的回顾与思考》,载《中国高教研究》2008年第4期。

③ 《国务院关于〈中国教育改革和发展纲要〉的实施意见》,中发〔1993〕3号。

外语学院的英语语言文学专业也蝉联了国家重点学科。这意味着该学科在 10 年间，始终保持着全国最高层次的教学和科研水平。

英语语言文学学科蝉联国家重点学科，不仅是对外语一系学科实力的肯定，也是对外国语学院全体教职员工努力的肯定，并对其他外语专业的发展，起到了牵引和带头作用。外国语学院并不就此满足于已经取得的成绩，而是继续努力，以把外国语学院推向下一个辉煌。在接下来的几年时间里，外国语学院又在本科教学这一重要工作评估中，取得了骄人的成绩。

第三节　本科评优

一、评优背景

中国的高等学校教学工作评价，经过了长期的酝酿和发展。钟凯凯在《我国高等学校本科教学工作评价的回顾与思考》[①] 一文中，曾将这一工作大致划分为 4 个阶段。

第一阶段是 1978 至 1985 年。由于中国高等学校数量的增长，高校规模扩大，因此在教学质量和办学条件方面面临着一些问题。在改革开放的时代条件下，高校的教学工作也需要得到宏观指导，并实行管理的现代化。在这样的前提下，在国外被证明为行之有效的教育评价模式，被陆续地介绍到了中国。

第二阶段是 1985 至 1992 年。1985 年 5 月，《中共中央关于教育体制改革的决定》提出，教育部门要组织教育界和知识界等领域的专家，对我国高等院校办学水平，进行定期评估。上海在这一方面率先进行了试点研究，并针对工科院校的特点，提出了一套评价方法。

第三阶段是 1992 至 1994 年。这一阶段，高等学校的教育评估，被提到了转变政府职能和建立新型高等教育运行机制的高度。1994 年，按照"以评促改，以评促建，评建结合，重在建设"[②] 的评估方针，本科教学工作合格评估全面启动。

第四阶段是 1995 至 2000 年。在这一阶段里，1995 年 3 月，首批 108 所高校被国家教委确定为教学工作合格院校。1996 年 3 月，第二批教学工作合格评价共有 64 所高校参加。与此同时，本科教学优秀评价工作，也在 1995 和 1996 年，分两批对西安交通大学、北方交通大学、华中理工大学和东南大学等 4 所工科院校进行了试点。

在高等学校教学工作评价中，本科教学评价是主体，而本科教学评价的形式则包

---

① 钟凯凯：《我国高等学校本科教学工作评价的回顾与思考》，载《浙江海洋学院院报》（人文科学版），2002 年 3 月 30 日。

② 转引自钟凯凯：《我国高等学校本科教育工作评价的回顾与思考》，载《浙江海洋学院院报》（人文科学版），2002 年 3 月 30 日。

括了三种，即合格评价、选优评价和随机评价。本科教学评价，首先是进行了合格评价的试点工作，其次是开始在全国范围内推行合格评价工作，再到四所工科高校选优评价的试点。选优评价所针对的是办学层次和水平较高的一些院校，其目的是通过选优评价，使教学工作再创新高，办出特色，并择优支持。

在高等学校教学工作选优评价试点完成之后，陆续有十几所高校接受了选优评价的考核，中山大学正是这十几所较早接受选优评价考核的高校之一。1997年1月，中山大学成立了以校长王珣章为组长的本科教学评优领导小组，小组下设办公室，出身外国语学院的主管本科教学工作的吴增生副校长直接指导着本科教学评优工作的开展。①

根据中山大学各院系本科教学工作的实际，哲学系和生命科学学院被确定为本科教学优秀院系评价试点单位。1997年12月9日至1998年1月13日，学校先后组织了本科教学评优专家组全体成员，完成了对哲学系和生命科学学院的本科教学评价工作②，并继续在全校范围内推进本科教学评优工作的开展。

二、评优准备

1998年3月13日，外国语学院发函给校本科教学评优办，并抄送吴增生副校长和教务处伍钧锵处长，决定上半年暂不参加本科教学评优工作，力争在下半年将教学评优工作做好。下半年，外国语学院参与本科教学评优，这项工作在外国语学院引起了高度重视。为了顺利通过本科教学评优，外国语学院做了大量的准备工作。

1. 外国语学院1998年上半年教学工作重点③

1998年2月25日，为了做好本科教学评优工作，外语学院有针对性地对1998年上半年的主要工作内容作了规划：

第一，要求写出详细的教学工作总结，内容包括本专业人才培养的特色、在本科教学改革中所采取的具体措施、在师资培养方面所采取的具体措施以及科研活动所取得的成绩等。

第二，要求把本系（部、中心）各教师已正式出版的论文及书籍按人头归档，存入电脑里，书籍及论文按出版年份的先后次序排列。把教师们出版了的各种书籍及论文送一本（一篇）给学院作永久性资料保存。新大楼建成后，学院在图书分馆作专项展览及保存教师们的科研成果。学院明确说明，如果书籍较贵可由学院出资向教师购买，如属孤本，则可由学院复印。

---

① 中山大学评优办公室（陈振应、潘琦执笔）：《本科教学工作优秀院系评价试点工作的体会》，《中山大学学报论丛》，1998年4月30日。
② 中山大学评优办公室（陈振应、潘琦执笔）：《本科教学工作优秀院系评价试点工作的体会》，《中山大学学报论丛》，1998年4月30日。
③ "评优准备"的（一）（二）两部分主要参考：《外语一系1997—1998学年度教学总结》（打印稿），1998年7月，藏外语与翻译大学院。

第三，要求开发并应用多媒体教学软件。外国语学院在之前已经买了一批教学软件，当时就需要研究如何将其用在教学上。大学英语教学部当时已经开始使用多媒体软件制作，但还需继续完善，而其他各系（部、中心）也要考虑是否可以搞一些多媒体软件。

第四，要求抓好英语专业和公英部已经开始的教材编写工作。

第五，要求系（部、中心）制定各种促进教学改革，保证教学质量的措施。

第六，要求学生思想工作部写出学生工作小结，统计英、法、德、日各专业学生1990年以来的毕业就业情况（列表），分析社会对外语毕业生的需求情况；统计1990年以来学生的奖惩情况，分析政治思想工作的成绩及存在问题。

第七，要求办公室注意收集有关教学动态资料，建议办公室拍照一批照片，内容包括老教师指导年轻教师，博士、硕士生导师指导研究生的情况；外国专家讲学，给研究生、本科生上课的情况；学生在实习单位的工作情况；老师和学生的各种获奖现场情况；学院重大活动的情况，等等。此外，还要求及时把外国语学院的简报输入到校园网上。

第八，要求电脑室及声像资料室制定及完善各种规章制度，要求全院推广使用电脑。

为迎接本科教学评估工作，外国语学院在1998年上半年的工作计划里，做了详细的规划和要求。这一工作计划，为外国语学院本科教学评估工作提供了有力的工作指导。在工作计划指导下，外语一系和外语二系的本科生教学和科研工作以及外语学院学生管理工作均得以顺利地开展。

2. 外语一系本科生的教学与科研

（1）教学方面情况。1997—1998学年，外语一系的教师兢兢业业，甚至是超负荷地工作，按照专业教学大纲，因材施教，认真思考对不同类型的学生采用不同的教学方式方法，取得了较好的教学效果，较顺利地完成了教学任务。学生的学习积极性和主动性比较高，遵守纪律，尊重师长，比较配合教师的工作，做到课前预习、课后复习，课余多读有用书，94级毕业班的学业总评成绩较好。

外语一系在统考上也取得了较好成绩，四年级参加的全国英专八级统测（TEM8）均较为理想，平均分（64.94）和通过率（72.34%）分别比其他综合性大学高2.83分和10.39%。二年级参加的全国英专四级统测（TEM4）成绩同上一年持平，平均分达到了75.47分，[①] 分别比其他综合性大学和全国高校高出12.8分和12.86分；通过率仍为100%，分别比其他综合性大学和全国高校高出36.5%和35.7%。二年级同学取得良好（70分或以上）和优秀（80分或以上）者占全年级考生的81.6%，其中优秀者13人，为历年来最多。1998年，外语一系有57位同学毕业，同时取得文学学士学位。论文获得"良好"者29人，占全年级的50.88%，获

[①] 1993年，中山大学外语学院学生参加四级考试，被划为A档时，平均成绩为71.68分，而1997年成绩则为75.47分，由此可以看出本科教学工作的进步。

得"中等"者27人,占47.37%,获得"合格"的1人,占1.75%。外语一系的课本《综合英语教程》当时也正在加紧编写。另外,《应用语言学教程》当时正在申请立项。

(2)科研工作方面。1997—1998学年度,外语一系的科研工作取得了比较大的成绩,有以下5个特点:其一,学术气氛比前浓厚,出版或发表的科研成果数量较大、质量较好。外语一系教师共出版专著4部,词典1部,教材1本,合计400万字;发表学术论文30篇,其中在核心刊物发表的9篇,约占1/3;出版专著4本,即《戴镏龄文集》、《汉英语文研究纵横谈》、《语言学和语言的应用》和《语文研究群言集》,学术水平都很高。由戴镏龄教授和王宗炎教授指导、陈永培教授主编的《实用英语学习词典》质量好,特点明显,受到读者欢迎。其二,与教学密切相关的科研成果增加,所在发表的科研成果中,老、中、青教师撰写的教学论文愈来愈多。其中,王宗炎教授的《关于外语教学的三个问题》,颜学军副教授的《文学语言分析与文学教学》,夏爱武讲师的《词汇衔接手段在阅读试题中的应用》和朱珊讲师的《英汉音节结构比较和语音教学》等,都是理论联系实际、指导教学的论文,显示了外语一系从事教学科研的良好势头。在英专工作的院系领导对教学管理予以重视,并撰写了《教学大纲设计中的需要分析》、《英专教学与英专教学管理》和《论英语专业师资队伍的建设》等论文。其三,青年教师和研究生从事科研工作呈上升势头,已经有论文发表在外语类的核心刊物(如《外语与外语教学》和《外国文学研究》)上。其四,外语一系对外的学术交流进一步加强,该学年外语一系参加国内外重要的学术会议6人次。外语一系教师还对4所香港知名大学进行了学术访问,并邀请专家在外语一系举办了12人次的学术讲座。外语一系学生自编的杂志《Pilgrimage》编出了特色,上网之后颇受欢迎。

(3)师资队伍建设。1998年,外语一系教师的年龄结构和职称结构与1995年相比,有了可喜变化,整体素质有所提高,教师的平均年龄从1995年的46.6岁下降到当时的42.6岁。老、中、青教师的比例为1:14:10,教师年龄结构趋向合理,教授从1995年的8位增加到当时9位;副教授从1995年的7位增加到当时的10位。当时拥有高级职称者占全系教师的76%,比1995年的65.2%增加了10.8%。另外,外语一系当时有两位教师攻读在职文学博士学位,并拟从海外引进一至两名博士或博士后,以增强教学和科研力量。

外语一系在本科教学工作中能够取得一系列的成绩,还在于强化了教学管理。教学计划、教学安排、教学的实施(包括备课、上课、考核、作业、小结等)、教学改革等都逐步规范化,教师的工作、教学管理人员检查教学,师生进行的教学调查和上级部门指导教学都有教学文件作依据,干起来就心中比较有数、得心应手。外语一系各项工作的顺利展开,为外语学院本科教学评优工作奠定了良好的基础。

3. 外语二系本科生的教学与科研①

（1）法语专业教学。1957年，法语专业创立，后隶属外语二系，是中国中南和华南地区最早成立的法语专业。中国著名作家和翻译家梁宗岱教授曾于20世纪五六十年代任教于此。法语专业本科的主要课程有基础法语、高级法语、法语泛读、法语听力、法语口语、法语听说、法语写作、法国文化、法译汉、汉译法、法语口译、法语报刊选读、法国文学史与作品选读、商业法语、法语应用文等。法语专业在教学上一贯强调打好扎实的语言基本功，扩大学生的知识面，增强就业适应能力。1992年以来，法语专业便与法国有关方面进行合作交流，法国方面为支持外语学院的教学及科研工作，除了派专家常驻于此参与教学工作以外，每年还派专家为学生开设短期学术讲座，组织学术以及文化交流活动。此外，法国有关方面还向外语学院赠送了图书资料和设备。1992年9月，法国驻广州领事馆就为外语学院送来一批法语文学书籍和古典小说袖珍本，约100百本。后来又赠送了索尼牌录像机和电视机各一台。②

（2）法语专业教学成绩。法语专业学生在历次全国测试中均也获得了优异的成绩。在中国法语教学研究会1996年举办的法语作文和演讲比赛中，曾获全国第一名。法国驻华使馆1998年曾在中国各地40所院校挑选167名法语专业学生进行综合素质测试，从中选出15名优秀者到北京复试，最后选定5名优胜者。1996年法语专业94级学生涂申伟获得法语专业作文演讲比赛全国第一名③。1998年全国有5名法专学生应邀去法国观看世界杯足球赛并参加其他文化交流活动，涂申伟即是其中之一。

（2）德语专业课程设置和教学优势。1958年，德语专业成立。该专业以培养具有较高综合素质及德语运用能力的学生并为其日后服务社会打下坚实基础为教学目标。本科生的主要课程有基础德语、高级德语、德语口语、德语听力、德语翻译、德语写作、德语阅读、德语文学史、德语概论、德语国家国情、德语媒体专题、德语文学选读、德语表达实用手段、经贸德语、外事德语、德国文化史等。德语专业与德国学术交流中心、歌德学院等德国的重要文化交流机构长期保持着良好的关系，每年定期邀请对方的专家、学者前来讲学，并先后获得歌德学院的大量赠书。

（3）日语专业教学与成绩。1978年，日语专业成立。该专业本科主要发展方向有日语口译与笔译、日语教学与研究、日本文学、日本文化、经贸日语。课程主要有基础日语、高级日语、日语听力、日语会话、日语阅读、日语写作、日语翻译、日语概论、日本文学史、日本古典文学选读、日本近现代文学作品赏析、日本概论、日语语法、日本文化概论。

---

① 该部分主要参考《二系日专学生参加统考历年成绩统计》，1998年8月；《中山大学外语学院本科教学评优自评报告》（打印稿），1998年9月20日。

② 中山大学文件：《关于我校与法国合作举办双向学士学位项目的情况汇报》（中大外【1993】280号），1993年9月14日。

③ 易汉文主编：《中山大学编年史（1924—2004）》，中山大学出版社2005年版，第137页。

相较于外语学院其他专业，日语专业的学生有自己独特的口语训练的"秘密武器"——"相手（Aite）"。该名称是中国学生以日语命名，而日本学生则以中文将之命名为"互相"。所谓"相手"就是指一名中国学生与一名日本人结成伙伴，每周定时互相用中文和日文交谈，互相学习，共同进步[①]。该方法对提高日语口语起到了十分明显的效果。日语专业学生在历次日本语能力测试中，均取得了优异的成绩。日语专业三、四年级学生自1990年始，于每年12月上旬（第一个星期日）参加由中国国家教委与日本国际交流基金、日本国日本语教育协会联合举办的日本语能力测试（共分四级，其中一级为最高级）。在该项考试中，获一级合格证书者，在赴日本攻读硕士学位时，免试日语；获各考区一级第一名者，由日本国际交流基金邀请访日两周，费用全部由日方负责。

中山大学外国语学院日语专业学生自1990年始，三、四年级学生全部参加测试，并连续4年取得广州考区一级第一名（这8名同学均被邀请访日）。参加二级测试的同学也都获得了优秀成绩，1990及1991年均获第一名（1992年起只公布一级第一名，其他级别只发合格证书）。此外，外语二系日语专业学生每年参加统测的合格率，也居广州考区首位。1994年，日语专业三年级参加由国家教委日语专业教学指导小组组织实施的全国日语专业水平测试（全国50所大学日语专业参加，由广州外国语学院的杨诎等人出题，测试成绩由全国日语专业教学指导小组通知各校教务处，排名次序在专业教学指导小组内部公布），外语二系日语专业92级学生获得了全国第一名[②]。

外语二系各专业的本科生课程设置，专业性较强，涵盖面广，在各自的专业领域内均具有一定优势。但是，外语二系专业，尤其是法语和德语专业，均为长线专业，市场相对饱和。因此，外国语学院在教学改革中，格外注重将外语二系与外语一系的优势相结合，在法语和德语专业实行"双语制"，培养复合型人才。外国语学院的本科教学和教学改革工作，由此得以相互促进。

4. 学生活动和管理工作

本科教学的质量优良与否，与严格的教学管理制度及良好的学风分不开。教学管理可分为对教师的管理和对学生的管理两个方面。在学生管理工作方面，外国语学院成绩比较明显。学生工作领导小组通过多年实践，总结出一套行之有效的经验。例如，举行"知法、守法"主题教育活动和"外语节"活动。从1995年开始，外国语学院学生会每年都组织一次"外语节"活动，内容包括英语口语、作文、英文故事编写等口头、笔头比赛，外语剧本表演大赛，还有外国文化和外交礼仪讲座。这项活动当时已开展了3年，已经成为外语学院文化活动的一个特色项目，成为学生扩大专

[①] 曾沂（97级日语系）：《缭绕紫荆花香的中大外院二三事》，区鉷主编：《思华年》，广州：中山大学出版社2014年版，第272—275页。

[②] 易汉文主编：《中山大学编年史（1924—2004）》，广州：中山大学出版社2005年版，第129页。

业知识面的一个重要阵地并延续至今。1995年还组织了"欧美文化周"的大型系列活动，内容包括四大院系英语辩论赛，英语名片欣赏，欧美文化讲座和四、六级英语统考讲座等。"欧美文化周"主要是面向全校的英语爱好者，这对提高他们的英语水平起了一定的促进作用。学生会被评为1995—1996年、1997—1998年先进学生会。此外，还开展了青年志愿者活动。外国语学院团委1996年11月以来，成立了青年志愿者服务小组，到广州残疾者英语培训中心开展社区服务，利用周末，为残疾学生义务辅导英语，"残培英语义务辅导队"1998年获"广东省青年志愿者服务杰出集体"的称号。

在学生工作中，外国语学院结合学生的特点和兴趣爱好，开展了内容丰富多彩、形式多种多样的文化艺术、体育活动，让学生从中陶冶情操，培养集体主义精神。结合专业开展活动，外国语学院1994年成立了英语口语协会，1996年又成立了德语口语协会，利用课余时间组织同学开展口语活动。1994年以来还创办了外文报"*Pilgrimage*（朝圣）"，所有组稿、编辑和策划工作，均由同学担任。此外，还创办了中文版《云外》刊物，使爱好口语和写作的同学展示和发展他们的兴趣爱好。部分杂志寄到外校兄弟院系的学生会，从而扩大了外语学院的影响。

外国语学院根据女生多的特点，1995年还组建了以时装队、礼仪队、舞蹈队、合唱队为主的艺术团，为本院女同学锻炼自我、发挥特长提供了广阔的空间。该院举办了各种竞赛，例如："爱国与人生"演讲比赛及征集爱国与人生格言；香港知识竞赛；诗歌朗诵比赛；书画、插花比赛；卡拉OK比赛；篮球、排球、足球、羽毛球比赛；举办院运动会。此外，外语学院还开展了各类跨院校文化交流，如：请计算机系学生上计算机课，拓宽学生知识面；与暨大学生的口语活动；与广州外语学院学生的笔友活动；与深圳大学外语系学生的交流联欢等。

随着教育改革的不断深入，培养出适应社会主义建设新时期需要的高素质人才，已经成为外国语学院面临的首要问题。多年来，外国语学院在邓小平建设有中国特色社会主义理论的指引下，在学校党委和各级领导的带动下，勤于探索，勇于实践，在办学特色、办学层次、办学效果等方面，均取得了一些可资总结的经验。[①] 外国语学院不仅在本科教学和科研上不断取得新的成就，同时还注重学生的管理工作和组织学生开展各项活动；既注重培养学生的学术能力，又注重培养学生的实践能力，努力把学生培养成适应时代需要的复合型人才。

外国语学院的本科教学工作值得肯定。在外国语学院对其本科教学评优的自评报告中，外国语学院对其本科教学工作给出了中肯和实事求是的评价，既充分展示了自身工作的成绩，也认识到了当前工作中存在的问题，并且指出了合理可行的改进方向。

---

① 中山大学外国语学院：《中山大学外国语学院本科教学评优自评报告》（打印稿），1998年9月20日。

三、外国语学院自评

1998年9月20日，外国语学院提交了本科教学评优的自评报告。报告中说，外国语学院在中国改革开放向纵深发展的形势下，把培养社会主义建设新时期所需要的高素质人才当作首要问题。外国语学院在学校党委和各级领导的带领下，勤于探索，勇于实践，在办学特色、办学层次、办学效果等方面均取得了一些可资总结的经验。培养的毕业生受到用人单位的欢迎，在校生在全国的外语统考中成绩优良，教师的科研、教学成果在数量和质量上也比以往有了很大的提高。

自评报告的第一部分，详细介绍了外国语学院的基本情况，包括外国语学院的成立、组成部分、师资力量、下设单位及其情况、校际交流、图书馆藏书和接受教育资助情况等。其中，在校际学术交流方面，外语一系与香港大学的英文系、语言学系，美国的肯特州立大学英文系；外语二系的法语专业与法国巴黎第四、五、八大学，日语专业与日本的创价大学、东海大学、法政大学，俄语教学小组与莫斯科国立语言大学建立了学术交流关系。在藏书方面，外国语学院图书分馆有藏书76382册，语音室有供教学用的有声资料2800盒，录像带200多盒。在接受教育资助方面，1995年，泰国报业集团主席、著名爱国侨胞陈世贤先生，为支持国内教育事业的发展，资助外国语学院人民币100万元，设立了"陈世贤奖教奖学金"，陈世贤被聘为外国语学院名誉院长。香港合生创展集团公司董事长朱孟依先生赞助的、使用面积约9000平方米的新外语楼，也于1998年11月建成并投入使用。

在自评的第二部分，外国语学院对近几年的本科教学的改革思路、措施和实施效果进行了说明。以社会需求为导向，外国语学院对包括课程体系和教学内容在内的外语学科进行了调整。在课程体系改革中，外国语学院既注意所开课程的实用性，又注意到了语言学习的规律性。由此，外国语学院作了包括培养目标、教学内容、教学方法、教学手段、教学管理、师资队伍及教材建设等多个方面的多层次的改革。

1. 重视教师队伍的建设

在改革开放中，外国语学院充分认识到学院办学水平的高低，主要是由教师业务水平及素质，教学管理干部的水平及素质、生源情况、图书资料及现代化教学辅助手段的配备和使用等因素决定的。在诸因素中，教师的业务素质及教学管理干部的业务素质最为重要，因此，在这两个方面加大了工作力度。外语学院主要通过五种途径来提高教师素质：

（1）引进高学历高水平的教师。1998年前两年内，外语一系和外语二系先后从国内外引进了五名博士和多名硕士（不包括本系培养的硕士），以充实教师队伍，他们在教学和科研中发挥了积极作用。例如，外语一系引进的黄国文教授和外语二系日语专业引进的佟君，均是各自研究领域的佼佼者。

（2）"送出去、请进来"。"送出去、请进来"主要指选送外国语学院教师到国外进修，邀请客座教授尤其是外国教授到各系开设讲座。自1995年以来，外国语一系、二系先后送出了18名（其中一系8名，二系10名）中青年教师，到国外进行了半年到一年的研修。1995年以来,外国语学院一系和二系作讲座(报告)的海外专家教授分别达到50多人次。至1998年,外国语学院先后聘请过香港大学英语系的MiMi Chen教授、Helen Kwok教授、Piers Gray教授、香港大学语言学系主任陆镜光博士、日本神户女子大学石原清志博士为客座教授,聘请了华南理工大学秦秀白教授为兼职教授及兼职博士生导师,他们对学院的建设及年轻教师的培养,起到了不可替代的作用。

(3) 积极培养在职博士。培养在职博士的工作在1996—1998年间开展得比较快,此举既可以提高师资水平,又不影响正常的教学工作,一举两得。其时,共有6名教师在校内外相关专业攻读在职博士学位。外语一、二系的青年教师由此基本上都取得了博士学位或硕士学位。

(4) 充分利用人力资源,以老带新,实行传帮带。外国语学院鼓励年轻教师与老教授合作,参与科研工作和教学活动。一些年轻教师在博士导师或退休返聘老教授的悉心指导下,在学术论文的撰写方面,进步显著。王宗炎教授是英语语言学界的老前辈,尽管当时年事已高,仍担任英语专业重点教材《综合英语》的主编。

2. 重视科研工作

作为一门基础学科,外语学科的每位教师都承担着繁重的教学任务,但他们依然在科研方面取得了许多成绩。自1996年以来,外语一系在国内外共出版了专著、译著、教材和工具书14部、约合800万字;发表了学术论文100多篇,其中有1/3发表在核心刊物上,在国内颇有影响。在1996—1998年的三年时间里,外语二系教师出版译著29部,发表论文109篇。

外语一系的精读、二系的综合法语和日语精读先后被评为校级重点课程;1996年,外语一系的综合英语被评为省级重点课程。1998年正在进行的省级以上研究项目有"本土意识论"、"文学的跨文化研究"、"交际模型与语篇类型研究"、"日本语古典文艺思想论稿"、"两面的缪斯"、"时代转型时期的文学"、"广告交际学"等。

外国语学院也有意识地采取了各种措施鼓励教师开展科研工作和鼓励学生学习,学院为此设立了多种奖教、奖学金,例如陈世贤奖教奖学金、梅韬奖学金、周宗哲奖学金、龙门奖学金和年终奖等。

3. 重视教师队伍的思想建设

外国语学院重视教师队伍的思想建设,为了进一步建设一支素质好、水平高、结构合理的教师队伍,主要采取了下列措施:①组织教师学习马列主义、毛泽东思想和邓小平有中国特色的社会主义理论,提高教师的理论水平和思想水平。②重视教师职业道德建设,组织教师学习《广东省高等学校教师职业道德规范》和《中山大学教师教学规程》。1995—1998年间,外国语学院的教师和教学管理人员有15人次受到学校的奖励。③重视培养青年教师,安排他们到教学科研第一线,让他们发挥自己的才能,施展自己的才华。④为中青年教师创造良好的工作和学习条件,如优先安排他们出国进修学习或安排外籍教师指导他们在职进修。1993—1998年间,外语一系有10人,二系有19人、大英部有9人曾出国进修或学术访问。

4. 重视教学管理干部的素质培养

多年来，外国语学院主要领导十分重视教学管理工作，要求负责及参与教学管理的干部和人员在教学管理工作上，做到全力以赴、层层负责。到1998年前，在教学管理上已基本形成院、系专业教研室分工明确、齐抓共管的良好局面。

为加强本科教学的改革力度，搞好学科建设，外国语学院采取了以下四项措施：一是在选派出国进修人员时，对主管教学的干部做一定的倾斜。二是更新教学管理的方法，运用计算机进行教务和学籍管理是现代化管理中最基本的手段。三是重视教学情况及有关信息的反馈，每学期结束前，通过学生填写的《教学质量调查问卷》（包括对外籍学员），掌握全院教学情况的第一手资料。四是建立教学管理制度，制订了《外语学院教学管理规定》，并要求各专业教研室领导严格按照教学大纲完成教学任务，期末提交教学总结报告。

5. 教学成绩显著

自20世纪80年代末起，教育部门开始实行专业外语水平测试，以检查全国外国语学科的教学质量。这种全国统考的成绩是反映教学效果的一个硬指标，多年来，外国语学院在统考中都取得了优异成绩。

例如，英语系在1994年的1992级英专四级统考中，合格率为83.72%，比全国平均合格率高36%；同年的1990级八级统考，合格率超出全国平均数的34.77%。1995年的1993级英语专业四级统考合格率为100%，比全国平均合格率高40.86%，比其他综合性大学合格率高出25.25%；同年，1991级的八级统考，合格率超出全国平均数的35.19%，比其他综合性大学高出14.81%。1996年的94级英专四级统考合格率达到97.79%，合格率比全国平均数高出22.82%。据教育部南方考试局公布材料，中山大学外语教学是当年广东省参加1993年英语专业四级统考中唯一进入A档的学校。[①] 1997年四级统考的平均通过率为95.46%，比其他综合性大学的平均通过率（65.24%）高30%；八级统考的平均通过率为67.54%，比全国的平均通过率（51.45%）高16%。1998年四级通过率为100%，分别比全国高校平均合格率高41%，比其他综合性大学平均合格率高35.4%。

6. 重视教材建设

高水平的外语教材不容易编写，外国语学院的教师教学任务又比较繁重，但外国语学院一直把教材作为一项基本建设来抓，外语一系的综合英语自1996年被评为省级重点课程后，就开始着手编写英语专业《综合英语系列教材》。本教材由著名语言学家王宗炎教授担任主审，博士生导师区鉷教授任主编。1996—1998年间，全院共编写了教材或辅助教材24种，其中部分已正式出版。

---

① 《外国语学院给中山大学教务处的报告》（打印稿）之附件——南方考试局：《学校成绩统计单》，1993年10月22日。根据该报告和成绩单显示，在参加统考的163所学校中，A档学校共有25所，中山大学外国语学院排名第19名。第1名为复旦大学。

7. 做好学生的管理工作

本科良好教学的质量是与具有严格的教学管理制度及良好的学风分不开的。教学管理可分为对教师的管理和对学生的管理两个方面。在学生管理工作方面外国语学院做出了较好成绩。学生工作领导小组办通过多年实践，举办各种有特色的活动，总结出一套行之有效的经验，具体情况，已见前面，此不重复。

8. 存在问题和整改措施

在肯定自身工作的同时，外国语学院也充分认识到了本科教学工作中还存在一些问题，这些问题主要是：

第一，教学投入不足。尽管"九五"期间国家对委属高校的投入比"八五"期间有所增加，但增长率仍低于物价增长指数。第二，教师队伍建设方面。多年以来，外语教师不足的现象十分严重，这给外国语学院的工作增加了极大的压力。此外，学校人事部门核定的师生比例也远高于其他外语院校。外国语学院甚至没有事实上的研究人员编制。这对此后的学术进步极为不利。第三，实习基地问题。外国语学院各系各专业实习地方主要是广交会及珠江三角洲的合资企业，而由于建立永久性的实习基地需要对方提供长期宿舍，因此，关于实习基地的协议很难签订。

关于1999年的工作重点，外国语学院也提出了合理的整改设想。主要集中在两个方面：一是，锐意革新，探索人才培养新路。外国语学院在邓小平教育思想指导下，培养面向社会实际需求的复合型人才。二是，大力发展多媒体教学。多媒体在外语教学中是大有用场、有着广阔发展前景。1998年前几年外国语学院在相关方面已经做了大量的工作，并希望能够借该院新教学楼落成之机，在多媒体软件的建设和使用上取得较大进步。[①]

外国语学院对其本科教学工作的评价全面而中肯，既充分肯定了自身工作的成绩，也清醒认识到了工作中的不足和所面临的客观问题，为后续的学校评定奠定了良好的基础。

四、学校评定[②]

1998年11月23日，外国语学院本科教学评估工作，在经过自评阶段之后，进入了中山大学学校评定阶段。

1. 评定依据和途径

针对外国语学院本科教学评优工作，评优工作专家组成员听了个别教师的讲课，并对英语专业96级学生，日语、法语、德语专业95、96级学生做了问卷调查。期间，评优工作专家组听取了外国语学院领导的本科教学的自评报告以及回答专家组提

---

① 以上部分主要参考中山大学外国语学院：《中山大学外国语学院本科教学评优自评报告》（打印稿），1998年9月20日。

② 该部分主要参考中山大学本科教学工作评优专家组文科小组：《关于外国语学院本科教学工作评优的报告》（打印稿），1998年11月30日，藏外语与翻译大学院。

出的问题；参观考察了新的外国语学院大楼和正在搬迁、更新的图书资料室、电脑室、语音室、会议厅等各种设施；分别召开了中老年教师、青年教师、学生（两个组）等4个座谈会；访问了老教授王宗炎、李根洲；认真审核了本科教学评优指标体系要求的有关档案资料。在此基础上，外国语学院本科教学评优工作于1998年11月23至30日进行。经过认真、严肃的分析和讨论，专家组认为外国语学院下属的两个学系、一个大学英语教学部、两个培训中心，近年来各方面的工作均有明显的进步。

由于本次评优主要对象是本科教学工作，学校下属的英语、汉语两个培训中心并不属于这一范围。大学英语教学部在全校本科教学中占有重要地位，近年来教学成绩突出，中山大学学生考试成绩居历届全国英语统考前列。但是，考虑到大学英语教学部教师队伍庞大，且教学对象主要为其他院系的本科生，大学英语属于全校的一门公共课，因此评优工作专家组研究决定，在本次评优活动中暂不将大学英语教学部的本科教学工作列入在内。[①] 这对外国语学院本科评优而言，显然有所吃亏。

2．评定结论

专家组从教学指导思想和改革思路、教学条件、师资队伍、学科作用、教学管理、专业建设、课程建设、实践教学、学风与教学环境、教学效果以及教学工作特色等11个方面对外国语学院的本科教学工作进行了评价。

（1）教学指导思想和改革思路。专家组认为，外国语学院领导积极贯彻"面向现代化、面向世界、面向未来"的办学方针，重视本科教学且教学成绩显著，其培养复合型外语专门人才的目标也符合社会经济形势和社会实际需要。

教学改革的开展，在提高专业教学水平的基础上，开展学科渗透和拓宽专业口径，有力地肯定了教师的敬业精神和调动了学生的学习积极性。

（2）教学条件。专家组认为，尽管外国语学院经费并不充裕，但仍然对本科教学投入了大量经费。这些经费主要用于购置设备、开展教研活动、奖励优秀教研成果、设置奖学金等。而由朱孟依先生赞助的新外语大楼的启用，也将极大地改善教学条件。

同时，专家组也指出了外国语学院教学条件的一些不足：图书和音像资料虽然有增长，但仍嫌陈旧和不足；校园网的使用，当时均为教师个人联网，学院还没有公用的校园网系统，资料的管理和查阅也未能联网。

（3）师资队伍。外国语专业的特殊性，社会需求大，人员流动性也大，吸引优秀教师难度较大，但外国语学院在这一方面做了大量的工作通过各种方式引进了一批中青年教师以充实教师队伍。同时，外国语学院教师师德崇高，教师的精神面貌良好，大部分教师每年都超额完成教学任务，教学态度及教学效果均获得学生的好评。而不足之处主要在于，外国语学院部分教师对科研重视不够，承担课题较少。

（4）学术交流。从校外看，外国语学院利用自身的特点，开展与中国香港、美国、法国、日本、俄罗斯等国家和地区的多家大学的学术交流活动。从校内看，外国

---

① 《关于外国语学院本科教学工作评优的报告》（打印稿）。

语学院利用校内多学科的优势,加强院系合作,如由日语专业牵头建立跨学科的中山大学日本研究中心等。同时,外国语学院积极邀请国内外、校内外的专家为学生开设有关课程,举办各类讲座,每年达 30 次之多。

(5) 教学管理。外国语学院重视教学管理,注重实效,管理工作符合规范。主管教学的 3 位副院长、系主任中,2 位是教授,1 位是副教授。学院办公室主任具有大专学历,教务员具有大学本科学历并能运用计算机进行教学管理工作。教学管理干部素质较高,重视外语教学规律的探索和教学经验的总结,1996—1998 年共发表了近 10 篇教学研究论文。外国语学院一直坚持每年拨出专款,资助在《中山大学学报论丛》发表本院教师的教学科研成果,1996—1998 年共发表教学研究论文 70 余篇。院、系领导重视教学检查,举行教学工作座谈会,教研室主任听课、期中教学工作总结和以问卷形式了解教学效果等做法,行之有效,已经形成制度。学院制定了包括《外国语学院教学管理规定》在内的一系列规章制度,保证了教学计划正常完成。学籍、教学大纲、教学会议记录、教学总结、试卷、试题集等教学文件保管工作比较细致。多年来,外国语学院坚持编印《简报》,通报教学情况,及时反馈信息,有助于改进教学工作。

(6) 专业建设。外国语学院的本科教学课程均有教学大纲,其中部分大纲是全国外语专业统一使用的,教学内容较为系统、完备。实行主副修的做法,使课程设置体现了多学科交叉的特征,学生在加强外语专业基本训练的同时,提高了综合素质,增强了社会适应能力。

(7) 课程建设。外国语学院根据"九五"发展规划,面向 21 世纪,有计划地对教学内容和课程体系进行改革,形成了由基础课、专业课、选修课和副修课构成的课程体系。在专业课教学中,把学生的外语学习分成基础阶段和提高阶段开展教学,抓好基础课和主干课,收到明显的成效。各主干课程都有教授、副教授主持参与建设,综合英语被列为省重点课程,综合英语、日本语言文学、综合法语等三门课程被列为学校重点课程。在具体的教学活动中,根据外语教学的特点和需要,部分课程采用了录音、录像、幻灯、电影、电视等电化教学手段,电脑多媒体教学正在起步,外国语学院对进一步提高多媒体教学的水平也作了相应的规划。外国语学院克服各种困难,努力把教材建设作为一项基本建设来抓,1996—1998 年 3 年里,编写了教材和辅助教材 24 种,取得了一定的成绩。但教材的获奖数量少,获奖级别仍有待提高。

(8) 实践教学。外国语学院结合外语专业教学的特点和广东地区的具体情况,灵活多样地利用每年春秋两届出口商品交易会、广州地铁与大亚湾核电站等工程项目和珠江三角洲地区的外资企业作为学生的实习场所,完成教学计划规定的各项实习要求,得到各实习单位的好评。与此同时,还组织学生开展各种形式的校外实践。英语专业义务为广州残疾人英语培训中心开展课外教学活动,受到社会的高度评价,1998 年获得"广东省青年志愿服务杰出集体"的称号。

(9) 学风与教学环境。外国语学院重视教风与学风建设,调动教师与学生两方面的积极性。教师言传身教,敬业爱岗,教学效果普遍良好。教学管理干部熟悉业务，工作踏实，管理合乎规范。外国语学院每年都开展优良学风班的评奖活动，促进学风建设。一年来，先后有16个班被学校评为优良学风班。其中，日语班被评为校级优良学风标兵班，并被评为省级先进班集体。

外国语学院积极开展第二课堂活动，营造校园学术文化氛围，已经形成行之有效的制度，并取得良好的效果。通过第二课堂活动，既陶冶了学生的情操，又促进了学生的专业实习。

（10）教学效果。外国语学院学生形成刻苦攻读的良好风气，学生专业基础扎实，知识面宽，适应能力强，思想素质与业务素质普遍较高。在教育部组织的专业外语水平测试中，外国语学院学生多年来都取得了优秀成绩。该院学生由于专业基础扎实，读、听、说、写能力较强，综合素质较高，毕业后受到用人单位的普遍好评。

（11）教学工作特色。外国语学院在本科教学方面已经形成自己的特色：第一，加强基础课教学，重视学生的基本技能训练，使学生打下扎实的专业基础。第二，拓宽专业口径，通过课程内容的改革，开设选修课和专题讲座、实行主副修制度等途径，培养复合型人才，以适应社会需求。第三，加强综合素质教育。既重视学生专业知识水平的提高，又重视学生思想素质的教育和工作能力的培养。第四，重视青年教师的培养。通过引进人才、外出进修、培养在职博士、以老带新等方式，使青年教师的教学水平迅速提高，使他们在本科教学中发挥了重要作用。

与此同时，专家组也从外国语学院进一步发展的角度，并结合评优指标中的某些弱项，提出了四方面建议：第一，在继续重视学生基本技能训练的同时，进一步加强对学生的基础理论与学科前沿知识的教育，增加本科毕业生攻读硕士学位研究生的人数。第二，进一步加强教材建设。第三，采取有效措施鼓励科研，培养学科带头人。第四，加强教学管理，进一步改善教学设施。

本科教学工作评优指标共52项，其中5项（第25、32、33、34、42项）为外国语学院缺项，因此，外国语学院参评的指标共47项。经专家组的评议、打分，最终，结果如下：核心项目18项，评为A级16项，B级2项；非核心项目29项，评为A级23项，B级1项，C级5项。专家组认为，外国语学院本科教学工作整体上是好的，可以评为优秀，报请学校本科教学工作评优领导小组审定。

1999年3月25日，中山大学发布1999年第094号文件《关于数学与计算机科学学院、外国语学院本科教学工作评价结果的通知》，通报各院系，学校领导小组一致同意批准外国语学院为本科教学工作优秀院系，并予以奖励，以资鼓励。至此，外国语学院本科教学评优工作最终圆满告一段落，并为后来整个中山大学参加全国评优取得良好成绩，作出了自己的贡献。

在外国语学院进行本科教学评优工作的同时，该院的教学改革工作也进行得如火如荼，两项工作互相交织。本科教学评优工作虽已告结束，而教学改革工作则还在持续进行当中。

第四节　教学改革

中山大学外国语学院在 1992—2000 年间，秉承原外语系的历史传统，汇聚国内外优质的教育资源，践行"开眼看世界"的办学理念，在国际化与开创本土特色的办学之路上取得了丰硕成果。经过 8 年的教学改革探索和实践，中山大学外国语学院的国际化与开创本土特色的办学理念不断丰富，本科生与研究生的教学改革思路日趋明晰，办学特色得到了社会各界的普遍认可，因此多次获得设立教育和考试机构的资格。

一、本科专业外语的教学改革

中山大学外国语学院在 1992—2000 年间，高度重视本科人才培养工作，认真贯彻落实学校各项规章制度，修订完善教学质量监控体系，确保教学质量的不断提高。通过积极开展教学研究，进行人才培养模式、教学内容、教学方法和手段的改革，教学质量稳步提升。与原外语系相比，本科人才培养取得了长足的进步。

外国语学院建院后，在本科专业外语教学上积极推进教学改革，在 1992—2000 年间，本科专业外语教学改革以专业为单位，英、法、德、日 4 个专业逐渐形成了具有明显特色的学科方向。

1995 年，戴镏龄、方淑珍、王宗炎讨论教学问题

1. 重点学科：英语语言文学

（1）专业特色，如前面所述，作为再次蝉联全国重点学科的英语语言文学专业，其本土性、跨学科和应用性三大特色和优长，自然深刻地反映和渗透在本科教学及其科研改革之中。首先，本科教学的本土性，即立足本国进行外国文学研究、教学和翻译工作，立足于中国的学术实践和汉语的现实，来评介西方语言学理论和中西文学比

较研究；以中国人的眼光，在中国文化的背景下，理解和欣赏美国现代诗歌等等。其次，改革后的英语语言文学专业，加强了对外交流。表现在：英语语言文学把专业教学和科研领域外延到文化学和翻译学，举办国际文化研究会、"丝绸之路"大型考察活动及澳大利亚研究国际研讨会等学术活动；推进英汉文学比较研究，以争取在国外发表论文；在本科教学中开设了有关欧洲文化的课程。最后，英语语言文学专业改革后，尤其注重应用性。这表现在本科生开设了外贸英语、口译、笔译等应用型课程，致力于培养具有扎实的语言基础、较深的中西文化修养、较强的创新能力和独立工作能力的全面型英语人才，以使英语专业的毕业生可胜任企业、事业单位、科研机构的涉外工作。

（2）确立专业核心课程。探索如综合英语Ⅰ-Ⅳ、英语口语Ⅰ-Ⅳ、英语写作Ⅰ-Ⅳ、经典阅读等专业核心课程，采取中外教师共同授课模式，既发挥中国教师传授语言知识的强项，又引入外国教师生动活泼的课堂活动，使外语课既传授知识，又培养语言技能，取得了较好的效果。

（3）专业特色课程。充分利用外国语学院的语言实验室，采用多媒体手段，开展讨论式、互动式语言教学，结合中外教师的师资优势，探索如经典阅读、文化研究、语篇与翻译、语言学专题、专题口译等专业特色课程的教学模式。

（4）本科生培养的7项要求与规格改革。

第一，根据英语专业教学的规律，将4年的教学过程分为两个阶段，即基础阶段（一、二年级）和高年级阶段（三、四年级）。

第二，基础阶段的主要教学任务是传授英语基础知识，对学生进行全面的、严格的基本技能训练，培养学生实际运用语言的能力、良好的学风和正确的学习方法，为进入高年级学习打下扎实的专业基础。

第三，高年级阶段的主要教学任务，是继续修炼语言基本功，学习英语专业和相关专业知识，进一步扩大知识面，增强对文化差异的敏感性，提高综合运用英语进行交际的能力。

第四，在高年级阶段里，学生可以选择3个专业方向（语言、文学、翻译）中的一个作为学习重点，选修相关的课程。修够专业方向选修课规定的学分，便可获得英语专业某个专业方向的毕业证书。

第五，初步掌握一门第二外国语（如日语、法语、德语或俄语），借助词典看懂所修语言的一般难度的书刊。

第六，全部学生在第四学期顺利通过全国英语专业四级统测，绝大部分学生在第八学期能顺利通过全国英语专业八级统测。

第七，身体健康，心理素质良好。

2．法语专业

（1）本科教学计划培养目标。通过4年本科教育，培养德、智、体全面发展人才。学生毕业时在法语语言文学及文化方面应有过硬的基础，参加工作后有较强的适应能力。法语专业的教学，重点在于训练学生的法语技能，包括听、说、读、写、译等几个方面，同时兼顾法语、文学、文化、商业以及应用文写作等方面的知识，以期学生毕业后能够尽快适应不同岗位工作的需求。随着中法两国特别是广东省与法国的经济、文化、教育等方面交流的不断发展，广东乃至全国对法语人才的质与量的需求都有很大的提高，工作内容也有日益多样化的趋势。这就要求法语专业的毕业生不仅要适应一般科研行政单位和外贸、外企的口译与笔译工作，还要适应文化交流部门的工作特点。鼓励学生在学好本专业知识的基础上，辅修其他专业的课程。在培养学生专业技能的同时，还要求他们掌握文史哲经法方面的知识及电脑应用的能力，使其真正成为能够担负起21世纪重担的跨世纪的复合型人才。此外，还要组织教师对成绩优异且有意继续深造，即报考相关学科研究生的法语专业学生，进行一些理论与实践上的指导教育。

（2）培养规格和要求。要求学生具有外语工作者必须具备的多种语言基本知识、基本技能和基本素质。

在基础阶段（第一、二年级）应以教育部高等学校外语专业教学指导委员会法语组编制的《高等学校法语专业基础阶段教学大纲》为基准，使学生在法语语言、基础语法及听说能力上具备良好的素养，并能顺利通过全国专业法语四级考试。在基础阶段，以专业课学习为主，同时指导学生按一定的比例选修全校性的公选课、素质教育选修课，以加强人文精神和科学精神的教育。

在高级阶段（第三、四年级），按照教育部高等学校外语专业教学指导委员会法语组编制的《高等学校法语专业高年级阶段教学大纲》的具体要求，在学生通过基础阶段的训练，已经掌握听、说、读、写、译等能力的基础上，进一步加强法国语言规律和文化知识的掌握和理解。相应地开设法国文学、法国文化等课程。

处于高级阶段的法语专业四年级学生在第四学年中，原则上要参加由法国教学委员会与中国国家教育部联合举办的法语四、八级测试。在高级阶段还要指导学生上好计算机应用、计算机法语文字处理实习课及多媒体教学课，使学生在从事企事业单位和涉外单位的翻译、高校教学及研究机构的研究工作时，具有较强的竞争能力。作为大学法语专业的学生，原则上要以英语作为第二外语。中学阶段若以英语作为第一外语的学生，须修学大学英语（公共必修课）的常规课程，若以非英语语种作为第一外语的学生，可参加大学英语预备级（或相应程度）课程学习，其考核标准按零起点掌握。

教学特色活动。1993年，中山大学向国家教委国际合作司汇报该校与法国合作举办双向学士学位项目的情况。中山大学法语专业和经济学专业学士学位学制4年，采用主、副修办法，执行与法方的合作项目。即在四年时间内，法语专业和经济学专业的学生，除分别完成150～160个本专业规定的学分外，法语专业的学生多修30个学分的经济学课程，即修完经济学专业本科生的主干课程；经济学专业的学生要完成30个学分的法语课程，要求其法语的听、说、写、读能力，能达到法语专业本科生二年级下学期的水平。

从1992年秋季学期起，中山大学外国语学院二系法语专业三年级（1990级）有

17名学生开始辅修经济学专业。由于经济系教师人手短缺，无法为法语专业的学生单独设班授课，17名法语学生插至经济系本科生的班级中听课，周学时8小时。经过一学年的学习，17名法语专业学生中除3名因负担过重、放弃经济学专业学习外，其余14人坚持了下来，并已修完了19个学分的课程。春季学期再修3个学分，在毕业前就能完成30个辅修学分。经济系从1991级56名学生中挑选出22名成绩特别优良的学生从1993年春季学期起开始辅修法语专业，法语专业的教师单独为经济系的学生设班授课，周学时8小时，中方教师负责学生的精读、语法课程，法方专家负责口语课程。经过一学期的学习，22名学生坚持下来，完成了8个学分的法语课程的学习。该合作项目从无到有，中山大学认为，这是个良好的开端，应该肯定并坚持下来。

中山大学经济系和外语系法语专业，除按正常教学计划投入师资力量，分别为双向学士学位项目的学生上主修课外，外语系法语专业还抽出陈那福副教授，专门为经济系的学生上法语精读和法语课。另外，法国政府选派法语教师沙比（Saby Robin）先生来中山大学任教一年半，时间从1993年2月起至1994年7月止，为这个项目的经济系学生担任法语口语课，为法语专业的学生开设商业法语课。

（4）图书资料和设备。1992年9月间法国驻广州领事馆曾为该项目送来一批法语书籍，约100本，均为文学书籍和古典小说袖珍本，后来又赠送了索尼牌录像机和电视机各一台。

奖学金名额。1992年8月至1993年8月，中山大学外语系法语专业周小成讲师用该项目的奖学金赴法进修一年[①]。

3. 德语专业

（1）德语专业教学改革培养目标。通过4年本科教育，培养德、智、体全面发展人才。学生毕业时在德语语言文学及文化方面应有过硬的基础，参加工作后有较强的适应能力。

德语专业的教学，重点在于训练学生的德语技能，包括听、说、读、写、译等几个方面的能力，同时兼顾德语语言学、文学、文化、商贸、科技以及应用文写作等方面的知识，以期学生毕业后能够尽快适应不同岗位工作的需求。随着中德两国特别是广东省与德国的经贸文化教育等方面交流的不断发展，广东乃至全国对德语人才的质与量的需求都有很大的提高，工作内容也有日益多样化的趋势。这就要求德语专业的毕业生不仅要适应一般科研行政单位和外贸、外企的口译与笔译工作，还要适应文化交流部门的工作特点。鼓励学生在学好本专业知识的基础上，辅修其他专业的课程。在培养学生专业技能的同时，还要求他们掌握文史哲和经济法律方面的知识及电脑应用的能力，使其真正成为能够担负起21世纪重担的跨世纪复合型人才。此外，还要组织教师对成绩优异且有意继续深造即报考相关学科研究生的德语专业学生进行一些

[①]《关于我校与法国合作举办双向学士学位项目的情况汇报》（中大外【1993】280号），1993年9月14日。

理论与实践上的指导教育。

（2）培养规格和要求。

第一，学生具有外语工作者必须具备的多种语言基本知识、基本技能和基本素质。

第二，在基础阶段（第一、二年级）应以教育部高等学校外语专业教学指导委员会德语组编制的《高等学校德语专业基础阶段教学大纲》为基准，使学生在德语语言、基础语法及听说能力上具备良好的素养，并能顺利通过全国德语专业四级水平考试。在基础阶段，以专业课学习为主，同时指导学生按一定的比例选修全校性的公选课、素质教育选修课，以加强人文精神和科学精神的教育。

第三，在高级阶段（第三、四年级），按照教育部高等学校外语专业教学指导委员会德语组编制的《高等学校德语专业高年级阶段教学大纲》的具体要求，在学生通过基础阶段的训练和已经掌握听、说、读、写、译等能力的基础上，进一步加强德语语言规律和文化知识的掌握和理解。相应地开设德语文学、德语国家国情等课程。

第四，处于高级阶段的德语专业四年级学生在第四学年中原则上要参加全国德语专业八级水平考试。

第五，在高级阶段还要指导学生上好计算机应用、计算机德语文字处理实习课及多媒体教学课，使学生在从事企事业单位和涉外单位的翻译、高校教学及研究机构的研究工作时，具有较强的竞争能力。

第六，作为大学德语专业的学生，原则上要以英语作为第二外语。中学阶段若以英语作为第一外语的学生，须修习大学英语（公共必修课）的常规课程；若以非英语语种作为第一外语的学生，可参加大学英语预备级（或相应程度）的课程学习，其考核标准按零起点掌握。

4. 日语专业

（1）日语专业改革教学培养目标。通过4年本科教育，培养德、智、体全面发展人才。学生毕业时在日语语言文学及文化方面应有过硬的基础，参加工作后有较强的适应能力。

日语专业的教学，重点在于训练学生的日语技能，包括听、说、读、写、译等几个方面，同时兼顾日语学、文学、文化、经贸、外事等方面的知识，以期学生毕业后能够尽快适应不同岗位工作的需求。随着中日两国特别是广东省与日本的经贸、文化、教育等方面交流的不断发展，广东乃至全国对日语人才的质与量的需求都有很大的提高，工作内容也有日益多样化的趋势。这就要求日语专业的毕业生不仅要适应一般科研行政单位和外贸、外企的口译与笔译工作，还要适应文化交流部门的工作特点。鼓励学生在学好本专业知识的基础上，辅修其他专业的课程。在培养学生专业技能的同时，还要求他们掌握文史哲经法方面的知识及电脑应用的能力，使其真正成为能够担负起21世纪重担的跨世纪复合型人才。此外，还要组织教师对成绩优异且有意继续深造即报考相关学科研究生的学生进行一些理论与实践上的指导教育。

培养规格和要求。学生具有外语工作者必须具备的多种语言基本知识、基本技能和基本素质。

在基础阶段（第一、二年级），应以教育部高等学校外语专业教学指导委员会日语组编制的《高等学校日语专业基础阶段教学大纲》为基准，使学生在日语语音、基础语法及听说能力上具备良好的素养，在第二学年能够参加并顺利通过教育部高等学校外语专业教学指导委员会日语组组织的日语专业四级考试，第三学年内能够参加并顺利通过由日本国际交流基金会与中国国家教育部联合举办的日语能力二级测试。在基础阶段，以专业课学习为主，同时指导学生按一定比例选修全校性的公选课、素质教育选修课，以增强人文精神和科学精神。

在高级阶段（第三、四年级），按照教育部高等学校外语专业教学指导委员会日语组编制的《高等学校日语专业高年级阶段教学大纲》的具体要求，在学生通过基础阶段的训练已经掌握听、说、读、写、译等能力的基础上，进一步加强语言规律和文化知识的传授，相应地开设日语概论、日本文学、日本文化等课程。

处于高级阶段的学生，在第四学年中，原则上要参加由日本国际交流基金会与中国国家教育部联合举办的日语能力一级测试和教育部高等学校外语专业教学指导委员会日语组组织的日语专业八级考试。在高级阶段还要指导学生上好计算机应用、计算机日语文字处理实习课及多媒体教学课，使学生在从事企事业单位和涉外单位的翻译、高校教学及研究机构的研究工作时，具有较强的竞争能力。

作为大学日语专业的学生，原则上要以英语作为第二外语。中学阶段若以英语作为第一外语的学生，须修习大学英语（公共必修课）的常规课程，若以非英语语种作为第一外语的学生，可参加大学英语预备级（或相应程度）的课程学习，其考核标准按零起点掌握。

5. 获得本科教育教学改革立项项目

外国语学院建院以来，科研水平有了很大的提高。与此同时，学院承担教改科研项目的能力显著提高。

根据2000年12月11日教育部高等教育司的《关于批准"新世纪高等教育教学改革工程"本科教育教学改革立项项目"外语专业教学改革研究与实践"有关立项项目的通知》，批准了由高等学校外语专业教学指导委员会主持的"高校外语专业教学改革研究与实践"（项目编号：126101008）项目中的有关立项项目。这些项目是由高等学校外语专业教学指导委员会评审通过，纳入"新世纪高等教育教学改革工程"本科教育教学改革立项项目管理的。本次立项项目得到上海外语教育出版社的资助，项目经费由高等学校外语专业教学指导委员会通过该出版社下拨。中山大学外国语学院在"新世纪高等教育教学改革工程"本科教育教学改革立项项目中，获得"外语专业教学改革研究与实践"有关立项项目[①]，如下表：

---

① 《"新世纪高等教育教学改革工程"本科教育教学改革立项项目"外语专业教学改革研究与实践"有关立项项目》（1－2000－KY1100－025），2000年12月11日。

项目名称	主持人	主持单位	项目完成时间	资助总资费（万元）	所在地区	项目类别
复合型人才与纯语言外语人才的差异	黄国文	中山大学	2003年8月	1	广东省	外语

二、研究生公共英语教学改革

外国语学院，秉持原外语系的优良教学传统，承担起全校各专业研究生的英语教学工作。上好公共基础课，是外国语学院的责任，也是外国语学院实现自身价值的机会。外国语学院在合理调配当时所有师资的基础上，克服诸多困难，保质保量完成全校公共基础课的教学任务。多年来，外国语学院重视全校各专业研究生的公共基础课教学，教学中心地位得到极大的巩固和提高。

1. 二外选修

1997年3月28日，中山大学向高等学校与科研院所学位与研究生教育评估所递交了《关于博士生第二外语课程设置的意见》①（以下简称《意见》）。《意见》指出，根据国务院学位委员会学位［1997］1号《关于对前四批博士、硕士学位授权点进行基本条件合格评估工作的通知》、学位［1997］3号《关于对前四批博士、硕士学位授权点进行基本条件合格评估工作的补充通知》和高等学校与科研院所学位与研究生教育评估所［1997］1号文《关于开展学位授权点基本条件合格评估工作的通知》精神和要求，中山大学将英语语言文学等14个博士学位授权点的基本条件数据等资料报上，并请予审核。

1997年5月21日，为了减轻博士研究生的外语学习负担，加强第一外语的学习效果，保证学位论文质量，根据大多数博士生导师及学生的要求，参考其他院校的做法，并根据中山大学学位评定委员会第39次会议精神，学校将有关博士生第二外语的课程设置问题作如下规定：

已经修过第二外语的学生，凡考试成绩在60分以上者，视为该门课程及格；凡考试成绩低于60分者，可依选修课的形式进行补考，或经导师同意，由学位评定分委员会主席审定后，报研究生院培养处批准退选②。

1997年5月27日，《关于博士生第二外语课程设置的意见》规定，从95级博士生开始，将第二外语由必修课（学位课）改为选修课，由导师根据实际需要决定学生是否选修，其成绩按选修课的要求处理。

2. 研究生外语教学部成立

2000年4月11日，外国语学院向组织部与校党委递交《关于"研究生公共英语

---

① 《关于博士生第二外语课程设置的意见》（1997 - JX12 - 1），中大［1997］098号，1997年3月28日。

② 《关于博士生第二外语课程设置的意见》，中大［1997］163号，1997年5月21日。

教研室"升格为"研究生外语教学部"的请示报告》（以下简称《请示报告》）。《请示报告》指出，当时研究生英语教研室有教师13人，负责全校900多名硕士及博士研究生的英语教学工作。该教研室曾分别先后隶属过大学英语教学部和英语培训中心领导，后因其情况特殊，又作为学院直属的教研室。公共研究生外语与专业外语或大学本科公共外语教学，无论在教学要求、发展方向、科研方向和教学管理上，都有着明显的差异。随着研究生招生规模的不断扩大（2000学年研究生招生数将超过1200人）及学校对研究生拓展教育的加强，对研究生教学管理、教师队伍的充实等方面都必须加大力度。

为此，学校认为有必要将现时的研究生公共英语教研室升格为研究生公共外语教学部。考虑到某些专业对外语有不同的需要，该部除了向全校的研究生开设英语课程外，还将开设俄语、法语、德语、日语课程。外国语学院希望将当时的"研究生公共英语教研室"升格为"研究生外语教学部"，拟提出林泽铨（副教授，硕士生导师，原外国语学院副院长）为主任，王哲（讲师，原研究生公共英语教研室副主任）为副主任。林泽铨原负责抓学院的教学及外事工作，在教学管理上有一定的经验，相信他担任研究生外语教学部主任后，能把全校研究生外语教学推上一个新台阶①。2000年5月30日，学校发出了《关于成立研究生外语教学部的通知》。该"通知"指出，为加强研究生的外语教学和管理工作，经研究决定，在外国语学院研究生公共英语教研室的基础上，成立研究生外语教学部②。这是学校与外院重视研究生外语教学的组织保障。

三、设立考试和培训机构

成立中国国外考试协调处广州中山大学考试中心。1992年3月20日，中山大学向中国国外考试协调处递交了《关于申请成立"中国国外考试协调处广州中山大学考试中心"的报告》。该报告指出，为促进中山大学外国语学院应用语言学和测试学科的发展，发挥中山大学广州英语培训中心（国家教委直属出国留学预备人员培训部）的作用并筹集经费，以便更好地提高培训教学质量，发展强化英语教学新学科，也为缓和广东和广州地区出国人员考试难的社会矛盾（广东当时只有广州外语学院和深圳大学两个点，广州考点每次报名者达数千人，而考场容量只有1:300人，因而矛盾极尖锐），特申请成立中国国外考试协调处广州中山大学考试中心，并获得批准。

举办职称外语等级统一考试培训机构。1999年7月19日，外国语学院向广东省人事厅培训教育处、职称处递交《关于申请举办职称外语等级统一考试培训机构的报告》。该报告指出，根据广东省人事厅《关于加强我省专业技术人员职称外语等级

---

① 《关于"研究生公共英语教研室"升格为"研究生英语教学部"的请示报告》（2000 - DQ1300 - 003），2000年4月11日。
② 《关于成立研究生外语教学部的通知》（2000 - DQ1300 - 003），2000年5月30日。

统一考试培训工作管理的通知》（粤人培〔1998〕35号）文件精神，现申请从1999年起，由中山大学外国语学院承担校内专业技术人员参加全国职称外语等级统一考试的培训任务，并面向社会招生，开设A、B班，分英语、日语、俄语、法语班，培训的各校要求严格按人事厅文件的具体规定执行。

中山大学外国语学院现设有英语、德语、法语、日语4个本科专业，英语语言文学、外国语言学及应用语言学、比较文学与世界文学、日语语言文学、法语语言文学5个硕士点，以及英语语言文学博士点。英语学科是我国首批授予博士、硕士学位的学科之一，剑桥商务英语证书（BEC）和汉语水平考试（HSK）均在中山大学设有考点。

外国语学院在长期的办学过程中，形成了自己的特色。在教学上大力开展教学改革，吸取国外语言教学的先进方法，狠抓基础教学，扎扎实实地培养学生语言基本功，教学水平不断提高。各专业学生每年参加全国有关统考都取得了好成绩。外国语学院教学条件齐备，师资力量雄厚，有资历深、造诣高的老教授，也有茁壮成长的中青年新秀。1990年代还从国外引进了一批博士和具有高级职称的中青年教师，使教学、科研队伍不断长大，结构更趋合理。学院图书分馆藏书8万多册。香港合生创展集团董事局主席朱孟依先生捐资兴建的外语教学大楼已投入使用。电脑网络系统、多媒体综合课堂、电教室等一些现代化设置不断完善，并在教学和科研中起到了重要的作用。至1992年，学院有教授18人，副教授48人，其中博士生导师4人，硕士生导师28人。在读本科生近500名，硕士研究生54名，博士研究生8名，另外聘请客座教授4人，外国专家11人。以外国语学院的教学条件和师资力量，完全可以承担面向社会招生的全国专业技术人员职称外语等级统一考试的培训辅导工作①。

自外国语学院建院以来，学院坚持学科建设与教学改革为先导，除了加强重点学科英语语言文学的建设工作外，同时还加强法语、德语和日语的学科教学改革，至2000年，初步奠定了较为完善的教学培养方案，并获得丰硕的教学和科研成果。外国语学院非常重视学校的公共基础课教学外，除了延续原外语系的本科公共英语基础教学，在建院后的新阶段，还承担了研究生的英语公共基础教学，教学中心地位得到了极大的巩固和提高。此外，学院承担科研项目的能力显著提高，科研水平实现了跳跃式发展，从而多次获得设立教育和考试机构的资格。总而言之，自建院至2000年，外国语学院初步形成了具有国际化与本土特色的办学理念，继续探索英法德日的专业建设与教学改革，专业结构得到了进一步完善，师资队伍得到扩大，学科科研实力、产学研能力与承办、设立教育和考试机构能力得到了显著增强。最后，由于外国语学院具有学术水平高、师资力量强、办公设备齐全和得天独厚的区位优势，获得了设立举办职称外语等级统一考试培训机构的资格。

---

① 《关于申请成立"中国国外考试协调处广州中山大学考试中心"的报告》（1992 – JX11 – 1），1992年3月20日。

第五节 支持"残培"办学

自外国语学院于 1992 年建院以来,在对外办学、语言培训、外语证书考试等方面,积累了丰富的办学经验,形成了自己的特色,赢得了良好的声誉,并充分利用本身丰富的教育资源,为有志学英语的残疾青年圆了大学梦,积极帮助推出针对残疾人士的英语教育培训计划,突破了以校园内进行教学的传统英语培训方式,将英语教学拓展至社会办学。广州残疾者英语培训中心,就是由中山大学外国语学院协办的一所著名的残疾人学校。由此,广州残疾者英语培训中心成为中山大学外国语学院支持社会办学的一个典范。

一、"残培"成立

广州残疾者英语培训中心(以下简称"残培"),于 1994 年经原广州市教委批准成立的。1993 年,中山大学外国语学院退休副教授卢守荣提出建议:免费为有志学英语的残疾青年办一所高等教育学校,让那些高考成绩优秀但仅仅因为身体残疾而被大学拒于门外的考生圆大学梦。原市教委审查后,以穗教社外字(1994)第 003 号文件正式批复,同意广州残疾者英语培训中心申报。根据《中华人民共和国残疾人保障法》,经过一年多的筹备,广州残疾者英语培训中心于 1994 年 2 月成立,卢守荣为校长。这是我国第一所依靠社会力量办学,为残疾人提供义务教育的大专英语学校,主要由中山大学外语专业师生志愿提供师资,进行教学服务。1994 年,"残培"迎来了第一批 20 名肢残大学生。这些学生的入学,使全国广大残疾青年看到了与健全人一样上大学的希望之光。

二、"残培"发展

1994 年 9 月,"残培"开始招生,学制为 3 年,培养学生达到英语大专水平,英语是其主修课,电脑是副修课程。学生毕业后,普遍具有从事一般口笔译、文秘或其他以英语作为工具进行工作的能力,并由学校向广州市的学校、合资和外资单位推荐就业。

"残培"作为一所大专学校,配备了一定的教学硬件:课室、图书室、电教室、宿舍、饭堂和文体设施等。此外,考虑到绝大多数残疾人士的经济状况,学校不仅不收学生的学杂费,而且还提供助学金和奖学金。多年来,"残培"以她的办学实践和奉献爱心的精神,赢得了社会的认同、关心和支持。中山大学外国语学院作为"残培"的协办单位,从办学思想、师资和图书等教学软件上,给予了全方位的支持,"残培"的师资力量,更以中山大学外国语学院的教授、讲师为主。

"残培"成为当时全国唯一一所免费为有志残疾青年提供高等教育的学校,该校设有大专英语专业课程,国家承认学历。"残培"坚持免收学费,同时提供了各种基金项目。其中,包括向经济困难的同学发放助学金,向学习成绩优异的同学颁发奖学金,英国驻广州总领事馆、英国总领事馆文化教育处、特许公认会计师公会(The Association of Chartered Certified Accountants)等还向同学提供勤工俭学机会。"残培"的发展,与社会各界热心人士的帮助分不开。学校以"奉献爱心,从严治校"为办学宗旨,努力塑造一个高大完美的残疾人群体形象,要求学生"自尊自强,勤奋学习,成才报国",为有志的残疾青年提供了一个接受高等教育的机会。

"残培"学校虽小,但设施齐全。多媒体室、电脑室、语音室、图书室、沙龙室等一应俱全。学生经过3年的学习和生活,知识水平、人生观和价值观都有了巨大的改变。学生自信、乐观,能以健康的心态走向社会,敢于面对困难和挑战。

至2007年9月,中心总共招收了14届约280名残疾青年,前13届220多名同学已顺利毕业,并走上了工作岗位。到学校招聘的单位有汇丰银行、美国银行、东亚银行、IBM电脑有限公司、NIKE体育用品有限公司、国泰航空公司、马士基(中国)航运有限公司、荣钛国际船务运输公司、广州文化假日酒店、凯旋华美达酒店、香港电信盈科、香港德勤会计师事务所、香港安永会计师事务所和海珠区教育系统的学校等。另外,越来越多的外资、合资公司也前来该校进行招聘。同时,毕业生的工作得到了就业单位的认可和赏识。在当时中国就业日益严峻的情形下,"残培"毕业生的就业之路却越来越宽广。

"残培"还针对残疾人的生理和心理特点,在教学实践中,不断探索残疾人高等教育的规律,使中国残疾人高等教育事业初具规模,并取得了令人瞩目的成绩,为广大有志残疾青年求学深造、实现自身价值、平等参与社会生活,开创了广阔的天地。"残培"已成为展示中国社会文明与进步和人权状况的一个窗口。

三、外院与"残培"

1. 物质、精神方面支持

外国语学院与"残培"合作,是由该院第二届领导集体讨论决定的,由院长吴增生、书记李友文代表学院与"残培"校长卢守荣经过谈判,并签订了合作协议。1995年4月3日,中山大学外国语学院师生为"残培"捐献图书1200多册。2000年,中山大学外国语学院在"残培"设立了奖学金,旨在鼓励"残培"同学更加努力学习，进一步支持"残培"办学。2001年9月8日，"残培"举行了新学期开学典礼，并向学习优秀的同学颁发了奖学金。中山大学外国语学院党委书记卞瑜亲临"残培"颁发奖学金。卞书记说，作为协办单位，中大外院会继续全方位地支持"残培"办学，也希望有更多的"残培"同学取得好成绩。

1999年6月24日晚，中山大学外国语学院经过集体讨论，决定隆重举行"助'残培'献爱心"的慈善文艺晚会。这是继中山大学领导及知名学者教授65人联名上书市委市政府，呼吁政府对"残培"公助以来的重大助"残培"活动。本次晚会在中山大学梁銶琚堂进行，具体负责实施者为外语学院副书记黄飞红、团委书记国亚萍、办公室主任李小珠。晚会之前，中山大学外语学院做了大量的准备工作，校内挂了横幅，在校广播、校园互联网上进行宣传，还在各处饭厅及墙报栏做了很多宣传板。为了这次晚会，从校领导到老师、学生们都倾注了极大的热情，外院的英籍教师Dr. Parry做了大量工作。应晚会的邀请，一直关心"残培"成长的中山大学领导及教授们、广州市残疾人联合会、海珠区政府、海珠区教育局的领导莅临晚会现场。荷兰、澳大利亚等国驻广州领事馆、来自美国的岭南基金会、香港镇泰集团公司、广州文化假日酒店等也派代表参加了晚会。可容纳2000余人的会场座无虚席。演员以中山大学的师生为主，该校合唱小组上台演唱了《雪绒花》、《友谊地久天长》等名曲。演员们均为义务演出。晚会开始前，外语学院的吴之桐院长做了热情洋溢的致辞，向观众们介绍了"残培"以及几年来中山大学对"残培"的支持。随后"残培"的卢守荣校长用中英文做了简短的发言。他对中山大学的帮助表示由衷的感谢，讲述了"残培"极其艰难的办学历程以及"残培"学生们不为命运所屈，奋力拼搏的精神，很多观众感动得流下了泪水。晚会出售门票，门票收入全部捐助"残培"办学。在晚会上，海珠区人民政府、海珠区教育局、中山大学外国语学院、广州市残疾人联合会、广州市民政局以及香港镇泰集团公司、澳领馆等分别向"残培"捐款。这次慈善文艺晚会，展示了中山大学的师生及社会各界对"残培"的关心和巨大的支持，从精神上和物质上促进了"残培"今后的发展，其意义十分重大。新闻媒体对这一社会主义精神文明建设中的亮点也给予了极大关注，广东电视台、广州有线电视台、《羊城晚报》等10多家新闻单位对晚会进行了采访报道[①]。当晚，外国语学院给广州残疾者英语培训中心写信，表示今后将一如既往地支持他们的工作。

广州残疾者英语培训中心：

在中山大学领导的关心和社会各界的支持下，一九九九年六月二十四日，我院主办的"助'残培'献爱心"慈善晚会已经圆满结束了。这次献爱心活动除了为"残培"筹集善款外，无疑对我院全体师生员工进行了一次助残献爱心、弘扬人道主义的教育。从某种意义上来说，这次活动远未结束，我院将一如既

[①] 广州市残疾人英语培训中心：《残培故事》，第96页。

往，继续支持"残培"，共同把"残培"办好。

此致

敬礼！

中山大学外国语学院
一九九九年九月

2. 师资支援

"残培"的成立本是外国语学院卢守荣等教授发起、呼吁和支持的结果，一直以来得到外国语学院师资上的大力支持。该院党政领导、著名专家学者先后担任残培顾问，如吴增生（曾任院长、校副校长）、区鉷、李根洲、陈珍广、李友文、钟佑同、祁庆生、郑昌钰、章鹏高、芶锡泉等教授。仅 2001 年，就聘请了 6 位中山大学的教授为该校顾问，他们分别是中山大学外国语学院院长黄国文教授以及王宾教授、冯启忠教授、张美芳教授、夏纪梅教授、林裕音教授。这些教授已经在多个方面给予了"残培"帮助和指导。2001 年 9 月 28 日，"残培"顾问、中山大学外国语学院章鹏高教授向"残培"捐赠了他翻译的新书《〈聊斋志异〉选译——〈瞳人语〉集》。该书 20 万字，由北京大学出版社出版。10 月 22 日，中山大学外国语学院英语系主任张美芳教授在"残培"做了题为《中英文化差异与翻译策略》的讲座。张教授从文化的定义、语言与文化的关系以及语言文化、宗教文化及概念文化对翻译的影响等方面，做了详尽的分析。"残培"同学们深受教益，还踊跃地就翻译等问题向张教授提问，张教授一一耐心地给予解答①。2005年5月14日，中山大学英语系戴凡副教授与中文系的艾晓明教授、宋素凤副教授在中山大学中文系讲学厅举行《阴道独白·幕后故事》放映活动之广州残疾者英语培训中心特别专场。本片记录了中山大学性别教育论坛参加《阴道独白》演出的师生自我教育，挑战偏见，在创造性的文化实践中赋权和成长的过程，对"残培"学生是一种有力的鼓舞。

3. 学生义务帮助

中山大学Allshare义务助残协会组创于1996年秋季，至2007年已经迈入了第11个年头。Allshare前身为中山大学外国语学院团委义务助残英语口语辅导队。在卢守荣教授等老师为残培无私奉献精神感染下，在学院团委书记国亚萍、副院长翁贤芝教授的指导下，中山大学外国语学院义务助残英语口语辅导队于1996年秋季成立。此举得到同学们的积极响应，充分体现了大学生对社会弱势群体的关注以及服务社会的强烈的社会责任感意识。外院英语专业的学生们利用星期六的空闲时间，坚持每个星期六下午3—5点（2005年开始是每个星期六上午8：30—10：30）去"残培"中心与"残培"的同学们进行交流和辅导。同学们发挥积极的自主性和创造性，开展了一系列生动有趣的活动，比如：开展英文辩论、模拟演讲比赛、进行英文益趣游戏竞赛、排演英文剧目等等。丰富多样的交流内容和灵活生动的形式，极大地调动了对方同学的学习积极性，锻炼了他们的语言应用能力，受到对方师生的广泛好评。

社团成员以组为单位，精心策划每次教学活动，课堂教学组织井然有序，既让对方同学有所收获，又不失亲切活泼，亦师亦友，气氛圆融。通过特色社团活动的开展，"残培"师生普遍反映英语口语的应用能力明显提高。2002年11月，成功申请升级为中山大学校级社团，并易名为Allshare外国语学院义务助残辅导队，简称Allshare。2003年9月，社团易名为Allshare外国语学院义务助残英语辅导协会。2005年10月，社团正式命名为中山大学Allshare义务助残协会。该协会以爱心助残为宗旨，以利用所学回报社会、奉献爱心为目的，以组织有序为特色，坚持不懈地组织举办各种公益活动，获得校内外各界的广泛好评，1998年3月，荣获"广东省青年志愿者服务杰出集体"称号（全省获此荣誉的单位共有10个）②；2005年度被评为中山大学十佳社团。10年来，协会的活动主要有：到残疾人培训中心辅导他们的外语学习，到麻风病康复村义务工作营开展工作，探访老教授和残疾人家庭，举行宣传讲座，开展图片展，义卖等。

在口语交流之外，学院还组织"残培"同学参加各种各样对于他们有益的活动，如邀请他们参观中山大学，参加中山大学外国语学院组织的晚会、竞赛、讲座等，这些活动丰富了他们的生活，扩大了他们的视野。1999年，Allshare义务助残英语口语辅导队在"残培"开展了乐器兴趣班，组织了一批在乐器方面有才能的同学义务为

---

① 广州残疾者英语培训中心：《残培人》，总第14期，2001年12月15日。
② 易汉良：《中山大学编年史（1924—2004）》，广州：中山大学出版社2005年版，第143页。

"残培"学生教授,获得了"残培"学生的积极支持和好评。

  2005年,外国语学院学生为进一步加强与"残培"中心的合作,在原有活动的基础上,开设了第二外语兴趣班,不仅让"残培"同学对其他语言有一定程度的了解,同时也让外国语学院的日、德、法语系的同学更多地参与到"残培"的活动中去。2012年10月19日,中国十大涂料联盟助残志愿者与中山大学Allshare义务助残协会的志愿学子们一起,走进了"残培",志愿者们与"残培"的残疾人学子们一起做活动、玩游戏,以提高彼此的英语口语水平。总之,外院学子对"残培"同学口语能力的提高乃至精神面貌的改善,均起到了很大的鼓舞和促进作用。

第六章　跃上新高（2001—2014）

进入 21 世纪，中山大学外国语学院的发展开始了新的征程。2000 年 9 月，中山大学珠海校区在珠海市唐家湾落成，开启了"中大—珠海模式"。2001 年 10 月 26 日，中山大学与中山医科大学合并，组成了新的中山大学。2004 年 9 月，在广州市番禺区建设了中山大学东校区。至此，中山大学四大主体校区基本形成。在新中大形成的背景下，外国语学院顺应学校发展形势，积极贯彻新时期教育工作的方针、政策，全面落实科学发展观，进一步解放思想，坚持改革开放，深化以学生为中心的理念，取得了飞速发展。学院各项工作欣欣向荣，呈现积极向上、奋发进取的良好局面。

第一节　组织沿革与机构设置

一、组织沿革

1. 黄国文为院长时期

2000 年 1 月，黄国文出任中山大学外国语学院院长，翁贤芝、程晓昆、常晨光、冯启忠任中山大学外国语学院副院长。同年 10 月，经院务会议研究决定，对学院党政领导的工作分工进行调整，黄国文主持全面行政工作，负责学科建设、研究生教育及外事工作；党委书记李友文主持党委全面工作，负责干部、组织、人事、离退休工作，联系英语培训中心；翁贤芝分管财务、后勤、成人教育、计划生育，联系对外汉语教学中心；程晓昆分管本科专业教学、图书分馆、安全保卫，联系外语二系；常晨光分管科研、电教，并协助管理外事和成人教育，联系外语一系；冯启忠分管大学英语教学、珠海校区、校友工作，联系大学英语教学部和研究生外语教学部；副书记骆腾分管学生、团委、工会工作。2001 年 1 月，卞瑜接任外国语学院党委书记，主持党委的全面工作。2002 年 9 月，古月群担任外国语学院党委书记，2003 年 2 月，梅成达任外国语学院党委副书记。

2. 王宾为院长时期

2004 年 8 月，外国语学院行政领导班子换届，王宾任中山大学外国语学院院长，肖平、常晨光、梅成达任外国语学院副院长。古月群继续担任外国语学院党委书记，梅成达兼任外国语学院党委副书记。新任领导班子换届后，工作分工如下：院长王宾主持全面行政工作，负责学科建设、研究生培养、外事等工作；书记古月群主持学院党委工作，负责教职工思想政治工作、干部、组织、人事、离退休工作；副院长肖平负责本科教务安排、本科教学管理、电教、学院的发展与制度建设等工作；副院长常晨光负责科研、学术交流、研究中心、学术刊物、图书分馆等工作，并协助管理外事和成人教育工作；副院长兼副书记梅成达负责学院行政、财务、成人教育、计划生育、安全保卫、学生、团委、工会、校友等工作。

3. 常晨光为院长时期

2008年11月，常晨光任外国语学院院长，廖海青、徐爱红任副院长；谢曼华任中山大学外国语学院党委书记，曹新任党委副书记。经学院党政联席会议研究决定，党政领导的分工如下：常晨光院长主持学院行政全面工作，负责学科建设、师资队伍建设、财务、国际合作与交流工作；廖海青副院长负责科研、研究生教育、设备与实验室管理工作，分管英语培训中心的工作；徐爱红副院长负责本科生的教育及教学管理工作，统筹管理二外、辅修的课程设置与师资安排。谢曼华书记主持学院党委全面工作，负责干部、组织、人事、信息、信访、教职工思想政治教育、计划生育、离退休工作，分管学院行政办公室的工作；曹新副书记负责学生思想教育、管理、就业、共青团、工会、校友、网络建设、安全保卫等工作，分管继续教育中心的工作。2011年11月，许东黎担任外国语学院党委书记，接替前任工作。

到2014年9月，原外国语学院行政领导班子换届，中山大学外语与翻译大学院院长黄国文教授兼任外国语学院院长，主持大学院以及外国语学院和翻译学院行政全面工作；常晨光教授任大学院副院长。外语与翻译大学院党委书记由许东黎担任，曹新和李春荣担任大学院党委副书记。邱雅芬教授任外国语学院副院长。

二、机构设置

1. 外语教学中心

由于自身的学科特点，外国语学院肩负着全校学生公共外语课程的重任。为加强研究生外语的教学和管理工作，2000年5月30日，在外国语学院研究生公共英语教研室的基础上，成立了研究生外语教学部[①]。

为了更好地开展英语教学工作，2004年5月20日，中山大学外语教学中心正式成立[②]。中山大学外语教学中心由原来的外国语学院大学英语教学部、研究生外语教学部和大学外语教育研究所合并组建而成。中心主要负责全校本科和研究生公共外语和应用英语专业的网络与夜大学的教学。至2014年，中心下设大学英语教学部、研究生外语教学部、应用英语教学部和大学外语教学研究所四个部门，有教职工75人，其中教授2人，副教授13人及高级讲师11人，讲师2人，教员16人，B系列教师

---

① 中山大学：《关于成立研究生外语教学部的通知》，2000年5月20日，中大组【2000】198号，3-2000-DQ1300/003/21，藏中山大学档案馆。

② 中山大学：《关于成立大学外语教学中心等的通知》，2004年5月20日，中大组【2004】17号，3-2004-DQ1300/004/13，藏中山大学档案馆。

24人,行政人员7人,外籍教师8人。

大学英语教学部负责全校除英语专业以外所有专业的大学英语课程;研究生外语教学部负责全校博士研究生、硕士研究生和研究生课程班的公共外语教学任务;应用英语教学部负责全校专业用途英语的教学任务,包括英语教育、商务英语和传媒英语三个专业方向,招收网络教育和夜大学教育的本专科学生;大学外语教育研究所专门从事外语教育研究。

这一时期,外语教学中心作为教育部大学英语教学改革示范单位,取得了突出成绩。《高级商务英语》和《大学英语》两门课程分别在2008年和2009年,获得了教育部"国家级精品课程"称号。"网络与课堂相结合的可持续大学英语教学改革及其成效"获得第六届国家级教学成果二等奖。自中心成立以来,所属教师先后承担了60多项教学研究、教学改革课题,发表论著370多篇(部),其中核心刊物论文近120篇。[①]

2. 设立国际汉语学院

在整合公共外语教育资源的同时,2004年1月13日,中山大学决定在由原隶属于中山大学外国语学院的中山大学对外汉语教学中心和学校留学生办公室的基础上,组建成立了国际交流学院[②]。该学院主要承担全校外国留学生的招生、外事管理、对外汉语教学、研究生培养以及普通话测试工作。2009年4月,为与国际汉语教育事业接轨,学院更名为国际汉语学院,承担着学校外国留学生的汉语教学、汉语国际教育硕士专业学位生的培养和相关的涉外教育合作项目。中山大学国际汉语学院设有语言文化中心、汉语系、研究生部、培训部、普通话教育研究中心和对外汉语研究所,办学层次完备,教学体系完整。学院同时是中国汉语水平考试(HSK)的指定考点,每年分别在5月和12月举行考试,母语为非汉语者考试成绩达到规定水平,即可获得国家级的《汉语水平证书》。

国际汉语学院教学体系完整,培养普通汉语进修生、预科生、汉语言本科生、汉语国际教育硕士生、对外汉语教学方向和二语教学与习得方向博士生,并承担海外汉语教师培训项目。

中山大学国际汉语学院2014年有专职教师47名,其中教学科研型教师21名,含教授2名,副教授11名,讲师8名,专业背景丰富,已形成为一支学科结构合理、业务素质良好、教学经验丰富的国际汉语教师队伍。学院教师具有丰富的海外留学和教学经验,80%的教师具有一年以上的海外教学经验,90%以上教师具有硕士或博士学位。

国际汉语学院建院以来,已培养了来自世界140多个国家或地区的逾万名中外

---

① 数据来源于中山大学社科系统,时间截止于2014年12月。
② 中山大学校长办公室:《关于成立国际交流学院的通知》,2004年1月14日,中大组【2004】2号,3-2004-DQ1300/004,藏中山大学档案馆。

学生。[1] 2004 年以来，学院承担国家和省级项目 30 多项，其中国家级 7 项，出版专著、词典、论文集近 20 部，发表论文 300 多篇，其中重要期刊论文 100 多篇，出版汉语教材 20 多种，50 余册，其中多种教材被译成外文在海外出版发行。[2]

3. 组建翻译学院

为了适应经济全球化和文化区域化带来的人才市场的多元需要，学校及时协调了外语专业本科教育的不同方向，在努力创建世界知名研究型大学的同时，将部分实用功能剥离出来，在外国语学院的基础上，于 2005 年创办了翻译学院。该学院是一所以培养应用型双外语人才为宗旨的学院，主要设有翻译系、商务外语系和对外汉语系（与国际交流学院合办）[3]，开设有英语、翻译、西班牙语、阿拉伯语、朝鲜语和俄语 6 个专业，同时开设了包括日语、法语、德语、葡萄牙语等其他外语辅修课程。通过第二外语辅修课的实践，积累了双外语的教学经验，为筹办新的本科专业以及推动相关的科研活动，奠定了学科发展的基础。

三、专业和师资

1. 专业设置

外国语学院本科专业，包括英语、法语、德语、日语；硕士点有英语语言文学、法语语言文学、德语语言文学、日语语言文学、外国语言学及应用语言学；博士点有英语语言文学、外国语言学及应用语言学；博士后流动站有外国语言文学。[4]

英语系是我国首批具有博士、硕士学位授予权的单位之一，英语语言文学本科专业是省级名牌专业，英语语言文学学科是广东省重点学科和国家重点学科。该专业培养具有扎实的语言基础、较深的中西文化修养、较强的创新能力和独立工作能力的英语人才。

主要课程包括外国文化、文学作品选读、语言学概论、英美文学概论、创意写作、新闻写作、翻译、口译、应用语言学、功能语言学、西方经典文献选读、英语语言文化系列讲座等。其中功能语言学及创意写作是本专业的特色课程，英语专业在国内最早把创意写作正式纳入英语系专业课程。

至 2014 年，英语专业 50% 以上的本科生有出国交换或短期访学的机会。签署互派交换生及出国访学学生协议的学校包括：英国曼彻斯特大学、伯明翰大学、格拉斯

---

[1] 参见《中山大学国际汉语学院建院十周年纪念册（2004—2014）》，第 3、9 页，藏中山大学国际汉语学院办公室。

[2] 参见《中山大学国际汉语学院十周年纪念册（2004—2014）》，第 9 - 13 页，藏中山大学国际汉语学院办公室。

[3] 中山大学：《关于设立翻译系等的通知》，2005 年 12 月 15 日，中大组【2005】27 号，3 - 2005 - DQ1300/003，藏中山大学档案馆。

[4] 中山大学外国语学院：《中山大学外国语学院概览》（打印稿），2014 年 3 月，第 1 - 2 页，藏中山大学国际汉语学院办公室。

哥大学，美国伊利诺伊卫斯理大学，南丹麦大学，德国科隆大学等。[①]

法语专业成立于1957年，是我国中南和华南地区最早成立的法语专业。法语语言文学硕士学位授予点于1999年开始招生，设有法语语言文学和法语语言文化两个方向。

主要课程包括基础法语、高级法语、口语、听力、阅读、作文、翻译、商业法语、法国文化、法国文学、法国报刊选读等。在对外交流与合作方面，2007年起与法国里昂Jean Moulin大学签订了本科生交换协议，2013年起与里尔政治学院签订本科交换生的协议，每年派出约15名本科生赴法国进行为期1—2年的学习。

德语专业成立于1958年，目前开设有本科课程和德语副修课程。2004年建立了德语语言文学硕士学位授予点，设有德语文学与文化和德语语言与翻译两个方向。德语专业的任务是培养具有较高综合素质及德语运用能力的学生，为学生走出校门后服务社会打下坚实的基础。

主要课程包括基础德语、高级德语、口语、听力、阅读、作文、翻译、德语国家概况、德语概论、德语文学、商贸德语、科技德语、德语媒体专题等。在对外交流方面，德语专业与德意志学术交流中心、歌德学院等德国重要的文化交流机构一直保持着良好的关系，每年定期邀请对方专家、学者前来讲学，并先后获得歌德学院大量赠书。从2000年9月起，德意志学术交流中心（DAAD）每年为德语专业选派一名正式专家参与教学和科研工作。2008年与德国科隆大学签订联合培养本科生的协议，每年派遣5名本科生赴德国进行为期一年的学习。

日语专业成立于1978年，1998年设立日语语言文学硕士学位授予点。日语专业本科课程以日语语言训练为主，硕士课程设有日本文学、日本文化、日语语言等3个研究方向。日语系以日本语言、文学、文化为主要研究对象，培养具有较强语言文学能力的复合型人才。日语系学生在历年的日本语能力测试、各类全国性日语演讲大赛、作文大赛中，均取得了突出的成绩。

主要课程包括基础日语、高级日语、口语、听力、阅读、作文、翻译、日本概况、经贸日语、日语学概论、日本文学、日本文化概论等。

在对外交流方面，日语专业与早稻田大学、神户大学、广岛大学、创西大学、大东文化大学、亚细亚大学、关西学院大学等建立了学术交流关系。每年有1～2名本科生作为公费留学生赴神户大学学习一年；每年派出5～10名本科生赴日本福山大学进行为期两年的学习。在日本国际交流基金会的资助下，"广州中日交流之窗"落户于中山大学外国语学院，在这里，同学们可以接触到日本最新的流行信息。"广州中日交流之窗"还定期举办比赛等活动。[②]

[①] 中山大学外国语学院：《本科生招生宣传》（打印稿），2012年5月，第1页，藏中山大学国际汉语学院办公室。

[②] 中山大学外国语学院：《中山大学外国语学院概览》（打印稿），2014年3月，第5-7页，藏中山大学国际汉语学院办公室。

2. 教学师资

外国语学院师资力量雄厚。教师队伍日趋国际化，各专业除配备了各语种的外籍教员外，还引进了曾经到国外深造的学者加盟到教师队伍中。外国语学院的学者在国际学术界有较大影响，国际系统功能语言学会执行委员会主席及副主席，分别由英语系黄国文教授和 Wendy Bowcher 教授担任。

至 2014 年 9 月，英语系教授有：黄国文、常晨光、戴凡、丁建新、王东风、Wendy Bowcher、Peter Swirski；副教授有：高文平、何家祥、廖海青、常新萍、刘玉宇、雷燕妮、张海青、周慧、陈瑜敏；高级讲师有：吴小燕；讲师有：吕黛蓉、赵静、邱刚彦；教师有：Reid Mitchell。

法语系教授有：蒲志鸿、曾晓阳；副教授有：陈元、郭丽娜；讲师有：李璐、夏笑笑；教师有：洪丽君、邱淑鸣、徐娴、Frédérique Aron。

德语系教授有：王蓓蓓；副教授有：彭念慈、凌曦；讲师有：李享、朱瑜；教师有：陈智威、游小红、Miriam Hildenbrand、Sanaz Rassuli Pourrahim。

日语系教授有：佟君、邱雅芬；副教授有：谢崇宁、徐爱红；高级讲师有：沈雪侠、刘文星；讲师有：林丽、龙江、李荣、邹双双；教师有：羽田帆奈美。

俄语副教授有：刘翠香；讲师有：伍宇星。①

外国语学院积极引进外来人才，通过学校"百人计划"，外国语学院于 2009 年以年薪制引进了 Wendy Bowcher 博士，并聘请其为教授职务，确认为博士研究生导师。2014 年，学院引进了 Peter Swirski 教授。此外，学院还长期聘请了其他外教以加强教学，所聘外教来自英国、美国、澳大利亚、加拿大、法国、德国、日本、韩国、西班牙、乌克兰等多个国家。外教人数稳定在 8 人左右。雄厚的师资队伍，成为学院本科、研究生和成人教育教学水平和人才培养的重要保证。②

第二节 本科教育

一、课堂教学

进入 21 世纪以来，国内外形势发生了新的变化。尤其是中国加入 WTO 后，中国与世界各国的联系更加密切，社会对外语人才，尤其是英语专业人才的需求，也日益增加。中山大学外国语学院十分重视基础教学工作，在继承 20 世纪 90 年代各专业培养目标和教学基本要求的前提下，为适应形势的变化，及时制定并不断调整各专业不同阶段的培养计划，以更好地提升学生的综合素质。

---

① 名单来源于外国语学院教务统计。
② 参见中山大学外国语学院：《外国语学院外教汇总表》（打印稿），2013 年 12 月，第 1 页，藏中山大学外国语学院办公室。

1. 调整各专业外语教学方案

（1）英语专业。英语是该院的传统优势专业。2006年中山大学外国语学院英语专业调整了教学计划，其培养目标调整为培养具有扎实的语言基础、较深的中西文化修养、较强的创新能力和独立工作能力的全面型人才。英语专业的毕业生可以胜任企业、事业单位、科研机构的涉外工作。培养规划里，将4年的本科教学分为两个阶段，即基础阶段（一、二年级）和高年级阶段（三、四年级）。其中高年级阶段与2004年之前的英语系教学计划相比发生了变化。之前，英语系在高年级阶段可以选择4个专业方向，即语言、文学、翻译和文化传播。2004年之后核心课程涉及高年级阶段的学生变为选择3个专业方向，即语言、文学、翻译。[①] 2013年的教学计划则规定，专业的核心课程涉及英美语言、英美文学、英汉翻译和文化研究方面。[②]

基础阶段的主要教学任务侧重于传授英语基础知识，对学生进行全面的、严格的基本技能训练，培养学生实际运用语言的能力、良好的学风和正确的学习方法，同时导入专业知识和相关专业知识，为进入高年级打下扎实的专业基础。

高年级阶段的主要教学任务是继续打好语言基本功，学习英语专业知识和相关专业知识，进一步扩大知识面，增强对文化差异的敏感性，提高综合运用英语进行交际的能力，在高年级阶段里，学生可以选择3个专业方向，即语言、文学、翻译，其中一个作为学习重点，选修相关的课程。修够专业方向选修课规定的学分，便可获得英语专业某个专业方向的毕业证书。

英语专业的学生除了正常的专业课学习以外，还要求初步掌握一门第二外语（日语、法语、德语或俄语），借助词典看懂一般难度的所修语言的书刊。全部学生在第四学期顺利通过全国英语专业四级统测，绝大部分的学生在第八学期能顺利通过全国英语专业八级统测。

课程设置方面，英语专业课程也分为必修课和选修课两大类，英语专业的学生4年必须修满150学分，其中必修课92学分，约占61%（包括专业必修课68学分，公共必修课24学分）；选修课58学分，约占39%（包括专业选修课42学分，公共选修课16学分）。[③]

（2）法语专业。在基础阶段（一、二年级）以专业课学习为主，培养学生在法语语言、基础语法及听说能力上具备扎实的基础，同时指导学生按一定的比例选修全校性的公选课、通识课程，以加强人文精神和科学精神的教育。2006年的教学计划中，在培养内容方面，明确提出学生在一、二年级要通过《法语专业四级水

[①] 中山大学外国语学院：《外国语学院英语专业教学计划》（打印稿），2006年11月24日，第1页，藏中山大学外国语学院办公室。

[②] 中山大学外国语学院：《2013年外国语学院英语专业培养方案》（打印稿），2013年9月11日，第2页，藏中山大学外国语学院办公室。

[③] 中山大学外国语学院：《2013年外国语学院外语英语专业培养方案》（打印稿），2013年9月11日，第1-10页，藏中山大学外国语学院办公室。

平考试》①，2013年改为在第二学年原则上要参加并通过由教育部高等学校外语专业教学指导委员会法语组组织的《法语专业四级水平考试》。

高级阶段（三、四年级）注重语言实践训练及专业理论学习。在学生通过基础阶段的训练和已经掌握听、说、读等能力的基础之上，提高学生的写作及翻译等语言实践能力。而且，为了进一步加强法语语言规律和文学、文化知识的掌握和理解，相应地开设法语文学史、法国史、商业法语等课程。处于高级阶段的学生，在第四学年原则上要参加并通过由教育部高等学校外语专业教学指导委员会法语组组织的《法语专业八级水平考试》。

课程设置上，法语专业的课程分为必修课和选修课两大类，法语专业的学生四年必须修满150学分，其中必修课101学分，约占67%（包括专业必修课65学分，公共必修课36学分）；选修课49学分，约占33%（包括专业选修课33学分，公共选修课16学分）。②

（3）德语专业。在教学过程中，培养学生具有外语工作者必须具备的多种语言基本知识、基本技能和基本素质。基础阶段（一、二年级）以专业课学习为主，培养学生在德语语言、基础语法及听说能力上具备扎实的基础，同时指导学生按一定的比例选修全校性的公选课、通识课程，以加强人文精神和科学精神的教育。2006年的教学计划中，在培养内容方面，明确提出学生在一、二年级要通过《德语专业四级水平考试》③，2013年改为在第二学年原则上要参加并通过由教育部高等学校外语专业教学指导委员会德语组组织的《德语专业四级水平考试》。

高级阶段（三、四年级）注重语言实践训练及专业理论学习。在学生通过基础阶段的训练已经掌握听、说、读等能力的基础之上，提高学生的写作及翻译等语言实践能力。而且，为了进一步加强德语语言规律和文化知识的掌握和理解，相应地开设德语语言学概论、德语文学史、德国文化史等课程。处于高级阶段的学生，在第四学年原则上要参加并通过由教育部高等学校外语专业教学指导委员会德语组组织的《德语专业八级水平考试》。

课程设置上，德语专业的课程分为必修课和选修课两大类，德语专业的学生四年必须修满150学分，其中必修课99学分，约占66%（包括专业必修课63学分，公共必修课36学分）；选修课51学分，约占34%（包括专业选修课35学分，公共选修课16学分）。④

---

① 中山大学外国语学院：《外国语学院法语专业教学计划》（打印稿），2006年11月24日，第1页，藏中山大学外国语学院办公室。
② 中山大学外国语学院：《2013年外国语学院外语法语专业培养方案》（打印稿），2013年9月12日，第1-8页，藏中山大学外国语学院办公室。
③ 中山大学外国语学院：《外国语学院德语教学计划》（打印稿），2006年11月24日，第2页，藏中山大学外国语学院办公室。
④ 中山大学外国语学院：《2013年外国语学院外语德语专业培养方案》（打印稿），2013年9月17日，第1-8页，藏中山大学外国语学院办公室。

（4）日语专业。在基础阶段（一、二年级）以专业基础课学习为主，使学生在日语语音、基础语法及听说能力上具备扎实的基础，同时指导学生按一定比例选修全校性的公选课、通识课程，以增强人文精神和科学精神。在第二学年原则上要参加并通过由教育部高等学校外语专业教学指导委员会日语组组织的《日语专业四级考试》，和由日本国际交流基金会与中国国家教育部联合举办的《日语能力二级测试》。

高级阶段（三、四年级）注重语言实践训练及专业理论学习。在学生通过基础阶段的训练和已经掌握听、说、读等能力的基础上，提高学生的写作及翻译等语言实践能力。而且，为了进一步加强语言规律和文学、文化知识的传授，相应地开设日语概论、日本文学、日本文化等课程。在第四学年原则上要参加并通过由教育部高等学校外语专业教学指导委员会日语组组织的《日语专业八级考试》，和由日本国际交流基金会与中国国家教育部联合举办的《日语能力一级测试》。

在课程设置上，日语专业的课程分为必修课和选修课两大类，日语专业学生四年总学时数为2700学时，必须修满150学分。其中必修课97学分，约占65%（包括专业必修课61学分，公共必修课36学分）；选修课53学分，约占35%（包括专业选修课37学分，公共选修课16学分）。①

教学方法：重视教学方法的探讨，经常交流教学经验。针对外语教学的特点，根据教学对象及教学内容的不同，采取多种多样的教学方法，增加教学的趣味性，使学生变被动为主动，积极踊跃回答教师提出的各种问题，鼓励学生查阅词典，特别是使用日文词典，培养他们的日语思考的习惯和能力。此外，每两周举办一次的"中日学生交流角"更是日语系教学方法上的亮点。通过这些语言实践，学生对日语特点的理解逐渐从感性认识转向理性认识，大大提高了语言运用的综合素质。

由于制定了合理的培养计划，并不断加以改进修订、更新和完善，中山大学外国语学院各专业发展迅速，教学质量显著提高。2002年该学院英语语言文学专业被评为广东省高校第二批名牌专业；2003年英语语言文学专业又被评为广东省重点学科；2004年英语语言文学专业再次被评为广东省名牌专业，中山大学也给予英语语言文学专业2万元的奖励。② 2010年大学法语课程（基础法语课）被评为广东省高校精品课程。《日本文学课程建设研究与实践》和《英语专业创意写作教学改革与实践》则成功入选2010年度广东省高等教育教学成果奖的培育项目。③

2. 教学革新

第一，课程改革。为贯彻落实国家及广东省教育中长期改革和发展规划纲要精

---

① 中山大学外国语学院：《2013年外国语学院外语日语专业培养方案》（打印稿），2013年9月11日，第1-8页，藏中山大学外国语学院办公室。
② 中大教务处：《关于奖励我校广东省名牌专业的通知》，2004年12月22日，中大教务【2004】29号。
③ 中山大学外国语学院：《外国语学院2008—2010学年本科教学状态自查报表》（打印稿），2012年4月12日，第5页，藏中山大学外国语学院办公室。

神,充分发挥研究型大学办学的优势,积极推动新一轮高等学校教学资料与教学改革工程,进一步深化人才培养模式的改革,外国语学院2008年以来,成功申请到16项校级本科教学改革研究课题,并获立项,通过这些项目,积极探索教学改革的新方法,不断提高了教学质量。①

学院老师进行的教学改革研究主要涉及课程改革、人才综合素质(国际化)培养、教学服务、教学质量、教材建设等几个方面。

2000—2014年,外国语学院校级教学改革立项的项目有数十项,这有利于进一步深化本科教育教学改革,提高研究型大学人才培养的整体质量。

第二,教材更新。外国语学院严格遵循国家教育部指定的外语专业教学大纲,并在此基础上,注重对学生听、说、读、写、译等传统外语技能的培养,同时加强对学生综合技能、文化知识和交际能力的培训,除了培养他们掌握专业英语外,还要求他们掌握1~2门其他专业知识,把他们培养成复合型人才,以便能更好地适应社会的发展和人才市场竞争的需要。

多年来,外国语学院根据社会需求的变化,不断调整和改革教学课程体系。特别是在此阶段,各系根据社会对某些专业技能的需求,增加了某些选修课或必修课程,对教材进行了更换与补充。如英语系一年级综合英语课的教材使用多年,已有老化现象,从2000年9月起便重新选用了新的教材,并对高年级的教学进行了大胆的改革,取消了几十年陈旧的基础课程(精读、高级听力等),重新设置了全新的提高与应用型的六大板块,加强了英语系核心知识结构的调整,建立了"创新与批判性思维"的教育模式,在原有的复合型人才培养结构的基础上,突出了英文专业人文研究的传统,加强了素质教育。改革后的新教材更能在听、说、读、写4个方面全面训练学生的英语语言能力,内容更加丰富多彩,更能满足学生扩大视野、开拓见识的需要,更加符合泛读课程的教学目标。

第三,探索课外实践。实习教学是实现人才培养目标的重要实践环节,也是实践性教学的重要组成部分,直接关系到人才培养的质量,这对应用性很强的外语学科学生的培养,尤其很有必要。实习教学的目的,是使学生在巩固理论知识的基础上,了解社会,接触行业、产业的实际,获得本学科或本专业初步的生产技术和管理知识,并提高综合运用专业知识分析、解决问题的实践能力,培养创新技能和敬业、创业精神。结合外国语学院的实际情况,实习教学是为了让学生在社会实践这个平台上,发挥本专业的语言优势和特色,学以致用,在实际工作环境中提高综合运用语言和交际的能力。

外国语学院要求学生根据专业要求和自身情况,选择适当的实习内容,要求在专业基本对口、符合实习教学大纲要求的前提下,尽可能就近选择实习单位。学院鼓励学生结合自身特长和专业优势,选择生产运作较正常、技术管理手段较为先进的单位

---

① 中山大学外国语学院:《外国语学院本科教学基本状态数据报表》,2008—2013年,藏中山大学外国语学院办公室。

进行相对稳定且教学、科研、生产实践相结合的实习。

学院一直致力于多方位建立实习基地,加强校企合作,主张充分发挥各自的优势,实现优势互补,为学生提供理论联系实际的舞台。到2010年,学院已与多个实习基地签订了实习生派出协议,它们分别为广州残疾者英语培训中心、中国对外贸易中心、广州国际投资促进会、广州市外商企业投资服务中心、中国南海石油联合服务总公司、江门金刚电池有限公司、广州市东泰骏城实业发展有限公司、深圳商报等单位[①]、广州市西关外国语学校。此后又陆续增加了广州江南外国语学院、通达教育中心、广州市泓鹰教育信息咨询有限公司、学与思乐加乐英语等实习基地。这些实习基地的接收专业涵盖了外国语学院的英语、日语、法语、德语全部4个语种,为学生锻炼实践能力提供了良好的平台。

二、学生工作

1. 完善组织和制度

外国语学院历来重视学生工作,形成了自己的工作特色和优势。在学生事务管理方面,秉承"善待学生"、"人心向学,追求卓越"的理念,统筹全院学生工作协调发展,教育、管理、服务相结合,引导学生健康成长与全面发展。

加强组织领导。学院为规范学生工作,2004年成立外国语学院学生工作领导小组[②],负责指导外国语学院学生的迎新、毕业、就业、奖惩、奖学金等方面的工作,并在接下来的工作中,根据实际工作需要,校外灵活设立相关年份的迎新工作领导小组和毕业生就业追踪工作领导小组。

明确班主任职责分工。2006年,为明确并强化教务员及班主任的职务功能,特制定《外国语学院班主任规程(初稿)》,公布《系主任工作守则》,明确其职责分工。

有规可循。奖助学金是学生工作中的一个重要环节,为保证评奖工作的顺利进行,并在评选过程中坚持公平、公正、公开的原则,外国语学院制定了一系列的奖助学金管理实施细则,并根据每年的具体情况进行修改调整。为了做好学生奖学金评选工作,学院制定了一系列的评选办法,如2007年颁布的《外国语学院本科生综合测评实施办法》、《外国语学院单项奖学金评选办法》[③]、《外国语学院研究生教育奖助金管理实施细则》[④]。还根据《普通高等学校学生管理规定》、《中山大学学生奖励管

---

① 中山大学外国语学院:《外国语学院实习实践基地情况表》,2010年,藏中山大学外国语学院办公室。

② 中山大学外国语学院:《关于成立学生工作领导小组的通知》,2004年11月18日,外语【2004】12号,藏中山大学外国语学院办公室。

③ 中山大学外国语学院:《关于颁布〈外国语学院本科生综合测评实施办法〉及〈外国语学院单项奖励金评选办法〉的通知》,2007年9月20日,外语【2007】17号。

④ 中山大学外国语学院:《关于颁布〈外国语学院研究生教育奖助金管理实施细则〉的通知》,2007年11月12日,外语【2007】21号。

理规定》和《关于调整我校奖助学金评选时间及评选条件等有关事项的通知》(中大学生〔2012〕9号)等要求,结合 2011 年至 2012 年评选奖学金过程中出现的新情况,经过调查研究和听取反馈意见,先后又颁布了《外国语学院本科生综合测评实施办法》(2010.9.16 修订版)① 及《外国语学院本科生综合测评实施办法》(2013.5.30 修订)等版本。

2. 开展各种特色活动

学生团体。英语演讲辩论社、外语志愿服务队、Allshare 是外国语学院打造的精品社团。学院英语演讲辩论社分为演讲工作坊及英语辩论队两部分。演讲工作坊每周邀请专业老师以及学生代表向会员普及演讲知识技巧,并提供公众演讲平台。英语辩论队旨在推广英国议会制辩论以及美国议会制辩论这两种与华语辩论截然不同的辩论模式,培养具有国际视野和批判性思维的学生精英。该社成员在历年的国内、国际相关赛事中,均取得了亮眼的成绩。

外国语学院外语志愿服务队是由学院团委组织、外院学子组成的志愿服务队伍。队伍成员每年更新一次,规模超过 100 人。该队伍致力于参加涉及外语服务的各类志愿活动(包括大型政府外事活动),提供外语服务,多次受到好评。

Allshare 始创于 1996 年,长期坚持不懈地为"残培"、残疾人组织举办各种公益活动,极富特色,影响很大,2010 年获全国高校校园文化建设优秀成果一等奖。此外,外院学生志愿赴西部支教,资助西部中小学生上学,将志愿和大爱的种子撒向了祖国西部。

学生活动。外国语学院特色的学生活动包括"外语节"系列活动、新生训练营、班级形象大赛等。"外语节"是外国语学院的传统学生活动,以外语学习及文化交流为主题,以外语爱好者及学习者为主体的系列学术文化活动,自 1995 年创办至 2014 年 10 月,已举办了 19 届。通过各种充满外语特色的活动,为外语爱好者和学习者提供了一个相互交流、了解外国文化的机会,同时承载着宣传外院特色的重要作用。"外语节"主要包括开幕式,英、法、德、日四语论坛以及外语新星大赛、英语风采大赛、电影配音大赛、美食嘉年华、外国文化图片展、化装舞会、闭幕式等活动。"外语节"于 2013 年被评为中山大学实践精品项目。

新生训练营是外国语学院一直以来的传统活动,也是外院举办的系列品牌活动之一。它以新生为主要活动对象,以增强各团支部的凝聚力为主要目的,以要求发挥团队协作精神的游戏为主要形式,旨在让新生在轻松、活泼、积极向上的气氛中尽快融入新的生活和学习环境。这项活动一直受到同学们的好评和老师们的关注。

"班级形象大赛"活动每年在珠海校区本科生一、二年级开展。活动以全班同学集体亮相舞台为最大特点,每年的主题各异,如完成班级愿望、班级相册展示等,各班充分发挥各语种的特色,展示出外国语学院低年级本科生的活力与创意,同时也增

---

① 中山大学外国语学院:《关于公布〈外国语学院本科生综合测评实施办法〉》,2013 年 5 月 30 日,外语【2013】6 号。

强了各班的凝聚力。

3. 获得骄人成绩

第一，奖项突出。外国语学院在重视传统课堂教育的同时，积极鼓励学生参加各项赛事，从而提升综合素质，开拓视野。外国语学院学生专业技能突出，多才多艺，在各项演讲比赛、辩论大赛、歌舞比赛等赛事和活动中屡有斩获，取得不俗成绩，为学院赢得了荣誉。近年来的专业和其他课外活动比赛获奖情况，如表 6-1 所示：①

表 6-1　2008 年 6 月—2013 年 12 月学生获奖情况

序号	表彰名称	受表彰个人	发奖时间
1	CCTV 全国英语演讲大赛校级三等奖	濮丽雅	2008.9
2	"营地记者大赛"图片组二等奖	叶向梅	2008.10
3	"21 世纪-联想杯"全国英语演讲比赛地区总决赛二等奖	王丹青	2008.10
4	"21 世纪-联想杯"全国英语演讲比赛地区总决赛二等奖	濮丽雅	2008.10.
5	"21 世纪-联想杯"全国英语演讲比赛地区总决赛三等奖	郑　静	2008.10.
6	"21 世纪-联想杯"全国英语演讲比赛地区总决赛三等奖	韦　宇	2008.10.
7	校庆 84 周年合唱舞蹈大赛一等奖	汪　莉	2008.11
8	22 回广州大学生日语演讲比赛第一名	孙　劼	2008.11
9	广东志愿者联盟"我的志愿者生活"征文比赛二等奖	葛　丽	2009.3
10	第一届中山大学英语课堂展示大赛二等奖	李霜霜	2009.3
11	"希望之星"英语风采大赛省二等奖	张菁秋	2009.3
12	"21 世纪-联想杯"全国英语演讲比赛全国总决赛二等奖	李君宝	2009.4
13	中山大学"哈马达"杯武道赛个人品势项目颜色带组第一名	林洁玲	2009.4
14	第一届欧罗巴歌曲演唱比赛三等奖	吴　晓	2009.4
15	中山大学寒假公益社会实践大赛一等奖	陈璇钰	2009.4
16	"新飞 2009 赛扶中国创新公益大赛"中，获得全国二等奖	江　华	2009.5
17	联想营销策划大赛中山大学赛区第一名	罗　希	2009.5
18	第十三届"外研社杯"全国英语辩论赛一等奖	葛　丽	2009.5
19	珠海校区首届诗词吟诵唱比赛二等奖	邓　秋	2009.5
20	"三下乡"先进个人	葛　丽	2009.6

---

① 数据统计来源于 2008—2013 年外国语学院学生工作总结，藏中山大学外国语学院学生工作办公室。

续表 6-1

序号	表彰名称	受表彰个人	发奖时间
21	广东省大学生主持人大赛二等奖	袁植	2009.7
22	中华全国日语演讲大赛三等奖	孙劼	2009.7
23	第七届全国高校京剧演唱研讨会二等奖	杨亚	2009.9
24	2009CCTV 杯英语演讲比赛广东省决赛三等奖	胡明华	2009.10
25	联想青年公益创业计划广东省一等奖	赵玮	2009.11
26	首届"高教杯"全国英语口译赛华南赛区二等奖	葛丽	2009.12
27	第二届海峡两岸口译大赛华南地区决赛一等奖	葛丽	2010.4
28	第二届海峡两岸口译大赛华南地区决赛三等奖	王丹青	2010.4
29	CCTV "希望之星英语" 英语演讲比赛广东决赛二等奖	王丹青	2010.5
30	第五届"中华全国日语演讲大赛"华南赛区预赛一等奖	施其靓	2010.5
31	CIBN 杯全国大学生英语节目主持人大赛优秀奖	金天	2011
32	第六届中华全国日语演讲大赛第二名	赖艺翀	2011
33	第七届中国人日语征文大赛一等奖	顾威	2011
34	第25届广州地区高校日语演讲大赛第一名	郭璐懿	2011
35	2011年粤港大学生法语演讲比赛总决赛第一名	唐铎	2011
36	中山大学第二届学生英语课堂展示大赛一等奖	陈筱帆	2011
37	2010 "外研社杯" 全国英语演讲赛优胜奖	胡明华	2011
38	2011 年度"我们去法国"征文比赛第三名	王璟珺	2011
39	2011 年法语博客大赛 全国前 10 名	白佩茹	2011
40	CCTV "希望之星英语" 风采大赛广东赛区复赛三等奖	胡明	2011
41	"平和杯"中山大学英语辩论赛亚军	张紫怡	2011
42	2011 "外研社杯" 全国英语演讲大赛中山大学选拔赛决赛一等奖	金天	2011
43	中日韩三国德语课程设计与主讲大赛第一名	董桃兰、方琪	2011
44	2011 "外研社杯" 全国英语演讲大赛中山大学选拔赛三等奖	曾钰茗	2011
45	第三届粤港大学生法语演讲比赛三等奖（第三名）	潘文柱	2012
46	第二届"中译杯"全国口译大赛总决赛中获得二等奖（第四名）	何舒恒	2012
47	全国日耳曼语言文学学生征文大赛一等奖 （颁奖机构：德意志学术交流中心 DAAD）	张奕婷	2013.12
48	"外研社杯"全国英语演讲大赛季军	肖丽妮	2013.12
49	第26届广州地区日语演讲大赛第一名（日本驻广州总领事馆）	黄千惠	2013.12

第二，理念清晰，具示范效应。进入新时期以来，外国语学院以许宁生校长提出的"人心向学，追求卓越"为理念，统筹各项学生工作事务，服务学校的人才培养和事业发展。这一理念的内涵包括三个方面：高等教育大众化背景下的精英教育；培养具有"专业素养、国际视野、人文情怀、领袖气质"的中大学生；学生工作需要彰显特色、精益求精、促进发展、开拓创新。学院结合专业自身特点和优长，积极探索构建教书育人、管理育人、服务育人、环境育人相结合的学生工作体系，引导学生追求卓越，多元发展，为外语人才培养的精英化、国际化服务，积累了比较丰富的经验，并在校报上作为庆祝中山大学建校90周年学生工作经验加以介绍，反映良好。①

第三，注重专业素养。学院积极支持和鼓励学生参与各类学术与专业竞赛活动，重视通过第二课堂的活动提升学生综合运用外语的能力。2013年学院先后承办了第十二届广东大中学生英语口语比赛、中国日报社"21世纪·可口可乐杯"全国英语口语大赛广东赛区决赛、"APEC"未来之声中国选拔区广东赛区比赛等活动。在这些比赛中，学院同学屡获佳绩。学院研究生会举办了两届中山大学外国语言文学研究生论坛，有效促进了研究生的学术研讨。在此基础上，2014年举办了首届广东省外国语言文学研究生学术论坛。此外，学工办积极协助教务部门动员组织学生参与本科生科研项目，培养学生的科研意识和专业素养。

第四，重视实践能力培养。与广州江南外国语学校、学而思教育机构等合作建立了实习基地，让学生在教育教学实习中，更好地提高专业技能和综合素质。每年的春秋两季广交会，学院组织高年级本科生和研究生参加商务翻译工作，在社会实践中锻炼综合能力。实践证明，这些活动能够有效提高学生的专业技能，开拓专业视野，提升专业意识。

第五，积极拓宽学生的国际视野。学院与省市外事部门合作，组织学生参加各类国际会议和重大赛事的志愿服务，如亚运会、大运会、广州"一奖两会""国际友人运动会""全球中小企业领袖峰会"和"中国企业走进拉美"论坛等一系列外事志愿活动，学生在活动中长见识、长才干，积累社会经验，提升职业能力。学院组织师生对美、英、法、德、日、新加坡和中国港台地区主要高校的学生事务管理进行调研，在全球视野下思考和定位学院的学生工作。为培养学生领导能力，学院组织学生干部赴香港大学、香港中文大学、香港岭南大学与学生事务部门、学生会、部分校友等进行交流，学习借鉴香港高校在学生事务方面一些好的理念和做法。此外，学院利用假期开展的日本、欧盟等短期游学项目，也为学生开拓国际视野提供了新的平台。通过游学，同学们不仅在国外的课堂中学到了知识，更重要的是感受到了不同的历史、文化、社会环境，体验了跨文化交流，学会了换角度思考。

第六，深入细致做好党建和思想教育工作。学生党建工作旨在让党的事业后继有人。学院以深入开展群众路线的教育实践活动为契机，开展了多项工作。首先，通过问卷调查、个别访谈方式，对外国语学院全体学生党员进行了全面摸查，并将情况反

---

① 《人心向学，追求卓越》，《中山大学报》（新）第308期，2014年3月31日。

馈给各支部。其次，研究制定了《中山大学外国语学院党委发展学生党员若干规定》，具体规定了对发展对象、新党员考察的内容和最低要求，引导党员和入党积极分子努力完善自己，切实在同学中发挥模范带头作用，有效保障和提高党员的发展质量。同时，组织本科和研究生党支部结合自身专业优势，联合举办了"学语致用"活动。活动以志愿服务的形式，面向全校同学，开展了帮助留学生适应中山大学学习生活环境、英文面试技巧培训等六方面活动，得到了广泛好评。这项活动为探索党员教育、管理、服务的新形式，做了很好的尝试。思想教育工作旨在弘扬社会主义核心价值观。学院所做的工作可以概括为"六个结合"：一是形势与政策教育做到课堂教学与专题讲座相结合；二是入学教育做到领导、老师、校友、学生相结合；三是专题座谈会做到解决思想问题与实际问题相结合；四是个别谈话与宿舍访谈做到摸查潜在问题与促进师生沟通相结合；五是院领导午餐会做到沟通交流与教育引导相结合；六是新生家长会做到促进学校教育与家庭教育相结合。①

第三节 研究生教育

一、课程修订

2006年，为了贯彻教育部有关拓宽学科口径的精神和落实中山大学研究生院关于硕士生教育改革的相关要求，中山大学外国语学院对本院的硕士研究生教育实施了改革。为了巩固改革的成果，进一步推动硕士研究生教育稳妥有序地发展，学院特作出以下规定，作为学院各硕士点的行为规范准则②：

一是在外国语言文学一级学科的架构下，整合时有的5个二级学科硕士点的基础和专业必修课。具体措施是：英、法、德、日、外国语言学及应用语言学5个二级学科硕士点，共同拥有一门基础必修课——现代语言学，由来自各语种的导师分工合作进行授课，工作语言为汉语；英、法、德、日4个硕士点还要共同拥有一门专业必修课——文学理论，也是由导师组用汉语授课，各语种保留一门独立的专业必修课；外国语言学及应用语言学硕士点独立开设了两门专业必修课，文学理论课在该硕士点改为选修。

二是英语语言文学和外国语言学及应用语言学两个硕士点可分别开设8门选修课（其中包括互相重叠的选修课），学生可从中挑选并修满6门，便可达到学分要求。日、德、法三个硕士点可分别开设6门选修课，学生需修5门便可达到学分要求。

---

① 《人心向学，追求卓越》，《中山大学报》，（新），第308期，2014年3月31日。
② 中山大学外国语学院：《中山大学外国语学院关于硕士研究生教育的若干规定》，2006年9月26日，第1-2页，藏中山大学外国语学院办公室。

二、导师队伍考核

鉴于外国语学院的学科特殊性,申请硕士导师资格的教师,除了要满足学校职能部门规定的硬件条件外,还要面对学院委托的专家小组,用所隶属的外语陈述自己的学术方向、选修课内容等,并回答专家的提问。不能用外语表达学术与思想者,一票否决。学院还规定,可从广州地区非重点高校聘请兼职硕士生导师,被聘教师原则上应有教授职称。

研究生工作部每年都要通过问卷形式,收集研究生对教师的评估并反馈给相关教师。学院每3年一次,对每位硕士生导师进行评估。连续3年不指导研究生论文的硕士生导师,将被取消导师资格。

各硕士点在这一阶段以导师组名义招生,不列出导师姓名。考生按二级学科硕士点报名,虽可以试报某个方向,但是入学之后还有一个月的双向选择期。在此期间,学生通过修课进一步了解此方向的性质和导师的情况,导师则进一步展示方向的特色和物色真正适合此方向的学生。方向学术梯队的某些成员,可能因第一个月轮不到机会上课亮相而无学生挑选。这时,方向的负责人要出面向学生解释,促成双向选择。如果某一个方向因兴趣问题无人选择,研究生工作部负责人要站在学科方向布局的整体利益高度,出面协调,确保各方向的均衡发展。但是,绝对不允许以单纯的行政手段来分派学生。

三、严格招生考试

硕士生入学考试的出题和改卷,以硕士点为单位进行,研究生工作部统筹管理。面试考官以具备教授职称的学科带头人为主体,每个语种只设一个考官组(3～5人);外语口头表达能力差的考生一票否决;考官意见有分歧者,投票表决;争议性大的问题,提交招生领导小组。总分未上线而要求破格进入复试者,由本人提出申请陈述理由,3名外院在职的正教授推荐担保,研究生院审批,并将个人申请、教授推荐、研究生院审批3份材料同时上网公示一段时间后,方可接收。

第四节 成人教育与其他工作

随着中国经济的发展,社会对外语人才的需求急剧上升,社会各界求学外语的热情也不断高涨。外国语学院把握机会,在努力做好本科生、研究生教学工作的同时,还挖掘潜力,努力发展成人教育,于2001年正式成立了外国语学院继续教育中心。

一、成人教育

1. 办学目标

学院成人教育是学院工作的一个重要组成部分。长期以来,在成人教育,尤其是在学历成人教育方面,根据成人教育的特点和实际情况,在教学大纲的制定、课程的设置、教学计划的安排、教材的使用等方面,都进行了不断的探索与改进。吸收和学习其他兄弟院校和国外院校先进的教学方法和经验,培养学生扎实的语言基本功,加强外语技能训练,提高教学质量,以培养更加适合社会发展和经济建设需要的不同层次的各类外语人才。

学院对成人学历教育的指导思想和培养目标为:成人学历教育英语本科毕业生,应具有扎实的语言基本功,宽广的知识面,一定的专业知识,较强的语言应用能力以及较好的政治思想素质;有扎实的英语语言基础和较强的语言文化交际能力;掌握一定的专业知识,能胜任外经贸、国际文化和科技交流等部门的管理、文秘、翻译、教学、管理等工作的复合型外语人才。

2. 制度建设

教学管理是保证办学质量、培养合格人才的重要环节,为保证成人教育办学的质量,长期以来,学院各级领导都非常重视教学管理这一项工作,把如何提高教学质量、培养合格外语人才,作为搞好成人教育的大事,并通过建设各种管理规章制度,[①] 确保教学质量。

2001年成立的学院继续教育中心,负责学院成人教育的教学及管理工作。其主要职责共有10个:各类考试(DEC、PETS等)的组织与考务工作;成人学历教育的教学与教务管理工作;成人各类外语培训班、各类考试考前培训的招生、教学、教务管理;对外合作及联系;成人教育的学生思想工作;学院临时交办的工作;自学考试辅导班的教学与教务管理工作;教材订购、教师的请聘;成人教育各班级的班务工作和日常生活管理;自学班学生的宿舍管理。管理人员的投入也逐年增加,业务素质较高。

2003年10月,成立了中山大学外国语学院成人教育指导小组,进一步加强了对成人教学质量的监督和指导,提高了学院成人教育的教学质量。小组主要负责选定各类成人教育班的使用教材,组织教师编写了相关教材和学习指导资料;审定学院成人教育教学计划、课程设置以及任课教师认定等;监控和指导学院成人教育教学质量,不定期召开了任课教师座谈会,到课堂听课,处理教学上的有关问题;负责学院成人教育学生毕业考核、审定学位以及相关事宜。[②]

根据成人教育的特点和实际情况,结合学校成人教育学生管理的有关规定和方法,制定了学院成人教育的相关管理制度。[③] 如教师守则、学生注册须知、考勤办

---

① 于2004年10月组织汇编了《外国语学院继续教育中心管理规章制度》,藏中山大学外国语学院继续教育中心办公室。
② 中山大学外国语学院:《关于成立中山大学外国语学院成人教育教学指导小组的通知》,2003年10月29日,外语【2003】11号。
③ 参见中山大学外国语学院:《外国语学院继续教育中心管理规章制度》,藏中山大学外国语学院办公室。

法、考试制度等，把学生的个人档案、学习档案、考勤、考试、教师聘任、教学计划、课程安排等环节，列入了规范化的管理轨道。

建立了班主任、班长管理制度。选择责任心强、甘于奉献和有一定组织能力的教师担任班主任，协助学院主管领导和继续教育中心管理学生的有关学习、生活工作。同时还特别注意选择有责任心、乐于奉献、组织能力强、有团结协作精神的同学担任班长，协助班主任做好班级的学习、生活管理工作。

重视学风班风建设。在学风方面，主要以实施和落实各种规章制度作为抓学风、班风建设的突破口。学院主管成人教育的副院长和继续教育中心的负责人负责成人教育学生的思想教育与学风、班风建设工作。学院学生工作部的领导兼职参与学院成人教育学生思想教育和管理工作。此外，健全考勤制度，要求每班任课老师上课前要点名，缺课、旷课、迟到、早退要登记，无故旷课者要及时向学院主管部门反映，及时处理。严肃考试纪律，结合学校每年的评优工作，开展评优活动，评选优秀学生干部、优秀学生。

3. 教学资源

外国语学院成人教育的办学、教学条件及资源，也是学校、学院的全部教学条件与资源，即成人教育共享了学校、学院所有的教学条件与资源，因此其教学条件优越，资源充足。

师资力量。外国语学院雄厚的师资力量，使得成人教育可以拥有经验丰富的教师队伍。此外，高年级的硕士生和博士生也是学院成人教育师资的有力补充力量和后备资源。

教学设施。在本阶段，尤其是外国语学院大楼的落成，学院每年投入近100万元用于改善和改造教学设施与条件。实验室、电脑室、电教室、录音室、多媒体教室、图书馆等一应俱全。学院全部科室都安装有无线播音系统和卫星电视接收系统，学院这些教学资源与设施，对成人教育的学生都一视同仁。

4. 办学特色

教学质量是成人教育工作的生命线，教学质量的好坏，直接关系到成人教育的兴衰与声誉。在长期的教学实践中，学院始终注重教学质量的提高，并取得了良好的教学效果，得到了同学们和用人单位的好评。同时，通过不断的总结与探索，在教学与管理上形成了自己鲜明的特色。

第一，重视师资力量。注意选聘责任心强、有教学经验的教师任教。

第二，重视教学检查。学院继续教育中心每学年都召开成人教育任课教师座谈会，检查教学工作情况，对教学中出现的问题做到及时和有效集中地解决，理顺教学与管理环节上衔接不紧的情况，提高管理质量，促进教学方法的进一步改进，提高教学质量。

第三，加强教学督导。根据成人教育，尤其是业余学历成人教育的教学特点，方便管理和方便学生更加直接地反映教学方面的意见，及时了解教学方面存在的问题，设立了教学督导员的职位。

第四，设立了专门的成人教育教学指导小组，加强对学院成人教育教学质量的监考和指导，提高了学院成人教育教学质量。

第五，注重教材的选用。根据社会上对各类外语人才需求的不断变化，确保培养的外语人才更适合社会的需要，在成人教育的教材选用上，要求做到内容新颖而实用。在课程设置上，根据社会对某些专业技能的需求，增加实用性课程，如听力、口语、口译、笔译等。加强对学生综合技能、文化知识和交际能力的训练，使学生更好地向复合型人才、应用型人才方面发展。①

外国语学院的成人教育主要分为两类，其一是非学历教育，即各类培训班；其二是学历教育，即夜大学。从 20 世纪 90 年代至 2014 年，为广东地区企事业单位或由企事业委托或合作举办的外语培训班，涉及到如下单位，即：广东省公安厅、大亚湾核电站、南油东部公司、白云国际机场、广东省广电集团有限公司、广东省邮电规划设计院、广州医学院第一附属医院、佛山腾龙光学有限公司、佛山华国光学器材有限公司、广州本田汽车有限公司、广州市东山区教育局、广州市萝岗区教育局、中海发展股份公司货轮公司、广东海外留学培训学校、澳门科技大学（澳门高等教育服务中心）、广东教育国际交流服务中心、广州番禺人才市场、广州精神病医院、广州富伦特教育咨询有限公司等。

截至 2014 年 4 月，已为社会培训各类外语人才 1 万多人。1984 年，开始举办了成人学历（夜大学）大专班。有英语、日语大专班，2002 年开始，增加举办成人学历（夜大学）专升本科班，到 2004 年 4 月，共培养成人学历大专、本科学生 4800 多人，1997—2004 年期间，还举办了英语自学考试辅导班，招生人数达到了 2000 多人。②

二、其他工作的开展

1. 图书资料管理

2011 年 6 月，为规范学院图书资料的采购和管理，加强对学院图书资料使用的管理和监督，保证图书资源的共享，制定了《中山大学外国语学院图书资料管理流程》③。对学院图书资料的购置、捐赠、借阅等作了详细的规定，以有章可循。

2. 教学实验设备更新

由于设备老化，性能不稳定，2004 年 10 月，大学外语教学中心申请将南校区第一、三教学楼及文科楼的语言听力系统改造成 FM 语言听力系统，2004 年 10 月 20 日

---

① 中山大学外国语学院：《外国语学院 1999—2003 年成人教育教学自评报告》（打印稿），第 4-6 页，2004 年 4 月 10 日，藏中山大学外国语学院继续教育中心办公室。
② 参考 2001 年至 2014 年，外国语学院继续教育中心的年度工作总结，藏中山大学外国语学院继续教育中心办公室。
③ 中山大学外国语学院：《关于印发〈中山大学外国语学院图书资料管理流程〉的通知》，2011 年 6 月 29 日，外语【2011】12 号。

获得学校批准。① 2011年,完成了外国语学院教学同传实验室的建设。2012年,改进了教师办公条件,为每位讲师职称以上教师提供独立办公室一间,并启动了一楼学术报告厅的装修工作。同时对多间教室、会议室进行了改造或设备更新。

3. 校友工作

校友工作是学院工作的重要组成部分,为做好校友工作,加强校友与学校和学院的联系,学院历届领导都重视与校友的联络工作。具有丰富校友工作经验的许东黎担任学院党委书记后,校友工作的成效更是上了一层楼。2003年10月,中山大学外国语学院校友分会以及校友工作小组成立。经过数年的发展,外国语学院校友会有两个地方分会:中山大学深圳校友会外国语学院翻译学院分会(The School of Foreign Languages and School of International Studies Chapter of Sun Yat-sen University Shenzhen Alumni Association),以及中山大学外国语学院香港校友联谊会(Hong Kong Chapter, Alumni Association of School of Foreign Languages, Sun Yat-sen University)。中山大学深圳校友会外国语学院分会成立于1994年,2009年翻译学院第一批毕业生加入后,更名为中山大学深圳校友会外国语学院翻译学院分会,2013年成员达400多人。中山大学外国语学院香港校友联谊会成立于2013年12月②。

校友工作思路。一是加强与校友的联系。学院通过团委、学生会等学生组织收集校友资料,编辑通讯录,收集了自学院成立以来的各级校友的通讯录,同时不间断地对通讯录进行更新,以便掌握第一手的校友通讯资料,不仅为学院校友工作开展打下了坚实的基础,同时也为学校校友工作的开展提供了便利。二是培育学院传统氛围。为继续发扬学院"问学、勤奋、探索、实践"的院风,定期邀请老一辈校友重温校园生活,进一步加强校友与学院之间的联系纽带,传承学院的优良传统。三是加强对在校学生提供引导和帮助。学院通过举办一系列主题校友活动,邀请外院校友回校,与年轻学子们分享当年学院的学习生活情况,给予在校学生以更好的指导,帮助他们树立正确的职业生涯观念。四是提供校友之间交流的平台。学院校友工作的另一侧重点在于给回校的校友们提供一个良好的交流平台,以学院为纽带,加强校友之间的联系,帮助他们建立良好的沟通氛围。

校友具体活动。一是寒暑假调研寻访活动。为了引导学生加强社会责任感和对学院的归属感,学院团委先后开展了主题为"寻访历史·体味变迁"等实践调研活动,面向院内招募志愿者,结合调研与访谈形式,寻访了不同年龄层的校友,不仅锻炼了学生的社会实践能力,也加强了与校友之间的联系。二是举办若干主题校友论坛活动,如HR谈"面经"、"情系外院"之历届学生会主席论坛、"不同的职业道路,同样的成功人生"校友论坛、"精译求精"——校友面对面论坛。三是邀请校友回校讲学。这些校友包括联合国资深同传陈峰、中山大学社会学系客座教授周敏、联合国日

---

① 中山大学外语教学中心:《关于南校区外语听力系统改造的报告》,2004年10月18日。
② 中山大学外国语学院:《中山大学外国语学院校友分会简介》(打印稿),2014年4月整理,第1页。

内瓦资深职员林丹、中山大学百人计划引进教师刘芳、南方学院党委书记陈腾华、中共中央编译局英文处处长童孝华等,他们的讲学为在校学子开拓了视野,丰富了学识。

校友工作特点。一是主题突出。根据不同时期的工作特点,学院校友工作也策划以不同的主题活动来整合校友资源,形成了主题鲜明突出的校友活动特点。计划将举办历届院刊主编论坛或历届团委副书记论坛,将"情系外院"的主题校友活动延续下去。二是打造品牌。校友是学院育人和发展的集中体现,学院致力于打造精品校友活动,形成具有外院特色的品牌活动,并一直传承下去,一方面确保校友工作更加规范化;另一方面拟加大宣传力度,扩大校友活动的影响力①。正因为历届领导对校友工作的重视,校友们也十分关心外语学科的发展,在庆祝外国语学院90华诞之际,回忆性的《思华年——中山大学外语人的故事》和《中山大学外语学科90年史稿(1924—2014)》两部书编著和出版,都得到了校友们的大力支持和积极响应。

第五节 科学研究与国际合作

进入到新世纪,外国语学院进一步完善了发展思路,由上世纪的教学为主逐渐转到了教学与研究并重的发展方向,不仅注重教学,也强调了学术研究的重要性,国际合作与交流蓬勃发展。

一、科研机构设立

2002年5月,成立了中山大学外国语学院学术委员会②,2004年制定了《中山大学外国语学院学术委员会章程(试行)》③,加强了学术研究的引导和规范。在这一发展思路的指导下,外国语学院重组新创了多个研究中心,在20世纪英美语言文学研究中心、澳大利亚研究中心等研究所的基础上,创设了语言研究所、功能语言学研究所、外国语学院英诗研究所、英语创意写作研究中心等科研机构。原有的中山大学英美文学研究室更名为中山大学英美语言文学研究中心。这些研究所是外国语学院科研梯队的依托,"大大拓宽了学院的学术研究领域"(吴之桐语),在提升学院学术水平、推动对外学术交流中,起到了重要作用。

1. 研究中心与研究所

中山大学外国语学院经过多年的积累和发展,下设中山大学英美语言文学研究中

---

① 中山大学外国语学院:《外国语学院近3年校友工作情况总结》(打印稿),2010年4月16日,第1-3页。

② 中山大学外国语学院:《关于成立外国语学院学术委员会的通知》,2002年5月14日,外语【2002】3号,藏中山大学外国语学院办公室。

③ 中山大学外国语学院:《关于印发〈中山大学外国语学院学术委员会章程(试行)〉的通知》,2004年11月28日,外语【2004】18号,藏中山大学外国语学院办公室。

心、中山大学澳大利亚研究中心、中山大学语言研究所、中山大学功能语言学研究所、中山大学翻译研究中心、中山大学海外中国学研究中心、中山大学英语创意写作研究中心、外国语学院英诗研究所、外国语学院俄罗斯语言与文化研究中心、外国语学院德国问题研究中心、外国语学院法国语言文化研究和交流中心。以上科研机构为外国语学院的发展注入了多重力量，使其在多个科研领域内各有所长，为人称道。

第一，中山大学英美语言文学研究中心。该中心成立于1986年，原名为中山大学英美文学研究室，于2006年1月9日更为此名。[①] 该中心的研究方向主要有3个，即英语诗歌研究、应用语言学研究、诗论研究[②]。

中心成立后，重视科研工作，积极与国内外同行进行学术交流，科研水平不断提升，取得了系列成绩：①主办或协办了学术研讨会。如2005年6月和2008年6月，分别主办了第一、二届珠江（广州）国际诗会暨学术研讨会，协办了第五、六届广东省外国文学学会青年学术研讨会；坚持每两周举办一次关于英美文学的学术研讨会，除了本校人员之外，还有来自兄弟院校单位的人员参加。②加强国际交流。邀请了国外知名学者来中山大学讲学，参加国外学术研讨会。如2005年邀请了英国剑桥大学教授、著名诗人蒲龄恩（J. H. Prynne）作关于美国著名诗人、理论家艾略特的长诗《荒原》的讲座。

第二，中山大学澳大利亚研究中心。该中心成立于1994年9月，是中国南方较有影响的澳大利亚研究机构。当年，中心在中山大学及学院领导的大力支持下，成功地组织了中国第四届澳大利亚研究的国际学术研讨会。与会者来自8个国家和地区，共129人。会议还组织了以澳大利亚为主题的书展、美展以及中澳诗歌朗诵晚会，产生了积极的影响，对中国的澳大利亚研究起了较大的推动作用。该中心主要研究方向为：语言学、语言与文化及文学[③]。

经过新世纪十余年的洗礼，澳大利亚研究中心脚踏实地，取得了一系列成绩：①科研方面。中心成员先后出版过有关澳大利亚研究的语言、文学、文化、历史及经济的专著、译著数十部。中心主要围绕澳大利亚文学、文化和语言学等方面从事科学研究。在语言学方面，突出澳大利亚"悉尼学派"的语篇体裁理论研究，同时加强与悉尼大学语言学系的合作，共同从事"中国语境下学术英语写作教学"的研究。②对外交流方面。帮助澳大利亚Asian Link在广州举办过展览，为澳大利亚新南威尔士州与中国广东省发展友好关系做过有益的工作。③教学方面。中心新开设了澳大利亚文化课程，并建立了自己的网页，组织翻译了一套有影响的澳大利亚书籍，编写过

---

① 中山大学：《关于文科科研机构更名、撤销的通知》，2006年1月9日，中大社科【2006】1号，3-2006-KY1100/007/01，藏中山大学档案馆。

② 中山大学外国语学院：《中山大学人文社会科学研究机构考核表——中山大学英美语言文学研究中心》，2007年9月18日，3-2007-KY1100/073/060，藏中山大学档案馆。

③ 中山大学外国语学院：《中山大学人文社会科学研究机构考核表——中山大学澳大利亚研究中心》，2007年9月16日，3-2007-KY1100/073/03，藏中山大学档案馆。

《广东省——新南威尔士州交流手册》等。2012 年，在中澳建交 40 周年之际，该中心编撰的文集《中澳关系大趋势：利益共同体的构建与展望——纪念中澳建交 40 周年》在北京人民大会堂发布，产生了良好的社会影响。

第三，中山大学语言研究所。该研究所成立于 2000 年 5 月 22 日，①成立后一直挂靠在哲学系，2005 年转到外国语学院。其研究方向为：语言学与西方批评理论，语言哲学与西方批评理论，语言学与翻译或诠释。主要成绩表现在：科研方面，出版了数部学术专著及英语普及读物，在核心期刊发表了多篇论文。②学术交流方面：成功召开了"翻译与诠释"跨学科研讨会，在大文科架构内讨论语言学与翻译所涉及的哲学问题，约有 20 万字的"对话录"由上海外语教育出版社出版。积极参加国际学术会议，组织学术工作坊，由国际一流学者主持并作了系列讲座（英国 Norris 翻译家）。

第四，中山大学功能语言学研究所。该研究所成立于 2003 年 6 月，其前身为中山大学外国语学院功能语言学研究所，成立于 2002 年 12 月，所长为时任外国语学院院长的博士生导师黄国文教授。黄教授系国务院政府特殊津贴专家，2008 年至 2011 年当选为国际系统功能语言学学会执行委员会（Executive Committee of the International Systemic Functional Linguistics Association）副主席，2011 年至 2014 年当选为国际系统功能语言学学会执行委员会主席、中国功能语言学研究会会长、中国语篇分析研究会会长，并入选教育部"长江学者"特聘教授。研究所的成立可以更好地吸收和研究国内外的先进文化，进一步推动外国语学院功能语言学的研究，促进外国语学院教学和科研的发展，促进对外交流。其研究方向为功能语言学、语篇与翻译和应用语言学。

功能学语言研究所不设专门编制，主要依托于外语学院英语语言文学博士点"功能语言学"方向而进行各种学术活动，研究经费来源主要为该方向师生所获得的项目经费。③ 其研究成果的主要方式有三种：其一是在学术刊物发表有关学术论文，并与德国著名出版社 Springer 合作，创办国际学术刊物 Functional Linguistics（《功能语言学》），编委包括 M. A. K. Halliday, Ruqaiya Hasan, J. R. Martin, Robin Fawcett, Christian Matthiessen, Geoff Thompson, Jonathan Webster, Eija Ventola, Erich Steiner Cecilia Colombi, Francis Christie, Caroline Coffin kay O'Haoran, David Btt 等国际系统功能语言学界知名学者。其二是编写多部国家规划教材。其三是出版有关功能语言学方面的学术专著。在建立中山大学韩礼德语言学文献中心基础上，编辑 10 卷本的

---

① 中山大学校长办公室：《关于新设文科科研机构的通知》，2000 年 5 月 22 日，中大社科【2000】190 号，1-2000-KY1100-055，藏中山大学档案馆。

② 中山大学外国语学院：《中山大学人文社会科学研究机构考核表——中山大学语言研究所》，2007 年 9 月 25 日，3-2007-KY1100/073/04，藏中山大学档案馆。

③ 中山大学外国语学院：《中山大学成立人文社会科学研究机构申请书——中山大学功能语言学研究所》，2003 年 4 月 4 日，3-2005-KY1100/059，藏中山大学档案馆。

《功能语言学系列丛书》，并主编了丛刊《功能语言学年度评论》（*Annual Review of Functional Linguistics*）和《系统功能语言学群言集》（以上书籍均由高等教育出版社出版发行）。此外，还与 Springer 出版社合作编辑出版了 M. A. K. Halliday Library Functional Linguistics 系列丛书。

在功能语言学研究所建所宗旨的指导下，经过全体老师的努力，研究所在人才培养、科学研究和国际交流等方面取得了一系列成绩。功能语言学研究所通过对功能语言学的再诠释，既为其"本土化"作出贡献，也形成了一支涉及语言学研究方方面面的学术梯队，拓宽了功能语言学的研究领域。在功能句法研究方面，黄国文教授在国内外权威期刊发表了一系列论文，对英语复合句、比较结构、强势主位结构、对比型强势主位结构等的研究，已成为功能句法研究的典范。在语码转换研究方面，黄国文教授等对中英文语码转换的功能的分析，开创了此领域新的研究范式。该学科方向不满足于用应用功能语言学研究英语语料，还与研究汉语语料进行跨学科的对比研究，前景广阔。

功能语言学研究所从成立之日至 2014 年，连续举办了多期中山大学功能语言学论坛，并且每年主办或协办了一期功能语言学学术活动周，邀请了国内外知名学者来参加学术活动周的活动，受到了外语界的好评。先后到中山大学外国语学院讲学的国内外功能语言学专家包括 M. A. K. Halliday, Ruqaiya Hasan, Robin Fawcett, James R. Martin, 胡壮麟、张德禄、杨信彰等，其中，Halliday 是系统功能语言学理论的创始人，Hasan、Fawcett 和 Martin 是系统功能语言学界的国际知名学者。

研究所成员还积极参与国内外各项有关的学术活动，如语篇与翻译国际研讨会、历届全国功能语言学研讨会、全国语篇分析研讨会、语篇与语言功能国际研讨会等。功能语言学研究所的研究包括功能语篇分析、语篇与翻译、功能句法学、音系学、社会语言学、功能文体学等，这支队伍已成为国际功能语言学流派的生力军，在国内功能语言学界处于整体领先的地位[①]。

第五，中山大学海外中国学研究中心。该中心成立于 2011 年 9 月，隶属于中山大学，挂靠在中山大学外国语学院，以外国语学院英语、法语、德语、日语、俄语文学、文化方向的中青年教师为骨干（这些中青年教师大多是博士学位获得者，具有一定的研究资历），同时整合了中文系、哲学系、人类学系相关研究人员之学术力量，是中山大学、也是其外国语学院的一个符合时代潮流的新型学科发展方向。中山大学海外中国学研究中心研究特色鲜明，顺应时代需求，充分利用外国语学院的各语种优势，挖掘各语种学者的学术潜力，整合各语种的学术力量，以中国文化传播与海外中国学研究为中心，展开课题研究。

第六，中山大学英语创意写作研究中心。该中心于 2012 年 12 月成立，并于 2014 年 1 月批准为校级科研机构。该中心是国内第一个也是此时唯一的英语创意写作研究

---

① 中山大学外国语学院：《中山大学人文社会科学研究机构考核表——中山大学功能语言研究所》，2007 年 9 月 20 日，3-2007-KY1100/073/05，藏中山大学档案馆。

单位。中山大学外国语学院英语专业也是国内最早把创意写作正式纳入英语系专业课程的单位之一。英语专业本科从大一到大四，设置有基本写作、创意写作、新闻写作、论文写作4门课程。经过4年的培养，大四学生可以用英语创意写作作品，并加写一篇分析写作技巧的文章或将作品翻译为中文作为毕业论文。英语专业研究生则可以用中英双语的创意写作作品，并加写一篇分析翻译技巧的文章作为毕业论文。

该中心致力于培养学生用英语从中国人的视角讲述中国故事，弥补了世界文坛缺失的中国声音，同时注重培养学生的创意能力，为学生提供各种创意表达的机会。中心已与美国爱荷华大学、迈阿密大学，澳大利亚卧龙岗大学，英国格拉斯哥大学等学校建立了教学合作关系，定期邀请作家来访，举行作家及学生的作品朗读会。此后，中心还将于2015年10月组织国际作家写作营，为作家提供创造写作和了解中国的机会并让学生有机会近距离地向优秀作家学习。

第七，外国语学院英诗研究所。该研究所成立于2002年12月，是国内第一家专门以英语诗歌作为研究对象的研究机构。学院的英语语言文学博士点是国内唯一开设英诗与诗论研究方向的博士点，该研究所主要依托这一研究方向开展学术活动。英诗研究所致力于多角度的、动态的英语诗歌研究。鉴于国内有关英诗音律的研究成果极少，英诗研究所在一段时期内会以此作为研究重点。又因为中国新诗是从模仿西洋诗歌发展而来的，所以英诗研究所会致力于通过加强对英诗与中国新诗关系的研究，来为中国新诗的创作提供借鉴，并希望与国内的中国新诗研究所建立学术联系。英诗研究所在从事研究的同时，并不偏废诗歌的翻译和创作，研究所成员出版了部分英语诗集和英诗译作。

第八，外国语学院俄罗斯语言文化研究中心。该中心成立于2005年4月，隶属于中山大学外国语学院。中心顺应新时期国家战略发展需要，依托于中山大学外国语学院现有的师资力量和外聘学者资源，进行与俄语和俄罗斯相关的学术研究，并负责全校研究生的公共俄语课教学。中心的研究领域主要包括：俄语语言文化学、俄罗斯哲学、俄罗斯社会与文化、俄国历史、俄汉对比。自成立近十年来，中心在国内外重要学术期刊上发表论文40余篇。出版专著1部、译著4部；先后参与国家社科基金项目3项，主持省社科基金项目1项、市社科基金项目2项。中心还积极开展国际学术交流，先后与俄罗斯莫斯科大学、俄罗斯科学院和国立人文大学建立了良好合作关系。至2013年，先后派出6人次出国交流。

第九，外国语学院德国问题研究中心。该中心成立于2013年3月，王蓓蓓任中心主任。该中心是在外国语学院各级领导和各方的鼎力支持下建立起来的一个科研与教学机构。该中心致力于具有重要专业、学术意义和跨学科的德国问题研究，同时培养具有专业和学术竞争力，并且熟悉德国社会与文化的本科生与研究生。中心将由来自不同学科和院系的专家学者进行与德国问题相关的研究和教学工作，联络诸多知名的中外德国问题专家学者作为通讯成员，他们将不仅协助中心开展科研和教学工作，而且也将为中心与其所属的高校或科研机构的合作搭建桥梁。该中心与德意志学术交流中心、歌德学院香港分院和北京分院以及多所德国高校保持着紧密的合作关系。德国科隆大学是中心的主要合作伙伴。

第十，外国语学院法国语言文化研究和交流中心。该中心成立于2013年3月，由外国语学院与法国里昂第三大学联合创办，2014年3月14日正式揭牌。蒲志鸿任中心主任，里昂第三大学副校长皮埃尔·萨尔维特教授任中心的荣誉主任。中心由不同领域的教师和研究人员组成，致力于语言学、文学、文化、法语语言与文化教学等方面的研究。作为一个开放性平台，该中心面向本地区、国内、法国及其他法语地区的研究人员开放，同时也努力加强与国内、法国以及世界其他法语地区相关研究中心的交流与合作。

此外，2005年3月9日，成立了中山大学翻译研究中心，王东风为中心主任。[①] 2005年5月，成立了外国语学院俄罗斯语言文化研究中心，萧净宇为中心主任。[②]

2. 搭建科研平台

2005年9月，为促进学院科研力量的整合，催生高水平的科研成果，增强学院的科研实力，经过学院中层干部会议讨论，学院党政联席会议通过，决定设立现代语言学、国外汉学和翻译学3个科研平台，分别由黄国文、区鉷、王东风任平台负责人。[③] 学院每两年向每个平台提供20万元资助，从学院业务费中支出，用于科研资助，在运作程序和经费使用上，有严格、明细的规定。

3个科研平台经过数年的运行，对整合学院各学科的科研力量，提高学院科研成果的质量，提高教师、博士生的科研积极性，起到了良好的促进作用。

二、科研成绩斐然

在新的发展形势下，外国语学院转变发展思路，将发展重点从教学转向教学与科学研究并重，加强与国内外同行的交流，并颁布了相关文件以鼓励科研。在此背景下，外国语学院的科研项目逐渐增加，科研质量不断提升，取得了可喜的成绩。

1. 科研项目

2000年，学院有2项科研项目结项。2001—2005年，学院共获科研项目32项，其中国家社科基金项目5项，教育部项目3项，省级项目3项，市级项目1项，国外学术机构资助项目6项，校级项目14项。2006年，学院共获科研项目4项，其中国家社科基金项目1项，省级项目2项，国外学术机构资助项目1项，校级项目1项。2007年，学院教师获省部级科研项目2项。2009年，学院教师承担省部级以上的科研项目3项，中外合作项目2项。2010年，学院教师获教育部项目1项，省规划项

---

① 中山大学校长办公室：《关于成立中山大学翻译研究中心的通知》，2005年3月14日，中大社科【2005】1号，3-2005-KY1100/003/34，藏中山大学档案馆。
② 中山大学外国语学院：《关于成立俄罗斯语言文化研究中心的通知》，2005年5月23日，外语【2005】9号，藏中山大学外国语学院办公室。
③ 中山大学外国语学院：《中山大学外国语学院关于设立三个科研平台的决定》，2005年9月1日，外语【2005】14号，藏中山大学外国语学院办公室。

目1项，国际合作科研项目3项，政府部门项目1项，省青年项目1项，中山大学青年项目1项。2012年外国语学院教师获教育部新世纪人才计划资助项目1项，国家博士后科学基金项目1项，广东省教育科学规划项目1项，校级基本业务费青年教师培育项目2项，国际合作研究项目2项，企事业横向项目4项。2013年学院加大科研奖励措施，鼓励教师申报高级别研究项目，在社科基金项目申报方面取得了明显进步。2013年我院教师获国家社科基金一般项目3项，国家社科基金青年项目1项，教育部人文社科研究规划基金项目1项，2013年度"长江学者"科研助手计划资助项目1项，广东省社科规划项目1项，企事业横向项目3项。①

2. 科研成果

2000年，共发表论文94篇，其中一类重要学术期刊3篇，二类重要学术期刊15篇，中山大学指定核心期刊12篇，全国核心期刊9篇；出版专著1部，教材24部，工具书2部，译著10部，小说1部，译文20篇。2001年至2005年共发表论文428篇，其中发表在中山大学一类重要期刊4篇，二类重要期刊58篇，三类重要期刊或境外期刊72篇，其他全国核心期刊28篇；出版专著18部，教材68部，工具书6部，译著61部，编著著作或论文集14部。

2006年至2010年共发表论文276篇，其中发表在中山大学一类重要期刊10篇，二类重要期刊36篇，三类重要期刊或境外期刊70篇，其他全国核心期刊5篇；出版专著、教材、工具书、译著、编著著作或论文集共计57部。发表论文数量虽然减少，但从发表刊物档次来看，论文质量明显提升。2011年至2013年共发表论文119篇，其中发表在中山大学一、二类重要期刊12篇，三类重要期刊或境外期刊46篇。出版专著、教材、工具书、译著、编著著作或论文集共计27部。

3. 学术交流

2002年至2005年，学院主办（合办）国际（内）学术会议6次，协办国内会议2次。全院教师参加国内外学术交流93人次，出席国内外学术会议186人次。

2006年至2010年，学院主办（合办）国际（内）学术会议16次，参加国内外学术交流85人次，出席国内外学术会议191人次，邀请国（境）外专家90人次，举办讲座、论坛近90场次。

2011年，学院主办（合办）国际（内）学术会议4次，参加国内外学术交流47人次，出席国内外学术会议42人次，举办学术讲座17场次，邀请国（境）外专家17人次。2012年，学院共主（合）办7次国际（内）学术会议，参加国内外学术交流31人次，举办学术讲座43场次。学院教师出席国际、国内学术会议33次，5名教师受邀到国内外高校讲学24次，派出3位教师到国外进行学术访问。

2012—2013年，学院学术交流活动活跃，共主（合）办5次国际（内）学术会议，这些会议，特别是"第18届世界英语大会"和第40届国际系统功能语言学大

---

① 数据来源于外国语学院每年统计的科研成果分类汇总表，藏中山大学外国语学院办公室。下述科研成果、学术交流、获奖的相关数据均来源于此。

会均取得圆满成功,提升了学院的知名度和影响力。聘请了多位国际知名学者来学院短期讲学、交流。举办学术讲座43场次;学院教师出席国际、国内学术会议31次,6名教师受邀到国内外高校讲学及考察21次,派出4位教师到国外进行了学术访问。

4. 获得奖项

2000年,常晨光编纂的工具书《最新英语短语动词词典》(外语教学与研究出版社)获第十二届"中国图书奖"。2004年,黄国文、常晨光、吴克蓉、张美芳等人的教学项目——"以交际为目的的专业英语教学——语篇分析的教学方法研究与实践",荣获了中山大学教学成果一等奖。2005年,黄国文的教学工作荣获了教育部和宝钢公司联合设立的宝钢教育奖以及优秀教师奖。2005年,王宾的论文《论不可译性——理性反思与个案分析》,荣获了广东省首届哲学社会科学优秀成果二等奖。2005年,王东风的论文《译家与作家的意识冲突:文学翻译中的一个值得深思的现象》荣获了广东省哲学社会科学优秀成果奖。

2006年,陈希的学术论文《天鹅绝唱:论梁宗岱的文学史意义》获得了中共广东省委宣传部的奖励。2006年,黄国文的著作《语篇分析的理论与实践》荣获第四届中国高校人文社会科学研究优秀成果语言学三等奖。2007年,常晨光的论文《语法隐喻与经验的重新建构》荣获广东省哲学社会科学优秀成果三等奖。同年,刘翠香的博士论文《山西栖霞方言虚词研究》荣获2006年广东省优秀博士论文。同年,戴凡的专著《〈喜福会〉的人物话语和思想表达方式》荣获2005—2006年度中南地区大学出版社优秀学术著作二等奖。

2008年,刘文星的论文《丸山真男和历史意识的"古层"》荣获浙江省中日关系史学会优秀论文二等奖。同年,外语教学中心邓志辉老师和外国语学院的朱瑜老师分别获得中山大学青年教师授课竞赛的一等奖和二等奖。2010年,黄国文的专著《翻译研究的语言学探索》(上海外语教育出版社2006年)获得了中国大学出版社首届优秀学术著作奖一等奖。同年,蒲志鸿教授获得了广东省哲学社会科学项目鉴定专家"工作认真负责奖"。2013年,黄国文的论文《英语"John is easy/eager to please"的系统功能语法分析》(《外语教学与研究》2010年第4期),获得了广东省哲学社会科学优秀成果三等奖。

经过多年的发展,学院的科研取得了一系列的进步,并形成了特色项目,在国内外学界均产生了一定影响。其中,功能语言学与语篇分析、英诗研究、翻译研究等方面的研究,在国内具有明显领先水平。由学院发起的系统功能语言学活动周、功能语言学与语篇分析高层论坛、珠江诗会等学术活动,在国内外学术界均具有广泛影响。功能语言学团队建立的中山大学韩礼德语言学文献中心,是目前国际上最大的系统功能语言学资料中心,所主编的国际学术期刊《功能语言学》在国际上具有重要影响。

三、国际交流与合作频繁

中山大学外国语学院与国外及中国港澳地区多所知名高校有长期稳定的学术交流和合作关系,常年邀请国内外知名学者前来讲学,国际交流活跃。

1. 合作办学①

为了推进学生国际交流，加强国际人才的培养，外国语学院与近 20 所境外高校签订了学生交换、联合培养、海外学习、游学等项目协议，为在校生提供了丰富的海外学习机会，使其在母语环境下巩固和加强了专业学习，体验到了不一样的文化和教学模式。

2007 年 11 月，中山大学外国语学院（广州南校区）和翻译学院（珠海校区）与科隆大学哲学学院（德语语言文学研究 I 所和 II 所、东亚问题研究室）和德语外语教学中心达成了合作协议。2009 年，根据协议实施的情况，双方对协议进行了补充与修改。取消了之前对交换生人数的限制，并根据未来合作发展的需要，在教学资源允许的前提下，经双方协商，同意对交换生人数做出适当的调整。

2013 年，中山大学外国语学院与德国开姆尼茨工业大学英语系签署了合作与交流协议。主要开展了以下方面的交流合作：学生与教师的交流；教师培训及继续教育、共同科研项目、客座讲座、共同组织会议、出版物及相同研究领域的其他资料的交换。鼓励专家致力于共同科研项目的研究工作；鼓励合作双方寻求路径互派学生到合作院校学习，在合作院校学习的时间为 3～6 个月。

学院与德国德意志学术交流中心保持长期稳定的合作，该中心定期向外国语学院派遣德语教学专家和语言教师；学院与德国科隆大学每年互派研究生和本科生进行交流学习；德国的 WHU 大学每年派遣应届新生 40 名来外国语学院开展交流。② 学院英语系与南丹麦大学英语系签署了本科生的交换协议，互派本科生到对方学校学习。学院还与澳大利亚悉尼大学语言学系达成了合作培养博士、硕士研究生和合作科研项目的意向。学院多位教授与剑桥大学、威尔士大学、东京大学、（中国）香港大学等国外、境外高校或学术机构保持长期稳定的学术合作关系

英语系与德国科隆大学、开姆尼茨工业大学，英国伯明翰大学、曼切斯特大学、格拉斯哥大学，美国伊利诺伊卫斯理大学，香港城市大学等高校签订了交流协议。到 2013 年，已有 50%以上的本科生可以在三年级选择到境外高校交换或留学一年。③

2014 年，法语系与法国里昂第三大学、里尔政治学院签订了联合培养协议与本科生交换，每年派出约 15 名学生赴法国学习交流。

德国德意志学术交流中心和歌德学院每年向德语系赠送教学科研书籍和资料，并定期举行了各类学术交流、教师培训活动。此外，德语系和德国科隆大学及其日耳曼学研究所建立有长期的合作关系，每年选派若干名学生及专业教师赴德交流学习，从事科研和进修，并定期邀请德国高校教授、作家和社会名流到系里进行短期讲学与学

---

① 相关资料参见中山大学外国语学院：《外国语学院本科教育合作交流项目简介》，2013 年 10 月 14 日，藏中山大学外国语学院办公室。
② 参见中山大学外国语学院：《德语系简介》（2011 年版），藏中山大学外国语学院办公室。
③ 参见中山大学外国语学院：《英语系简介》（2012 年版），藏中山大学外国语学院办公室。

术交流。①

日语系与早稻田大学、神户大学、广岛大学、福冈大学、创价大学、大东文化大学、樱美林大学、亚细亚大学、关西学院大学、福山大学等建立了学术交流关系,每年派出约15名学生赴日本学习交流。②

2. 学术交流

外国语学院有着浓厚的学术氛围,每年不定期地邀请国内外知名学者前来讲学,展开学术交流活动,多次举办国际会议,与国内外同行交流。曾多次邀请国际著名语言学家、系统功能语言学派创始人韩礼德(M. A. K. Halliday)教授、国际知名语言学家哈桑(Ruqaiya Hasan)教授等学者来学院讲学,为师生提供接触学科最前沿顶尖学者的机会。

2001年,中日比较文学国际学术研讨会在中山大学召开,会议由中山大学、北京大学、吉林大学、中日比较文学学会以及和汉比较文学会共同学会联合主办,来自日本、中国台湾以及大陆等国家和地区的各高等学校、科研机关的专家学者100余人参加了会议。③

2002年7月24日,由中山大学外国语学院主办的香港浸会大学、岭南基金会、英国驻广州总领事馆文化教育处、《中国翻译》杂志、《外语与外语教学》杂志、《现代外语》杂志、上海外语教育出版社等单位协办的2002语篇与翻译国际会议在中山大学举行。同年12月,由广东省翻译工作者协会主办、外国语学院协办的中国第四届诗歌翻译研讨会在中山大学成功举行,来自北京大学、复旦大学、西南师范大学、中山大学等高校和其他各界的诗歌翻译方面的专家、教授和学者近200人参加了研讨会。④

2003年3月12日,世界语言学界的杰出代表和语言大师、澳大利亚M. A. K. Halliday(韩礼德)应邀来中山大学进行了为期一个月的讲学、访问。⑤ 同年4月7日至11日,外国语学院举办了第三届系统功能语言学活动周。⑥ 同年8月20日至22日,外国语学院黄国文教授当选为全国高校功能语言学会会长。⑦ 同年10月

---

① 参见中山大学外国语学院:《德语系简介》(2011年版),藏中山大学外国语学院办公室。
② 参见中山大学外国语学院:《日语系简介》(2012年版),藏中山大学外国语学院办公室。
③ 易汉文主编:《中山大学编年史(1924—2004)》,广州:中山大学出版社2005年版,第183页。
④ 易汉文主编:《中山大学编年史(1924—2004)》,广州:中山大学出版社2005年版,第206页。
⑤ 易汉文主编:《中山大学编年史(1924—2004)》,广州:中山大学出版社2005年版,第209页。
⑥ 易汉文主编:《中山大学编年史(1924—2004)》,广州:中山大学出版社2005年版,第210页。
⑦ 易汉文主编:《中山大学编年史(1924—2004)》,广州:中山大学出版社2005年版,第217页。

17日,中山大学与越南河内外国语大学合作,为越南学生提供对外汉语本科教育协议签字仪式,该仪式于下午在中山大学黑石屋的贵宾楼举行。黄达人校长、河内外国语大学阮春旺校长兼党委书记分别在协定上签字。①同年11月15日至20日,由中山大学和香港中文大学、澳门大学首次联合主办的第六届全国综合性大学英语专业教学圆桌会议在广州、香港、澳门三地巡回举行。三地外语界的专家共同探讨了21世纪对英语系领导的挑战、英语专业如何联系实际等问题。②外国语学院主办或承办了多次高层次的国内外学术会议,积极促进了学术交流与发展。同年12月3日至10日,中山大学对外汉语教学中心举办了"越南文化周",活动包括图片资料展览、越南歌舞表演以及越南美食会3个部分。越南驻广州领事馆邓明魁领事到场致辞。③2004年12月,菲律宾汉语教师培训班开学典礼在中山大学国际交流学院举行。④

在专家学者的邀请方面,注重被邀请专家的研究特长与学院重点发展领域相结合,对推动学科发展有一定的作用。利用召开国际会议的机会,邀请有关专家开展专题讲座。并将短期专家的邀请与人才引进工作相结合,经过短期访问,双方加深了解,达成了引进意向。

据不完全统计,近十余年来,外院邀请国(境)外专家讲学达150余人次,举办学术讲座200余场次;与此同时,外院教师积极走出去,参与国际(内)学术会议,加强与同行的学术交流,有效地提升了科研水平,促进了学科发展。

3. 国际学术期刊创办

外国语学院积极与国际同行交流。2011年11月,外国语学院区鉷教授团队在加拿大注册了海外刊物 *EPSIANS*(ISSN 1925-573X),外国语学院给予了大力支持。这是一份匿名评审的学术刊物,仅在境外发行,主编是外国语学院的区鉷教授。在刊登英语文学研究成果的同时,该杂志也向英语世界介绍中国文化。创刊号就有评介中国"70后"诗人的论文,这类杂志当时在国内仅此一家。

该杂志编委会成员包括美国斯坦福大学著名教授、美国艺术与科学院院士、美国现代语言协会前主席 Prof. Marjorie Perloff,美国哈佛大学著名教授 Daniel Albright,美国芝加哥大学著名教授 Joshua Scodel,英国剑桥大学著名诗人、学者 Mr. J. H. Prynne,英国著名学术杂志《剑桥季刊》责编 Dr. Richard Gooder 等。该刊将与《剑桥季刊》保持密切合作关系。力争在若干年内跻身国际学术名刊阵营,以此为中山大学的国际

---

① 易汉文主编:《中山大学编年史(1924—2004)》,广州:中山大学出版社2005年版,第220页。

② 康建、王东梅:《高校专家聚首圆桌 探讨英语专业教学》,见《羊城晚报》,2003年11月18日。

③ 易汉文主编:《中山大学编年史(1924—2004)》,广州:中山大学出版社2005年版,第224页。

④ 中山大学校长办公室编:《中山大学年鉴2004年》,广州:中山大学出版社2005年版,第447页。

化进程贡献力量。①

　　学院积极提升科学研究的质量，巩固本学科点已有优势研究方向"功能语言学"在国内外系统功能语言学界的地位，创办国际学术刊物 Functional Linguistics（《功能语言学》）和功能语言学系列丛书。努力扩大本学科各研究方向在国际上的影响，继续定期编辑出版《功能语言学年度评论》。

---

　　① 中山大学外国语学院：《就创办英文杂志 EPSIANS 的经费申请报告》，2011 年 9 月 18 日，中大外语【2011】17 号。

第七章 融合创制（2014—）

第一节 翻译学院快速发展[①]

一、学院概况

定位和机制。中山大学翻译学院坐落于古韵犹存、山海相拥的珠海市唐家湾畔，是中山大学珠海校区6所常驻学院之一。同中山大学外国语学院一样，该学院是一所一级四年制正规本科学院。

在专业方向的选择上，翻译学院为入学新生提供了更为灵活的方案。从2011年开始，结合学生意愿和能力表现，可以选择有英语、西班牙语、阿拉伯语、朝鲜语和俄语等不同专业，使专业方向布局更为合理。自2005年创办以来，翻译学院始终贯彻"双外语、应用型、国际化"的人才培养理念，形成了"多元语种教学、广泛国际交流"的办学特色。翻译学院除开设上述专业语种外，同时开设的辅修课程涵盖了日、法、德及葡萄牙等语种。

学院从成立之初就十分重视学生的国际交流，通过多种途径为更多学生创造出国交流和学习的机会。截至2014年，每年有近一半的三年级学生通过交换、短期游学等方式派往国外学习。出访的国家或地区包括美国、英国、法国、德国、西班牙、葡萄牙、以色列、约旦、俄罗斯、乌克兰、哈萨克斯坦、韩国、墨西哥、智利、菲律宾以及中国台湾地区。2014年，学院在读本科生2175人，研究生100人，国际留学生近100人。

自2005—2014年，王宾（两任）、黄国文（两任）先后担任了翻译学院院长或学术总监；王东风、唐燕、程立、萧净宇、陈有志先后任副院长或常务副院长；冯之林、林裕音先后担任教学总监；古月群、谢曼华、许东黎先后担任学院党委书记；梅成达、陈有志、李春荣先后担任副书记。直属社团包括翻译学院团委、学生会、新闻中心等，负责学生课外日常活动管理和组织。2014年有教职工88人，其中外籍教师24人。中国籍教师全部具有硕士或博士学位，其中超过一半曾留学海外，他们当中有很多人已获得诸如威斯康辛大学麦迪逊分校、悉尼大学、巴黎第十大学、康普斯顿

[①] 本节主要依据《翻译学院对外宣传手册基础文本（审议稿）》（打印稿）写成，原件藏外语与翻译大学院。

大学、剑桥大学、巴塞罗那大学、米尼奥大学、梨花女子大学等世界名校的学位。

本科教学一直被视为翻译学院办学的生命线。在近几年的全国英语专业等级考试中，翻译学院的英语专业四级考试通过率均保持在97%左右，比全国平均水平高出40%；2013年英语专业八级考试通过率为88.8%，比全国平均水平高出48%。值得一提的是，学院的小语种专业虽办学时间不长，但学生在全国性的专业等级考试中均取得了令人欣喜的成绩。2012年，西班牙语专业四级通过率为93.33%，朝鲜语专业四级通过率为100%，阿拉伯语专业四级通过率为90%。2013年，俄语专业四级通过率为86.21%。在紧抓本科生培养的同时，翻译学院也开设了外国语言学及应用语言学（学术型）硕士和翻译（专业型）硕士项目。截至2014，毕业生人数已达94人，每年就业率名列全校前列。

二、专业构成

翻译学院专业层次包括本科和研究生两个教育层次。本科包括英语专业（含翻译、商务外语、对外汉语和国际事务4个方向）、西班牙语、阿拉伯语、朝鲜语和俄语5个专业。研究生教育包括外国语言学及应用语言学学术型硕士与翻译专业硕士学位（MTI）两种类型。

1. 本科专业设置

（1）英语专业。英语专业4个方向开设共同基本课程，包括专业核心课程、专业特色课程、优势课程和特色课程四个部分。专业核心课程有综合英语、英语听说、英语写作、英语泛读、高级阅读、毕业论文写作。专业特色课程有外语教学课程，90%以上的专业必修课和选修课为外语教学。优势课程有连续传译、笔译、商务写作、商务沟通、人力资源管理、电子商务、对外汉语教学导论、对外汉语教学案例分析、东亚概况、中亚概况、拉美概况、阿拉伯概况、东南亚概况。特色课程有高级口译系列课程（专题口译、国际会议同传等），高级笔译系列课程（专题笔译、计算机辅助翻译、笔译工作坊），翻译理论与实践。而在大英语专业基础上，进一步细分为翻译、商务外语、对外汉语和国际事务4个方向，它们又分别有各自的具体要求。

第一，翻译方向。翻译学院翻译系旨在培养职业技能、人文素养和学习能力兼优的通用型翻译人才。学生通过4年的专业学习，应具有扎实的中英双语基础和合理的知识结构，较好地掌握口笔译技能，熟练运用翻译技术工具，具备较强的独立工作和跨文化沟通能力，了解行业规范和行业发展，拥有良好的职业素养和国际视野，能够胜任文化、经济、政治、科技和外事领域的一般难度的口笔译和其他跨文化交流工作。同时，翻译系依托学院多语种、国际化的优势，为学有余力的同学提供第二外语学习条件，提高学生在复语翻译领域的竞争力。

在课程设置方面，翻译系始终坚持不超过30人的小班教学，课程集语言技能、百科知识、职业素养为一体，涵盖语言基础课程、专业核心课程、专业特色课程，率先在本科阶段开设国际会议同传和计算机辅助翻译课程。

师资方面，此时翻译系的全职教师均毕业于国内外知名大学的翻译专业，如北京外国语大学、中山大学、香港中文大学、英国巴斯大学等，拥有丰富的教学和实践经验。此外，翻译系还特聘翻译行业专家担任客座教师，参与教学活动，包括联合国资深同传、联合国高级审校、华为笔译部经理等。

在硬件设施配套方面，学院配有独立的多功能语音实验室、同传实验室、连传实验室和计算机辅助翻译实验室，为翻译教学提供了有力保障。

在课外实践方面，翻译系为学生提供了多种途径的实习、实践机会。每年选拔优秀学生参加省级、国家级专业比赛，多次取得优异成绩。翻译系主办的笔译沙龙、口译论坛、口译比赛已成为学院的学生精品活动；拥有学生自治、教师指导的翻译协会和CATwork翻译工作室，承接各类笔译实践项目；每年组织学生赴广交会、珠海航展、国际马戏节、深圳华为技术有限公司、广州策马翻译公司、广州汇泉翻译公司等实习基地实习。

第二，商务外语方向。翻译学院商务外语系旨在培养具有扎实的英语基本功、宽阔的国际视野、专门的国际商务知识与技能，掌握经济学、管理学等相关学科的基本知识和理论，具备较强的跨文化交际能力与较高的人文素养，适应各类国家政府机关、国际组织、跨国公司和其他企事业单位从事国际商务活动需要的复合型英语人才。

在课程设置方面，商务外语系注重发展学生的综合性知识结构。将语言、文化及商务内容有机结合。学生经过课程学习，不仅能进一步巩固和提升英语应用水平，发展第二外语能力，也能在此基础上学习最新的商务实用知识，并培育跨文化交际的能力。课外实践活动注重发挥学生运用所学、解决问题的能力。商务外语系的名牌学生活动"商务沟通展示"大赛（Business Communication Presentation Competition）的举办，让学生在思考中摸索方向，从合作中收获经验。

在师资力量方面，目前商务外语系的师资队伍由具备商科专业背景及实践经验的专任教师和客座教授组成。大部分专任教师均有国外学习经历。客座教授则都是从事贸易交往研究及工作的境外高校学者、企事业高管和政府官员。在聘的客座教授包括广州市国际投资促进中心主任、珠海市教育局副局长、中国外运股份有限公司广东有限公司副总经理等。

第三，对外汉语方向。翻译学院对外汉语系成立于2005年，创新性地将对外汉语方向设于英语专业下开办，旨在培养具有较高外语文化修养以及外语应用水平的汉语和中国文化教师。对外汉语系除开设英语及对外汉语教学的相关课程外，还为学生提供到美国、法国、墨西哥、菲律宾、西班牙、约旦等国的对外汉语教学实习机会。同时，对外汉语系也承担了为来自学院各海外合作高校的留学生提供汉语教学与文化实践的任务，2014年已经建立起较为完备的汉语课堂教学及课外辅导体系。

对外汉语系主干课程包括对外汉语教学导论、对外汉语教学案例分析、对外汉语教学偏误分析、普通话、古代汉语、现代汉语、中国文化面面观等。该系还十分重视培养学生的专业实践能力。学生从入学开始便有机会接触对外汉语教学，通过"一对一"的语言辅导模式，学生们还可以与学院的留学生结成对子，彼此互助，同时积累跨文化交际经验。

第四，国际事务方向。国际事务系成立于2012年，它注重以国家战略利益需求为基础、以全球化与区域化互动格局为参照，培养通晓两门外国语言（英语＋另一门外语），熟知特定国家或地区的历史与现实，胜任相关政治、经济、商务、外交、新闻传媒、跨文化教学与交流等事务的宽口径、双外语、实用型人才，同时也为人文、社会各相关学科提供优秀的硕士生人选。

国际事务是一个跨学科领域，它包含国际交流与合作中众多的具体事务，强调知识结构与实践能力（特别是外语能力）的结合。翻译学院率先在英语专业下开设国际事务方向，以"大文科基础、双外语能力、国际化培养"为原则，在大文科框架下，培养学生宽阔的人文视野，塑造健全的复合型知识结构，培养双外语的应用能力。国际事务系还通过校、院两个层面，与海外知名高校的交换项目及联合培养项目，使学生增加海外阅历、拓宽国际视野。自2014年起，翻译学院的学术型硕士研究生向国际事务方向全面转型，开始形成了从本科到研究生的完整培养体系。

国际事务系的主要课程包括美国研究、欧洲研究、东亚概况、俄罗斯与中亚概况、中东概况、拉美概况、东南亚概况、全球化与国际关系、国际组织与国际制度等。国际事务系有着雄厚的师资队伍，同时，国际事务系也聘请国内外相关学科领域的专家和学者作为客座教授。

（2）西班牙语专业。翻译学院西班牙语（一般简称"西语"）系成立于2009年，西语专业学制4年，实行"西语＋英语＋专业技能"的培养模式，传授西班牙语语言知识和技能，培养学生熟练的口笔译能力。为适应经济全球化和文化区域化带来的人才市场的多元需要，西语专业在课程设置上以大文科为导向，在扎实掌握语言的基础上，开设西语国家文化及政治经济概况等课程，使学生具有较系统的西语专业知识，提高学生正确、得体地运用西语参与跨文化交际的实践能力。高年级阶段开设对比语言学、国际贸易实务，文化等双语课程，鼓励学生拓宽眼界；对学生进行理论引导和实践指引，进一步强化其双语应用能力，成为涉外事务和职业中具有竞争力的双语人才。

课程方面。核心课程有基础西班牙语、高级西班牙语、西班牙语听说、西班牙语高级阅读、西班牙语写作、西班牙语语法。专业特色课程有西班牙语报刊选读、西班牙语翻译理论与实践、西班牙语高级口译、西班牙概况、拉美概况、商务西班牙语、中拉关系简介。

师资方面。西语系2014年时有专业教师6名，其中2名为外籍专家，学源结构多样，教学经验丰富。专业课程师资配置合理，结合课内外指导，授课形式多样。西语系图书资源丰富，实践活动呈多样化发展趋势。目前，校区图书馆内西语书籍内容涵盖教育、文学、历史、政治、经济、文化等领域。此外，"西语角"，领事文化周，专题讲座月及每年一度的西语文化节等课外活动，为学生专业实践能力的提升，提供了有利的平台。

专业实践方面。西语系积极拓展和外事政务机构的合作关系，鼓励学生加入广交会与国际展会等小语种人才库，促成学生与院内及校区国际汉语留学生达成"语言伙伴"关系，将西班牙语用于对外汉语实践当中。该系还在墨西哥参与创办孔子学院，为师生搭建教学实践和科研平台，让学生在耳濡目染中熏陶自己的语言理解和表达能力。

国际合作方面。西语专业已和西班牙马德里自治大学、圣地亚哥大学、莱昂大学、巴利亚多利德大学、墨西哥伊比利亚美洲美洲大学、尤卡坦自治大学、秘鲁圣罗约拉大学等多所院校合作，开展"3+1"联合培养，暑期项目等多层次合作。2014年，西语系实现了100%的联合培养，三年级时可进入西语地区高校学习，拓宽视野，提高专业素养和综合竞争力。

（3）阿拉伯语专业。阿拉伯语系成立于2009年，自创办之日起，阿拉伯语系始终瞄准国家对于应用型阿拉伯语人才的需求，将办学目标定位为培养具备扎实的阿拉伯语的语言基本功和宽广的知识面，有一定的复合专业知识和较深的中阿文化修养，具备良好的人文素质和独立工作能力，能熟练运用阿拉伯语从事翻译、教学、科研和外事外贸工作的阿拉伯语复合型人才。

秉承"培养应用型外语人才"的办学理念，翻译学院阿拉伯语系此时已形成了"阿拉伯语+英语+专业知识技能"的复合型人才培养模式。凡是在翻译学院攻读阿拉伯语专业的学生，在完成头两年集中专业学习的基础上，均能通过"3+1"的对外交流模式，前往阿拉伯国家名校交换学习一年。

课程方面。专业核心课程有基础阿语Ⅰ-Ⅳ、高级阿语Ⅰ-Ⅱ、阿语基础语法Ⅰ-Ⅱ、阿语口语Ⅰ-Ⅱ、阿语听力Ⅰ-Ⅱ、阿语泛读Ⅰ-Ⅱ、阿语高级口译Ⅰ-Ⅱ。专业特色课程有阿语写作Ⅰ-Ⅱ、阿拉伯伊斯兰文化、阿拉伯国家概况、阿拉伯语经贸文选选读Ⅰ-Ⅱ、阿语翻译理论与实践、语言学概论等。

在师资力量方面。阿拉伯语系十分重视专业教学质量的管理。现有专任教师6名，其中2名为阿拉伯外籍专家。在聘教师均获得了博士或硕士学位，具有在阿拉伯语国家学习及生活的经历，教学经验丰富。

在硬件配套设施方面。阿拉伯语系拥有独立的专业图书资料室，藏书内容涵盖了阿拉伯语言、文学、历史、政治、经济、宗教及教学等领域。为学生拓展阅读、开展研究提供了丰富的图书资源。

除了课堂学习，阿拉伯语专业的学生还能通过系里定期组织的课外竞技及联谊活动，学以致用。通过与阿拉伯学生结成学习伙伴，同学们可在真实的生活环境中相互提高专业语言能力，实现双赢。

（4）朝鲜语专业。朝鲜语系成立于2009年，旨在培养中国经济社会发展急需的、具有综合应用能力和国家化视野的韩国语专业人才。

按照"复合型语言人才"的培养要求，朝鲜语系的学生在主修朝鲜语的同时，还需要练就扎实的英语基本功，并拓宽其他专业领域的知识面。本专业的目标是培养具有扎实的朝鲜语基础知识，能在听、说、读、写、译等方面熟练地掌握和运用朝鲜语，熟悉朝鲜半岛的历史与文化，具有国际视野、富创新精神的应用型人才。

为实现这一目标,开设的专业核心课程有基础韩国语、韩国语视听说、韩国语阅读、韩国语写作等;专业特色课程有朝鲜半岛概况、韩国文化、中韩/韩中翻译理论与实践、中韩/韩中口译、中韩贸易实务、商务韩国语等。

课程方面。核心课程有综合朝鲜(韩国)语、朝鲜(韩国)语视听说、朝鲜(韩国)语阅读、朝鲜(韩国)语写作、朝鲜(韩国)语翻译理论与实践;专业特色课程有朝鲜半岛概况、朝鲜(韩国)历史与文化、朝鲜(韩国)时事、朝鲜(韩国)经贸、中韩贸易。

师资力量方面。朝鲜语系此时有专业教师5名,均为从海外学成归来的博士或硕士,教学经验丰富,其中,近一半为韩国籍教师。学生不仅能在专业学习中获得老师的悉心指导,同时也可以通过丰富的图书资源和多彩的实践训练,提升专业语言的应用水平。

在硬件配套设施以及实践方面。目前,朝鲜语系拥有独立的专业图书资料室,所藏图书均为海外捐赠,内容涵盖了教育应试、文学、历史、政治、经济、文化等领域。同时,朝鲜语系每年还承办了中山大学韩国文化节,包括朝鲜语演讲比赛、朝鲜语歌唱比赛、朝鲜语配音比赛以及韩国美食游园会等大型活动,为学生锻炼能力、提升素质提供了有利的平台。经过朝鲜语系师生的不懈努力,韩国文化节已成为一年一度的传统活动,也是中山大学珠海校区令人瞩目的品牌活动之一。

(5)俄语专业。俄语作为国家战略语言的地位已日益凸显。中俄在政治、经贸和文化交往中存在着对俄语应用型人才的巨大需求。在此背景下,翻译学院于2009年复办俄语专业,并于2011年成立了俄语系,旨在培养具备娴熟的语言应用能力和丰富文化知识、适应国家发展及市场需求的俄英双语人才。

在课程设置方面。俄语专业遵循语言习得的普遍规律,突出"复合型语言人才培养"的思路。为低年级阶段的学生开设俄语听、说、读、写课程,着重夯实基础语言知识,锻炼基本交际技能;为高年级阶段的学生开设俄语口译、外事俄语、商务俄语等特色课程,在全面强化学生俄语语言能力的同时,也丰富俄语专业学生在其他专业领域所掌握的知识。除了俄语专业学习外,每位俄语系学生还辅修了学院开设的英语专业课程,巩固了英语语言能力。其中,专业核心课程有基础俄语、高级俄语、俄语听说、俄语视听说、俄语高级阅读、俄语写作、外事俄语、商务俄语。专业特色课程有俄语国家概况、俄语国家社会文化、俄语口译、俄语应用文、中高级英语综合应用。

在课外实践方面。俄语专业积极为学生提供丰富多彩的实践机会。从2012年起,每年一届的中山大学俄语文化节,包括文艺演出、趣味竞赛,诗歌朗诵在内的节目形式,使学生既能将所学付诸实战,又积累了集体活动的组织经验、锻炼了与外国留学生交流和协调的能力。经过俄语专业师生的不懈努力,目前俄语文化节已成为了该专业一年一度的传统活动,也是中山大学珠海校区令人瞩目的学生实践活动之一。在办好特色活动的同时,俄语系也鼓励学生走出学校,服务社会。在历届珠海国际航展以及珠海国际马戏节这样的大型活动中,均能看到翻译学院俄语专业学生活跃的工作身影。

2. 研究生教育

翻译学院自2009年开始招收全日制硕士,为了适应学院发展需要,先后在外国语言学及应用语言学硕士点下设对外汉语与二语习得、外语教育研究和国际事务方向与翻译专业硕士学位(MTI)两种类型。

(1)学术型硕士。曾先后在外国语言学及应用语言学硕士点下,以三个不同方向招生:

第一,外国语言学及应用语言学国际事务学术型硕士生专业。该方向是中山大学"外国语言学及应用语言学"硕士点下的一个方向。旨在以国家战略利益的需求为考量,以全球化与区域化互动格局为参照,培养语言技能出色、人文视野广阔、实践能力突出、科研素质过硬的复合型人才。具体研究方向包括:一为跨文化研究(如·区域问题研究、跨文化商务沟通、国际传媒研究、跨文化语言教学、翻译与诠释等);二为话语分析(如跨文化交际与语篇分析、批评话语分析、积极话语分析、边缘话语分析、语言与政治等)。该方向自2014年起开始招生,首批学生为14人。

培养目标和特色。国际事务方向培养通晓两门外国语言(英语+另一门外语)、熟悉对象国家或地区的国情或区情,胜任相关政治、经济、商务、外交、新闻传媒、跨文化教学与交流等事务的双外语、实用型高端人才。同时也为人文、社会各相关学科提供优秀的博士生人选。该方向的硕士生培养,突出"大文科基础、双外语能力、国际化培养"三大特色。大文科基础:该方向在大文科框架下,培养学生宽阔的人文视野,强调学生对于当代人文学科的基础知识和问题意识,塑造健全的复合型知识结构,增强学术潜力。双外语能力:在全球化与区域化互动的格局下,录取双外语背景(英语+一门区域性外语)的学生并持续强化训练,使学生具备突出的双外语应用能力,作为在政治、经济、商务、外交、新闻传媒、跨文化教学与交流等领域从事实践的基础。国际化培养:通过翻译学院与海外知名高校的交换项目及联合培养项目,为学生创造在对象国家或地区学习的机会。

课程设置。专业基础课程:20世纪人文经典原著选读(Selected Readings of Classics on Humanities in the 20th Century,必修)、语言学与应用语言学(Linguistics and Applied Linguistics,必修)、高级英语阅读与写作(Advanced English:Reading and Writing,必修)、英语(Advanced English,选修)。C类课程(学术前沿课程,选修)与D类课程(研究方法论课程):前者包括国际关系研究理论与方法(Theory and Methodology on International Relations,选修)、国际新闻与时事评论(International News and Commentaries,选修)、亚太问题研究(Asia-Pacific Studies,选修);后者包括研究方法与学术论文写作(Research Methodology and Academic Writing,必修)、话语分析(Discourse Analysis,选修)。

E类课程(学科交叉课程,均为选修):跨文化交际导论(Cross-cultural Communication Studies,选修)、社会语言学 Sociolinguistics,选修)、欧洲思想精粹(Highlights of European Ideas,选修)、中外语言比较(Contrastive Analysis Between Chinese and English，选修）。F 类课程（各院系开设的选修课程和夏季学期、暑期选修课程）：跨文化教学实践（Cross-cultural Teaching）、国际事务与区域研究专题讲座（Lectures on International Affairs and Regional Studies，选修）、第二外国语（Second Foreign Language）、语言和文化专题（Seminar on Language and Culture）。

第二，"对外汉语与二语习得方向"学术型硕士研究生专业。① 2008 年，翻译学院外国语言学及应用语言学专业又开设"对外汉语与二语习得方向"学术型硕士研究生专业，后于 2009 年 12 月改为"外语教学与二语习得"方向。研究方向为以汉语为目的的外语教学，致力于培养通晓所在国语言和文化，并能使用所在国语言教授汉语及中华文化的汉语教师和研究人员。设有第一外国语（日、法、德、俄、韩、西班牙、阿拉伯）等公共必修课，现代语言学导论（Introduction to Modern Linguistics）、第二语言习得（Second Language Acquisition）、国内或国外教学实习（Teaching Practicum）等专业必修课，具有明显跨学科、国际化和应用性强等特点。该方向于 2010 年更名为外语教育研究方向。

第三，"外语教育研究方向"学术型硕士研究生专业。② 该学科方向"以培养应用型外语人才为宗旨，旨在培养具有较高外语文化修养且能以英语为工作语言的教学和中国文化教师"。开设政治理论、第一外语（日、法、德、俄、韩、西班牙、阿拉伯、葡）等公共必修课、专业基础课、学术前沿课、研究方法论课、学科交叉课等大类课程。其中，专业基础课包括外语教学理论与实践（Foreign Language Teaching: Theory and Practice）、应用语言学（Applied Linguistics）、文学翻译（Literary Translation）、高级英语（Advanced English）、高级俄语（Advanced Russian，俄语方向指定选修）。学科交叉课包括教育心理学（Educational Psychology）、跨文化交际导论（Cross-cultural Communication Studies）、社会语言学（Sociolinguistics）、欧洲思想精粹（Highlights of European Ideas）、中国思想精粹（Highlights of Chinese Ideas）、世界文化面面观（系列讲座，Aspects of World Culture）等。该方向自 2010 年开始招生，并于 2014 年改为国际事务方向。

（2）翻译（专业型）硕士项目。③

办学理念。翻译学院翻译专业硕士学位（MTI）依托中山大学深厚的人文传统和强势的外国语言文学学科，立足于珠江三角地区的产业需求，通过严格的语言训练和丰富的实践积累，力求为本地区乃至全国培养具有国际视野的高层次、实用型、专业性翻译人才。

翻译学院翻译专业硕士学位（MTI）的办学重点在于：通过完备的知识型课程和

---

① 《中山大学翻译学院外国语言学及应用语言学专业（对外汉语与二语习得方向）硕士研究生专业培养方案》（打印稿），藏外语与翻译大学院。

② 《中山大学翻译学院的外国语言学及应用语言学（050211）专业外语教育研究方向硕士研究生培养方案（学术型）》（打印稿），藏外语与翻译大学院。

③ 《中山大学翻译硕士研究生培养方案》（2014 年）（打印稿），藏外语与翻译大学院。

口笔译实践课程，借助成熟的国际化培养模式，深入语言服务产业现实，培养从事经贸、人文、科技等专业领域的笔译工作者，以及胜任各类连传口译、会议口译和同声传译工作的优秀口译员。

课程方面。包括专业基础课、专业方法或专业技术与实践类课以及拓展课程。其中，专业基础课程（B类课程，均为必修），包括翻译概论（Introduction to Translation）、翻译理论与实践（Translation Theory and Practice）、基础口译（Basic Interpreting Skills）、基础笔译（Basic Translation Skills）。专业方法或专业技术与实践类课程（C类课程），包括同声传译（Simultaneous Interpreting，口译方向必修）、英译汉（English to Chinese Translation，笔译方向必修）、连续传译 Consecutive Interpreting，口译方向指定选修）、汉译英（Chinese to English Translation，笔译方向指定选修）、计算机辅助翻译（Computer Aided Translation）、专题口译（Topic Interpreting）、模拟会议传译（Mock Conference Interpreting）、视译（Sight Interpreting）、商务口译（Business Interpreting）、法庭口译（Court Interpreting）、外交口译（Diplomatic Interpreting）、口译工作坊（Interpreting Workshop）、经贸翻译（Commercial Translation）、法律翻译（Law Translation）、笔译工作坊（Translation Workshop，笔译方向指定选修）、翻译与文化（Translation and Culture）、医学翻译（Medical Translation）、语篇与翻译（Discourse and Translation）。以上课程，学生可以根据自己的攻读方向侧重选择C类课程的口译类或笔译类课程。

拓展课程（D类课程，均为选修）：中外语言比较（Contrastive Analysis Between Chinese and English）、西班牙语基础笔译（Chinese-Spanish Translation）、西班牙语基础口译（Chinese-Spanish Interpreting）、高级英语（Advanced English）、高级英语阅读与写作（Advanced English Reading and Writing）、跨文化交际导论（Cross-cultural Communication Studies）、社会语言学（Sociolinguistics）、欧洲思想精粹（Highlights of European Ideas）、语言和翻译系列讲座（Language and Translation）、国际新闻与时事评论（International News and Commentaries）、亚太问题研究（Asia-Pacific Studies）、研究方法与学术论文写作（Research Methodology and Academic Writing）、话语分析（Discourse Analysis）、语言和文化专题（Seminar on Language and Culture）等。

师资力量。目前，翻译学院MTI拥有一支强大的教学核心团队，包括资深教授、青年教师和资深业内人士，MTI还长期聘任国内外多名专家学者和行业高管担任兼职导师。负责理论课程的教师有黄国文、林裕音、王宾、王东风等知名教授。在聘的兼职导师有仲伟合（广东外语外贸大学教授）、许钧（南京大学教授）、陈峰（联合国资深口译员）、朱海鸣（联合国资深笔译员）、鲍川运（美国蒙特雷高翻学院教授）、陈静（深圳华为技术有限翻译中心）等。

资源设备。翻译学院MTI在充分利用中山大学完备的教学设施和丰富的馆藏资源的基础上，于2010年建成的翻译学院大楼，专门用于翻译口译教学。楼内建有同声传译实验室2间，交替传译实验室2间，机器辅助翻译实验室2间，并建有国际远程视频会议系统（包括主演播厅和三间互动室），能在同一时间内参与相关语种国家内发生的各种翻译活动,并能对此活动进行现场评议和录音录像。翻译学院 MTI 也建立了专门的图书和数字资料库。资料室储存了国内外口笔译实践、教学、研究等领域的大量图书,并储存了 2014 年以前几年来学生翻译作业和口译考试的录音,以及全国各种口译大赛的现场录影光盘和各种具有英汉交际场景的影像资料,为师生的学习研究提供了第一手的资料。

国际办学。翻译学院 MTI 充分利用翻译学院多年来开拓的国际化资源,推动专业硕士培养模式与国际接轨,已建立合作关系的境外院校包括:美国加州蒙特雷高翻学院、美国迈阿密州立大学、印第安纳-普渡大学印第安纳波利斯联合分校;英国的埃塞克斯大学、曼彻斯特大学、索尔福德大学、菲律宾雅典耀大学;台湾辅仁大学等。翻译学院 MTI 每年派出 1/3 以上的学生出国交换,通过 1+1 等联合培养模式,使学生获得海外阅历,提升专业素养和跨文化交际能力。

实习基地。翻译学院 MTI 与多家政府及企事业单位建立了长期稳定的合作关系,实现了教学与语言服务产业的充分结合,使 MTI 学生能够获得充分的实践锻炼(见表 7-1)。

表 7-1　翻译学院部分实习合作单位

单位名称	合作性质
校/院系级的各种涉外活动	合作单位
广东省外办	合作单位
广东省人民政府应急办公室	合作单位
16 届亚运会组委会外联部	合作单位
珠海国际航展	合作单位
广州市汇泉翻译服务有限公司	实习基地
中国君策天马集团有限公司	实习基地
深圳华为	实习基地
中山大学附属第一医院	实习基地

三、办学特色和成绩

1. 办学特色

一是走国际化路线。二是采用了应用型的培养模式。学院根据社会需要设置课程,对传统泛读课和听力课进行改革,突出培养学生的外语听、说、读、写能力,效果良好。为本科生提供了 FGD 同声传译训练。三是狠抓教学质量,成效显著。这几年学院学生专业英语四级考试的通过率都保持在 97% 左右,高出全国平均通过率

40%左右;学生的专业英语八级考试通过率也高出全国平均线40%左右。四是灵活的专业方向选择。入学初,学院将组织对所有学生进行面试,根据学生的面试情况和志愿,来安排学生的专业方向。五是双外语教学模式。学生均有机会选择学习两门外语,如英语学生可选择西班牙语、阿拉伯语、韩语、德语、日语、法语、俄语、葡萄牙语等其中一门语言作为第二外语,且从一年级便开始学习。六是良好的就业前景。学院毕业生选择面比较广,部分毕业生到宝洁公司、强生公司、高露洁公司、箭牌公司等知名外资企业工作,部分同学进入拱北海关、汕头海关、深圳市社保局、新华社等政府部门工作,部分同学进入南方航空公司、移动、电信、银行等国有企业工作,还有部分毕业生选择国内外深造。就业情况在全校各院系中排名前十。

在上述6个办学特色中,尤以国际化最为突出。这反映在派学生出国学习、接受外国留学生以及师资国际化上。学院每年派出交换生100余名,交换生遍布全球20余个国家和地区,涉及语种9个。2005至2014年间,翻译学院累计派出交换学生达800余人次,并且呈逐年增长的趋势。表7-2是翻译学院自创办以来的学生派出的情况:

表7-2 翻译学院学生派出国家和地区一览

国家/地区	海外合作院校	累计派出学生(人/次)
德国	奥古斯堡大学	3
	科隆大学	33
	班贝格大学	10
法国	里昂三大	70
	阿尔图瓦大学	3
英国	曼彻斯特大学	32
	中央兰开夏大学	5
	利物浦希望大学	53
西班牙	巴利亚多利德大学	43
	圣地亚哥德孔波斯特拉大学	29
	莱昂大学	25
	马德里自治大学	3
葡萄牙	里斯本大学	3
俄罗斯	俄罗斯新大学	88
	莫斯科大学	2
	弗拉基米尔大学	3

续表 7-2

国家/地区	海外合作院校	累计派出学生（人/次）
乌克兰	顿涅茨克大学	6
哈萨克斯坦	劳动与社会关系大学	12
约旦	约旦大学	63
	阿拉伯社会学院	15
埃及	坦塔大学	13
韩国	檀国大学	65
	庆熙大学	14
	岭南大学	39
	首尔市立大学	20
	东西大学	15
	韩国外国语大学	6
	成均馆大学	10
	诚信女子大学	4
	启明大学	12
日本	圣托马斯大学	3
菲律宾	雅典耀大学	62
美国	迈阿密州立大学	16
墨西哥	尤卡坦自治大学	5
	伊比利亚美洲大学	10
智利	瓦尔帕莱索天主教大学	2
古巴	哈瓦那大学	9
中国台湾	辅仁大学	9

在把学生推向世界的同时，翻译学院也积极地接纳来自世界不同国家的留学生。2008年3月，翻译学院对外汉语系为首批留学生开设了汉语课程。迄今，翻译学院已成为珠海校区唯一一所能够系统开设留学生汉语课程的学院。汉语课程主要面向由国外合作院校派来的交换留学生，同时也针对学校外籍教师的定期性汉语培训，内容包含语言及文化两大板块，尤其突出了实用性语言知识的教学。重视提升留学生的汉语听、说、读、写能力，促进留学生文化实践能力的习得。为了满足留学生的学习需求，从2008年起，翻译学院对外汉语系采用了"分级设班、逐级提升"的模式，根据留学生既有汉语水平的高低，分等级开班，配套相应的语言技能训练课程。学生可

根据自身的汉语水平，进行由易到难的学习。此外，对外汉语系还增设了HSK汉语水平考试训练项目和商务汉语项目，较好地完善了学院的汉语课程体系。在完善汉语课程体系的同时，学院也通过多种形式，为留学生适应校园生活与学习提供帮助。2009年，翻译学院学生发起成立了中山大学首个面向外籍学生提供生活帮助的学生团体——留学生接待团。该团采取"一帮一"的模式，指派团员为留学生提供接机向导、注册助理、生活辅导等服务。到2014年，留学生接待团的团员总数达到了100人，每年接待学生达200人次。

在师资国际化方面，师资聘用与国际接轨。专业课教师面向全球招聘，起薪（税前月薪）4000元，上限为3万元。新聘教师需完成3个合同期（每期两年），方能申请终身教职。翻译学院的专业课教师为三三制：1/3为翻译学院本身的具有终身教职的专业教师，1/3为翻译学院从国内重点外语院校聘来的兼职教师（含优秀的博士研究生），1/3教师保持流动状态（包括因不能胜任工作而被解聘）。建立这种全新的师资结构的宗旨，是要打破此时仍然盛行于中国高校的"大锅饭"终身制，为高校机制改革注入活力。学院还邀请了世界知名语言学大师、系统功能语言学理论创始人M. A. K. Halliday（韩礼德）教授及著名的系统功能语言学专家Robin Fawcett、Christian Matthiessen等教授来讲学。

2. 办学成绩

办学成绩一般可以通过在校学生的竞赛性活动，来显示其专业成绩和综合能力，以及学生毕业后的就业和取得的成就（见表7-3）。

3. 历届毕业生就业情况

翻译学院历届毕业生除一部分继续深造于国内外著名大学，如牛津大学、斯坦福大学、伦敦大学、东京大学、莫斯科大学、首尔大学、香港大学、北京大学、复旦大学、中山大学等外，就业率均保持在98%水平上下，高出全校平均就业率水平。其中有4届本科毕业生就业率进入全校前十，有2届研究生就业率达到了100%。学生就业渠道广泛，从业岗位门类多样。到2014年前，毕业生就业单位覆盖了政府机关、高等院校、市属中学以及国有、外资和民营各类企业，从业门类涵盖了行政管理、公共管理、外交（翻译）、教育、文秘、财会、金融、销售、地产、通信、制造、餐饮、文化艺术、新闻出版、广播电视、企业管理、航空运输、国际物流、国际贸易、商业服务（咨询）等。此外，学院还涌现出如夏之梦、潘琦纯、吴辰岑、杨孟衡、刘韵健、黄韵孜、马敏怡、余俊霖、刘猛、钟嘉佳、刘昊、陈静文等一批优秀的本科生、研究生毕业生。[①]

---

① 参见《翻译学院对外宣传手册基础文本（审议稿）》（打印稿）有关内容，原件藏外语与翻译大学院。

表 7-3 2013 年翻译学院学生在各种竞赛中的获奖情况

表彰名称	受表彰集体、个人	发奖单位	发奖时间
珠海市五四红旗团委	学院团委	珠海市团委	2013.05
2013 年度中山大学十佳院系学生会	学院学生会	中山大学团委	2013.11
2013 年中山大学第二届迎新风采大赛一等奖、最佳人气奖	学院新闻中心	中山大学党委宣传部	2013.10
第一届中国国际马戏节志愿者服务"优秀组织奖"	学院团委志愿者队	珠海市团委	2013.12
2012 年广东大学生"福彩公益优秀团队奖"	学院团委	共青团广东省委员会、广东省福利彩票发行中心、广东省学生联合会	2013.06
2013 年全国啦啦操等级规定套路达标赛大学组爵士三级第一名	学院啦啦队	国家体育总局	2013.10
2013 年全国啦啦操联赛（广州站）大学组自选 2 级 第一名	学院啦啦队	国家体育总局体操运动管理中心	2013.01
中山大学四校区羽毛球赛总冠军	学院羽毛球队	中山大学团委	2013.12
珠海市合唱节银奖	中珠合唱团（翻译学院主办）	珠海市委宣传部	2013.01
"财经中国 学习有责"——中国大学生经济调研比赛二等奖	2011 级本科生程昊昊与国商学生组成的团队	中国农业银行 第一财经日报	2013.12
第 7 届珠海市大学生艺术节舞蹈比赛二等奖	中山大学珠海校区舞蹈团女子群舞《且吟春语》2011 级本科生许琼文（领舞）	共青团珠海市委员会和珠海市学联	2013.01
全国少数民族大学生社会实践与社会观察活动暨第十一期广东大学生骨干培训班开幕式微电影一等奖	2010 级本科生郭泽伟、2011 级本科生胡文等组成的团队	团中央、团省委	2013.01
第二届"赢在广州"大学生创业比赛二等奖	中山大学 VICI 团队（2011 级本科吕皓秋）	广州市人力资源社会保障局	2013.09

续表 7-3

表彰名称	受表彰集体、个人	发奖单位	发奖时间
2013年广东省大学生"蓝鸽杯"英语口译比赛冠军	2011级本科生（文洁怡、蔡晓仪、黎立威组成的组队）	广东外国语学会	2013.12
2013 中国联通（珠海）校园迎新营销比赛一等奖	2011级本科生马创涛、谭立胜、周楠、刘岩、谢欣、范长盛、陈秋娜、何颖诗、张志淳组成的团队	中国联通珠海分公司	2013.01
2013 "爱在心间，美在身边"广东移动微作品原创大赛微电影优秀奖（团队）；微语录优秀奖（个人）	2011级本科生马创涛；2011级本科生马创涛、黎锦堂、吴小恩、肖謇桐组成的团队	广东省省情调查研究中心	2013.12
2013 宝洁精英挑战赛全国初赛三等奖	2010级本科生陈文励、2010级本科生辛钧组成的团队	广州宝洁有限公司	2013.04
首届珠海市大学生艺术节舞蹈一等奖	2010级本科生王楚、陆嘉敏组成的团队	珠海市团委	2012.11
第九届海峡两岸校园歌手大赛银奖	2010级本科生李黄莹	厦门市学生联合会	2013.08
第十二届广东省大中学生口语大赛十强	2010级本科生李黄莹	广东省电台新闻广播	2013.11
第三届 CRI-KAICAL 杯全国高校阿拉伯语演讲比赛高年级组三等奖	2010级本科生温广鸿	中国国际广播电台	2013.11
第三届澳门国际教育博览会优秀志愿者	2011级本科生李祥华	澳门国际教育博览会组委会	2013.05
2013 年度托业奖学金	2010级本科生张靖婵	美国教育考试服务中心（ETS）	2013.11
第一届中国国际马戏节志愿者服务先进个人	2010级本科生赵嘉王、张乃凡、邓靖怡，2011级本科生马创涛、林莉莎	珠海市团委、珠海市志愿者联合会	2013.12

续表 7-3

表彰名称	受表彰集体、个人	发奖单位	发奖时间
广东省残疾人文艺汇演话剧小品一等奖	2010级本科生杨孟菡	广东省文化厅	2013.05
广东省残疾人文艺汇演话剧小品最佳创造奖	2010级本科生杨孟菡	广东省残联	2013.05
第三届全国口译比赛（英语）广东、海南赛区复赛三等奖	2010级本科生黄耀华	中国翻译协会全国口译大赛组委会	2013.12
广东省大学生跆拳道社团锦标赛中级女子个人品势 第一名	2011级本科生黄碧芬	广东省跆拳道协会	2013.05
2013"远洋桃花岛"全国跆拳道锦标赛混双品势青年组 第一名	2011级本科生黄碧芬	国家体育总局	2013.08
2013"远洋桃花岛"全国跆拳道锦标赛团体品势女子青年组 第一名	2011级本科生黄碧芬	国家体育总局	2013.08
珠海市优秀共青团员	2011级本科生陆亭伊	共青团珠海市委员会	2013.05
第一届世界和平小姐广东省赛区总决赛季军	2011级本科生林子晴	世界和平研究会；世界和平小姐冠军总决赛管理有限公司；珠海市新舞合演出经纪有限公司	2013.03
第四届香港国际钢琴邀请赛青年组三等奖	2011级本科生黎芷莹	亚洲音乐家协会	2013.12
2013 APEC未来之声中国区选拔赛广东赛区 一等奖	2011级本科生文洁怡	APEC未来之声中国区选拔委员会	2013.06
2013 APEC未来之声中国区选拔赛全国总决赛三等奖	2011级本科生文洁怡	APEC未来之声中国区选拔委员会	2013.07
第十届中国模拟联合国大会最佳风采奖	2011级本科生刘洋	中国联合国协会	2013.11
2013年广东外语外贸大学俄语中心"俄语日"征文大赛 三等奖	2011级本科生张应佳	广外俄语中心	2013.06
《舞动全城》舞蹈比赛珠海市 一等奖	2011级本科生杨吉柳	珠海市宣传部	2013.06
第七届珠海市大学生艺术节舞蹈比赛季军	2012级本科生杨曼雨	珠海市教育局	2013.01
2013珠海市大学生艺术节舞蹈比赛团体二等奖	2012级本科生张又木同学所在队伍	珠海市	2013.11

续表 7-3

表彰名称	受表彰集体、个人	发奖单位	发奖时间
2013年广东省研究生学术论坛——外国语言文学分论坛入选论文优秀奖	2012级研究生 王乐	广东外语外贸大学	2013.09
全国高校俄语大赛	2012级研究生 郑倩旻	大连外国语大学	2013.10
第三届中译杯全国口译大赛广东、海南赛区复赛 一等奖	2013级研究生 瞿玉洁	中国翻译协会	2013.11
第三届中译杯全国口译大赛华南赛区大区赛 二等奖	2013级研究生 瞿玉洁	中国翻译协会	2013.12
第八届广东大中专学生校园文化节之新媒体大赛视频类 一等奖	伍碧怡、苏汉桑	广东省共青团	2013.12
第八届广东大中专学生校园文化节之新媒体大赛视频类 一等奖	赵翼、赵亚文等 8 人	广东省共青团	2013.12
第八届广东大中专学生校园文化节之新媒体大赛视频类 一等奖	陈希、黄以绮等 9 人	广东省共青团	2013.12
第八届广东大中专学生校园文化节之新媒体大赛视频类 一等奖	徐锋达、谢西露等 5 人	广东省共青团	2013.12
第八届广东大中专学生校园文化节之新媒体大赛视频类 一等奖	谭立胜、何颖诗等 10 人	广东省共青团	2013.12
第八届广东大中专学生校园文化节之新媒体大赛视频类 二等奖	郭海珊、邓淑英等 3 人	广东省共青团	2013.12
第八届广东大中专学生校园文化节之新媒体大赛视频类 二等奖	郭晓雯、刘颖等 9 人	广东省共青团	2013.12
第八届广东大中专学生校园文化节之新媒体大赛文字类 一等奖	黄朝高	广东省共青团	2013.12
第八届广东大中专学生校园文化节之新媒体大赛文字类 二等奖	骆满	广东省共青团	2013.12
第八届广东大中专学生校园文化节之新媒体大赛音频类 一等奖	李文杰、郑晨昀等 5 人	广东省共青团	2013.12
第八届广东大中专学生校园文化节之新媒体大赛音频类 二等奖	张歌、续梦婷、魏基翼	广东省共青团	2013.12
第八届广东大中专学生校园文化节之新媒体大赛图片类 一等奖	伍碧怡、韩纪川、李思晴、雷泳成	广东省共青团	2013.12
第八届广东大中专学生校园文化节之新媒体大赛图片类 一等奖	郑晓雯、张阿英、张毓蘅、罗雪	广东省共青团	2013.12
第八届广东大中专学生校园文化节之新媒体大赛图片类 二等奖	余佳西、王芯怡等 5 人	广东省共青团	2013.12
第八届广东大中专学生校园文化节之新媒体大赛图片类 二等奖	江迪诺、易宇轩、纪兔筠、李琪云	广东省共青团	2013.12
第八届广东大中专学生校园文化节之新媒体大赛图片类 二等奖	郑慧晰、刘雪莹、叶梦田	广东省共青团	2013.12
第八届广东大中专学生校园文化节之新媒体大赛图片类 二等奖	何闻意、黄雨君、叶家怡	广东省共青团	2013.12

第二节 外语与翻译大学院创设

一、创设背景

1. 精英高端与大众化需要并举的办学理念

进入到新世纪的十余年间，中山大学外国语学院在领导班子的带领和全院教职工的共同努力下，教学质量和科研水平有了很大的提高，各项工作得到了有效开展，学院呈现出分类发展、精英研究与大众化需要应运而齐头并进的良好发展态势和格局。具体而言，外国语学院在全力支持新办的翻译学院的同时，进一步明确了自己的办学理念：外院的学院化导向与翻译学院的实用化导向的分工，即外院的"瘦身减肥"，英语系每年只招30～50人，小班精英化培养，学科定位转向为以学术研究为主，强化本科教育与研究生教育之间的联系，突出语言学和文学的学科建设，从整体上向文、史、哲人文学科靠拢。翻译学院则大力扩充发展应用性强、就业前景广阔的翻译类本科专业和翻译专业硕士，如英文本科专业2005年招收了500人，2006年招收了600人。与此同时，进行调查研究，努力办好新设的西班牙语、韩语和阿拉伯语3个专业。

2. 巩固原来学院化的优势专业和学科

如前面各章所述，英语、法语、德语、日语四个语种尤其是英语，是外国语学院传统的优势学科。在外国语言文学一级学科点下，设有英语语言文学、外国语言学及应用语言学两个博士学位授权点，英语语言文学、法语语言文学、德语语言文学、日语语言文学和外国语言学及应用语言学等5个硕士学位授权点。学院还拥有外国语言文学一级学科博士、硕士学位两个授权点，可以独立自主地根据学术发展的趋势和社会需要，增设各类有关的博士、硕士招生方向。获得设立外国语言文学博士后流动站，有利于高级人才的培养和交流。外国语学院已经成为一个以外国语言、文学、文化、翻译为重点的教学和科研机构，形成以文学与文化批评、外国语言学与应用语言学、翻译学、外语教育、海外中国学研究等研究方向为主的优势方向及学术研究队伍。这些办学新思路和学科建设，为中山大学的大学院制的创建，奠定了良好的基础。

二、创设经过与意义

1. 创设经过

为了适应国内外高等教育大众化和科学技术发展交叉渗透的形势与要求，加强体制机制创新，进一步搭建学科大平台，统筹和整合学术力量，促进激发学术组织创新活力，增强学科综合实力和核心竞争力，中山大学实施了大学院制改革工作的部署。2014年5月，外语与翻译大学院与生命科学大学院率先成立，成为中山大学首批两个大学院之一。新组建的外语与翻译大学院下辖外国语学院、翻译学院。黄国文教授任外语与翻译大学院首任院长;外国语学院党委更名为外语与翻译大学院党委,许东黎任党委书记。需要指出的是,外语与翻译大学院党委下辖37个党支部,其中,除外国语学院的19个学生党支部、3个教工党支部,翻译学院10个学生党支部、1个教工党支部外,还跨院管辖大学外语教学中心和国际汉语学院各2个党支部。这也可从一个方面反映外语与翻译大学院的规模。

2. 创设意义

第一,设立大学院,使得外语学科规划发展得到落实,精英与大众、基础(学术)与应用、本身学科与其他相关学科交叉整合融合并举,从而使外语学科的内涵与外延的发展大大提高到一个新阶段。

第二,发挥中大学科齐全的优势,促进学科交叉融合发展。中山大学是教育部直属综合重点高校中拥有自然科学、人文社会科学、医科学学科门类最齐全的学校之一。与全国其他高校一样,长期存在着专业划分过细、专业范围过窄、边缘交叉学科知识淡化等弊端。因此,正如校长许宁生所说,通过加强学校内部管理体制改革,创设大学院制,"是打破学科壁垒、促进学科融合发展的重要举措"。与此同时,进一步搭建学科大平台,统筹和整合学术力量,有助于激发学术组织的创新活力,增强学科综合实力和核心竞争力。[1]

第三,有利于培养复合型人才。中山大学以培养潜在领袖型的学生为己任,综合性和复合型的能力是达到这一目的的非常重要的一环。而"大学院既能构筑多学科交叉融合的教育与科研平台,又能把一级学科的桩打好筑牢,为学生提供更多选择"[2]。翻译学院灵活选择本科专业的机制,学术型与应用型研究生学位并举,多种外语与其他专业,如商务、国际事务、对外汉语等结合,为外语与翻译学院学生综合素质的提高和能力的发展,准备了良好的平台。

第四,制度上创新。长期以来,中国高等教育管理体制多采用"学校—学院—专业"三级管理,中山大学在学院制基础上,增设了大学院制,成为四级管理,此举在国内高校中尚不多见,并为学校进一步推进大学院改制开创了先例,积累了经验。因此,外语与翻译大学院的设立,不仅有力地促进了本校外语学科的发展,而且对整个学校,乃至全国高等教育与学科体制改革具有引领示范的作用。

三、大学院的明天

外语与翻译大学院乃2014年5月30日宣布组建,这是贯彻落实中山大学党委第十二次党代会关于积极推进大学院制建设和新形势下加强学校内部管理体制改革的重要举措,它对于进一步加强相关学科的交叉、融合、发展,提升学科整体水平具有重要意义。

---

[1] 雷雨等:《中大启动大学院制改革》,《南方日报》,2014年6月20日,A08版。
[2] 雷雨等:《中大启动大学院制改革》,《南方日报》,2014年6月20日,A08版。

外语与翻译大学院作为首批组建的两个大学院之一（另一个是生命科学大学院），是学校赋予外语学科发展的一个机遇。怎样在外语学科中进行相关领域的交叉融合以及学科方向的凝练，需要进一步认真探讨。但有一点可以肯定，即：组建大学院是学校自我提升的一个举措，其目的是为了加强体制和机制创新，进一步搭建学科大平台，统筹和整合学术力量，促进和激发学术组织的创新活力，增强学校的综合实力和核心竞争力。毫无疑问，组建外语与翻译大学院是从有益于学科建设、人才培养、教学和科研发展的角度出发，充分考虑到了外国语学院与翻译学院的办学现状、办学方式和教学资源的优势互补。组建大学院对于整合学科力量，充分发挥两个学院的优势，实现对外交流、合作以及培养人才的资源共享，会起到积极作用。

至于怎样才把外语与翻译大学院办好，这是大学院所有人都在关心和思考的问题，是该院践行"人心向学"理念的一个举措，也是与机遇与挑战的并存。该大学院平台的基础厚实，起点颇高，已有的"外国语言文学"学科 8 个本科学士专业，"外国语言文学"一级学科硕士点，"外国语言文学"一级学科博士点和"外国语言文学"一级学科博士后流动站这些桂冠，足以给中山大学外语与翻译大学院人以信心，从而抓住机遇，努力工作，把学科建设得更好，更具特色，并共同创造更加美好的明天！

外语学科大事记

说明：
1. 大事记收录的原则是对中山大学（常略称为"中大"）外语学科90年来的发展有重要影响的事件，包括院系名称的变更和院址的变迁、重要人事变动、专业设置的变动、机构的成立和合并、教学和研究所取得的突破性发展以及外国语学院在各方面取得的荣誉等。
2. 大事记按照年、月、日的时间顺序排列，日期不可考的，放于当月末尾，月份不可考的，放于当年末尾。
3. 外语学科大事记由外国语学院与翻译学院两部分组成。

外国语学院大事记

1924年2月4日，国立广东大学成立，外国语言文学系（暂设英国文学系）成为第一批建设院系。

1924年2月4日，陈长乐任英国文学系主任。

1925年，英国文学系开始聘请法文（曾仰鸣）、德文（邱琮）教师作为第一外语教学的补充。

1926年3月，郁达夫接任英国文学系主任。

1926年8月，英国文学系更名为英吉利语言文学系。

1929年4月，英吉利语言文学系改称英国语言文学系。

1932年12月24日，文学院举办文学院中、英二系员生同乐会。

1934年9月6日，第一、二外国语组召开组务会议，讨论聘请教师、课程标准、第一外国语分班教学等问题。

1934年，中山大学文科学院院长吴康决定在文科学院增设第一、二外国语组。

1935年，文学院制定了包括英文系在内的比较完备的学生学制科目（课程）和成绩统计17条规定。

1937年12月，国立中山大学抗敌后援工作团成立，外国语组张掖教授担任校本部第一团指导员团长，英文系被编入第四团。

1937年，英文系组织文化考察团。

1937学年度，英国语言文学系主任仍由张宝树担任；12月，由张葆恒代理。

1938年2月10日，包括英文系在内的文学院复课。

1938年8月，中山大学增设师范学院，开设包括英语系在内的8个学系。

1939年2月，英国文学系随中大西迁至云南澄江。英文系张掖教授担任迁校运输委员会总务组主任，为学校顺利入滇发挥了重要作用。

1939年5月，英国文学系更名为外国语学系，但对内仍习惯称为英国语言文学系。

1939年5月，英国语言文学系正式改名为外国语学系英文组。

1939年12月9日，英国语言文学系主任凌达扬教授演讲《我所知的林语堂》。

1939年12月16日，外籍教师蓝思德教授演讲《欧战从军记》。

1940学年度，澄江时期的文学院，撤销了第一、第二外国语组的设置。

1940年，英国语言文学系随中山大学回迁至粤北坪石。

1940年，蓝思德升任英文系代理系主任。

1941年1月14日，研究院举行外国语演讲会，英语系代主任蓝思德教授用英语作《英语的本质及中国学生为何需加研究的理由》演讲。

1941年1月，英文系聘用该系毕业生钟日新。

1941年3月，聘任洪深为文学院外国语言系教授兼主任。

1941年7月4日晚，由洪深导演、中山大学剧团主演的话剧《雾重庆》上演，以欢送应届毕业生。

1941年8月，英文系主任洪深帮助文学院院长朱谦之创立了《中山学报》。

1941年9月，聘朱树楠为教授。

1941年12月，聘冯建统为教授。

1942年初，文学院与师范学院英文系学生踊跃报名参加到重庆招待支援中国抗战的美国"飞虎队"，入选者有陈寿昌、熊成、刘锡祥、杜定湘、梁大成、梁藻甜、蔡文智、邓树声、王启鹏、岑禹杰、梁锦昭、罗再生（包括少数非英文系学生）。

1942年4月，洪深指导中山大学的同学排演了自己的剧作《风雨同舟》（又名《再会吧，香港!》）。

1942年暑假前，洪深辞去英文系主任、教授职务。

1942年下半年起，英文系主任由黄学勤担任。

1942年，蓝思德停薪留职，往缅甸前线加入英军。

1944年4月，钟日新为助理导演的英语剧《皮格马林》（Pygmalion and Galatea），参加了桂林的西南八省戏剧展览会及戏剧工作者大会汇演。

1945年5月，张掖教授为代理外文系主任。

1945年8月，外文系随中山大学回迁广州石牌校区。

1945年，师范学院奉令改制，其原有的英语系被并入文学院里的英文系，外国语文学系内部增加了师范班。

1946年2月，外文系在文学院院长朱谦之倡导的壁报活动中，创作了壁报 The Arch。

1946年7月1日，清华大学前外文系主任、时任中山大学人文学院教授的吴达元讲授了《法国浪漫运动》。

1946年,周其勋受聘为外文系主任,并在任内编著了《当代英文选》,成为中山大学、岭南大学的外文教材。

1947年,聘请英籍外教唐安石(端纳)为教授、马安娜等人为讲师。

1948年春,林文铮教授担任外文系主任。

1948年,钟日新被聘作外文系教授。

1948—1949学年度,外国语学系改名为外国语言文学系。

1949年11月8日,中国人民解放军广州市军事管制委员会文教接管委员会正式接管国立中山大学,外语学科进入新时期。

1951年9月,林文铮任外文系主任,张仲新任俄文专修科主任。

1952学年度第二学期开始,中山大学取消了原有的"学院"级编制,外国语言文学系成为了独立的教学行政单位。另设俄文专修科,成为全校4个专修科之一。

1953年8月4日到9月3日,中山大学外国语言文学系受中南区高等教育管理局的委托,在暑期里举办了为期一个月的中南区高等学校文理科教师暑期俄文专业书籍阅读速成班。

1953年9月,在新的院系调整方案中,广西大学外文系、南昌大学外文系、华中高等师范学校英语组、湖南大学文教学院外文系、武汉大学外文系、华南师范学院英国文学系等,将部分教师或学生调入中山大学,组成新的外国语言文学系。

1953年11月,院系调整之后的外国语言文学系更名为西方语言文学系,下设5个教学小组,其负责人如下:一年级专业英语教育小组高铭元;二年级专业英语教育小组杨琇珍,莎士比亚选读教学小组谢文通、钟日新,基本俄语教学小组张仲新,文理科俄文教学小组刘约。

1953年,西方语言文学系共设立英国语言文学及俄罗斯语言文学两个专业,成为了全国仅有的九个英语教学点中的一个。

1953年12月,外语系确立了"外语专才的培养必须结合政治思想教育"的培养目标。

1953年,戴镏龄教授接替林文铮,任调整后的中山大学西方语言文学系第一任系主任。

1956年起,西语系取消俄文专修科,并暂停俄语专业的招生,至1958年恢复。

1957年,中山大学西语系开设了法国语言文学专业。

1958年9月26日,西方语言文学系更名为外国语言文学系。

1958年,中山大学西语系开设了德国语言文学专业。

1958年,西语系26位教职工响应中山大学"精简机构、干部下放"的号召,主动申请下放参与体力劳动。

1959年1月,外语系下放劳动师生回到学校。

1959年底,外语系初步编出了7册《英语自学丛书》。

1960年3月,德语教研组基本完成了《德华新辞典》的审校工作,俄语教研组将歌颂马口英雄的《烈火雄风》翻译成了俄文，英语教研组完成了《英语语调》的编写工作并且注释了两本文学名著，公共英语教研组全力完成了大部分教材的修订工作。

1960年4月，在制定教学大纲、编写教材方面，外语系共分英语专业、俄语专业、法语专业、德语专业、公共俄语、公共英语、理论战线"七条战线"，坚持"政治标准第一、艺术标准第二"的原则，强调理论联系实际，以此加强外语教学的"政治性、思想性、战斗性"。

1961年，外语系停止了俄语专业的招生，仅设立俄语公共教研室负责学校的公共外语课程。

1962年，英语教研组除了继续审校、修订《英汉四用辞典》、《英语自学丛书》（政治经济、文学、科技部分）并翻译部分书籍外，还抽调了一部分教师力量在广州人民广播电台举办的英语座谈和中山大学学校工会举办的夜校担任了英语教学工作。

1964年7月，中山大学外文系成立了英语和英美文学研究室。

1964年，外语系最后一批俄文专业学生毕业，俄罗斯语言文学专业完全停办。

1968年11月10日上午，外语系师生共9人来到八里石茅厂生产队，组成"五同"小队，与该生产队的7户贫下中农同吃、同住、同学习、同劳动、同斗私批修，自觉接受为期16天的贫下中农再教育，成为当时的模范。

1969年4月，外语系各班均成立了"革命大批判小组"，积极参与学校的"教育革命"。

1969年11月24日开始，在学校军宣队、校革委会负责人参加的工作组以及外语系党支部、系"三结合"领导小组的联合领导下，集中进行了"四好"总评。

1970年9月14日，为了配合广东省教育计划的实施，外语系整体迁出中山大学，并入新成立的广东外国语学院。

1970年底，外语系在首届工农兵学员进校时，开始设立了公共英语教学小组。

1972年11月底，外语小组被改为公共外语教研室，陈珍广、黄迪仁被任命为教研室副主任。

1972年底，中山大学为配合国家的战略发展，开始尝试复办外语系，仅设英国语言文学一个专业。

1973年8月底，戴镏龄、方淑珍、祁庆生、李美伦等4位教师由广东外国语学院调回中山大学。

1973年秋，复办后的中山大学外语系迎来了第一批英语专业的工农兵学员，教学工作逐步开展。

1974年，中山大学相继迎来了第一批、第二批联合国翻译文件，外语系与中文系等参与了翻译工作。

1975年7月，外语系与广东省外贸局确立了人才培养的合作关系。

1975年底，中山大学请示广东省教育局及广东省科学教育办公室，希望能够派出本校外语系英语教师2至3人、法语教师1人分别赴英国、美国、法国学习语言；

并从有关外语院校逐年选派相关专业的毕业生来外语系任教。

1977年，外语系通过恢复高考，选拔77级本科学生，开始恢复正常的教学秩序。

1978年5月，英国文化委员会派来两位专家添·约翰斯先生和帕·麦格里斯通小姐，在中山大学举办了英语讲座。

1978年6月16日，外语系实行党总支领导下的系主任分工负责制，戴镏龄教授主持系行政工作。

1978年6月，外语系提出了专业设置和发展规划方案。

1978年，外语系为了加强对学生的培养，重新制订了本科学生的培养方案。

1978年，外语系组织全校学生英语竞赛，扩大了影响力。

1978年，外语系日语专业成立。

1979年，外语系开始招收英语语言文学专业研究生。

1979年，经中山大学多年的交涉，广州外国语学院不得已每个专业放两三个骨干教师回中大。接着又根据教育部指示，从中大调往广外的图书进行对半分成：一半归还中大，一半留给广外。至此，两校为教师和图书的多年争执画上了句号。

1980年6月3日，中山大学人事处向教育局干部局提出了招考教学人员、主要是英语和日语两种外语人才的建议。

1980年9月，关燕军、邱仕俊、潘顺华等被外语系日语方向聘为日语专业讲师。

1980年9月，中国外语教学研究会筹备成立，戴镏龄教授被选为理事候选人，后任副会长。

1980年，英语系实行本科四年学制。

1980年，外语系法语专业重新招生。

1980年，由中山大学和美国合办的广州英语培训中心成立。

1980年，《南方日报》报道了外语系日语教师潘顺华的先进事迹。

1981年5月，中国外语教学研究会在杭州成立，外语系谢文通教授被选为名誉理事。

1981年，外语系英美语言文学专业申请博士点获得成功。戴镏龄教授经国务院批准，成为英美语言文学专业首批博士生导师，并培养了新中国第一位英语语言文学博士区鉷。

1981年，英语培训中心教工党支部、外语系78级学生党支部获得了"先进党支部"的荣誉称号。外语系的李根洲、梁启炎、杨光、唐佳清获得了优秀党员的称号。

1982年，外语系、历史系三位中年党员教师给学校领导写了一封信。信中提及了关于如何提高教学质量、如何正确处理教学与科学研究的关系以及如何做好确定、晋升教师职称工作等问题。10月，学校办公室将此信印发给全校各单位，要求结合本单位的情况，认真讨论、研究，将意见整理为书面材料。

1983年，外语系新教学大楼落成。

1983年，外语系开始本科教学改革工作。

1984年，外语系学术小组成立，李根洲任组长、陈珍广任副组长，戴镏龄、王宗炎、钟佑同、郑昌珪、邱仕俊、黄迪仁、罗河清、章鹏高、梁启炎等人为组员。

1985年，英语培训中心改由中山大学外语系独办。

1986年7月，外语系英语语言文学专业成功申报了全国重点学科。

1986年12月，外语系成立了公共外语部。

1989年，外语系公共英语教学部荣获"中山大学优秀教学成果集体奖"。

1990年4月11日至18日，外语系师生100余人，赴中山市进行社会调查，接受社会实践教育。

1991年7月8日，学校发出了《关于成立外语学院筹备组通知》，李根洲任筹备组组长，陈永培、李友文、张维耿任筹备组成员。

1991年，中山大学第四届学位评定委员会英语语言文学分委员会成立，委员11人，主席李根洲、副主席由陈永培担任。

1991年，翻译专业技术职务评审委员会成立。李根洲任组长、黎国荣任副组长，委员由李根洲、王应龙、吴之桐、梁启炎、黄卓汉、曾广声、黎国荣等人组成。

1992年1月，中山大学外国语学院成立，由原外语系、汉语培训中心及广州英语培训中心组成。

1992年1月24日，学校任命李友文为外国语学院党总支书记，任命黄飞红、易汉文为党总支副书记。

1992年2月24日，学校任命李根洲为外国语学院院长，任命陈永培、吴增生、翁贤芝、夏纪梅为副院长。

1992年4月6日，中山大学外国语学院发出《征集院徽启事》。

1992年秋季学期起，外语系法语专业三年级学生开始辅修经济学专业。

1993年，外语系英语语言学科点成为剑桥大学考试中心和国家教委共同指定的剑桥商务英语证书考试的考点，负责广州地区的考务以及试前辅导工作。

1994年2月，与中山大学外国语学院有密切合作关系的广州残疾者英语培训中心成立。

1994年2月，外国语学院党总支改为外国语学院分党委（后再改为党委），仍由李友文任书记。

1994年3月29日，外国语学院外语系正式调整为外语一系（英语）和外语二系（德、法、日、俄语）。公共英语教学部正式改名为大学英语教学部。

1994年3月，吴增生任外国语学院院长，翁贤芝、夏纪梅、吴之桐、林泽铨任副院长，仍由李友文任书记，黄飞红任副书记。

1994年9月，中山大学澳大利亚研究中心成立。

1995年8月，吴增生院长被任命为中山大学副校长。

1995年10月，吴之桐任外国语学院代院长，翁贤芝、夏纪梅、林泽铨、李友文（兼）任副院长，仍由李文友任书记，黄飞红任副书记。

1996年8月，中山大学成为首批27所"211工程"建设的重点高校之一，外国语学院的英语语言文学专业蝉联国家重点学科。

1996年，帮助残疾人学习英语的学生社团"All Share"成立。

1996年，王宗炎教授主编的《英汉应用语言学词典》，是第一部中国人用汉语编写的应用语言学词典，获得了"广东省第五届社科成果一等奖"和"全国高校首届人文社会科学优秀成果二等奖"。

1997年12月，吴之桐任外国语学院院长。翁贤芝、夏纪梅、林泽铨、李友文（兼）仍任副院长，李友文仍作书记，黄飞红任副书记。1999年5月谷晓丰接替黄飞红任副书记。

1998年10月22日，外国语学院向校领导递交《关于聘请朱孟依先生为外语学院名誉院长的请示》，获得批准。

1998年11月12日上午，中山大学外国语学院举行新教学大楼落成典礼。

1998年增设外国语言学及应用语言学、日语语言文学2个硕士点。其中日语语言文学硕士学位授予点设有日本文学、日本文化、日语语言等3个研究方向。

1999年3月25日，外国语学院被中山大学评为本科教学工作优秀院系。

1999年8月，召开"语篇与语言功能"国际学术会议。

1999年，增设法语语言文学硕士点，该硕士学位授予点于本年开始招生，设有法语语言文学和法语语言文化两个方向。

2000年1月，黄国文出任中山大学外国语学院院长，全面负责学院行政工作，翁贤芝、程晓昆、常晨光、冯启忠任中山大学外国语学院副院长。李友文仍任书记，骆腾任副书记。

2001年5月，外国语学院发布了该学院党风廉政建设责任制实施细节、外国语学院领导班子成员党风廉政建设岗位职责。

2000年5月30日，外国语学院成立了全校研究生外语教学部。

2000年9月，外国语学院本科一、二年级学子进驻珠海新校区。

2000年，常晨光编纂的工具书《最新英语短语动词词典》（1999年外语教学与研究出版社出版），获第十二届"中国图书奖"。

2001年1月，卞瑜接任外国语学院党委书记，主持党委的全面工作。

2001年12月15日，外国语学院举行10周年院庆活动。

2001年12月，2001年中日比较文学国际学术研讨会在中山大学举行。

2001年，外国语学院成立外国语学院继续教育中心。

2002年5月，经院务会议研究决定，成立外国语学院学术委员会。

2002年5月，英语培训中心开始进行结构性的调整。该中心继续承担国家分配的培训任务；原英培中心的教师与外国语学院的教师队伍整合，打通使用。

2002年7月24日，外国语学院主办的"2002语篇与翻译国际会议"在中山大学举行。

2002年9月，古月群担任外国语学院党委书记。

2002年12月，外国语学院成立英诗研究所和功能语言学研究所。

2002年，外国语学院还协办了"中国第四届诗歌翻译研讨会"。

2003年3月12日，世界语言学界的杰出代表和语言大师、澳大利亚 M. A. K. Halliday（韩礼德）应邀来中山大学进行为期一个月的讲学和访问。

2003年4月7日至11日，外国语学院举办第三届系统功能语言学活动周。

2003年8月20日至22日，外国语学院黄国文教授当选为全国高校功能语言学会会长。

2003年10月17日，中山大学与越南河内外国语大学合作，黄达人校长、河内外国语大学阮春旺校长兼党委书记分别在协定上签字。

2003年10月，成立了中山大学外国语学院成人教育指导小组。

2003年10月，外国语学院成立财务工作小组。

2003年11月15日至20日，由中山大学和香港中文大学、澳门大学首次联合主办的第六届全国综合性大学英语专业教学圆桌会议在广州、香港、澳门三地巡回举行。

2003年11月20日至21日，中山大学对外汉语教学中心举办留学生汉语朗诵演讲比赛。

2003年12月3日至10日，中山大学对外汉语教学中心举办越南文化周。

2004年1月13日，原隶属于外国语学院的中山大学对外汉语教学中心和学校留学生办公室合组，成立了国际交流学院。

2004年2月，外国语学院大学英语教学部申请并获准，成为了教育部全国大学英语教学改革试点单位之一。

2004年5月20日，中山大学外语教学中心正式成立。

2004年8月，王宾任外国语学院院长，肖平、常晨光、梅成达任外国语学院副院长。古月群继续担任外国语学院党委书记，梅成达兼任外国语学院党委副书记。

2004年11月，外国语学院成立教学指导委员会。

2004年11月27日，外国语学院向广州市残疾人英语培训中心捐赠4851册英语学习书籍资料。

2004年12月，菲律宾汉语教师培训班开学典礼在中山大学国际交流学院举行。

2004年，德语专业建立了德语语言文学硕士学位授予点，设有德语文学与文化和德语语言与翻译两个方向。

2004年，黄国文、常晨光、吴克蓉、张美芳等人的教学项目——"以交际为目的的专业英语教学——语篇分析的教学方法研究与实践"，荣获中山大学教学成果一等奖。

2005年，黄国文教授的教学工作荣获教育部和宝钢公司联合设立的宝钢教育奖，黄国文教授荣获优秀教师奖。

2005年，王宾教授的论文《论不可译性——理性反思与个案分析》，荣获广东省首届哲学社会科学优秀成果二等奖。

2005年，王东风教授的论文《译家与作家的意识冲突：文学翻译中的一个值得深思的现象》荣获广东省哲学社会科学优秀成果奖。

2005年，在外国语学院的基础上，另创办了翻译学院。

2006年6月，与香港城市大学签署协议，就开办语言学及语文学文学硕士课程项目进行合作。

2006年，黄国文的著作《语篇分析的理论与实践》荣获第四届中国高校人文社会科学研究优秀成果语言学三等奖。

2007年8月，英语语言文学专业成为国家重点学科。

2007年11月，中山大学外国语学院（广州南校区）和翻译学院（珠海校区）与科隆大学哲学学院（德语语言文学研究Ⅰ所和Ⅱ所，东亚问题研究室）和德语外语教学中心达成合作协议。

2007年，外国语言文学专业设立了博士后流动站。

2007年，常晨光的论文《语法隐喻与经验的重新建构》荣获了广东省哲学社会科学优秀成果三等奖。

2007年，刘翠香的博士论文《山西栖霞方言虚词研究》荣获2006年广东省优秀博士论文。

2007年，戴凡的专著《〈喜福会〉的人物话语和思想表达方式》荣获了中山大学2005—2006年度中南地区大学出版社优秀学术著作二等奖。

2008年11月，外国语学院党政领导班子换届，常晨光任中山大学外国语学院院长，廖海青、徐爱红任副院长。谢曼华任中山大学外国语学院党委书记，曹新任党委副书记。

2008年，外国语学院成功申报了外国语言学及应用语言学博士学位授予权，实现了中山大学外语学科博士点申报24年来的又一次突破。

2008年，刘文星的论文《丸山真男和历史意识的"古层"》荣获浙江省中日关系史学会优秀论文二等奖。

2008年，外语教学中心的邓志辉老师和外国语学院的朱瑜老师，分别获得了中山大学青年教师授课竞赛的一等奖和二等奖。

2009年4月，国际交流学院更名为国际汉语学院。

2009年10月，为促进双方教育和文化交流，中山大学外国语学院与南丹麦大学人文学院就双方学生及学者交换等事宜达成了合作协议。

2010年，黄国文教授的专著《翻译研究的语言学探索》（上海外语教育出版社2006年版）获得中国大学出版社图书奖首届优秀学术著作奖一等奖。

2010年，蒲志鸿教授获广东省哲学社会科学项目鉴定专家"工作认真负责"奖。

2010年，日语系设立华南地区当时唯一的中日交流之窗。

2011年11月，外国语学院区鉷教授团队在加拿大注册创办了国外刊物 *EPSIANS*。

2012年5月，外国语学院制定了《中山大学外国语学院本科生实习管理办法》。

2012年12月，英语创意写作中心成立，2014年1月被批准为校级科研机构。

2013年2月7日,外国语学院黄国文教授入选教育部2011年度长江学者特聘教授。

2013年3月,德国问题研究中心成立,王蓓蓓任中心主任。

2013年3月,法国语言与文化研究和交流中心成立,由外国语学院与法国里昂第三大学联合创办。蒲志鸿任中心主任,里昂第三大学副校长的皮埃尔·萨尔维特教授任中心的荣誉主任。

2013年,黄国文教授的论文《英语"John is easy/eager to please"的系统功能语法分析》(《外语教学与研究》,2010年第4期),获广东省哲学社会科学优秀成果三等奖。

2013年,中山大学外国语学院与德国开姆尼茨工业大学英语系签署合作与交流协议。

2013年,"外语节"荣获中山大学实践精品项目。

2014年5月,外语与翻译大学院成立,成为中山大学首批两个大学院之一。黄国文任大学院院长,许东黎为大学院党委书记。

2014年9月,外国语学院行政班子换届,黄国文兼任外国语学院院长,邱雅芬任外国语学院副院长。

2014年,法语系与法国里昂第三大学、里尔政治学院、洛林大学签订了本科生交换与联合培养协议,每年派出约15名学生赴法国学习交流。

2014年,外语学科创建90周年。为了庆祝外语学科90周年华诞,外语与翻译大学院编著出版了《中山大学外语学科90年史稿(1924—2014)》(谭群玉、曹天忠学术主编)、《思华年——中山大学外语人的故事》(区鉷主编)两书(均由中山大学出版社出版)。

翻译学院大事记

2005年

1月6日,王宾任翻译学院院长,王东风任副院长。

中山大学校长办公室发文《关于成立翻译学院等的通知》。【中大组〔2005〕1号】

3月30日,中山大学在外国语学院举行翻译学院成立新闻发布会。

9月,招收第一批本科生。

9月5日,党委组织部发文《关于翻译学院党员组织关系归属问题的通知》,将翻译学院党员的组织关系归属外国语学院党委。【党组〔2005〕29号】

11月20日,翻译学院团委成立。

12月2日至6日,翻译学院承办全国翻译理论与教学研讨会。

12月15日，学校同意翻译学院组建翻译系、商务外语系和对外汉语系。

2006 年

2月，翻译学院开设朝鲜语作为第二外语供学生选修。

8月27日，程立任翻译学院副院长。

9月，翻译学院开设了西班牙语、法语、德语、日语、韩语、俄语、阿拉伯语作为第二外语，供2005级和2006级学生选修。

11月4日，陈碧华获第十二届"21世纪Lenovo杯"全国英语演讲比赛华南赛区总决赛二等奖。

11月20日至11月26日，翻译学院成功举办了首届"韩国文化节"。

12月2日至12月4日，翻译学院承办了"功能语言学与翻译研究"国际研讨会。

2007 年

中山大学成为首批经国务院学位委员会批准的专业翻译硕士MTI试点教学单位。9月，招收了首批MTI硕士。

9月，翻译学院首批2005级10名学生赴英国参加"翻译学院－英国利物浦希望大学联合培养项目"。

11月，翻译学院首批2005级5名学生赴古巴学习。

2008 年

2月，首批2005级11名学生赴里昂第三大学进行为期1年的交换学习。

3月，为首批外国留学生开设对外汉语课程。

3月，华南国际留学预备培训中心在翻译学院挂牌成立。

6月，首批2005级10名学生赴菲律宾雅典耀大学进行为期1学期的交换学习。

10月9日，翻译学院穆小璐同学参加韩国全国外国人韩语演讲大赛，获全国第一名。

10月26日，翻译学院首届教职工运动会举行。

2009 年

西班牙语、阿拉伯语、朝鲜语本科专业开始招生。

首次招收全日制外国语言学及应用语言学硕士，方向为"对外汉语与二语习得"。

3月，与中文系签署《中山大学翻译学院与中文系关于允许翻译学院接收的留学生插班听课的合作协议》。

4月30日，翻译学院辅导员获评"2009年度中山大学优秀辅导员"。

6月，翻译学院第一届英语专业本科生毕业。

7月至8月，举办墨西哥孔子学院夏令营。

11月5日，翻译学院成立直属部门工会。

12月18日，外国语学院和翻译学院学术型招生方向改为"外语教学与二语习得"。

2010年

3月27日，翻译学院2007级张素君、王舒迟、张浩文三位同学在广东省大学生英语口译大赛中夺魁。

4月，翻译学院2008级梁梦滢获"广东省百佳支部书记"称号。

4月，翻译学院2010级杨孟衡同学荣获"中山大学2010年大学生年度人物"称号。

5月，翻译学院领导换届，黄国文教授任院长，王宾教授任学术总监。

首次招收全日制翻译硕士。

10月，外国语言学及应用语言学吴辰岑同学获第26届世界大学生运动会"大运之星"礼仪选拔赛全国总决赛亚军。

11月21日至23日，首次与外国语学院、功能语言学研究所、澳大利亚研究中心共同举办"批评语言学首届高层论坛：从话语批评到文化批评"。

2011年

7月31日，翻译学院214名小语种志愿者从珠海奔赴深圳，开始为期1个月的志愿服务工作。

翻译学院首次实行大类招生。

9月，第一届俄语专业学生入学。

9月23日至10月5日，"第四届当代语言学圆桌会议"在翻译学院举行。

10月11日，学院院长王宾教授、党委副书记陈有志到北京看望翻译学院校友。

11月，首届《论语》翻译研讨会在翻译学院举行。

12月，国家人力资源和社会保障部、国家教育部、国家体育总局、解放军政治部、中共广东省委员会、广东省人民政府联合授予翻译学院"深圳世界大学生运动会先进集体"称号；国家人力资源和社会保障部、国家教育部、国家体育总局、解放军总政治部、中共广东省委员会、广东省人民政府联合授予翻译学院辅导员宋海峰老师"深圳世界大学生运动会先进个人"称号；中共广东省委和广东省人民政府授予翻译学院2009级学生赵悦盈同学"广东省深圳世界大学生运动会先进个人"称号。

12月，翻译学院领导班子换届：黄国文教授任院长，萧净宇教授任副院长，陈有志兼任副院长。

2012年

4月，黄国文、王宾、林裕音3位教授主编的《英语专业毕业论文写作手册》，由上海外语教育出版社发行。

4月，翻译学院主办首届"俄语文化节"。

5月6日，深圳中山大学外国语学院翻译学院校友联合会第一次会议在深圳举行，会议通过了联合会第一届理事会成员名单。

5月，翻译学院学生杨孟衡荣获"中国大学生自强之星"称号。

5月25日至27日，第八届"功能语言学与语篇分析高层论坛"在翻译学院举行。

7月至8月，首次组织海外学习夏令营，有美国、俄罗斯、西班牙、法国3条路线。

9月，英语国际事务方向开始招生。

10月9日至12日，翻译学院、外国语学院、中山大学功能语言研究所联合主办的第九届"功能语言学与语篇分析"高层论坛成功举行。

12月1日，2009级朝鲜语系王海涛同学荣获第七届全国演讲三等奖。

2013年

5月25日，朝鲜语系童允婷同学获得华南地区"2013年韩国语演讲比赛"一等奖。

6月，翻译学院第一届西班牙语、阿拉伯语、朝鲜语专业本科学生毕业。

8月，学院新增德国语言文化研习暑期课程。

9月26日至27日，翻译学院与西班牙里斯本大学文学院联合主办"第一届东西方翻译研究论坛"。

9月28日，由翻译学院主办的第十一届"功能语言学与语篇分析高层论坛"成功举行。

10月19日，翻译学院学生会获2012—2013学年"中山大学十佳学生会"荣誉称号。

10月22日，学院第一次"院长午餐会"举行。

10月30日至11月1日，全国高校西班牙语专业教学研讨会在翻译学院举行。

12月21日，翻译系学生文洁怡、蔡晓仪、黎立威获2013广东省大学生"蓝鸽杯"英语口译大赛冠军，赵睿获"优秀指导教师"称号。

2014年

1月，承办"第八届广东大中专学生校文化艺术节"之"广发证券杯"首届新媒体大赛。

4月，翻译学院团委获"2013—2014中山大学先进团委"称号。

4月，翻译学院2010级陈静文同学获第九届中国大学生年度人物提名奖。

4月5日，翻译学院写作中心（SIS Writing Center）成立。

5月，翻译学院啦啦队获"2014年广东省大学生健美操锦标赛"冠军。

5月28日，外国语学院党委更名为"外语与翻译大学院党委"，许东黎任书记，曹新任副书记。

7月3日，李春荣被任命为外语与翻译大学院的党委副书记。

10月18日，外语与翻译大学院与中国语言文学系和中法核工程与技术学院共同主办"三原色"三院迎新晚会（珠海校区）。

10月26日，外语与翻译大学院在珠海校区举办运动会。

主要征引文献

档案、文件、会议记录、文集、资料汇编

广东省档案馆藏档案，全宗020，目录号002，案卷号730。
中山大学档案馆档案（1950—2011）。
中山大学及其各有关职能部门文件。
中山大学外语系、外国语学院各类文件（打印稿）。
中山大学翻译学院各类文件（打印稿）。
中山大学外语与翻译大学院文件（打印稿）。
中山大学南校区图书馆邹鲁陈列馆解说词。
《国立广东大学概览》，1924年。
《国立广东大学文科学院一览》，1925年。
《国立广东大学校务会议纪事录（1925—1926）》。
《国立广东大学规程集》，1926年。
《国立中山大学讨论号及开学纪念册（1926—1927）》。
《国立中山大学十五—二十年度教务会议纪事录（1927—1931）》。
《国立中山大学教务会议各种章程》，1929年。
《国立中山大学法规集》，1930年。
《国立中山大学二十一年度概览：1933》。
《国立中山大学现状：1935》。
《国立中山大学新校概要：1935》。
《国立中山大学、广东教育厅会办二十四（1935）年暑假中等学校教员讲习班报告书》。
《国立中山大学二十四年—二十六年度教务会议纪事录，附免费暨公费学额委员会议录：1936—1938》。
《074 国立中山大学文学院二十六年度下学期课程表 1938》。
《国立中山大学现状：1937》。
《018 国立中山大学现状：1943》。
《中山大学1950年度教务及教学工作总结摘要》。
中共中央文献编辑委员会：《周恩来选集》，北京：人民出版社1984年版。

广东省社会科学院孙中山研究所等：《孙中山全集》第9卷，北京：中华书局1986年版。
朱有瓛主编：《中国近代学制史料》，上海：华东师范大学出版社1993年版。
黄夏年：《朱谦之文集》第1卷，福州：福建教育出版社2002年版。
黎红雷编：《朱谦之文集》，广州：中山大学出版社2004年版。
舒宝明主编：《校影》，广州：中山大学出版社2004年版。
张妍、孙燕京主编：《民国史料丛刊》，郑州：大象出版社2009年版。
中山大学校刊编辑室：《中山大学》，1981年、1982年版。

书信、年鉴、年谱、回忆录、文史资料、口述史

王汎森，潘光哲，吴上政：《傅斯年遗札》（第1卷），台北："中央研究院"历史语言研究所2012年版。
中山大学校长办公室编：《中山大学年鉴2004年》，广州：中山大学出版社2005年版。
古今、杨春忠：《洪深年谱长编》，北京：中国戏剧出版社2009年版。
陈美英：《洪深年谱》，北京：文化艺术出版社1993年版。
广州市政协文史资料研究委员会：《广州文史资料》，1964年内部发行。
朱谦之：《自传两种》，台北：龙文出版社股份有限公司1989年版。
区鉷：《思华年》，广州：中山大学出版社2014年版。
外国语学院团委：《探访外语人——在路上 Pilgrimage 特刊》，2013年油印版。

期刊、报纸

《国立中山大学日报》（合册）。
《国立中山大学特刊》，1929年。
《申报》（上海版），1929年、1937年。
《国立中山大学校刊》，1936年。
《法令周刊》，1936年。
《教育通讯》，1938年。
《中山公论》，1939年。
《中华图书馆协会会报》，1939年。
《云南教育通讯》，1939年。
《战时中学生》，1939—1941年。
《国立中山大学校友通讯》。

《中大向导》，1941 年。
《读书通讯》，1941 年。
《学生之友》，1942 年。
《青年战士月刊》，1945 年。
《人民中大》。
《中山大学周报》。
《中山大学》（期刊）。
《新中大》。
《南方日报》，1981 年、2014 年。
《人民日报》，2000 年。
《南方都市报》，2001 年。
《浙江海洋学院院报》（人文科学版），2002 年。
《羊城晚报》，2003 年。
《岭南文史》，2006 年。
《中国高教研究》，2008 年。
《学位与研究生教育》，2010 年。
《残培人》，2001 年。
《中山大学外国语学院成立十周年院庆专刊》，2004 年。
《中山大学学报》，2014 年。
洪钤：《中国话剧电影先驱洪深：历世编年纪》，秀威资讯，2011 年。
教育部：《"211 工程"大事记》，网址：http：//www.moe.gov.cn/publicfiles/business/htmlfiles/moe/moe_1985/200804/9084.html。

论著

梁山、李坚、张克谟：《中山大学校史：1924—1949》，上海：上海教育出版社 1983 年版。

李良佑、张日昇、刘犁：《中国英语教学史》，上海：上海外语教育出版社 1988 年版。

黄福庆：《近代中国高等教育研究：国立中山大学（1924—1937）》，"中央研究院"近代史研究所 1988 年版。

《江苏省高等学校教授录》编委会编：《江苏省高等学校教授录》，南京：南京大学出版社 1989 年版。

李瑞明编：《岭南大学》，香港：岭南（大学）筹募发展委员会，1997 年版。

黄义祥编著：《中山大学史稿（1924—1949）》，广州：中山大学出版社 1999 年版。

李尚德：《凝聚中大精神——"中大精神与校园文化建设"大讨论文集》，广州：中山大学出版社 2001 年版。

国亚萍：《青春南方——中山大学学生社团简史》，广州：中山大学出版社 2004 年版。

易汉文主编：《中山大学专家小传》，广州：中山大学出版社 2004 年版。

舒宝明主编：《校影》，广州：中山大学出版社 2004 年版。

易汉文主编：《中山大学编年史（1924—2004）》，广州：中山大学出版社 2005 年版。

张紧跟：《百年历程 1905—2005 中山大学的政治学与行政学》，广州：中山大学出版社 2005 年版。

吴定宇主编：《中山大学校史（1924—2004）》，广州：中山大学出版社 2006 年版。

詹颖：《从引领运动到"缺席"历史——艺术激变时代的林文铮》，四川大学艺术学院硕士毕业论文 2007 年版。

李传松：《新中国外语教育史》，北京：旅游教育出版社 2009 年版。

李沐紫、杨倩、刘兆祥：《大学史记——近代中国的那些大学》，济南：济南出版社 2010 年版。

吴承学，彭玉平：《山高水长——中山大学文化研究》，北京：高等教育出版社 2011 年版。

张美平：《民国外语教学研究》，杭州：浙江大学出版社 2012 年版。

附 录

附录1 学科名称沿革

序号	名称	时间
1	外国文学系（暂设英国文学系）	1924.2—1926.8
2	英吉利语言文学系	1926.8—1929.4
3	英国语言文学系	1929.4—1939.5
4	外国语学系	1939.5—?
5	外国语学系英文组	1939.5—?
6	外国语言文学系	1940—1949学年
7	外文系	1951.2—1953.11
8	西方语言文学系	1953.11—1958.9
9	外国语言文学系	1958.9—1970.9
10	外语系调整到广东外国语学院，只保留公共外语教研室	1970.9—1973.10
11	复办外语系	1973.10—1992.2
12	外国语学院	1992.2—2014.5
13	外语与翻译大学院	2014.5至今

附录2 学科历任行政领导名录

姓名	任职时间	备注
陈长乐	1924.2—1926.3	英国文学系系主任
郁达夫	1926.3—8	英国文学系系主任
江绍原	1926.8—	英吉利语言文学系
刘奇峰	1927—1928	文科主任兼任英吉利语言文学系系主任
张葆恒	1929—1934	英国语言文学系主任
张宝树	1935—1936？	英国语言文学系主任
张葆恒	1937.12	英国语言文学系主任
张宝树	？	英国语言文学系主任
凌达扬	1939	代理英国语言文学系主任
蓝思德	1940—1942	代主任，1942年停薪留职，赴缅甸参加英军
洪深	1941.3—1942.6	外国语学系主任
黄学勤	1942.7—1945	外国语学系主任
张掖	1945.5	代理外文系主任
周其勋	1946—1947	外文系主任
林文铮	1948.春—1953	实际主持系务工作
戴镏龄	1953.11—1956；1956—1970；1973；1978—1983？	1973年10月，外语系复办，主持系务
李根洲	1984.7—1992.2	外语系系主任
李根洲	1992.2—1994.3	外国语学院院长
吴增生	1994.3—1995.10	外国语学院院长
吴之桐	1995.10—1997.12	代理外国语学院院长
吴之桐	1997.12—2000.1	外国语学院院长
黄国文	2000.1—2004.8	外国语学院院长
王宾	2004.8—2008.11	外国语学院院长
常晨光	2008.11—2014.9	外国语学院院长
黄国文	2014.5至今	外语与翻译大学院院长
黄国文	2014.9至今	外国语学院院长

附录 3　学科历任党组领导

姓名	任职时间	备注
毛　美	1953.8①—1959.3	西语系党支部书记（一说为党总支书记）
杨　彪	1959.4—	外语系党总支书记
黄　瑜	1960—1961.9	外语系党总支副书记
叶维名	1961.9—	外语系党总支副书记
罗畹华	1965.5—1966.6	外语系党总支书记
	1978.10—1980.12	人事处副处长，兼外语系党总支书记
陈志雄	1978.6—1978.10	党总支副书记，代理书记
	1978.10—1979.10	党总支副书记
黄迪仁	1980.12—1981.9	党总支负责人
	1981.9—1986.10	外语系党总支书记
李友文	1986.10—1992.1	外语系党总支书记
	1992.1—1994.1	外国语学院党总支书记、分党委书记
	1994.2—2001.1	外国语学院党委书记
卞　瑜	2001.1—2002.9	外国语学院党委书记
古月群	2002.9—2008.11	外国语学院党委书记
谢曼华	2008.11—2011.11	外国语学院党委书记
许东黎	2011.11—2014.5	外国语学院党委书记
	2014.5—至今	外语与翻译大学院党委书记

---

① 毛美 1953 年 8 月到西语系报到（文件没写明报到时职务）。

附录4　外语与翻译大学院教职员名录（2014）

外语与翻译大学院院长：黄国文
外语与翻译大学院书记：许东黎
外语与翻译大学院副院长：常晨光
外语与翻译大学院副书记：曹　新　李春荣

外国语学院教职员名录

院　　长：黄国文
副院长：邱雅芬

英语系
系主任：戴　凡
博　导：黄国文　Wendy Bowcher　常晨光　丁建新　Peter Swirski　王东风
教　授：黄国文　Wendy Bowcher　常晨光　戴　凡　丁建新　Peter Swirski　王东风
副教授：常新萍　陈瑜敏　高文平　何家祥　雷燕妮　廖海青　刘玉宇　张海青　周　慧
高级讲师：吴小燕
讲　师：吕黛蓉　邱刚彦　赵　静
教　师：Reid Mitchell

法语系
系主任：曾晓阳
博　导：蒲志鸿
教　授：蒲志鸿　曾晓阳
副教授：陈　元　郭丽娜
讲　师：李　璐　夏笑笑
教　师：Frédérique Aron　洪丽君　邱淑鸣　徐　娴

德语系
系主任：王蓓蓓
教　授：王蓓蓓
副教授：彭念慈　凌　曦
讲　师：李　享　朱　谕

教　　　师：陈智威　Miriam Hildenbrand　Sanaz Rassuli Pourrahim　游小红

日语系
系 主 任：邱雅芬
博　　 导：邱雅芬
教　　 授：邱雅芬　佟　君
副 教 授：谢崇宁　徐爱红
高级讲师：刘文星　沈雪侠
讲　　 师：李　荣　林　丽　龙　江　邹双双
教　　 师：羽田帆奈美

俄语
副 教 授：刘翠香
讲　　 师：伍宇星

行政人员
党政办公室主任：关　键
秘　书：王也辉　李　莉　邓丽羽　彭冬敏　王绍利　顾媛媛　黄冠文　包海如
　　　　冯　震
学生工作办公室：董　婉　华　毅　林　璐
语言实验室：暨晓辉　杨东方
后　勤：李丽军　林荣贵　陈红英

翻译学院教职员名录

院　长：黄国文
副院长：萧净宇
学术及行政总监：王　宾
教学总监：林裕音

英语（对外汉语）系系主任：罗　斌（兼院长助理）
翻译系系主任：骆雪娟
英语（商务外语）系系主任：翁靖华
英语（国际事务）系系主任：曾　记
西班牙语系系主任：张钟黎
俄语系系主任：王志岩
阿拉伯语系系主任：马妍哲
朝鲜语系系主任：刘　宇

MTI 中心执行主任：谢桂霞

英语（商务外语）系副系主任：李　卓
英语（对外汉语）系副系主任：陈静雯
翻译系副系主任：赵　睿

教　　授：黄国文　林裕音　王　宾　萧净宇（俄语）
副 教 授：刘　宇（朝鲜语）　罗　斌
讲　　师：马妍哲（阿拉伯语）　曾　记　谢桂霞　马　津　苏　娉　洪　罡
　　　　　刘　明　张钟黎（西班牙语）　周玉兰（阿拉伯语）
助　　教：陈　洋　欧阳芳晖
＊无括号说明为英语

教师
英　　语：白满丽　毕雪飞　蔡迎博　陈碧华　陈静雯　陈　硕　陈　燕
　　　　　丁家明　郭　聪　黄璐斯　黄寿娟　黄绪钢　黄彦瑶　黄宇芝
　　　　　邝崔瑜　李　卓　廖　萍　骆雪娟　马菁雪　尚小奇　苏雯超
　　　　　王　芳　王华斌　翁靖华　吴　玮　徐丽萍　许　伊　严嘉慧
　　　　　叶　岚　张　嘉　张　婧　张思熠　招晓杏　赵　冉　赵　睿
　　　　　周展红
西班牙语：陈美玲　廖　悦　闫　立
俄　　语：邓　杰　王　璐　王志岩　张　弛
阿拉伯语：刘利华　杨　帆
朝 鲜 语：申香花　章文怡
德　　语：潘　艳　郑高凤
法　　语：邓　岚　李怡昕　刘书琴
葡萄牙语：林曼琳
日　　语：白　鹿

行政人员
党政办公室负责人：蓝澍德
办公室主管兼财务：李小珠
教务主任：陈　颖
教务秘书：王　迪　王　宝（兼科研秘书）　钟儒发
设备秘书兼出纳：望　倩
学生工作办公室：宋海峰　叶玮茵　黄佳玮　穆小路　王梦雪

后　　记

　　2014年11月，中山大学及其外语学科均迎来了她的90华诞。在90周年校庆、院庆之际，外语学科首部史稿在学校、学院领导以及广大师生和校友的大力支持和关心下，历时近两年，终于付诸铅字了。谨以此书献给每一位为中山大学外语教育奋斗过的中山大学外语人和关心本学科发展的读者。

　　以90周年院庆为契机，本着存史、资教、育人、联络等宗旨，经原外国语学院领导班子集体讨论，尤其是时任院长常晨光、时任党委书记许东黎以及资深教授区鉷等人积极倡议，决定启动《中山大学外国语学院院史》编撰工作。为了保证工作顺利进行，原外国语学院领导与课题主持人，先后召开了多次编辑会议，曾邀请过李根洲、李友文、陈永培、龚少瑜、陈珍广、祁庆生、区鉷、吴之桐等人与会商讨编撰事宜。

　　经过集思广益，确定内容，讨论体例，一致决定院史主要分为两个部分，一部分为外语人的回忆录——《中山大学外语人的故事》，邀请区鉷教授负责主编，他为本书起了一个非常有诗意的名字《思华年》；另一部分最初定名为《中山大学外国语学院院史》)，由本校马克思主义哲学与中国现代化研究所暨哲学系的谭群玉和历史学系的曹天忠两位老师主持负责，并确定院史内容主要分为"图说院史"和"文述院史"两大板块。由于院史编撰工作任务比较繁重，为了确保按质按时完成书稿，双方商定以横向课题方式，由两位主持人组织团队，具体实施，分工负责。

　　在写作过程中，除了查阅了大量的档案、报纸、期刊等文献史料外，还参考了《思华年》的部分文章以及外国语学院2013年两个学生项目的部分成果，两个学生项目分别是收录外国语学院口述史和寻访外国语学院校友的足迹。举办这两个活动的初衷，就是为了编撰院史做前期的准备，部分成果汇编于院刊《探访外语人——在路上Pilgrimage特刊》。两个活动分别访问了部分离退休的原外院的领导、老师以及校友，如李友文、陈永培、杨琇珍、祁庆生、苟锡泉、钟佑同、黄家祐、梁启炎、肖洁文、李潮、黄建华、黎汉材、曾美倩、黎导、龚华基、周宗哲、邹启明等人，收集了口述、文字、影像资料，或请他们提供资料线索。

　　赵小羽、刘娟、赖永睿、梁雯艳、王劲为、喻泉、谭佩珊、刘娜杰等外院同学作为院史编写志愿者，参与了资料的搜集和培训工作。谭欣、祝其欣、陈心怡、孔斯琪、徐汇源、陈婉莹、莫嘉茵、任雪怡、王博文、萧雅汶、招杰冰、梁翠环、叶玮华、陈晨、胡欢、刘娜杰、刘乐、郭苗苗、宋婧斐、杨柳婷、尹文萍、龚庆玲、李丽华、余夏梦、杨土惠、周丽莉、孔娈娈、杨帆、陈梓婷、刘郁晨、江军、信天晓、陈淑君、施小明、姚兰兰、赵萌萌、冯宇庭、朱星、陈钰等外院同学走访了外院的离退休老师。张碧心、张靖栩、莫嘉茵、李小璇、李文洁、丁梅竹、张贝苉、张浩鹏、郭新雪、庞晓辛、肖燕、彭斯绮等中大学生走访了外院的校友。

陈琼芝、彭冬敏等两位行政人员分别指导了外院口述史和寻访校友的活动，为编撰本书做了大量繁琐、及时的联系工作，甚至参与了资料收集和部分写作。关键、李莉、钟伟珍、邓丽羽、王也辉、曾毅夫、董婉、张劲勋、王绍利、张雪英、蓝澍德、黄亚男等行政人员也参与了各项档案资料的收集工作。

初稿写成后，先后两次送请外国语学院以及外语与翻译大学院的领导和区鉷、王宾、王东风、周小兵、李友文、吴之桐、梁启炎、冯启忠、黄飞红等人审阅，在肯定书稿资料详实、内容丰富的同时，还对内容增补、结构调整、事实订正等提出了中肯而宝贵的意见。其中，黄国文院长建议增加补充翻译学院内容，并提供了资料，李友文、梁启炎、区鉷等人还对部分章节进行了文字审校，指出不少讹误。经过外语与翻译大学院领导班子讨论，决定院史以《中山大学外语学科90年史稿（1924—2014）》为名，由中山大学出版社出版。

项目主持人、本书的学术主编谭群玉副教授、曹天忠教授均为史学博士出身，他们为本书的课题学术主持、方法指导、提纲体例、资料提示、内容确定、修改润色、统稿定稿等方面，付出了大量、辛勤的劳动。

中山大学原党委书记李延保教授、原校长黄达人教授以及党委副书记李萍教授关心支持本书的编撰与出版工作。由中山大学原党委常务副书记梁庆寅教授担任主任的"纪念孙中山先生创办中山大学90周年校庆丛书编委会"，将本书纳入了校庆丛书系列，并给予了出版资助。中山大学宣传部丘国新部长为本书立项为"纪念孙中山先生创办中山大学90周年校庆丛书"，做了大量的工作。中山大学出版社副社长王尔新为本书争取了出版立项，责任编辑熊锡源为使本书如期付印，既争分夺秒又认真严谨。中山大学档案馆馆长吕雅露关心支持本书的资料收集工作，许存芝、崔秦睿、赵丽萍、刘惠源、陆炜斌、彭洁等老师协助了档案的查阅工作。外国语学院88级校友王忠青、85级校友林立新资助了本书的横向课题立项。在此一并致谢！

《中山大学外语学科90年史稿（1924—2014）》为本校首部外语学科史，涉及时间长，头绪繁多，资料分散，可资参考的成果不多；加之时间紧，任务重，有些内容篇幅单薄（如岭南大学外语学科历史），有些内容本该写而一时没有资料而只好作罢（如中山医学院公共外语教育情况），有些资料有所遗漏，研撰或存在错误及思虑不周的地方。虽经编撰者努力弥补，相信不足之处仍在所多有，敬请读者，尤其是外语专业的师生批评指正，俟有机会再行修订，以臻完善。

本书编委会
2014年10月